LES
DERNIERS VALOIS

FRANÇOIS II
CHARLES IX, HENRI III

PAR

le Marquis DE BELLEVAL

3ᵉ MILLE

PARIS
LIBRAIRIE HISTORIQUE ET MILITAIRE
HENRI VIVIEN
51, RUE BLANCHE

1900

LES
DERNIERS VALOIS

FRANÇOIS II
CHARLES IX. HENRI III

LES
DERNIERS VALOIS

FRANÇOIS II
CHARLES IX. HENRI III

PAR

le Marquis DE BELLEVAL

PARIS
LIBRAIRIE HISTORIQUE ET MILITAIRE
HENRI VIVIEN
51, RUE BLANCHE

1900

AVANT-PROPOS

Il est assez particulier que l'on aborde toujours l'Histoire par les grands côtés. On dédaigne le détail et on a bien tort, car c'est par les petits côtés que l'on fait réellement vivre les personnages historiques, qui, autrement, n'apparaissent que transfigurés, défigurés pourrait-on dire, par une auréole politique, guerrière ou diplomatique.

C'est, d'ailleurs, par l'étude des petits côtés, par l'étude de la vie intime, que l'on parvient parfois à la solution de grands problèmes.

Après avoir fait revivre, dans un certain nombre de chapitres préliminaires, la Cour, la ville et la société française pendant tout le règne des trois fils de Henri II, afin, en les divisant, de ne pas nuire à l'ensemble, j'ai retracé l'histoire courte et pourtant si mouvementée de François II, en la prenant au point de vue des petits faits, des menus détails, que les grands historiens sont bien forcés de négliger, et en m'inspirant de sources contemporaines auxquelles on n'a pas l'habitude d'avoir recours.

Dans un second volume, qui paraîtra un peu plus tard, si Dieu daigne me conserver la vie pendant quelques années encore, j'étudierai de la même façon les histoires de Charles IX et de Henri III, époques douloureuses et troublées, mais qui eurent, du moins, l'avantage de préparer le règne glorieux et réparateur de Henri IV, avec lequel la France se refit et se reposa dans la grandeur.

Marquis de Belleval.

1er juillet 1898.

LES
DERNIERS JOURS DE HENRI II

Des trois fils que le roi Henri II eut de Madame Catherine de Médicis, Charles IX fut celui qui lui ressembla davantage par le besoin d'activité qui le dévorait, par les exercices violents qu'il aimait avec passion et qui furent en partie cause de sa mort (1). Pour le visage,

(1) Ce fut en réalité la phtisie qui eut raison de Charles IX, et il ne fut nullement empoisonné par un livre de vénerie, dont il détachait, en mouillant ses doigts avec sa salive, les feuillets un peu collés à dessein les uns aux autres. Ceci est de l'histoire à la façon d'Alexandre Dumas, qui a dramatisé cet épisode, en le prenant pour argent comptant dans une histoire qui en dit quelques mots sans y croire. Ce qui est positif, c'est que les dernières journées de la vie de ce malheureux Prince furent empoisonnées par des hallucinations qui lui faisaient croire qu'il était couvert du sang des victimes de la Saint-Barthélemy. Charles IX mourut au château de Vincennes (où il avait été s'établir le mercredi 9 mars précédent), le 30 mars, jour de la Pentecôte 1574, à trois heures de l'après-midi. Catherine de Médicis avait pu lui faire signer le même jour, à huit heures du matin, des lettres patentes qui l'investissaient de la régence. Aux derniers moments du Roi assistèrent notamment Jacques Amyot qui avait été son précepteur avant de devenir Grand-Aumônier de France et évêque d'Auxerre, Arnaud Sorbin, évêque de Nevers, prédicateur du Roi, la Reine-Mère, les cardinaux de Bourbon et de Ferrare, René de Birague, chancelier de France, M. de Lansac (de la maison de Saint-Gélais), etc... Charles IX avait exactement vingt-trois ans, onze mois et six jours. La veille même de sa mort, le 29 mars, il écrivait à tous les gouverneurs des provinces pour leur annoncer la régence de Catherine à

(1) *grosse erreur impardonnable Ch. IX est mort le 30 Mai = C'est ahurissant de trouver cela à la 1.re page d'une étude historique! mr l'auteur ajoutant Pentecôte il y a lieu de*

aucun ne rappelait leur père (1), et encore moins pour la stature, car Henri II ne mesurait pas moins de 1 m. 84. Ses deux armures authentiques, jadis réunies dans le Musée des Souverains et aujourd'hui séparées, l'une au Louvre, l'autre au Musée d'Artillerie, fournissent ce renseignement d'une manière plus précise et plus cer-

cause de « mon indisposition, laquelle depuis un jour en ça est fort accrue et suis aujourd'hui en tel estat que j'aten ce qu'il plaira à Dieu de faire de moi ». Il n'attendit pas longtemps. Le surlendemain de sa mort, le duc d'Alençon, son plus jeune frère, et le Roi de Navarre écrivaient aux mêmes gouverneurs; le premier disait : « Je m'efforcerai de surmonter cette douleur et perte le plus patiemment possible ». Celui qui devait être Henri IV leur disait : « Je me console de cette affliction en pensant que la Régence est dévolue à la Reine-Mère », gasconnade un peu irrévérencieuse devant un lit de mort. Le même soir, M. de Barbezières, seigneur de La Roche-Chémerault, partait à franc étrier pour Cracovie où résidait le nouveau Roi et il y parvint le treizième jour, ce qui fut regardé comme une merveilleuse prouesse équestre.

(1) On trouvera plus loin le portrait physique de François II. Voici le portrait que trace de Charles IX, Arnaud Sorbin, évêque de Nevers, son prédicateur qui l'assista à ses derniers moments : « C'étoit un Prince beau et grand... le visage beau et principallement les yeux entre les quels y avoit grande et belle distance... le nez grand et beau... sa face ridée autant par les ennuis qu'il a toujours portez, que par ses excessifs exercices. Sa chevelure estoit rare en la teste, mais assez abondante en la barbe qui approchoit de la couleur de chasteigne. Il avoit les mains belles par excellence, larges, les doigts longs. Le reste de son corps estoit assez bien proportionné ; il avoit seulement les jambes un peu débiles ou moins grosses eu esgard au reste de proportion de son corps (SORBIN, *Vie abrégée de Charles IX*, 1574). — Papyre Masson, qui, dans sa biographie de Charles IX, fait l'éloge de la Saint-Barthélemy, ne flatte guère cependant celui qui se la laissa imposer. « Il estoit grand de taille, dit-il, mais un peu voûté, avoit le visage pâle, les

taine qu'aucun chroniqueur n'aurait pu le faire.

Malgré les éloges enthousiastes que Brantôme décerne à Henri II, le représentant volontiers comme un des plus grands rois qui aient jamais régné sur la France, il est plus sage de s'en tenir au sentiment des ambassadeurs vénitiens, toujours d'un esprit très fin et très sagace, et

yeux jaunastres, bilieux et menaçans, le nez aquilin et le col un peu de travers » (*Hist. de Charles IX*, 1577). Au tour des ambassadeurs de la République de Venise, qui voyaient si bien et dépeignaient à merveille ce qu'ils voyaient. Marc-Antoine Barbaro écrit en 1563 : « Le Roi est âgé de quatorze ans... il a le teint blanc, la taille assez haulte pour son âge, le corps bien proportionné quoiqu'un peu maigre... » Jean Correr écrit en 1569 : « Le Roi est d'une taille assez élevée, mais il a les jambes grêles et qui ne sont pas en proportion avec le reste de son corps. Il marche un peu courbé et, à en juger par la pâleur de son visage, il ne doit pas être d'une complexion robuste. » — Passons à Henri III. Jean Correr, ambassadeur de Venise, le dépeint ainsi en 1569 : « Sa taille est quelque peu plus élevée que celle de son frère, mais il n'a pas les jambes plus fortes. Il est plus coloré et il a la figure plus agréable ». Jean Michieli, en 1575 : « Il a plutôt gagné. Je lui ai trouvé plus de couleurs. Il n'a plus le visage aussi blême, mais au contraire plus blanc et plus animé ». Jérôme Lippomano écrit de 1577 à 1580 : « Il est d'une taille plutôt grande que médiocre et plutôt maigre que proportionnée. Il a la figure allongée, la lèvre inférieure et le menton un peu pendants, comme sa mère ; les yeux beaux et doux, le front large, enfin toute sa personne est délicate ». — Quant au duc d'Alençon, plus tard duc d'Anjou, le dernier des fils de Henri II, voici comment le dépeignent les ambassadeurs de la Sérénissime République : « De petite taille, robuste, carré et bien bâti » (Jean Michieli, 1575) ; « Il a la physionomie ouverte et joviale, mais il a le teint brun et le visage marqué de la petite vérole. Il est de petite taille, mais bien prise et bien proportionnée. Sa chevelure est noire et bouclée et il la porte relevée sur le front, ce qui lui allonge la figure » (Jérôme Lippomano, 1577).

qui jugeaient en toute impartialité. L'un d'eux, François Giustiniani, écrivait en 1537 que le dauphin, alors âgé de dix-huit ans, « ne mon-
« trait pas beaucoup d'esprit, ni de goût pour
« les affaires ». Marino Cavalli, qui écrivait en 1546, un an avant l'avénement de Henri, disait :
« son intelligence n'est pas des plus promptes...
« il n'est pas beau diseur dans ses réparties,
« mais il est très net et très ferme dans ses opi-
« nions; ce qu'il a dit une fois, il y tient mordi-
« cus ». Ce qui n'empêchait pourtant pas le Vénitien, dont le beau palais eut l'honneur de servir d'asile pendant de longues années au dernier Bourbon de la branche aînée, de conclure en ces termes « ses qualités promettent à
« la France le plus digne roi qu'elle ait eu de-
« puis deux cents ans ».

Ce que Cavalli ne pouvait prévoir alors, c'était le traité de Cateau-Cambrésis, qui effaçait les premiers succès du règne; c'était la persécution constante contre les réformés, qui prépara les guerres civiles et fit à ses fils des règnes si agités.

Cavalli, qui rend également hommage à la force musculaire de Henri II et à son adresse à tous les exercices du corps, constate qu'il était « d'une humeur tant soit peu mélanco-
« lique ». Il a bien, en effet, une figure funèbre dans le beau portrait de Clouet (1), qui est au

---

(1) François Clouet, dit Jehannet, fils de Jean Clouet, peintre de François Ier, fut valet de chambre de François Ier

Louvre, et où il est représenté avec un pourpoint, un sayon et une cape noirs, « tracés d'or », c'est-à-dire décorés de cordonnets d'or appliqués sur l'étoffe, avec des chausses blanches et des hauts de chausses blancs et noirs. Pour complaire à Mme de Valentinois qui croyait devoir porter, sur ses habits seulement, le deuil de M. de Brézé, son mari (1), le roi n'avait plus cessé, lui aussi, de porter le deuil de celui auquel ni l'un ni l'autre ne pensait guère. Cette parure sévère n'était pas faite pour éclairer le visage du roi, sur lequel on ne retrouve rien qui rappelle l'habitude du sourire.

et peintre de ses trois successeurs. Il mourut en 1572 ou 1573. Dans les comptes royaux, il porte le titre de peintre ordinaire du Roi. On lui donne 7 aunes 1/2 de drap noir à l'occasion des funérailles de Henri II. Ce grand artiste descendait jusqu'à de vulgaires travaux. En 1552, il lui est alloué, dans les comptes de l'écurie du Roi, 20 livres tournois (165 francs), pour avoir peint « plusieurs croissans, lacs et chiffres faicts aux devises du Roy », dans l'intérieur « d'un coffre appelé *mect* pour estre mis dans le chariot branlant appelé le coche ». Il était donc peintre en voitures à l'occasion.

(1) Diane de Poitiers, fille de Jean de Poitiers, seigneur de Saint-Vallier, l'un des complices du connétable de Bourbon, et gràcié de la peine capitale par François Ier. Elle était née le 3 septembre 1499 et mourut le 22 avril 1566 au château d'Anet. Mariée le 29 mars 1514 à Louis de Brézé, comte de Maulevrier, grand sénéchal de Normandie, décédé le 23 juillet 1531. Elle n'avait eu que deux filles, mariées l'une à Robert de La Marck, duc de Bouillon, l'autre à François de Lorraine, duc d'Aumale. Ces Brézé, ainsi éteints, n'avaient rien de commun avec les Dreux-Brézé d'aujourd'hui, issus de Thomas Dreux, conseiller au Parlement de Paris, en faveur de qui Brézé fut érigé en marquisat en août 1685.

Henri II avait pourtant des goûts magnifiques en ce qui concerne ses armes ; les deux armures complètes, le bouclier, l'épée, la masse d'armes, la bourguignote et l'armet, le colletin et les brassards d'une troisième armure qui lui ont authentiquement appartenu (1) et qui sont des chefs-d'œuvre d'artistes français et italiens, prouvent que, lorsqu'il s'agissait de ses plaisirs favoris, la guerre et la joûte, cette image de la guerre, il savait éclipser les plus élégants d'une cour fastueuse. Mais, même sur cet appareil guerrier, le souvenir de la vieille maîtresse s'imposait, et, à la guerre comme dans les tournois, nul ne pouvait méconnaître le possesseur de ces splendides harnais sur lesquels les croissants engagés l'un dans l'autre et adossés permettaient de lire Catherine en soupçonnant Diane. Sur la bourguignote, qui est l'une des pièces capitales du Musée d'Artillerie, l'allusion est encore plus transparente : la déesse Diane est représentée deux fois sur la crête du timbre que couronne une figure de l'Amour.

L'ambassadeur vénitien, Marino Cavalli, en parlant de Diane de Poitiers a un mot qui serait le comble de la naïveté, si de la part d'un diplomate et d'un Italien il ne fallait plutôt le prendre pour le comble de l'ironie. En l'écrivant, il entendait évidemment dérider les gra-

(1) L'une des armures appartient aux collections du Louvre, l'autre armure et ces autres pièces sont au Musée d'Artillerie, G. 118.

ves visages du grand conseil de la République :
« Le roi, dit-il, a pour elle une tendresse véri-
« table, mais on pense qu'il n'y a là rien de
« lascif, que c'est comme entre mère et fils ».
Brantôme ne va pas jusque là, mais il ne tarit
pas sur toutes les vertus de la favorite et notamment sur sa piété et son désintéressement.
Comme preuve de l'une, il reconnaît qu'elle
poussa le roi à persécuter les Huguenots;
comme preuve de l'autre, il avoue qu'Anet fut
construit avec l'aide des largesses de Henri (1).

Un astrologue, qui avait composé pour le roi
un thème de nativité et qui le lui avait remis,
concluait à ce que ce prince mourrait « en un
duel et combat singulier ». Quand le roi
déchiffra ce grimoire, le connétable de Montmorency était présent et le roi lui ayant dit :
« Voyez, mon compère, quelle mort m'est pré-
« sagée », — Ah, Sire, répondit le vieux Mont-
« morency, voulez-vous croire ces marauds qui
« ne sont que menteurs et bavards? Faites jeter
« cela au feu! » Mais Henri n'en voulut rien
faire et il donna la prophétie à garder à
M. de l'Aubespine, secrétaire d'État et l'un des
futurs négociateurs de la paix de Cateau-Cambrésis (2), en lui prescrivant de la conserver
pour qu'il la lui remît quand il la lui réclame-

---

(1) Philibert Delorme en avait été l'architecte, les sculp-
tures étaient de Jean Goujon et de Germain Pilon et les
peintures de Jean Cousin.

(2) Claude de l'Aubespine, baron de Châteauneuf, mort le
11 novembre 1567, secrétaire d'État depuis 1543.

rait. Ce moment arriva le 29 juin 1559, quelques heures après que Henri fut tombé mortellement blessé par la lance du capitaine de sa garde écossaise.

Funeste à la France, le traité de Cateau-Cambrésis ne devait pas l'être moins au Roi qui l'avait consenti à la suggestion du connétable et du maréchal de Saint-André, lesquels, prisonniers à la bataille de Saint-Quentin, sacrifièrent les intérêts de la France à la joie de la revoir (1).

Par une des clauses du traité, Elisabeth de Valois, fille de Henri II, fiancée à Édouard VI d'Angleterre, puis promise à don Carlos d'Espagne, devenait la femme de Philippe II. Pour mieux célébrer cette noce royale, Henri II avait voulu donner un tournoi « contre tous venans » et où il remplissait le rôle d'un des quatre tenants, en compagnie du duc de Guise, de Jacques de Savoie, duc de Nemours, et d'Alphonse d'Este, duc de Ferrare. Ce n'était pas une sinécure, car chacun des tenants était obligé de répondre à l'appel de quiconque voulait se mesurer contre lui, et c'en devait être une pour le roi moins que pour tout autre, car s'il y avait honneur à jouter contre le roi de France,

---

(1) Les clauses du traité, signé le 12 mars avec l'Angleterre et le 3 avril 1559 avec l'Espagne, étaient déshonorantes pour la France : la restitution de Calais à l'Angleterre sous huit ans ou 500.000 écus d'indemnité ; l'évacuation par la France de la Toscane, de la Corse, du Montferrat, de 189 places fortifiées en Italie.

il y avait plaisir à s'attaquer à « un des bons
« hommes d'armes qu'on eut sceu trouver, un
« des meilleurs et des plus adroits à cheval de
« son royaume ». Et puis, c'était un moyen de
« faire sa cour.

Les détails de ce tournoi sont connus. On sait qu'il était presque terminé, que le roi, qui y avait brillamment marqué, voulut rompre encore une lance et ordonna au comte de Montgomery de jouter contre lui ; que celui-ci refusa respectueusement, sans doute sous l'empire de quelque funeste pressentiment, et qu'il fallut l'ordre formel du roi pour le contraindre à paraître dans la lice. On sait que les instances de la reine, deux fois répétées, n'eurent pas plus de succès auprès de Henri, qui répondit galamment qu'il voulait courir cette lance pour l'amour d'elle.

Montgomery était réputé fort adroit dans ces sortes d'exercices et on en trouve la preuve dans le choix que le roi avait fait de sa personne. Tous les écrivains s'accordent à raconter comment Henri II fut frappé, ce qui aurait dénoté, au contraire, soit une preuve de maladresse, soit une préméditation de tuer le roi, comme quelques-uns l'ont prétendu et comme Catherine de Médicis a toujours affecté de le croire. La lance de Montgomery s'était brisée au premier choc sur la cuirasse du roi ; au lieu de jeter le tronçon qui lui restait dans la main, Montgomery le conserva en arrêt et l'extrémité de ce tronçon, pénétrant à travers l'étroit interstice de la visière du casque correspondant aux yeux et nommé *vue*, s'enfonça profondément dans un œil.

Brantôme, à qui l'on peut se fier pour les détails qu'il tenait certainement de bonne source, quand il n'était pas témoin du fait, était à cette époque en Italie où il servait sous les ordres du maréchal de Brissac ; il se borne à raconter l'accident en ces termes : « Il fut « atteint du contre coup par la teste dans « l'œil où luy demeura un grand éclat de « lance ».

Dans les armures de tournoi, en outre des pièces de renfort, on remarque précisément que les *vues* des casques ou fentes horizontales correspondant aux yeux, sont beaucoup plus étroites que celles des casques de guerre. Toutes les précautions étaient prises pour que ces jeux dangereux ne fussent pas, ou le moins possible, attristés par des accidents. Or, celui dont Henri II était la victime était un cas exceptionnel qui ne s'était jamais présenté jusqu'ici. Montgomery ne pouvait donc établir là-dessus aucun calcul, et la préméditation doit être absolument écartée. Aussi, quand on prétendait que, dès 1563, en souvenir de ce triste événement et comme pour en tirer vanité, Montgomery avait pris pour emblème un casque traversé par une lance, Pierre Brulart, qui mentionne le fait, a-t-il bien soin d'ajouter que « c'estoit chose fort dure à croire ». C'était incroyable, en effet.

Le mot de l'énigme est fourni par Claude Haton, le seul à donner ce précieux renseignement : « Pour mieux voir devant lui, il (le roi) « avait abaissé et détourné de devant ses yeux la « visière de son armet » contrairement à toutes les règles des tournois ; Henri II avait donc affronté à visage découvert la lance de son adversaire. Il avait donc fallu à Montgomery autant d'adresse que de sang-froid pour que le fer de sa lance ne rencontrât que la cuirasse et se brisât à l'endroit voulu afin que le coup fût déclaré bon ; dans la violence du choc, au moment où la rupture se produisit, un éclat arraché fut projeté sur le visage du roi et lui entra dans l'œil. A défaut de documents plus précis, telle est la version qu'il convient d'adopter.

Dans le premier moment, on croyait que la blessure ne serait pas dangereuse. Henri II le pensant, affirmait que ce n'était rien et ses premières paroles furent pour déclarer qu'il pardonnait à Montgomery. Il se souvint alors de la prophétie qu'il avait confiée à l'Aubespine et il la lui réclama ; en la lisant ses yeux se remplirent de larmes : « Ah ! dit-il, voilà le combat et « duel singulier où il devait mourir. Ce en est « fait, il est mort. » Il languit onze jours et mourut le 10 juillet au palais des Tournelles.

Catherine, elle, s'était promis de ne pas pardonner au meurtrier involontaire, à qui elle fit trancher la tête au mépris d'une capitulation, comme on le verra en son temps. Montgomery avait pris le prudent parti de passer en Angleterre, où il resta jusqu'en 1562. Pendant douze ans, il fut l'un des chefs les plus marquants des protestants (1).

Montgomery ne s'appelait pas plus de Lorges que les Montgomery d'aujourd'hui ne descendent du capitaine de la garde écossaise de Henri II. Son aïeul, Robert Montgomery, était un capitaine écossais qui s'était attaché à François Ier. Jacques de Montgomery, son père, capi-

(1) Il défendit Rouen contre l'armée royale, du 28 septembre au 26 octobre 1562, et s'échappa par miracle en faisant franchir à son navire une chaîne tendue au travers de la Seine. Il s'empara d'Etampes en 1567, mais ce fut dans la troisième guerre civile qu'il se signala par son activité et ses succès. Débarqué en Normandie le 12 mars 1574, il s'établit dans Saint-Lô que viennent assiéger, le 17 avril, Sébastien de Luxembourg, vicomte de Martigues, et Guillaume de Hautemer, seigneur de Fervaques, catholiques. Le 23 avril, Montgomery se fait jour à travers les assaillants, laisse dans la place Colombières pour la défendre, et il s'enferme le 8 mai dans Domfront, investie le lendemain par l'armée catholique commandée par le maréchal de Matignon, avec 6,000 arquebusiers et 1,200 chevaux. Parmi les gentilshommes catholiques, on cite : MM. de Lavardin, de Lucé, de Sainte-Colombe, de Lassan, de la Meilleraye, de Carouges, de Vassé, de la Hunaudaie, de Malicorne, le marquis de Rothelin, de Riberpré, de Villermois, Raoul de Belleval, lieutenant de Roi de la ville de Gien, etc... La garnison se composait de 100 arquebusiers et 50 chevaux, et parmi les gentilshommes, MM. de Brossay, du Breuil, des Hayes, de Chauvigny, de Corvières, de Tiers, le capitaine la Touche, de la Mabillière, de Crocé, d'Oulfe, de Sey, de Vaudoré, du Mesnil, de la Saussaye, le capitaine Villeneuve, etc... Le 15 mai, le Roi, c'est-à-dire Catherine de Médicis, écrivait à

taine de la garde écossaise avant lui, avait acheté la seigneurie de Lorges dans l'Orléanais et l'avait fait ériger en châtellenie en février 1551 : il avait acquis de François d'Orléans, marquis de Rothelin, le comté de Montgomery dans le Calvados, duquel relevaient environ cent cinquante fiefs ou arrière-fiefs, et il se trouvait ainsi par une curieuse coïncidence avoir un titre assis sur une terre dont le nom était en tout semblable à son nom patronymique. Jacques de Montgomery mourut en juillet 1562.

Gabriel de Montgomery, comte de Montgomery et sire de Lorges, capitaine de la garde

---

Matignon et à Vitry de tout tenter pour prendre Montgomery vivant, ce qui prouve que la violation de toute capitulation était chose résolue à l'avance. Un vigoureux assaut, donné le 28 mai, est repoussé avec de grandes pertes des deux parts. Montgomery, blessé au visage d'un éclat de pierre, reçoit au bras droit, près de l'épaule, un coup d'arquebuse qui ne lui fait qu'une contusion, large de quatre doigts, « son brassard n'ayant fait que prester. » Le 26, n'ayant plus que 15 à 16 hommes valides, il demande à capituler, à la condition expresse que lui et ses compagnons auront la vie sauve, et qu'ils sortiront avec l'épée et la dague. Matignon accepte, entre dans le château le lendemain et fait prisonnier Montgomery qui était vêtu d'une « garguesque et collet de buffle passementez de fils d'argent. » Le 5 juin, Vialard, président au Parlement de Normandie, et à Paris, Poisle, conseiller en la Grande Chambre du Parlement, sont commissionnés pour instruire le procès de Montgomery, qui est amené le 16 juin de Caen à Paris, sous la conduite du seigneur de Vassé commandant quatre compagnies de gendarmes et deux compagnies de gens de pied ; il est enfermé dans la tour carrée de la Conciergerie. Le 26 juin, après avoir subi la question extraordinaire, il est décapité en place de Grève, sous les yeux de Catherine de Médicis qui voulut se repaître de son supplice.

écossaise par résignation de son père, et connu du vivant de celui-ci sous le nom du « jeune Lorges », eut la tête tranchée en place de Grève le 26 juin 1574. Son fils aîné, Jacques, comte de Montgomery et de Lorges, mourut en 1609 et son fils puîné, Gabriel, mourut en 1635. Sa fille Marguerite apporta, en 1603, la seigneurie de Lorges à Jacques de Durfort, marquis de Duras, dont les descendants la firent ériger en duché.

Cette digression n'était pas inutile, puisqu'elle sert à prouver que la famille écossaise des Montgomery, comtes de Montgomery en France, s'éteignit en 1635.

I

François II et Marie Stuart

François II, né au château de Fontainebleau, le 19 ou 20 janvier 1544, avait donc 15 ans moins 9 jours, quand il succéda, le 10 juillet 1559, à Henri II, son père. Il avait épousé, le 24 avril 1558, Marie Stuart, reine d'Ecosse, de deux ans plus âgée que lui, aussi bien partagée sous le rapport de la beauté et de tous les dons de l'esprit que son jeune mari avait été disgracié par la nature. Marie était la nièce des Guises, ce qui explique la hâte que l'on avait mise à marier cet enfant débile, maladif, et si peu fait pour un précoce hymen.

Dès le berceau, François avait été frappé du mal qui devait l'emporter de si bonne heure et dont la science des médecins ne put parvenir à arrêter le progrès. Henri II le caractérise ainsi dans une curieuse lettre qu'il écrivait de Montreuil, le 16 septembre 1549, à Jean d'Humières (1) qui, après avoir été gouverneur de

---

(1) Jean d'Humières, d'une famille d'Artois, gouverneur de Péronne, Montdidier et Roye, en 1519, ambassadeur en Angleterre, en 1527, gouverneur du dauphin, en 1535, lieutenant-général en Italie, en 1537, et chambellan du dauphin, en 1542. Henri II et Catherine de Médicis écrivirent de fré-

son frère le dauphin François, et s'être distingué comme lieutenant-général en Italie, avait été choisi par lui pour être le chambellan de son fils : « Mon cousin, jay receu deux lettres de « vous, les dernières du 11 de ce moys, par « lesquelles jay veu comme mon fils le Dau- « phin se trouvoit mal d'un flux de ventre, pro- « cédé, ainsy que dient les médecins, des « humeurs cuittes et accumullées dedans son « corps pour ne se moucher point la pluspart « du temps. A quoy, pour l'advenir, il faut bien « que vous pourvoyiez, l'admonestant par dou- « ceur de se moucher et lui mettant en avant

---

quentes lettres à M. d'Humières au sujet de leurs enfants qui lui étaient confiés et qui étaient en bonnes mains. M. d'Humières savait ce que c'était que les enfants puisqu'il en avait eu *dix-huit*, aussi Catherine de Médicis lui écrit-elle le 16 janvier 1547 : « Monsieur et moy avons parfaiste et entière confiance ». Elle lui envoie un peintre qui fera le portrait de son fils François et de sa fille Elisabeth. Le même jour Henri dauphin, son époux, écrit au même : « Mon fils qui ne veult plus aller en femme (être habillé en « fille) dont je luy sçay bon gré et est bien raison qu'il ait « des *chausses à cul* (l'équivalent de culottes) puisqu'il en « demande. » et il accepte le jeune Mailly, neveu d'Humières, comme enfant d'honneur. Le 31 juillet 1547, Catherine demande à d'Humières de lui donner le plus souvent possible des nouvelles de ses enfants. François vient d'avoir la petite vérole et les parents réclament des nouvelles, juillet-septembre 1547. Une épidémie s'étant déclarée à Saint-Germain-en-Laye, d'Humières reçoit ordre d'emmener à Villiers-le-Bel les enfants auxquels on a adjoint la petite Claude, âgée de quatre mois seulement, mais à la date du 30 mars 1548, ils sont de retour à Saint-Germain. Une épidémie ayant éclaté à Paris, Henri II et Catherine défendent de laisser approcher de leurs enfants qui que ce soit de la capitale. Au sujet de la petite Claude, qui devint duchesse de Lorraine, Catherine écrit le 4 mai 1548 : « le Roy et moy sommes d'advis que

« cette maladie qui par faute de ce luy est
« advenue: et là ou pour cela il n'en feroit
« rien, vous l'y contraindrez, car il seroit bien
« difficile que autrement il feust jamais sain. »

Malgré les soins que Jean d'Humières pouvait apporter à contraindre le dauphin à se moucher, ce n'était pas cette action si naturelle qui aurait pu rendre sain le premier des dix enfants qu'après dix ans de stérilité Catherine de Médicis donna à Henri II. Le mal venait de Catherine elle-même qui, par la crainte d'être répudiée, s'était mise entre les mains de Jean Fernel (1), premier médecin de Henri II, astro-

l'on luy donne de la pannade plus toust que autre chose, car elle luy est plus sayne que la bouillie ». Catherine envoie le 24 juillet 1548 le médecin Christophe Chrestien, médecin du Roi, auprès de ses enfants où se trouve déjà Jean Gouevrot, autre médecin. D'Humières ayant perdu sa belle-mère, Madame de Contay (Barbe de Hallwin, femme de Charles de Contay) et étant allé à ses obsèques, au compliment de condoléances du Roi et de la Reine se joint l'invitation de revenir le plus vite possible auprès de leurs enfants. — D'Humières étant mort en juillet 1559, Madame d'Humières reste chargée de la garde des enfants, auxquels on ajoute le petit duc d'Orléans et pour lequel le choix d'une nourrice est une si grosse affaire que le Roi et la Reine écrivent plusieurs fois à Madame d'Humières à ce sujet, qu'ils lui envoient le grave d'Andelot, colonel général de l'infanterie française, porteur de leurs recommandations verbales et qu'enfin, ce qui est un comble de cynisme, la maîtresse de Henri II, diane de Poitiers « Madame de Valentinois » écrit elle-même deux fois à Madame d'Humières pour le choix de cette nourrice.

(1) Né à Clermont (Oise), mort le 26 avril 1588. Il a laissé de nombreux écrits en latin, traduits pour la plupart en français. A l'expérience de Fernel venaient s'ajouter des remèdes que beaucoup de gens conseillaient à Catherine. Le connétable lui-même lui en avait envoyés ainsi que le constate cette lettre *autographe* qu'elle lui écrit : « Mon compère,

nome et mathématicien par surcroît. Le traitement que le célèbre praticien lui avait fait suivre avait opéré une sorte de miracle, mais au détriment de l'enfant dont elle allait devenir mère, et des remèdes violents qu'elle prit pendant sa grossesse ruinèrent, dès sa naissance, la santé de celui qui arrivait fort à propos pour contrarier les projets que Mme de Valentinois commençait à inspirer au roi.

A l'exemple de toutes les reines de France, Catherine n'avait pas nourri François, comme elle ne nourrit d'ailleurs aucun de ses enfants. Le dauphin fut allaité par Claude Gobelin, qui fut retenue ensuite parmi les femmes de chambre de la Reine. Le nourrisson n'oublia pas celle qui l'avait nourri de son lait. En 1559, il lui fit présent de 150 peaux de petit-gris pour faire une bordure à une robe. En 1560, il la gratifie de 230 livres « pour luy ayder à se faire « guérir et panser d'une maladie dont elle était « retenue en la ville de Paris ».

En grandissant, la langueur du jeune prince,

« je ne vous remersyré poynt de set que m'avés envoy,
« car si playst à Dieu quy me serve, je ne tyendré set
« byenfé quy ayt le plus grant qui me sayroyt à venyr, que
« de vous et mayteré poyne set (si) puis jeamés de vous
« donner à connaystre que vous n'avés poynt de mylleures
« amys ne amye que vostre bonne comère et amye CATE-
« RINE ». (Bibl. nat. fonds franç., n° 3292, f° 58.). A peine était elle enceinte de deux mois, en juin 1543, qu'elle écrit au connétable : « Mon compère, pour ce que je say byen que
« vous désirés autant que moy de me voyr des enfans, je
« vous ay bien volcu ayscrypre pour vous mander l'espérance
« d'estre grose ».

sa faiblesse et les fréquentes indispositions dont il était atteint, empêchèrent que l'on donnât à son intelligence et à son corps les soins que l'on prodiguait à ses frères, et sans lesquels l'éducation de tout jeune gentilhomme, à cette époque, n'aurait pas été complète. Ce n'était pas seulement dans les arts, mais dans les mœurs, que l'Italie avait fait sentir son influence.

Voici le portrait peu flatteur que les ambassadeurs vénitiens et les contemporains tracent de François II : « Ce prince malsain et qui, dès son enfance, avoit monstré de grandes indispositions pour n'avoir craché ne mouché... avoit un visage blafard et bouffi... comme aussi se formoit une corruption en l'une de ses aureilles qui faisoit l'office de nez lequel il avoit fort camus » (Régnier de La Planche.) D'Aubigné n'est pas moins sévère : « La face plombée et boutonnée, l'haleine puante et autres mauvois signes de santée... la Royne avait eu ses menstrues si tard que son fils estoit de ceux qu'on appelle mal-nez, ne se purgeant ny par le nez ny par la bouche, laquelle il portoit ouverte pour prendre vent... (pour respirer). Régnier de La Planche ajoute que, quand François II épousa Marie Stuart, il n'était pas pubère. » Quelques médecins avertirent secrètement ceux de Guise de pourvoir à leurs affaires, d'autant que ce Prince n'estoit pour la faire longue. Et d'avantage qu'ils ne se devoyent attendre que la Royne leur nièce eut aucuns enfants, s'ils ne venoient d'autres que luy, tant par les causes susdites que pour ce qu'il avoit les parties génératrices du tout (entièrement) constipées et empeschées, sans faire aucune action. Pierre Mathieu, historiographe de France sous Henri IV et qui écrivit l'histoire des règnes des Rois de François Ier à Louis XIII, nous apprend que François II parlait du nez : « l'obstruction du crible du cerveau *qui le fai-* « *soit parler du nez*, et les tâches qui parois- « soient en sa face rouges et livides, estoient « signes évidents d'une mauvoise habitude et « d'une courte vie ».

Suriano, ambassadeur de Venise pendant le si court règne de François II, le dépeint comme « naturellement roide et sévère » et comme « ayant peu d'esprit. » Les autres ambassadeurs qui s'étaient succédé sous le règne de Henri II, Dandolo, Capello, Soranzo, s'accordaient à trouver le jeune dauphin : « taciturne, bilieux, obstiné, moins enjoué que ne le comportait son âge. »

François II ne devait pas sa mauvaise santé à la syphilis dont avait été très fortement atteint François Ier et dont les effets se seraient fait sentir sur le petit-fils en épargnant le fils. C'est une imagination de Michelet, le mal qui le minait et qui causa sa mort prématurée était une inflammation suppurée de l'oreille gauche, maladie actuellement connue sous le nom de « végétations adénoïdes du pharynx nasal » Le docteur Potiquet le démontre victorieusement dans un curieux petit volume. *La maladie et la mort de François II roi de France.* (Paris, 1894.)

C'était donc avec la jeune Reine un si grand contraste que l'on a peine à prendre au sérieux l'étendue des regrets qu'elle fit paraître après la mort de François II et qu'elle traduisit dans une élégie où on relève notamment cette strophe :

> Si je suis en repos
> Sommeillant sur ma couche,
> Lors qu'il me tient propos,
> Je le sens qui me touche :
> En labeur, en recoy,
> Toujours est près de moy.

Comme la reine de Navarre, sa belle-sœur, Marie Stuart était un bel esprit, ce que l'on appelle aujourd'hui un bas bleu. A l'âge de treize ou quatorze ans, elle avait récité au Louvre, en présence de toute la cour, un discours latin de sa composition où elle soutenait, contre le préjugé commun à cette époque, qu'il sied aux femmes d'être instruites et que la science est pour elles une grâce de plus.

Marie Stuart, tant soit peu pédante, composant des discours en latin, faisant des vers français, écrivant des lettres bien tournées, s'exprimant avec charme et distinction, jolie femme et très recherchée dans sa toilette, n'était pas celle qui convenait au chétif François II, au fils blême et languissant de ce robuste joûteur, de haute taille et de carrure athlétique, auquel on ne pouvait reprocher que le teint basané de son visage. Étant donnée la somme des qualités et des défauts dont cette princesse fournit des preuves par la suite, il est permis de croire que si elle eût vécu sur le trône de France, la rivalité de la jeune reine et de la reine-mère aurait ajouté quelques guerres civiles de plus à celles qui devaient ensanglanter les règnes des fils de Henri II.

On aurait eu les Montmorency contre les Guises, la scission des catholiques qui eût fait la partie belle aux disciples de Calvin.

II

Préliminaires

Quand la petite Marie Stuart avait été envoyée en France par la régente sa mère, Marie de Lorraine, c'était uniquement pour la soustraire au mariage anglais qui aurait placé les deux couronnes sur la tête d'Edouard VI. L'idée de la réunion, sous le même sceptre, de l'Ecosse et de la France, n'avait germé dans l'esprit de personne, moins des Guises que de tous autres, car le connétable faisait bonne garde autour de Henri II et aucune influence ne semblait en état de contrebalancer celle de l'homme que le roi appelait « son compère ». Le vieux Montmorency, seul, avait peut-être démêlé quelque vague projet, mais il pouvait se reposer, pour y mettre un puissant et constant obstacle, sur sa faveur à laquelle rien n'avait pu faire échec, et sur les sentiments de haine que Catherine de Médicis nourrissait contre les princes lorrains.

Mais la bataille de Saint-Quentin, ce sanglant désastre comparable à Crécy et à Azincourt, vint justifier une fois de plus le proverbe contemporain :

> Fortune varie comme la lune,
> Aujourd'hui sereine, demain brune.

Malgré la valeur avec laquelle le connétable s'était comporté dans cette journée qui décida de la construction de l'Escurial, et où, payant vigoureusement de sa personne, les Espagnols n'avaient pu s'en rendre maîtres qu'alors qu'il était blessé à la hanche et engagé sous le corps de son cheval, il se racontait à la cour et partout que son imprévoyance et son obstination avaient été les principales causes d'une défaite qui nous coûta tout ce que nous avions conservé en Italie, sans compter la honte du traité. Au maréchal de Saint-André (1), qui lui faisait des observations, il avait répondu par un de ces « rabrouements » dont Brantôme cite quelques-uns d'un pittoresque achevé, et qui ferma la bouche à tout le monde, excepté au capitaine d'Oignon ou du Doignon, lieutenant de sa compagnie de gens d'armes, qui avait appris à son école à toujours dire ce qu'il pensait sans

(1) Jacques d'Albon de Saint-André, né vers 1505, maréchal de France en 1547, tué à la bataille de Dreux, le 19 décembre 1562; il avait été fait prisonnier par Jean Perdriel; seigneur de Bobigny et de Mézières près Dreux, connu sous le nom de M. de Mézières, dont le père, Pierre Perdriel, seigneur de Bobigny, notaire et secrétaire du Roi et greffier de la ville de Paris, s'était ruiné pour cautionner le maréchal de Saint-André auprès de ses nombreux créanciers. Saint-André avait chassé Mézières de chez lui, et, provoqué par celui-ci, avait refusé de se battre, en donnant comme raison la basse extraction du provocateur. Saint-André lui avait même suscité une querelle avec un gentilhomme nommé Saint-Sernin, mais Mézières le tua en duel. Saint-André était en outre membre du Conseil privé, premier gentilhomme de la Chambre et gouverneur du Lyonnais.

y mettre de formes : « Bon homme, dit le « connétable, laissez-moi faire. » Mais quand les affaires se gâtèrent, comme le connétable lui criait à son tour : « Bon homme, que faut-il « faire? » « Je n'en sais rien, répliqua d'Oignon, « mais il y a deux heures, je le savais bien. »

Cette captivité du connétable était encore, malgré tout, un coup de fortune pour lui, car, c'est Brantôme qui l'atteste, s'il était revenu à la cour après sa défaite, le roi lui aurait fait un mauvais parti. Prisonnier, Henri II « ne le regretta guère », et d'accord en cela avec Philippe II bien aise de le tenir, il le lui aurait laissé volontiers, n'eût été que le cardinal de Lorraine avait eu le tort de ne pas ménager Mme de Valentinois, qui inspira au roi le désir de faire la paix avec l'Espagne et de charger le connétable de la conclure.

Dans l'intervalle, ce prélat, maître de l'esprit du Roi par la favorite, avait fait rappeler le duc de Guise d'Italie et lui avait fait accorder les patentes de lieutenant-général du royaume, ce qui l'élevait au-dessus du connétable. Le duc de Guise, accouru d'Italie, avait largement acquitté sa dette par la reprise de Calais sur les Anglais (1), de Guines, de Thionville,

---

(1) Investie le 1er janvier 1558, la place capitula le 8 janvier. Un des mieux faisants dans cette expédition, fut Jean de Monchy, seigneur de Senarpont (Somme), d'une très noble famille du Ponthieu ou Basse-Picardie, qui avait commencé par être simple homme d'armes dans la compagnie des ordonnances de M. de Vendôme en 1519. Il devint

d'Arlon et de Dunkerque. A la faveur de ces victoires répétées, et aussitôt après la prise de Guines, le duc et le Cardinal, tout à fait en faveur, avaient réussi à arrêter et à faire célébrer, malgré Diane et Catherine, le mariage de leur nièce Marie Stuart avec le dauphin François.

Le connétable se hâta de conclure la paix, et de retour à la cour, il retrouva son ancien crédit, grâce à l'appui de Mme de Valentinois qui n'hésita plus à se déclarer ouvertement contre les Lorrains. Mais il était trop tard, et la mort inattendue de Henri II ruinait d'un seul coup toutes les espérances du connétable et affermissait la domination des Guises, entre les mains desquels le pouvoir semblait tombé pour toute la durée d'un long règne.

Le traité de Cateau-Cambrésis avait arrêté le duc de Guise au milieu de ses exploits, mais il allait trouver comme une sorte de dédommagement dans les troubles que le cardinal de Lorraine réussissait à préparer et où il espérait être appelé à jouer un grand rôle. Aussi habile mais plus violent que lui, le cardinal avait

---

ensuite chevalier de l'Ordre du Roi, capitaine de cinquante hommes d'armes des ordonnances, lieutenant-général de Picardie le 9 juillet 1550 et mourut en octobre 1569. Il fut « inhumé à la huguenotte, car il estoit huguenot », dit un manuscrit contemporain. Catherine de Médicis qui le soupçonnait sans en avoir la preuve, le ménageait et lui écrivit plusieurs lettres flatteuses qui avaient pour but de le maintenir dans l'obéissance.

pressé Henri II de tenir les engagements qu'il avait pris et dont le duc d'Albe, venu à Paris au mois de mai pour le mariage d'Élisabeth de Valois avec son maître, réclamait l'exécution. L'édit d'Écouen qui ordonnait au Parlement de condamner à mort toute personne convaincue d'avoir embrassé la religion nouvelle, avait été enregistré sans opposition, mais il y excita une telle fermentation qu'à l'instigation du premier président Gilles Le Maître, poussé lui-même par le cardinal, Henri II vint au Parlement et après lui avoir adressé de violents reproches sur sa tiédeur en matière de religion et sa modération envers les hérétiques, il fit arrêter séance tenante, par Montgomery, capitaine de la garde écossaise, six conseillers qui lui avaient été dénoncés comme étant les chefs de l'opposition. Parmi eux étaient Louis du Faur et Anne du Bourg (1), ce dernier neveu du chancelier de France de François Ier.

Ceci se passait le 14 juin. Quinze jours après, Henri II était mort. Du palais des Tournelles où il agonisait, il pouvait voir les murailles de la Bastille où étaient captifs les six conseillers, et on rapporte qu'on l'entendit s'écrier qu'il craignait d'y avoir fait enfermer des innocents.

Quoiqu'il en soit, comme ce regret tout plato-

---

(1) Anne du Bourg était né à Riom en 1521. Il était conseiller clerc au Parlement. Son oncle, Antoine du Bourg, baron de Saillans, chancelier de France le 6 juillet 1535, était mort à la fin de novembre 1538.

nique n'avait été accompagné d'aucun ordre d'élargissement, cinq des prisonniers pourvurent à leur salut en se rétractant. Anne du Bourg seul persévéra dans sa croyance, et les portes de la prison ne devaient s'ouvrir devant lui que le jour où on le conduisit à la place de Grève.

III

Les Huguenots et leur Organisation

La violence appelle la violence, dit-on. Il est certain que les édits de Chateaubriand et d'Écouen (1), par la rigueur de leurs dispositions, provoquèrent la conjuration d'Amboise et toutes les guerres qui, pendant vingt-cinq ans, déchirèrent et ruinèrent le royaume. De ce chef, Henri II laissait une bien lourde succession à l'enfant qui le remplaçait sur le trône.

Henri voulait qu'il n'y eût qu'une religion, afin qu'il n'y eût pas de partis dans l'État. Gaspard de Saulx-Tavannes dit : « qu'il haïs-
« sait les calvinistes plus pour son État que pour
« la religion, en crainte que les étrangers ne
« s'aidassent de ses sujets, contre lui, ainsi que
« s'étaient aidés les princes luthériens d'Alle-
« magne contre l'empereur ». Les moyens qu'il employa pour atteindre le but qu'il poursuivait eurent pour résultat de développer l'hérésie. « Les protestants étaient si opiniâtres et si
« résolus en leur religion, dit Michel de Castel-

---

(1) L'édit de Chateaubriand, en 46 articles, fut rendu le 27 juin 1551.

« nau, que lors même que l'on était le plus déter-
« miné à les faire mourir, ils ne laissaient pour
« cela de s'assembler, et plus on en faisait de
« punition, plus ils se multipliaient. » En 1551,
il n'y avait qu'un seul temple protestant en
France : on en comptait deux mille à l'avénement de François II. On faisait des prêches
publiquement, au mépris des édits, on faisait
des processions, des associations et des col-
lectes. Le Parlement hésitait à poursuivre les
membres d'une secte qui avait pour chefs
avoués deux princes du sang, Antoine de
Bourbon, roi de Navarre, et Louis de Bourbon,
prince de Condé, et les trois frères de Coligny,
neveux du connétable, Gaspard, amiral de
Coligny, Odet, cardinal de Châtillon et évêque
de Beauvais, et François, seigneur d'Andelot,
colonel-général de l'infanterie.

L'audace de ces grands personnages était
telle que d'Andelot, mandé par le roi, pendant
qu'il dînait avec le dauphin François, ayant
répondu arrogamment aux remontrances de
Henri, qu'il se faisait gloire d'appartenir à la
religion de Calvin et qu'il regardait la messe
comme une abominable impiété, le roi, outré
de colère, saisit une assiette pour la lui lancer à
la tête; mais rougissant de ce premier mouvement, il la jeta avec tant de violence sur le
carreau, qu'elle se brisa, et qu'un fragment
alla atteindre et blesser le dauphin qui s'était
levé pour s'interposer entre eux. Cet éclat avait

valu à d'Andelot le château de Melun pour prison, et la perte de sa charge de colonel-général de l'infanterie, donnée à Blaise de Montluc.

Les ambassadeurs vénitiens, très curieux observateurs, n'avaient garde d'omettre, dans leurs récits, des remarques sur l'organisation des Huguenots et voici comment ils s'expriment à ce sujet : « Aucune province, dit l'un
« d'eux, n'est exempte de protestantisme, à
« l'exception du bas peuple qui fréquente tou-
« jours avec zèle les églises : les autres ont
« apostasié, principalement les nobles et pres-
« que tous les hommes au-dessus de quarante
« ans ». Jean Correr, qui écrivait en 1569, étudie l'organisation du parti dans un ensemble de plusieurs années, et ce qu'il dit s'applique à l'époque où les Huguenots se fortifiaient en vue de leur première prise d'armes, c'est-à-dire aux premiers mois du règne de François II.

« Par ce nom de huguenots, on désigne trois
« classes de personnes, les nobles, les bour-
« geois et le peuple. Les nobles se sont mis
« dans la secte, poussés par l'ambition de
« supplanter leurs ennemis; les bourgeois allé-
« chés par les douceurs de la liberté et l'espoir
« de s'enrichir avec les biens des églises; les
« gens du peuple enfin, entraînés par de
« fausses croyances. Ainsi on peut dire que
« le mobile des uns a été l'ambition, celui des
« autres la cupidité et celui des derniers l'igno-
« rance. Dans chaque province, ils avaient un

« chef dont l'autorité contrebalançait celle du
« gouverneur royal, quand par hasard ce gou-
« verneur n'était pas lui-même un des leurs.
« Sous ce principal chef, il y en avait quantité
« d'autres, subordonnés les uns aux autres à
« différents degrés, tous gentilshommes consi-
« dérés et de noble maison, qui, répandus dans
« le pays, où, à cause de cela, ils avaient toute
« autorité et tout pouvoir, tenaient en main le
« menu peuple. Venaient ensuite les ministres
« de cette religion, lesquels, avec une incroya-
« ble diligence, instruisaient le peuple, le
« confirmaient dans ces nouvelles croyances
« et s'employaient par tous les moyens à faire
« de nouveaux prosélytes. Si nos prêtres catho-
« liques se donnaient la moitié de cette peine,
« notre Religion ne se trouverait pas dans la
« confusion où elle est aujourd'hui. Ces minis-
« tres faisaient quelquefois, dans leurs temples,
« des quêtes auxquelles des gens de la plus
« basse condition contribuaient volontiers.
« Cet argent profitait aux nobles et aux bour-
« geois; sans lui les princes n'auraient pas pu
« faire de semblables dépenses qui auraient été
« plutôt le fait de Rois que de Princes ou de
« semblables gentilshommes. Tel était l'ordre
« qui les liait tous et qui rendait leur liaison si
« étroite, leur volonté si unanime, qu'ils
« pouvaient correspondre facilement, obéir
« promptement et exécuter de suite ce qui
« leur était commandé par leurs chefs ».

Les derniers traits de ce curieux tableau sont corroborés par La Noue dans son rude langage : « Les disciples de la picorée qui ont cette « propriété de savoir vaillamment prendre et « lâchement donner, s'acquittèrent de leur « devoir beaucoup mieux qu'on ne cuidoit. « Jusqu'aux goujats (valets d'armée), chacun « brilla, et l'émulation fut si grande qu'à la fin « on réputa à déshonneur d'avoir peu contri- « bué. » De son côté, le duc d'Alençon écrivait ceci dans une lettre (Fonds Du Puy, vol. 67, f° 54, Bibl. nat.) : « Ils s'égalent non seulement « aux Rois et aux Princes, mais les surmontent « en superbes et intolérables dépenses ».

A côté du mal, l'ambassadeur vénitien indiquait à la sérénissime République ce qu'il croyait être le remède, et il est curieux de constater que ce remède n'était autre chose que ce que Charles IX fit le jour de la Saint-Barthélemy. C'était la politique des républiques italiennes.

I

Le Trousseau d'une Fille de France

Avant de poursuivre, et pour être fidèle au plan que je me suis tracé, je m'arrêterai un instant sur des documents qui intéressent l'histoire du costume et celle de l'armée.

Les fêtes données par Henri II, et qui lui coûtèrent la vie, avaient pour but de célébrer le mariage de sa fille, Elisabeth de Valois, avec Philippe II, et de sa sœur Marguerite de Valois avec Philibert-Emmanuel, duc de Savoie. Voici le trousseau que Henri II et Catherine donnèrent à leur sœur : il comporte l'ameublement élégant d'une chambre de jeune mariée, celui des filles d'honneur, les détails de l'écurie et les vêtements. C'est une page de la vie privée :

Une tapisserie de velours « cramoisy violet, bordée de toile d'or frisé » pour tendre les murailles de la chambre, avec le lit « à grand ciel et dais », les chaises et les tabourets de même ; une « table de nuit » couverte d'un tapis de velours frangé d'or ; « un coffre de nuit » avec une serrure dorée et les quatre coins garnis d'argent ; un miroir « et le valet pour le tenir » accoutré d'or ; une pelotte de même velours, garnie d'argent doré ; une poche de velours violet à retroussis d'or, pour mettre les peignes, avec des « petites époussettes à nettoyer les peignes », au manche recouverts de velours violet ; des vergettes à battre les habits, avec leurs manches décorés de même ; un poinçon et une longue aiguille dorés et deux petites chaufferettes d'argent ; deux tapis « velus » ou descentes de lit et un tapis de velours violet, bordé et frangé d'or, pour mettre sur le buffet ; une tapisserie de haute lice pour garnir la chambre, autant pour la salle et pour la garde robe ; un lit de velours violet, bordé de passements d'or ; douze linceux (draps de lit) ; douze chemises de jour ; douze chemises de nuit ; une douzaine de touailles (serviettes), « ouvrées » d'or et d'argent ; une douzaine de souilles (taies d'oreillers), ouvrées (brodées) d'or et d'argent, et de la toile de Hollande en quantité suffisante pour façonner le linge nécessaire ; un petit lit avec un pavillon de damas violet « pour celle » (la d^{elle} d'honneur) qui couchera dans sa chambre ; une paillasse pour les femmes de chambre, avec un pavillon de camelot violet, frangé de soie violette ; six « coffres de bahut » pour renfermer les hardes ; quatre lits pour les huit filles d'honneur, avec un pavillon de damas violet à franges de soie pareille ; un lit de damas vert pour la gouvernante ; une « chaière (chaise) percée » de velours violet, frangé d'or, garnie d'un bourrelet (coussin) de même et surmontée d'un pavillon de damas violet.

Les articles concernant l'écurie comprennent une litière recouverte extérieurement de velours violet à franges d'or, et doublée de satin violet « pourfilée » d'or ; les harnais des mules en velours violet à galons d'or ; une saye de velours violet et un manteau violet doublé de velours jaune pour le muletier : les vêtements de velours violet brodé d'or, pour quatre pages, et des manteaux de drap violet à bandes de velours ; les vêtements de velours violet et jaune pour quatre laquais et quatre manteaux pareils à ceux des pages ; une haquenée pour la duchesse, avec des harnais de velours violet et d'autres en drap d'or pour le lendemain des noces, et un manteau de drap violet bordé d'or, avec un chapeau de velours violet orné d'or, pour monter à cheval ; huit haquenées pour les filles d'honneur, avec leur harnachement de velours violet, et huit costumes de cheval consistant en manteaux de drap violet à bandes de velours pareil, avec un galon d'or, et huit chapeaux de velours violet, bordés d'une tresse d'or et décorés d'un bouquet de plumes violettes ; quatre haquenées pour les femmes de chambre, quatre harnachements de velours noir, quatre manteaux de drap violet à bandes de velours noir et des chapeaux de velours noir ; deux « chariots branlant » (voitures suspendues) doublés de draps violet ; trois mulets de litière ;

six mulets pour le lit et les coffres ; une grande garde robe pour mettre les vêtements dont le détail mérite d'être reproduit:

Un manteau à la royale, de velours violet fourré d'hermines « tout diapré d'or », avec la cotte et les manches de même ; quatre robes et quatre cottes de drap d'or et d'argent frisé ; quatre robes et quatre cottes de toile d'or et d'argent pleines et damassées (chaque robe étant accompagnée de la cotte pareille, il est inutile de répéter chaque fois le mot cotte) ; une robe de satin blanc « pourfilée d'or » ; une id. en damas blanc, garnie de même ; une id. en taffetas blanc avec des passements d'or à jours larges de quatre doigts ; une id. de satin cramoisi « pourfilée » d'argent ; une id. de damas cramoisi pourfilée d'or et d'argent ; une id. de velours cramoisi, avec des passements d'or et d'argent de deux pieds de large tout autour ; une id. de velours violet pourfilée d'or ; une id. de satin violet et une de velours noir pourfilée d'or ; une id. de velours noir, garnie de passements larges à jours, d'or et d'argent ; une id. de damas violet avec de larges passements d'or à jour ; une id. de satin jaune paille, couverte de passements d'argent ; une de velours jaune paille avec un large passement d'argent à jour ; une vertugale couverte de camelot d'or violet ; une jupe de dessous de même, avec une tresse d'or dans le bas ; un manteau de nuit de toile violette doublé de même, bordé et tressé d'or ; un manteau de nuit pour tous les jours, en damas violet, bordé d'un large passement d'or à jour ; une couverture de vertugale pour tous les jours, en damas violet, avec du passement violet large, à jour, autour (1).

A présent, c'est l'argenterie : quatre flambeaux d'argent doré ; quatre chandeliers d'argent doré à mettre sur les murailles ; un valet d'argent doré pour tenir le flambeau ; un bassin à laver les mains et une aiguière dorés ; une coupe dorée ; un essai doré ; un petit bassin doré à laver la bouche ; un vase doré pour jeter la lessive sur la tête ; une petite cuvette dorée à mettre le mortier, une petite chaufferette dorée ; une buire et deux petits flacons dorés ; une bassinoire d'argent ; un bassin à laver la tête ; une cuvette à laver les jambes ; un grand et un petit coquemart ; un pot à pisser (j'en demande pardon à mes lecteurs) ; une petite cuvette à mettre la chandelle ; un bassin pour un bourrelet et un pour la chaise percée ; de la vaisselle d'argent pour servir à table.

Tel était le trousseau d'une fille de France, c'était certainement bien beau pour la petite cour de Turin, mais qu'était-ce à côté des splendeurs qu'étalait la vieille favorite de Henri II ?

---

(1) Pour l'intelligence de tous les termes employés dans ces descriptions, il faut se rapporter au chapitre suivant : *le costume sous François II*, et au chapitre XVIII, *du costume des Français sous Charles IX et Henri III*.

V

Le Costume sous François II

Un coup d'œil sur le costume en général et sur les vêtements de François II, en particulier, est tout à fait ici à sa place.

Quoique le jeune roi aimât la toilette et le luxe des vêtements, il n'eut pas comme ses frères, comme Henri III surtout, l'honneur de donner le ton et d'apporter dans la mode et la forme des ajustements des modifications sensibles. Il y eut le costume du règne de Charles IX, le costume du règne de Henri III; il n'y eut pas le costume François II. Mais il y a le costume Henri II, conservé sans modifications par son fils aîné, qui se trouve, au point de vue de la mode, absolument éclipsé entre son père et son frère puîné.

Le premier vêtement de l'homme était la camisole à manches, que l'on mettait sur la chemise. Le pourpoint à collet droit, à manches simplement aisées le long des bras et ajustées au poignet, était orné de cordonnets de soie, d'argent ou d'or cousus sur l'étoffe et assez serrés. Un pourpoint ainsi décoré était dit « tracé » d'or, d'argent ou de soie. Par-dessus le pourpoint, qui s'arrêtait à la taille en dessinant bien le buste, on mettait le sayon, qui n'était qu'un autre pourpoint aussi serré, mais avec des basques de la même largeur tout autour, qui couvraient le haut de la cuisse et par conséquent la moitié du haut de chausses. Le sayon n'avait pas de manches ni de collet; on le fermait au cou par deux ou trois boutons et on le maintenait à la taille par le ceinturon de l'épée, de sorte qu'il restait entr'ouvert sur la poitrine et laissait apercevoir le devant du pourpoint. Par-dessus le tout on jetait la cape, petit manteau court et ample, avec un large collet rabattu, descendant seulement d'un travers de main plus bas que les basques du sayon, et qui se posait d'aplomb sur les deux épaules, de manière à découvrir toute la poitrine et ne pas gêner les mouvements des deux bras. Depuis la ceinture jusqu'en bas, le vêtement se composait des hauts de chausses très courts et très bouffants, doublés de boucassin pour les faire bien bouffer; des bas de chausses en tricot de soie ou de laine, ou en serge de Florence; ces derniers étaient les plus usités. Quoique, au dire de Mézeray, Henri II portât des bas de chausses en tricot de soie dans les fêtes où il fut mortellement blessé, il n'en est pas moins certain que cette invention nouvelle ne figure pas dans les comptes de l'argentier de François II. Les souliers ou autres chaussures avaient la forme naturelle du pied. Sur la tête une toque ornée d'une petite plume, ou un chapeau ; à la ceinture l'épée suspendue sur le flanc gauche, et à droite une escarcelle remplaçait la dague que l'on ne portait plus autant, à la cour du moins. Tel était le costume ordinaire des hommes.

Pour les femmes, c'était d'abord le corps de la robe qui avait la forme d'un pourpoint ajusté, avec un collet droit et des manches serrées au poignet, légèrement bouffantes aux épaules où l'on attachait souvent d'autre manches étroites, ou mancherons, qui retombaient en flottant derrière les bras ; le corps fermé au cou et serré à la ceinture était entr'ouvert sur la poitrine pour laisser voir le devant de cotte. La jupe tombant droit et formant quelques plis, était légèrement ouverte sur le devant : elle découvrait un peu de la cotte tendue sur une vertugale beaucoup moins ample que celle du règne de François I. L'usage des crevés s'était maintenu pour les femmes ; on en mettait aux corps de manches et aux robes. Le linge ne paraissait qu'aux poignets et au collet : au collet sous forme d'une collerette godronnée et tuyautée, échancrée par devant et se tenant droite tout autour du cou jusqu'au bas des oreilles ; aux poignets sous forme de manchettes d'une semblable disposition. La coiffure était la toque avec une plume, mais plus étroite et plus haute que celle des hommes.

De la toilette de Marie Stuart, je ne dirai rien,

car c'est affaire à ses historiens. Brantôme signale, sans les décrire, « ses belles et riches « parures, soit à la françoise ou à l'espaignole, « ou avecque le bonnet à l'italienne », uniquement pour affirmer qu'elle était toujours supérieure en grâce et en beauté à toutes les femmes. Je n'insisterai pas ; quant à François II, les comptes de son argentier (Arch. nat. k. k. 126) prouvent qu'il ne regardait pas à la dépense et qu'il était royalement bien habillé. J'y relève un « manteau à la Reître » en drap noir avec un petit collet tout chamarré de menu passement, et un autre en treillis noir d'Allemagne, doublé de même, pour lequel on avait employé dix aunes d'étoffe. Le manteau à la Reître était un vêtement en forme de cloche et descendant jusqu'à mi-jambe, vêtement pour monter à cheval, pour voyager, dont les femmes faisaient aussi bien usage que les hommes. Les reîtres ou cavaliers allemands, amenés en 1555 par le comte palatin du Rhin, en portaient sur leurs armures pour se préserver de la pluie. Ils avaient mis cela à la mode sans s'en douter.

On trouve dans ces comptes des « saultz-en-barque » (les vestons du matin portent encore le même nom), vêtements nouvellement usités, avec un petit collet, ouverts par devant ou sur le côté, et bien courts, puisqu'on y employait qu'une aune un tiers d'étoffe. Il y en a deux en estamet noir de Milan, doublés de velours avec bandes de velours, des boutons à longue queue et le petit collet en treillis noir d'Allemagne. Il y a un « gaban » (aujourd'hui caban) doublé de damas blanc : des « collets », juste au corps collant avec ou sans manches, boutonné par devant, que l'on endossait par dessus le pourpoint. Il y en a un en velours noir, bordé d'une bande de velours et orné de trois bandes de velours piquées, devant et derrière ; il y en a deux en maroquin noir d'Espagne très fin, et deux en maroquin plus épais et à manches.

Le roi fait faire quatre costumes complets, chacun d'une seule nuance et de même travail : l'un se compose du pourpoint de satin rouge cramoisi, bouillonné de taffetas rouge, des hauts-de-chausses de velours rouge, bordés, bouillonnés et chamarrés de satin cramoisi, et des bas-de-chausses en serge rouge ; le second est en satin violet cramoisi, avec les hauts-de-chausses de même, en velours pour le haut, en serge pour le bas ; le troisième est en satin, velours et serge jaune paille ; le quatrième en satin, velours et serge grise : chacun de ces costumes était accompagné des souliers, du ceinturon d'épée, de l'escarcelle, des fourreaux de l'épée et de la dague en velours de même nuance. On lui fournit encore trois pourpoints en satin noir de Gênes, doublés de boucassin, puis de taffetas blanc dont deux « à manches coupées » et un bouillonné de taffetas noir : et, pour aller avec, des hauts-de-chausses en serge noire de Florence, bordés et chamarrés de velours noir, avec des bas-de-chausses en treillis noir d'Allemagne, pour mettre sous ses bottes quand il monte à cheval. Si, au contraire, c'est pour marcher, les hauts-de-chausses sont en velours noir, bordés, chamarrés et bouillonnés de satin noir, avec des bas-de-chausses en serge noire de Florence, doublés de serge blanche. Ces costumes sévères sont complétés par une saye en velours noir, bordée et chamarrée de velours pareil (neuf aunes pour la saye et trois aunes pour les ornements); par des souliers à l'espagnole, un chapeau, un ceinturon d'épée et une escarcelle, le tout en velours noir.

De là il faut tirer cette conclusion que, pour monter à cheval, à cette époque de suprême élégance, on avait le bon goût de choisir des vêtements d'une nuance sombre et des effets solides et d'un prix modéré. Ce que faisait le Roi, toute la noblesse du royaume devait le faire.

Le jour de Pâques 1560, qui tomba le 14 avril, le roi portait un pourpoint, une robe et un collet en velours noir, garni de 90 aunes de passement d'or et d'argent, large de trois doigts, et de 180 aunes de bisette d'or et d'argent, dentelée des deux côtés pour accoster le passement à droite et à gauche : sur le pourpoint et sur le collet, il y avait 20 aunes de passement d'or à bouillons. Le haut-de-chausses était en velours blanc et les bas de chausses en serge blanche de Florence.

Dans ces comptes, aussi curieux qu'instructifs, il faut relever encore des bonnets de nuit en satin noir de Gênes, des chapeaux de velours noir piqué de soie, des chausses à l'espagnole en velours noir bordées et chamarrées de satin noir de Gênes, en satin noir bordées et chamarrées de velours, en serge noire de Florence bordées et chamarrées de velours et toujours avec les bas-de-chausses en serge noire ; des « chaussettes » en toile de lin chamarrées de passement blanc et noir pour mettre sous les bottes afin de ne pas salir ni graisser les bas-de-chausses. La lingère du roi fournit douze chemises « à collet droit, ouvrées fort riche, ouvrage « de Florence, point de Flandre », et douze chemises « de jour à collet renversé, ouvrées de point de Florence, fort riches » ; il y avait entre les unes et les autres cette distinction que quand le collet est renversé ou rabattu, il est uni ainsi que les poignets, sauf les broderies et les perles ; quand le collet est droit, le collet et les poignets sont froncés. Le gantier fournit des gants de chamois double, des gants de « cabron chamarrés à la reistre, doublés d'un petit chevrotin », des gants de chamois « fort longs sur les bras, passementez de menus passements ». Le chaussetier, qui a fourni les bas-de-chausses de tous les costumes, fournit de plus une paire de « soubre-chausses » de serge noire avec ceinture en ruban de soie noire que, dans les temps froids, le Roi mettait sous ses chausses. Le chapelier fournit tous les ceinturons d'épée avec leurs pendants, les toques et chapeaux de velours, plus trois feutres fins d'Espagne, doublés en dedans « et sous le rabat » en velours et avec « deux oreilles de velours » et entourés de cordons de fine soie à petits glands. Le cordonnier fournit des bottes en vache grasse, des bottes de vache « façon de Lyon » doublées de maroquin, des souliers de maroquin blanc d'Espagne, des souliers à hauts quartiers, bordés de velours, des bottines « à picquer devant » (pour monter à cheval) en maroquin d'Espagne, des bottines de « peau de Rôme, veloutées, piquées de soie », des « bottes seiches » doublées de maroquin, ou bottes que l'on ne graisse pas, des bottines blanches fermant à boutons ; des bottes de vache « renversées fort grandes »; des bottines de vache « renversées » et enfin des pantoufles en velours noir.

Si le règne de ce roi d'une année s'était prolongé, il est permis de prédire qu'il aurait été une providence pour ses fournisseurs. Dans ces recherches de costume, ne faut-il pas reconnaître l'influence de la jeune et élégante Marie Stuart ?

J'ai dit que le costume, à l'époque de Henri II et de François II, était identique. Ce n'est donc pas m'écarter de mon sujet que d'emprunter aux Commentaires de Blaise de Montluc (1)

---

(1) Les Montluc étaient une branche de la famille de Montesquiou. Montluc menait de front la guerre et la galanterie, car ceci se passait précisément pendant qu'il défendait Sienne contre les Impériaux ; il ne rendit la ville qu'à la

la description d'un ajustement des plus galants qu'il endossa en Italie, à Sienne, en 1555, alors que, quoique âgé de 55 ans, il y avait sous jeu quelque galanterie avec une belle italienne. C'est à proprement parler le costume d'un courtisan de l'époque de François II : « Je me fis
« bailler (donner) des chausses de velours cra-
« moisy, couvertes de passement d'or et fort des-
« coupées et bien faites, car au temps que je les
« avois fait faire, j'estois fort amoureux. Je prins
« le pourpoint tout de même (tout pareil), une
« chemise ouvrée de soye cramoisie et de filet
« d'or bien riche ; puis prins un collet de buffle
« et me fis mettre le hausse-col de mes armes
« (le colletin de son armure) qui estoient bien
« dorés. En ce temps je portois gris et blanc,
« pour l'amour d'une dame de qui j'étois le ser-
« viteur lorsque j'avais le loisir ; et avois encore
« un chapeau de soie grise faist à l'allemande,
« avec un grand cordon d'argent et des plumes
« d'aigrette bien argentées. Puis me vestis un
« casaquin de velours qui étoit garni de petites
« tresses d'argent à deux petits doigts l'un de
« l'autre et doublé de toile d'argent, tout des-
« coupé entre les tresses, lequel je portois en
« Piémont sur les armes ».

dernière extrémité après un siège mémorable, en avril 1555. Quinze ans après, en 1570, au siège de Rabasteins, qu'il prit et fit brûler, Montluc reçut au visage une arquebusade qui le défigura tellement que les belles dames de Sienne n'auraient jamais pu le reconnaître, car il porta depuis lors un masque jusqu'à sa mort, arrivée en 1577.

VI

Les Armes de François II

Du costume civil de François II il est tout naturel de passer à son costume militaire, à ses armes.

Les comptes de l'argentier (Arch. nat. K. K. 126) relatent que, pendant la durée de son règne, François II acheta d'abord cinq épées avec leurs dagues pour accompagner chacun des cinq riches costumes décrits dans le précédent chapitre : les ceinturons et les fourreaux étaient assortis aux couleurs de chacun de ces costumes. Pour les costumes noirs, il y avait une épée et une dague à gardes noires, en fer noirci, les fourreaux en velours noir avec ceinturon et les pendants d'épée en velours noir, à boucles et ferrures noires, et 24 boutons en fer noir appliqués sur le ceinturon. Pour le costume en satin et velours rouge, une épée et une dague dont les gardes représentaient des personnages en damasquinures d'or et d'argent, les fourreaux et le ceinturon en velours rouge avec les boucles et ferrures pareilles. Pour le costume en satin de velours jaune paille, une épée et une dague damasquinée d'or, les fourreaux en velours jaune et le ceinturon de même, avec une escarcelle pareille, garnie de douze boutons d'or fin à petites houppes de même, bordée d'un galon d'or et les ferrures et boucles damasquinées d'or. Pour le costume en satin violet cramoisi, une épée et une dague damasquinées d'or et d'argent à la Moresque, avec les fourreaux, le ceinturon et ses pendants en velours violet. Enfin une autre épée et la dague, les gardes brunies, à quillons et à pommeaux terminés en olives, avec un ceinturon en velours noir à ferrures brunies. Le Roi mettait celle-ci « pour aller à l'Assemblée » (1).

Remarquons, en passant, que les comptes donnent un démenti à ce que j'ai allégué plus haut, à savoir que l'escarcelle tendait à remplacer la dague à la ceinture. Toutes les épées sont munies de leurs dagues et l'escarcelle se porte par surcroît.

Pour le chapitre des armes on trouve encore la fourniture de deux ceintures de buffle, piquées de soie, à deux pendants et garnies de « belles ferrures à crosse vernies claires » pour porter à la chasse ; une paire de manches de mailles très fines pour mettre à un haubergeon

---

(1) Par cette expression, qui revient assez fréquemment dans les comptes royaux, à propos de costumes et d'armes simples, il faut entendre qu' « aller à l'assemblée » cela signifiait monter à cheval pour quelque expédition, quelque voyage ou quelque chasse. Pourquoi, s'il en était autrement, les vêtements seraient-ils toujours simples, de nuances foncées et les armes unies ?

de mailles que le « sommelier d'armes » (c'est le titre que portait l'armurier du roi) avait dû faire rélargir de quatre rangées de mailles de chaque côté et garnir sur le bord d'un satin rouge.

Il me reste, quoique les comptes de l'Argentier n'en fassent pas mention, à parler de l'armure de François II, dont l'authenticité n'est pas douteuse, puisqu'avant d'être placée au Musée des Souverains et finalement transférée au Musée d'Artillerie, elle était conservée dans le garde-meuble de la Couronne. Vu le peu d'épaisseur du métal et la légèreté de l'ensemble, c'est un harnais de parade plutôt qu'un harnais de guerre, et il est certainement sorti des mains du même armurier qui fabriqua les deux armures de Charles IX et de Henri III, placées à côté d'elle. Cette armure se compose de l'armet à double visière et à haute crête, du colletin articulé, de la cuirasse conforme au pourpoint du costume civil, des brassards complets avec les grandes épaulières arrondies et symétriques, des gantelets et des courtes tassettes presque carrées, couvrant seulement un peu plus bas que les bouffants des hauts-de-chausses, c'est-à-dire jusqu'aux deux tiers de la cuisse, descendant jusqu'à un travers de main au-dessus du genou. La botte longue, en vache grasse, tenait lieu des cuissards, des grèves et des pédieux que ne portaient plus guère que les hommes d'armes des compagnies d'ordonnance ou les gentilshommes qui n'approchaient pas la cour. L'armure montée mesure 1 m. 30 du sommet de l'armet à l'extrémité inférieure des tassettes ; or, en supposant un homme de 1 m. 75 chez lequel, du sommet de la tête jusqu'au bas des cuisses, on compte 1 m. 19, il faut en conclure que François II mesurait de la tête aux pieds 1 m. 87.

Cette armure est de fer battu, ciselée et entièrement dorée. L'ornement consiste en un quadrillé serré qui remplit tous les fonds, et des bordures de rinceaux entourant toutes les pièces. Sur le haut du plastron de la cuirasse, on remarque le portrait, en buste, du roi, en costume civil et coiffé d'une toque; au-dessous le croissant, emblème de Henri II, et la salamandre couronnée, emblème de son aïeul, François Ier, qui avait aussi été son parrain.

C'est le seul objet authentique qui nous reste du roi François II (1).

(1) Les comptes royaux (argenterie du Roi, 1560, livre 52, Arch. nat., KK, 156), mentionnent ceci : « Pour deux curedens d'argent ung estuil (étui) aussi d'argent, tout taillé de moresque (dans le style moresque) avec des F couronnés... façon de cure-dens et cure-oreilles, ensemble l'estuil aussi d'argent, tout taillé d'espagne, à la moresque (c'est-à-dire à fonds champlevés ou hachés pour faire mieux ressortir les sujets gravés), des lettres de F couronnés, le tout meslé... Façon d'un estuil d'or garni d'ung cure-dens et ung cure-oreilles, enrichy de couronnes émaillées de rouge et blanc... »

VII

L'Infanterie française.

L'armure de parade de ce jeune prince, qui n'eut jamais l'occasion d'endosser l'armure de guerre, sert de transition pour parler de l'organisation de l'armée, ou pour s'exprimer plus exactement, pour faire connaître le sentiment des ambassadeurs vénitiens sur notre armée. Ils sont, en vérité, assez contradictoires. S'agit-il des généraux, voici ce que dit Jean Correr, à la date de 1569 : « Parmi cette no-
« blesse et parmi les princes, à vrai dire, il
« n'y a personne qui mérite le nom de grand
« capitaine, à qui on puisse confier une armée
« avec l'espoir d'en tirer de bons résultats.
« Il y en a pourtant beaucoup qui se croient
« importants, qui ne veulent pas céder les uns
« aux autres, et ces rivalités ont causé un grand
« préjudice à la couronne. » Marc-Antoine Barbaro, qui écrit en 1563, à l'instar de Brantôme qui répand à pleines mains l'éloge sur tous les hommes de guerre, dit : « Quant aux
« généraux, on peut dire avec raison que le
« roi de France en a toujours eu d'excellents.
« Il y a aujourd'hui le roi de Navarre, le conné-

« table, auxquels un Français et je dirai même
« un Italien ne saurait en remontrer dans l'art
« de la guerre (1) : M. de Guise, homme incom-
« parable dans ce qui est du conseil, de l'ex-
« périence et de la bravoure ; l'amiral, un
« modèle de vaillance ; Brisssac et Saint-André,
« d'Aumale très populaire dans l'armée, et bien
« d'autres encore. »

Pour l'infanterie, Marc-Antoine Barbaro
(1563) rapporte qu'elle est, « en grande partie,
« composée de Gascons, hommes bien disci-
« plinés et aguerris, dont le nombre peut
« s'élever à 8,000 environ. Pour le reste, ce
« sont principalement des Allemands et des
« Suisses. » Déjà, en 1511, Machiavel avait dit :

(1) On est vraiment tenté de se demander si le Vénitien ne raillait pas et n'avait pas pour objet d'amener le sourire sur les lèvres des graves sénateurs du gouvernement. Le connétable de Montmorency, sous sa brusquerie, sa brutalité même, cachait un esprit distingué et surtout une ambition effrénée. Mais son incapacité militaire était formellemeut établie. S'il fut fait prisonnier aux batailles de Pavie, de Saint-Quentin et de Dreux, s'il fut tué à la bataille de Saint-Denis, à un âge assez avancé pour qu'il ait pu lui servir d'excuse à ne plus revêtir l'armure, cela prouve seulement en faveur de sa bravoure. Comme général, il se fit battre le 29 avril 1522 en Italie, à la Bicoque, ce qui nous fit perdre le Milanais, mais ce qui ne l'empêcha pas d'être élevé, la même année, à la dignité de maréchal de France ; il fut l'unique cause de la défaite terrible de Saint-Quentin, le 10 août 1557; en 1553, il avait laissé prendre aux Impériaux Thérouanne et Hesdin. Eufin, il ne put gagner les deux batailles de Dreux et de Saint-Denis, où son armée fut victorieuse, puisqu'il fut pris dans l'une et tué dans l'autre. On peut en dire autant du maréchal de Saint-André, perdu de dettes et fort décrié pour ses mœurs à qui le champ des intrigues était plus familier que le champ de bataille.

« Les Gascons valent un peu mieux que les
« autres; cela tient à leur voisinage de l'Es-
« pagne dont ils empruntent les mœurs et le
« caractère. Ils m'ont toujours fait l'effet,
« quand je les ai vus, de brigands plutôt que
« de soldats. Le Roi emploie de préférence les
« Suisses et les lansquenets, parce que les
« hommes d'armes n'ont pas confiance dans
« les Gascons. Si l'infanterie valait les hommes
« d'armes, cette puissance serait en état de
« tenir tête à tous les princes de l'Europe. »

L'infanterie allemande était la plus estimée par le Roi qui l'employait de préférence à tout autre. Dès 1540, Marino Cavalli le constate. Puis venait l'infanterie suisse, dont Jean Correr dit, en 1569, que « les Suisses sont pensionnaires du Roi et que celui-ci peut dire que c'est de l'argent bien employé ». Restaient les Italiens; mais, quoique Italien lui-même, Marino Cavalli ne les ménage guères. « Pour les Italiens, le
« Roi a acquis l'expérience, ainsi que les autres
« princes, que l'avarice et la lâcheté des chefs
« en ont fait une milice bien plus nuisible
« qu'utile. Aussi les chefs italiens qui servent
« la France ne sont-ils que des ingénieurs ou
« des architectes (1); ou bien, s'il y a des capi-
« taines, ils n'ont pas de soldats à leur suite.

---

(1) Il faut pourtant leur rendre cette justice que, au cours des guerres de religion, plusieurs ingénieurs italiens, employés à l'attaque et à la défense des places, surent mourir en gens de cœur, les armes à la main.

« La faute de ce désordre en est tout aux capi-
« taines qui, pour gagner davantage, promet-
« taient le double des troupes qu'ils avaient à
« leur suite. Pour remplir les rangs, ils étaient
« forcés d'enrôler les gens les plus vils; en-
« suite, afin de rendre leurs profits plus forts,
« ils volaient aux soldats une partie des sa-
« laires promis; or ceux-ci, n'étant pas payés,
« désertaient leurs postes, négligeaient leurs
« devoirs, pillaient et ruinaient les citoyens
« qu'ils auraient dû défendre, et commettaient
« toutes sortes d'excès ».

Le tableau n'est pas flatteur; mais il faut dire, à la décharge des Italiens, que tous les gens de guerre vivaient en France, pendant les guerres de religion, comme en pays conquis. Les reîtres allemands étaient les plus grands pillards du monde, et les compagnies des ordonnances elles-mêmes, quoique composées de gentilshommes, ne se faisaient pas faute de se comporter en France, comme elles l'auraient fait en pays étranger. A la fin de ces guerres, l'infanterie commença à se recruter dans le peuple, et on eut alors une excellente infanterie. Ce résultat était appréciable dès 1575; c'est Jean Michieli qui le constate : « La longue durée
« des guerres civiles a appris le métier des
« armes aux paysans; aujourd'hui ils sont tous
« bien armés, aguerris et exercés comme des
« vétérans; ils sont excellents arquebusiers. »
Un autre témoin, Jérôme Lippomano, dit en

1578 : « L'infanterie est très bien disciplinée,
« d'abord parce qu'elle est sous les ordres d'un
« homme d'épée et de tête, Philippe Strozzi,
« qui en est colonel général, ensuite parce que,
« depuis plusieurs années, elle est dans un con-
« tinuel exercice. »

Brantôme porte sur Philippe Strozzi un jugement non moins favorable que l'ambassadeur
vénitien : « Colonel général de l'infanterie fran-
« çaise de 1569 à 1581, il fit de cette troupe
« non-seulement la plus disciplinée et la mieux
« exercée, mais aussi la mieux équipée, car sa
« sollicitude s'étendait jusqu'aux moindres
« détails. Jusqu'à lui, les soldats s'étaient tou-
« jours fournis à Milan de corselets (ou cui-
« rasses) et de morions à bandes gravées et
« souvent dorées. Pour les dispenser d'en faire
« venir d'aussi loin, Strozzi avait appelé à Paris
« un marchand milanais, nommé Negro, qui
« vendait les morions gravés et dorés à raison
« de 14 écus (140 francs) pièce. Les armuriers
« français s'étant plaint de cette concurrence,
« Strozzi répondit qu'il en agissait ainsi parce
« que les armuriers français « ne vuidoient
« pas si bien les morions et faisaient la crête
« par trop haute. » Strozzi estimant ensuite que
les prix de Négro étaient trop élevés, il dé-
couvrit à Paris un doreur qui dorait à « or
desmoulu » mieux et plus solidement qu'à
Milan. On lui portait les morions tout gravés,
il les dorait et on les vendait aux soldats huit

à neuf écus (80 à 90 francs). Cela finit par devenir si commun qu'à une revue de 40,000 hommes que le duc d'Anjou passa auprès de Troyes, il y avait environ 10,000 hommes revêtus d'armes gravées et dorées.

Ce fut encore à son colonel-général que l'infanterie fut redevable de l'arquebuse perfectionnée. Avant lui, on ne se servait que de « meschans petits canons, mal montés, qu'on « appeloit à la Lucquoise, en forme d'une es- « paule de mouton, et le flasque (poudrière) « qu'on appeloit ainsy, estoit de mesme, voire « pis. comme de quelque cuyr bouilly ou de « corne ». On s'était accommodé ensuite des canons forgés à Pignerol qui étaient « un peu renforcés » mais si longs et de si petit calibre qu'on ne put s'en servir longtemps et qu'on ne les employait plus que pour la chasse. Les premières arquebuses montées de canons de Milan parurent à Strozzi pêcher en même temps par le peu de solidité du canon, par la petitesse du calibre et par l'insuffisance de la charge. Il fit forger à Milan un certain nombre de canons d'un plus fort calibre, d'une plus grande épaisseur, et capables, par conséquent, de supporter une plus forte charge, et il prouva un jour, en atteignant un mannequin à 400 pas, qu'il venait de doter l'infanterie d'une arme excellente. On se mit sur ces modèles à fabriquer des canons d'arquebuse et de pistolet à Metz et à Abbeville, et des poudrières et des amorçoirs à Blangy

(Seine-Inférieure) qui égalaient ceux que fournissait l'Italie. C'est encore également à Strozzi que l'on fut redevable de l'introduction du mousquet dans l'armée, arme si longue, si lourde à son début qu'aucun soldat ne voulait s'en charger et que Strozzi sut faire accepter en la réduisant à des proportions plus maniables.

L'artillerie, qui ne décidait pas comme aujourd'hui du sort des batailles « était en très « bon état, dit Marino Giustiniani, et de divers « calibres. J'ai vu des pièces récemment faites « à Paris, parmi lesquelles il y avait cent ca- « nons et couleuvrines doubles, d'un métal « plus ductile et moins cassant que le nôtre. « Les Français mettent moins de bronze, ce qui « rend la dépense moins forte et les transports « plus faciles. « Marc-Antoine Barbaro dit, à son tour : « Pour ce qui est des munitions, la « France a de l'artillerie, des armes et de la « poudre en quantité. » Une ordonnance de décembre 1552 avait réduit toutes les pièces de l'artillerie à six bouches à feu définies et de dimensions déterminées avec autant de précision que le comportait l'état de l'industrie du temps. Ces six bouches à feu, dénommées les six calibres de France, étaient le canon (le projectile pesait 33 livres 4 onces à 34 livres), la grande couleuvrine (poids du projectile : 15 livres, 2 onces à 15 livres 4 onces), la couleuvrine bâtarde (poids du projectile : 9 livres 2 onces), la couleuvrine majeure (poids du projectile : 2 livres), le faucon (poids du projectile : 1 livre 1 once), le fauconneau (poids du projectile : 14 onces). Il y avait enfin la grande arquebuse à croc qui pesait 33 kilos, avec un canon long de 3 pieds. Le bronze des bouches à feu était formé de 100 parties de cuivre et 10 d'étain.

C'est aussi à cette époque que fut créé le train d'artillerie. Vingt capitaines des chevaux du train devaient fournir deux cents chevaux, cinquante charretiers et vingt-cinq charrettes. Le grand-maître de l'artillerie, Jean d'Estrées (1), qui prit ses fonctions en 1550 et les quitta en 1567, attacha son nom à la nouvelle organisation. Les guerres de religion interrompirent brusquement ce mouvement remarquable. Les ordonnances de Henri II furent négligées, et comme chaque ville, chaque seigneur s'était mis à fabriquer une artillerie à son usage, Charles IX, à la paix de 1572, rendit une ordonnance, datée de Blois, pour revendiquer les droits de la couronne, qui, seule, pouvait fabriquer la poudre et les canons.

(1) Né en 1486, mort le 13 octobre 1571. Il fut remplacé par Jean Babou, seigneur de La Bourdaisière.

VIII

La Cavalerie française.

Arrivons maintenant à la cavalerie, qui était la partie essentielle et vraiment nationale de l'armée, de même que les compagnies d'hommes d'armes des ordonnances, spécialité française, étaient le noyau, le cœur même de l'armée et du pays. Avant d'entrer dans quelques développements sur cette institution célèbre, il faut énumérer les différentes troupes à cheval et donner le détail de leur équipement.

Il y avait d'abord <u>les arquebusiers à cheval</u>, armés d'un morion, d'un corselet (cuirasse sans tassettes ni cuissards), de manches et de gants de mailles, d'une épée, d'une masse d'armes accrochée à l'arçon gauche de la selle, et d'une arquebuse, appelée aussi escopette, à mèche ou à rouet, légère, longue de trois pieds, suspendue dans un fourreau de cuir bouilli au côté droit de la selle. (De Rabutin, *Guerres de Belgique*, et Guillaume du Bellay, *Discipline militaire*). Il y avait ensuite <u>les Estradiots</u>, cavalerie légère, surtout composée d'Albanais. dont on avait commencé à se servir sous le règne de François Ier. Leur équipement consistait en une bourguignote, un hausse-col ou colletin, une cuirasse avec les longs cuissards remplaçant les tassettes, des manches et des gants de mailles, une large épée au côté, la masse d'armes à l'arçon de la selle et une zagaie longue de 10 à 12 pieds et ferrée aux deux bouts (Montgomery-Courbasson, *Milice française*). Il y avait les Argoulets ou éclaireurs, que leur mauvaise tenue et leurs habitudes de pillage avaient fait surnommer des croques-moutons. Ils étaient armés comme les Estradiots, en remplaçant la zagaie par une arquebuse de deux pieds et demi de long, accrochée à l'arçon droit de la selle (Vieilleville, *Mémoires*; duc d'Angoulême, *Mémoires*.) Quant aux Carabins, cavaliers de nouvelle formation, chargés d'escarmoucher et de protéger les retraites, ils portaient un morion, une cuirasse échancrée à l'épaule droite, pour pouvoir appuyer la crosse de l'arme, la carabine dont ils tiraient leur nom, un grand gantelet montant jusqu'au coude pour la main gauche, une carabine de trois pieds et demi de long et un pistolet *(Curiosités militaires)*.

« La cavalerie française, écrit, en 1563, Marc-
« Antoine Barbaro, est supérieure à celle de
« tous les autres pays, et si l'infanterie lui res-
« semblait, il ne se serait guère trouvé de
« Royaume en état de résister à la France. A
« côté de la cavalerie non payée (la noblesse),
« combattant seulement pour la gloire et l'hon-
« neur du pays et de leur souverain, il convient

« de ranger la cavalerie soldée, composée
« d'hommes d'armes et d'archers, braves gens,
« bien montés et bien armés ».

L'institution des compagnies d'ordonnance date de 1446 ; dans l'origine, les compagnies étaient composées chacune de cent lances, représentant six cents hommes à cheval ; voici comment : on appelait lance un groupe de six hommes, marchant sous la lance de l'homme d'armes : c'était l'homme d'armes armé de sa lance, trois archers, un coutillier et un page. Comme dans l'institution, hommes d'armes, archers et pages étaient exclusivement recrutés parmi la noblesse, et comme les coutilliers étaient réputés nobles par le fait de leur incorporation dans ces corps d'élite, il s'ensuivait que le commandement d'une compagnie était un poste très recherché, et que l'on regardait comme une très grande faveur d'en obtenir un.

Le nombre des compagnies d'hommes d'armes des ordonnances a toujours été très variable. A la création, il y en avait 15. En 1559, à l'avènement de François II, il y en avait 66 ; 65, en 1560 ; 103, en 1563 ; 91, en 1564 ; 69, en 1567 ; 127, en 1570 ; en 1586, il n'y en avait pas moins de 244. Néanmoins, l'effectif du corps entier n'était pas aussi augmenté que ces chiffres permettraient de le supposer, car les compagnies de création nouvelle étaient presque toujours de 30 lances, quelquefois de 40 ou de 50, mais presque jamais de 100 lances. « Les compagnies

« — dit Marc-Antoine Barbaro — qui ont un
« effectif de cent lances, sont celles qui ont pour
« capitaines le Roi, ses frères, le connétable, le
« duc de Lorraine ou quelqu'autre prince ».

Je vais continuer de citer les ambassadeurs vénitiens et je reproduis tout ce qu'ils disent des compagnies d'ordonnance. Ce que j'ajouterai ensuite étant emprunté au texte même des diverses ordonnances des rois depuis François Ier jusqu'à Henri III, les rectifications que je ferai, s'il y a lieu, reposeront sur des documents authentiques et officiels.

Marc-Antoine Barbaro écrivait, en 1563 : « Les
« hommes d'armes ont deux chevaux en temps
« de paix, quatre en temps de guerre. Ils tou-
« chent annuellement 436 francs. Voici peu de
« temps que l'on a commencé à leur attribuer
« cette solde. Du temps du roi François Ier, l'en-
« tretien de 2,500 lances ou hommes d'armes
« et de 2,400 chevau-légers coûtait 400,000 écus.
« Les capitaines des compagnies d'hommes
« d'armes sont, pour la plupart, Français ; il y
« a pourtant quelques Italiens. » (C'était, en 1559 et en 1563 encore, le prince de Salerne, le duc de Savoie, le duc de Nemours, don Francisque d'Este et le prince de Mantoue.) Après le capitaine, et au-dessous de lui, il y a quatre autres officiers, le lieutenant dont la solde est de 800 francs, l'enseigne qui a 600 francs, le guidon 400 francs, et le maréchal des logis qui en a autant que l'enseigne. Ces compagnies

comprennent des archers armés à la légère, dont le nombre, en temps de guerre, dépasse d'un tiers celui des hommes d'armes. En 1567, Jean Correr dit à son tour : « L'armée est réduite
« à 4,000 lances, comme en temps de paix ; à
« 6,000 archers qui forment la cavalerie légère,
« car chaque lance est suivie d'un archer et
« demi sous le même homme d'armes. Ainsi
« 50 lances supposent 75 archers qui ont leur
« enseigne à part, nommé guidon. Ces dix mille
« hommes coûtent environ 1,300,000 écus ».

Si l'on entrait dans une compagnie et que l'on parvînt, en suivant la filière hiérarchique, au rang de capitaine, on devenait successivement archer, homme d'armes, premier homme d'armes, qui était distingué des autres par une solde plus élevée ; maréchal des logis, guidon, c'est à dire porte-drapeau des archers ; enseigne, c'est-à-dire porte-drapeau des hommes d'armes, puis lieutenant et enfin capitaine.

J'ai dit que, en dehors du Roi et des princes, les capitaines des compagnies des ordonnances appartenaient tous à la plus haute aristocratie. Voici comme exemple, l'état de situation des compagnies, dressé par le connétable à Chantilly, le 6 avril 1559, et signé par lui, indiquant l'effectif de chacune des compagnies, les noms des capitaines et les provinces où elles tenaient garnison : compagnies de 100 lances, le roi de Navarre, le Connétable, le maréchal de Montmorency, le duc de Guise, le duc de Savoie; compagnies de 90 lances, le maréchal de Brissac, le duc d'Aumale, le duc de Nevers; compagnie de 80 lances, le maréchal de Saint-André ; compagnies de 60 lances, le comte d'Arran, l'amiral de Coligny, le duc de Lorraine : compagnie de 50 lances, le marquis d'Elbeuf ; compagnies de 40 lances, le duc d'Orléans, le prince de Navarre, M. de la Brosse ; compagnies de 30 lances, MM. de Sansac, de Gonnor, le duc de Montpensier, le prince de la Roche-sur-Yon, d'Estampes, de Montluc, le maréchal de Termes, de Jarnac, de Burye, le vidame de Chartres, de la Trémoïlle, de la Vauguyon, comte de Charny, de la Rochefoucauld, de la Fayette, de Lude, de Randan, d'Annebault, de Longueville, le prince de Mantoue, d'Estoce, de la Mothe-Gondrin, de Vassé, de la Mailleraye, de Villebon, de Chaulnes, de Senarpont, de Morvilliers, d'Humières, de Genlis, de Bourdillon, de Crussol, de Beauvais, de Damville, le comte d'Eu, le prince de Condé, de Jametz, de Bouillon, de la Roche du Maine, de Vieilleville, le comte de Villars, don Francisque d'Este, de Tavannes, de Nemours, le prince de Salerne, de Clermont, le comte de Tende, d'Ossun, de Terride », enfin une compagnie de 20 lances, le comte de Benne (Docum. inéd. *Négoc., lettres et pièces diverses sur le règne de François II*).

Il serait trop long d'énumérer ici les édits et règlements publiés par les Rois, depuis Charles VII, touchant l'organisation des compagnies d'ordonnance. Il faut seulement s'arrêter à François Ier et à Henri II, car leurs successeurs, les trois fils de Henri II, ne s'occupèrent des compagnies d'hommes d'armes que pour rééditer les ordonnances de ces deux rois, qui, eux-mêmes, en édictant des dispositions nouvelles avaient maintenu néanmoins bon nombre de celles de leurs prédécesseurs.

Désormais, la lance se compose de huit personnes; il y a huit chevaux, dont quatre pour l'homme d'armes et quatre pour les deux archers. La solde se paie par trimestre. Les vivres sont taxés en prenant pour base le prix des denrées de chaque pays et fournis par les villages avoisinant les villes de garnison. Les habitants doivent fournir aux hommes d'armes le logement meublé et les ustensiles de cuisine « le plus gracieusement qu'ils pourront ». Il faut croire néanmoins que, pour les habitants des villes, ce n'était pas tout plaisir que de loger les hommes d'armes, car, en prévision de cette hospitalité qui les gênait fortement, paraît-il, ils étaient sujets à « rompre les esta-« bles et cheminées des chambres afin que les « gens d'armes n'y logent ». Les hommes d'armes n'avaient de valets et de pages qu'au-dessus de l'âge de dix-huit ans, et ils leur feront apprendre à tirer de l'arc pour les rendre capables de devenir archers dans les compagnies. Sous Henri II, ceci fut modifié en ce que la lance, moins pesante et moins longue que celle de l'homme d'armes. fut donnée aux archers. Les capitaines, qui étaient retenus auprès du roi par d'autres fonctions, peuvent conserver auprès d'eux six hommes d'armes et douze archers de leurs compagnies. Quant aux autres, il leur était interdit de quitter leurs garnisons, sans autorisation et sans se faire remplacer par leurs lieutenants. Dans ce cas, ils avaient la faculté d'emmener, comme escorte, quatre hommes d'armes et huit archers. C'était aux capitaines qu'il appartenait de pourvoir aux vacances qui arrivaient à se produire dans les places d'hommes d'armes et d'archers, à charge d'en faire la déclaration au commissaire qui passait la revue, à charge par les nouveaux nommés ou promus de s'équiper, à leurs frais, de chevaux et d'armures. Les capitaines, lieutenants et enseignes étaient obligés à la résidence dans la ville où les compagnies tenaient garnison, au moins pendant quatre mois de l'année, mai, juin, juillet et août.

C'est dans le même réglement, daté de la Ferté-sous-Jouarre, 30 janvier 1514, qu'il est pour la première fois question du « hoqueton » ou casaque d'uniforme que l'on endossait par dessus l'armure, en étoffe, « à la devise » autrement dit à la couleur adoptée par le capitaine. Les hommes d'armes en sont dispensés, mais les archers, pages et coutilliers sont tenus de s'en revêtir, avec cette observation que ceux qui en auraient

« couvertes d'orfèvrerie » pourraient « pour les épargner » s'en faire faire en simple drap.

Jusqu'au 12 février 1534, aucun changement ne fut apporté à la situation des compagnies des ordonnances, non plus qu'aux lois qui les régissaient. L'arrêt du Conseil rendu à cette date touche à la fois à l'armement et à la solde. Les archers sont réduits de deux archers par homme d'armes à un archer et demi, soit 150 archers au lieu de 200 pour une compagnie de cent lances et ainsi de suite. Le tiers du bénéfice de solde est réparti sur 25 hommes d'armes; ceux-ci sont obligés d'avoir pour armure : « l'armet, grands garde-bras, espaullettes (c'est-à-dire épaulières), cuirace et devant de grèves et seront leurs chevaux bardés par devant avec le chanfrein et les flançois », ce qui équivaut à dire que l'homme et le cheval continueront comme par le passé à être armés de toutes pièces. Les deux autres tiers sont dévolus à cent archers qui, à raison et comme marque de ce privilège, endosseront une casaque aux couleurs du capitaine, et portèrent pour coiffure « un habillement de tête à la bourguignonne », c'est-à-dire une bourguignote. Les cinquante autres archers auront un hoqueton tout entier aux couleurs du capitaine, et comme casque « une salade et bavière ». A dater de cet arrêt, ces privilégiés furent désignés sous le nom d'hommes d'armes et d'archers « à la grande paie ».

Les « montres » ou revues d'effectif et d'équipement se font quatre fois par an et la solde est payée le même jour ; la solde des absents ou de ceux qui ont été cassés ou qui sont morts dans l'intervalle d'une « montre » à l'autre fait retour au Roi. Le Roi crée pour chaque compagnie un office de « payeur des gens d'armes » dont la solde de 450 livres pour une compagnie de 100 lances n'est plus que de 225 livres pour celles de 50 lances et au-dessous.

C'est vers la fin du règne de François Ier que commença à se produire le fractionnement des compagnies de 100 lances. A la mort du titulaire, on prit donc l'habitude de partager sa compagnie. Une portion était laissée à l'héritier du nom ; une autre portion était donnée au lieutenant ; d'autres à des gentilshommes de merite et de renom qui attachaient la plus grande importance à ce genre de commandement. Par l'effet de ces dislocations, qui expliquent comment du chiffre de 60 compagnies on pouvait arriver à celui de 220 et davantage, on vit jusqu'à des compagnies de 20 lances. Les capitaines trouvèrent un nouveau mobile d'encouragement dans cette inégalité des effectifs qui se traduisait par une inégalité correspondante dans la solde ; une augmentation de 5 ou de 10 lances constituait un véritable avancement, et tout capitaine avait l'espoir, par ses services, de voir un jour sa compagnie monter au complet de 100 lances.

Les officiers touchent d'abord leur solde comme hommes d'armes, qui est de 180 livres (les archers reçoivent 90 livres), puis leur traitement attaché au grade, 800 livres tournois pour le capitaine, 500 pour le lieutenant, 400 pour l'enseigne et le guidon, 100 pour le maréchal des logis.

Les compagnies des ordonnances eurent à souffrir de l'édit du 24 juillet 1534, qui augmentait l'infanterie de sept légions d'arquebusiers, piquiers et hallebardiers, de mille hommes chacune. On trouva que le service dans l'infanterie était plus agréable et mieux payé. De là date le refroidissement de la noblesse pour les compagnies des ordonnances, ce qui obligea, pour combler les vides et maintenir les effectifs au complet, d'accepter dans les compagnies des roturiers qui acquéraient la noblesse en y entrant.

Henri II publia trois édits sur les compagnies, le 7 avril 1548, le 12 novembre 1549 et le 20 février 1552. Les deux premiers se bornaient à renouveler les édits de François Ier : le troisième apportait d'importantes modifications dans la solde et l'équipement et méritait d'attirer l'attention. D'abord, c'était en livres tournois et non par francs qu'il fallait compter, relativement à tout ce qui concernait la solde. On arrive donc facilement à se rendre compte de ce qu'elle aurait représenté en argent de nos jours. Ainsi, la livre tournois sous François II et Charles IX étant égale environ à 7 fr. 50 c.

il s'ensuivait que le capitaine touchait l'équivalent de 9,000 francs le lieutenant de 6,750, l'enseigne et le guidon de 6.000, le maréchal des logis de 3,750. La solde de l'homme d'armes était équivalente à 3,000 francs et celle de l'archer à 1.580 francs. En argent de ce temps-là, ceci faisait pour l'homme d'armes 400 livres tournois, 200 pour l'archer. Cette augmentation était plus que compensée par l'obligation pour tous, officiers et hommes d'armes, de s'entretenir de vivres, eux et leur chevaux, et de tout payer comptant. En garnison comme en voyage, même pour retourner chez soi, hommes d'armes et archers étaient tenus à porter constamment leurs sayes et hoquetons de la livrée du capitaine, en simple drap avec une bordure de velours ou de soie. Partout où ils prenaient gîte, il leur fallait donner le nom de leur capitaine, de leur seigneurie et du lieu de leur résidence. En quittant la garnison pour regagner leurs logis, hommes d'armes et archers devaient voyager sur leurs petits chevaux ou courtauds, tandis que les grands chevaux ou chevaux de service et les armures d'hommes et de cheval étaient conservés dans la ville de garnison. Ces armures, spécifiées par l'ordonnance de 1552, consistent pour l'homme d'armes en un armet avec ses bavières, en avant-bras et garde-bras, gantelets, solerets, grèves entières, cuissards, cuirasse avec ses goussets, épaulières avec les hautes pièces, une grande et forte lance, une épée d'armes pendue au côté, une autre plus grande épée appelée *estoc* suspendue d'un côté à l'arçon de la selle et une masse d'armes suspendue de l'autre côté : le pistolet à rouet, attaché aussi à l'arçon, est facultatif. L'équipement du cheval comprend : un chanfrein, une cotte d'armes, une barde d'acier pour le poitrail et deux autres pour les flancs. Pour l'archer, c'est une bourguignote, un hausse-col ou colletin, la cuirasse, les cuissards, les épaulières, les avant-bras, les gantelets, une lance plus courte et plus légère, l'épée d'armes au côté, la masse d'armes et le pistolet pendus à l'arçon de la selle. Pour l'archer, le pistolet est obligatoire. Cet équipement resta le même, sans modification, jusqu'au jour où Henri IV retira aux compagnies d'ordonnance l'usage de la lance, en 1605.

C'est ici qu'il faut constater pour la première fois l'usage officiel du pistolet emprunté aux compagnies de cavaliers allemands, dits Reîtres, qui avec l'aide de « cette diablerie de pistolle », comme dit un contemporain, ne redoutaient guère les longues lances de la gendarmerie : « Que pleust à Dieu, dit Montluc également, « que ce malheureux instrument n'eut jamais « été inventé ». *(Commentaires.)* Les armes à feu eurent pour résultat d'augmenter le poids et l'épaisseur de l'armure dans des proportions si notables que la noblesse se débarrassa peu à peu des armes défensives, et l'on arriva ainsi, en un siècle, à la suppression totale des armures.

Le jour des montres ou revues, il fallait comparaître en personne, revêtu de son armure et monté sur un cheval de service également armé. Quiconque se dispensait d'y assister était cassé et remplacé aussitôt. N'étaient valablement excusés que ceux qui avaient obtenu du capitaine un congé régulier, et les malades qui produisaient un certificat établi par notaire ou par juges royaux. En voici un curieux exemple : « A tous ceux qui ces présentes
« lettres verront, Charles Heu, praticien et
« prévost, à présent garde du scel royal en la
« Prévôsté de Beauvais à Grandvilliers, salut.
« Scavoir faisons que, pardevant Jehan le Roy,
« notaire du Roy, nostre dict seigneur, com-
« parurent honnestes personnes; Nicolas Lan-
« glois, licencié de la faculté de médecine,
« demeurant à Gournay, Anthoine Guerrard,
« apothicaire, demeurant à Fourmery (For-
« merie) et Mathieu Le Febvre, hostelain
« (maître d'hôtel), demeurant aud. Fourmery,
« et lesquelles et chacun d'eux en leur regard
« ont dict, rapporté et attesté pour vérité, assa-
« voir ledit Langlois, médecin, jourd'huy, à la
« prière et requeste de Gilles de Belleval,
« escuyer, homme d'armes de la compagnie
« du seigneur de Mailly, estant de présent aud.
« Fourmery gisant au lict malade, en l'hôtel
« et domicile dud. Le Febvre, lequel il avoit
« veu et visité et avoit icelluy trouvé griefve-
« ment malade en plusieurs partyes de son

« corps, mesmes à icelluy fait prendre méde-
« cine suivant son avys, aussy aud. de Belleval
« ordonné prendre plusieurs médecines pour
« la réduction à la santé, s'y faire se doibt: de
« sorte que, à raison de la maladie dont il est
« agité, et gisant au lict malade, il ne scauroit
« et ne peut faire service au Roy nostred. sei-
« gneur, porter armures, aller à pied ny à
« cheval : et par semblable récit Mᵉ Anthoine
« Guerrard en a aultant desclairé pour son
« regard, de lui avoir baillé plusieurs cristères
« (clistères) et aultres médecines par l'ordon-
« nance dud. médecin prescrites en sa maladie,
« comme il faict encor de présent ; et par led.
« Mathieu Le Febvre, a esté dict et attesté que
« samedy dernier led. de Belleval seroit arrivé
« en son hostel, depuis lequel temps il y auroit
« toujours esté tenu et couchié, comme il fait
« encor de présent. Durant ce temps, luy
« auroit survenu une malladie, tant fiebvres
« continues que aultres malladies tellement
« que est mallade, estant entre les mains des
« médecins et cirurgiens en grand danger de sa
« personne ; depuis lequel temps luy a convenu
« prendre médicaments, comme il avoit ce jour-
« d'huy faist suivant ordonnance de médecin.
« A raison desquelles maladies ne se sauroit
« penser armer, habitz porter, aller à pied et à
« cheval, ne faire service à présent au Roy,
« nostre sire. En tesmoing de ce et à la relacion
« dudit Le Roy, notaire royal, avons fait mettre

« aux présentes le scel royal. Ce fut fait le
« 25ᵉ jour de mars 1568 ». *(Orig. en parchemin ; Cab. des titres, Bibl. nat., Dossier Belleval.)*

Dans le cas où les compagnies étaient appelées à servir pour la guerre, tous les congés étaient supprimés : seuls les sexagénaires et les malades étaient autorisés à rester chez eux. Il n'y avait donc pas de limites d'âge pour être mis à la retraite et l'on pouvait mourir de vieillesse sous le harnais de l'homme d'armes. En revanche, on pouvait être admis dans les compagnies de fort bonne heure, de dix-sept à dix-huit ans comme archer, de dix-neuf à vingt ans comme homme d'armes.

La troisième et dernière ordonnance de Henri II concernant la gendarmerie peut se résumer en ceci : c'est l'établissement, dans chaque bailliage, d'un syndic pour recevoir les plaintes du peuple contre les gens de guerre. (Edit de St-Germain-en-Laye, 20 février 1552.)

A dater de François II, les rois n'apportèrent aucune disposition nouvelle dans l'organisation de la gendarmerie. Ils se bornèrent à renouveler les édits et règlements de leurs prédécesseurs, jusqu'au jour où, en 1605, Henri IV, en ôtant aux compagnies la lance pour y substituer le pistolet, supprima de fait les compagnies des ordonnances.

IX

Un Mot sur les Armures

J'ai dit plus haut que le perfectionnement des armes à feu, arquebuse et mousquet pour l'infanterie, et l'introduction du pistolet dans la cavalerie soldée, sans compter toute la noblesse qui l'avait adopté pour pouvoir lutter à armes égales contre la cavalerie allemande, avait obligé de jour en jour à renforcer les armures et à les faire autant que possible à l'épreuve de la balle. Le premier résultat fut de faire abandonner l'armure de pied en cap pour la demi-armure qui protégeait le buste tout entier et, par les courtes tassettes, défendait le bas-ventre et le haut des cuisses. Le poids d'une armure ainsi simplifiée n'en restait pas moins encore très considérable, puisque la demi-armure pesait presqu'autant que des armures complètes du xve ou des premières années du xvie siècle. Ainsi, par exemple, la demi-armure du duc de Guise, tué à Blois, en 1588, conservée au Musée d'artillerie, pèse 42 kilos 20, tandis que l'armure complète du connétable de Montmorency (Musée d'artillerie) pèse 25 kilos 40; qu'une armure maximilienne, cannelée, complète (même collection) des premières années du xviᵉ siècle, pèse 26 kilos 50, et qu'une armure d'hommes d'armes, du milieu du xvᵉ siècle, ne pèse que 24 kilos 20.

Toutes les armures qui sortaient de l'ordinaire avaient subi des épreuves avant d'être vendues. C'est ce qui justifie et explique comment les plus belles armures de ce temps portent des empreintes de balles : ce sont des balles d'essai. On spécifiait si le harnais était à l'épreuve de la balle d'arquebuse ou seulement de la balle de pistolet. Il arrivait même que telle partie devait être à l'épreuve de l'arquebuse et telle autre à l'épreuve du pistolet. Je suis en mesure d'en fournir un intéressant exemple, au moyen d'une pièce tirée des archives de ma famille. C'est l'acte d'acquisition d'une armure : « A tous ceux qui ces présentes
« lettres verront, Mathieu Mourette, bourgeois
« d'Abbeville, à présent comis par provision,
« garde du scel roial ordonné et establi par le
« Roy Nres, en la conté et seneschaussée
« de Ponthieu pour sceller et confirmer les
« contractz, convenances, marchez et obliga-
« tions et recongnoissances qui sont faittes,
« passées et recongnues en ladite conté et
« seneschaussée de Ponthieu, entre parties,
« salut. Scavoir faisons que pardevant Jehan Le
« Devin et Nicolas Retard, manant et résidant
« en lad. ville d'Abbeville, notaires créez,
« mis et establis par le Roy nostre sire en icelle

« conté ad ce oys, comparut en sa personne
« Anthoine de Caumont, marchand armurier
« demeurant en ceste ville d'Abbeville, lequel
« a recongnut et confessé, reconnoit et confesse
« avoir vendu et vendre à Francoys de Belleval,
« escuyer, seigneur de Rouveroy, enseigne de
« cincquante lances fournyes des ordonnances
« du Roy nostre sire estant soubz la charge et
« conduite de Monseigneur de Rubempré (1),
« demeurant audit lieu de Rouveroy, paroisse du
« Translel ou pays de Vimeu, de ce présent et
« acceptant, ung complet harnois d'homme
« d'armes, est ascavoir : ung corps de cuirasse
« (une cuirasse) lequel sera à l'espreuve de la
« harquebouze et à l'esprouve de la pistolle, ung
« habillement de teste (casque) à l'esprouve de
« la pistolle, brassartz et les quatre lames des
« espaulières à l'esprouve de la pistolle, tassettes
« courtes à l'esprouve de la pistolle et les
« ganteletz, hauce-col fort ; tout garniz de
« clous et boucles dorées, l'arrêt (faucre ou
« support de la lance) doré ; ledict harnois

(1) André de Bourbon-Vendôme, seigneur de Rubempré, capitaine de 50 lances des ordonnances, chevalier de l'Ordre du Roi, gouverneur des ville et château d'Abbeville, fils puîné de Jacques de Bourbon-Vendôme, baron de Ligny, chambellan du Roi, gouverneur du Valois et d'Arques, et de Jeanne de Rubempré. Jacques était fils naturel de Jean de Bourbon, comte de Vendôme et de Philippote de Gournay « son amie ». Il avait été légitimé par lettres patentes de décembre 1518. Cette branche de la maison royale de Bourbon s'éteignit dans la personne de François-Claude de Bourbon-Vendôme, seigneur de Lévigny et de Courcelles, allié à Louise de Belleval, mort sans enfants, en octobre 1658.

« bien et deument faict : lequel a promis et
« promet tenir prest en sa maison ledict
« harnoys à Abbeville aud. Francoys de
« Belleval, escuyer, seigneur de Rouveroy,
« trois sepmaines prochain venant, à peine de
« tous intérêts, moyennant la somme de
« quarante-cinq escuz d'or soleil (environ
« 1,350 francs de notre monnaie); sur laquelle
« somme led. seigneur à paié comptant aud.
« Anthoine de Caumont, présence des dictz
« notaires, la somme de cinquante et une livres
« neuf sols tournois (385 francs 90 centimes) de
« laquelle somme de cincquante et une livres
« neuf sols tournois led. Anthoine de Caumont,
« se tient pour content et bien paié et en quicte
« led. seigneur de Rouveroy. En tesmoins de ce,
« nous, à la rellacion desd. notaires, avons mis
« à ces présentes led. scel royal, sauf en tout
« les droictz du Roy Nres et daultruy. Faict et
« passé à Abbeville, le 21ᵉ jour de novembre
« mil cincq cent soixante et six. » *(Archives*
» *de la famille de Belleval)* (1).

(1) Il ne fallait pas toujours s'en rapporter à la loyauté des armuriers pour la qualité du métal et la sincérité des épreuves. Ainsi François de Belleval portait très probablement cette armure qui était une armure de guerre, à la bataille de Saint-Denis livrée le 10 novembre 1567, où il fut tué d'un coup de pistolet à travers la visière de son casque lequel était pourtant garanti à l'épreuve du pistolet. (Procès-verbal dressé à la requête de sa veuve, par devant notaire, par deux hommes d'armes de sa compagnie.) François de Belleval, seigneur de Rouvroy (canton de Gamaches, arrondissement d'Abbeville, Somme) avait commencé sa carrière militaire comme homme d'armes dans la compagnie de

L'homme d'armes portait l'armure complète, par ordre. L'archer des compagnies des ordonnances, pour le même motif, portait l'armure presque complète. Mais parmi la noblesse, celle de cour principalement, qui pour s'armer ne connaissait d'autres règles que celles de son bon plaisir, on remarque une tendance à porter la demi-armure avec la botte remplaçant l'armure des jambes, et l'on regarde comme un ancêtre le maréchal de Vieilleville (1) montant à l'assaut d'une place forte « armé de toutes pièces comme un jour de « bataille, de grèves, genouillères, cuyrasse, « brassards et l'armet en tête, la visière baissée, « jusques aux soulerets ». *(Mémoires de Vieilleville.)* Parfois même, on avait bien moins que

50 lances des ordonnances commandée par Jean de Monchy, seigneur de Senarpont. Ce fut en cette qualité qu'il fit la campagne de 1549, terminée en 1550 par la redditiou de Boulogne-sur-mer, et celle de 1554, et qu'il assista au combat de Renti où les compagnies des ordonnances décidèrent la victoire en culbutant l'infanterie Impériale, et à la prise de Calais le 8 janvier 1558. Fait prisonnier à la bataille de Gravelines, le 14 juillet suivant, il fit vendre par sa femme huit journaux de terre (quatre hectares) pour payer sa rançon. François de Belleval entra en mars 1562 dans la compagnie de 50 lances des ordonnances de M. de Bourbon-Rubempré, en qualité de maréchal des logis; puis il y devint enseigne. Il avait fait son testament le 8 octobre 1567, comme s'il avait eu le pressentiment du sort qui l'attendait le 10 novembre suivant.

(1) François de Scepeaux, seigneur de Vieilleville, comte de Duretal, né en 1510, mort au château de Duretal le 1er décembre 1591. Ambassadeur en Angleterre en 1547, conseiller d'Etat en 1551, gouverneur de Metz en 1553, maréchal de France en 1562. Les mémoires qui lui sont attribués ont été écrits par son secrétaire Vincent Carloix.

cela. Mergey, (1), étant encore page de M. des Chenêts, s'était trouvé au combat de Renty, n'ayant sur le dos que la casaque de page, et sur la tête un morion à panache. *(Mémoires.)* Jacques Pape, seigneur de Saint-Auban, se vantait d'avoir assisté à un combat, sans habillement de tête, sans brassards, ni bottes, et revêtu seulement d'une légère cuirasse dorée. *(Mémoires de Saint-Auban.)* Le grand Agrippa d'Aubigné, lui-même, un jour, au moment de charger, dépouillait ses brassards, parce qu'il venait de remarquer qu'il était le seul à en avoir. *(Mémoires.)*

C'était des folies de jeunesse, des bravades dont on se vante dans l'âge mûr avec l'entière satisfaction de n'avoir pas trouvé une mort qui, dans ces conditions, aurait excité plus de railleries que de regrets. On ne fera pas changer les hommes, et les Français encore moins.

(1) Jean de Mergey, capitaine calviniste, né en 1536, mort vers 1615, auteur de très courts mémoires, qui ont été publiés en 1619 pour la première fois.

X

La Maison de Marie Stuart

Si, dans l'histoire de François II, Marie Stuart a marqué, c'est par une influence occulte qui échappe à l'investigation de l'histoire. Elle exerçait son pouvoir de jolie femme, de femme aimée, et mettait ainsi, par l'alcove royale, un atout de plus dans le jeu de ses oncles de Guise. Il n'y a rien de plus à en dire. Il ne sera pas néanmoins sans intérêt de connaître l'état de sa maison pendant l'unique année qu'elle occupa le trône de France.

Marie Stuart avait une dame d'honneur à 1,200 livres de gages.—Je rappelle une fois pour toutes que la livre tournois équivalait alors à environ 7 fr. 50, de notre monnaie. — C'était Guillemette de Saarbruck, comtesse de Braine. Huit dames à 800 livres, Antoinette de Bourbon, douairière de Guise; Jacquette de Longwy, duchesse de Montpensier; Anne d'Este, duchesse de Guise; Louise de Brézé. duchesse d'Aumale; Madeleine de Savoie, connétable de France; Louise de Rieux, marquise d'Elbœuf; Diane de France, duchesse de Montmorency, et Marguerite de Lustrac, maréchale de Saint-André.

Dix-huit dames à 400 livres, Françoise de Brézé, duchesse de Bouillon ; Antoinette de Cerisay, chancelière de France ; Marie de Gaignon, dame de Boisy ; Marguerite Bertrand, marquise de Trans ; Antoinette de la Marck, dame d'Amville ; Etiennette de la Chambre ; Anne de Laugest, demoiselle de Comminges ; Guyonne de Breuil, demoiselle de Puyguillon ; Marie de Beaucaire, dame de Martigue et de Villemontels ; Anne de Daillon, demoiselle de Lude ; Anne Chabot, demoiselle de Brion ; Marie de Pierrevive, dame du Perron ; Héloïse de Marconnay, dame de la Berlaudière ; Françoise Robertet, dame de la Bourdaisière ; Anne Hurault, dame de Carnavalet ; Anne le Mage, dame de Dannemarie ; Louise de Hallwin, dame de Cypierre ; Isabelle Camp, dame de Cobron — une gouvernante des filles et demoiselles d'honneur, à 400 livres, Claude de Pont, demoiselle du Mesnil — dix filles et demoiselles d'honneur à 200 livres, Marie de Fleming, Marie de Seyton, Marie de Leviston, Marie de Bethon, Suzanne Constant, demoiselle de Fontpertuis ; Hippolyte d'Ecosse, demoiselle de Richebourg ; Marie et Françoise Babou, demoiselles de la Bourdaisière ; N... Olivier, Anne Cabrianne, demoiselle de la Guyonnière ; six femmes de chambre, à 400 livres ; une lingère, à 60 livres ; trois lavandières à 120 livres et deux femmes des demoiselles d'honneur, à 50 livres.

Voici maintenant pour la partie masculine : un chevalier d'honneur à 400 livres, Henry Clutin, seigneur d'Oisel et de Villeparisis ; quatre maîtres d'hôtel, le premier à 800 livres, Jean de Beaucaire, seigneur de Puygillim ; les autres à 500 livres : Léonard de Chaumont, seigneur d'Esquilly ; Claude d'Aubigny, Pierre de Joisel, seigneur de Betancourt ; le seigneur d'Arches. Quatre panetiers, le premier à 500 livres, Jean de Beaufort, vicomte de Canillac, les autres à 400 livres, Philippe Damon, seigneur de Morande, Jean Léviston, Jean Chasteigner, seigneur du Verger. Quatre échansons aux mêmes gages, Philibert du Crocq, Gabriel Tranchelion, Jean le Prestre, seigneur de Lesconnet, Bonaventure de Beaucaire, seigneur de Boulu. Quatre écuyers tranchants, mêmes gages, Gilbert de Beaucaire, François de la Gaye, seigneur des Salles, Philippe de Varennes, seigneur du Mesnil, Jean de Charranson. Quatre écuyers d'écurie, le premier à 800 livres, Jean de l'Hospital, seigneur de Saint-Mesme, les autres à 400 livres, Arthur d'Asquin, Jean de Montignac, Pierre de Thouars. Gens du Conseil, François de Beaucaire, évêque de Metz, le Président Meynard, Jean de l'Auxerrois, maître des requêtes de la Reine, Augustin de Thou, solliciteur général, Me Boucherat, avocat, Antoine du Buisson, Pierre Burin, procureur général. Cinq aumôniers à 500 livres ; sept chapelains à 120 livres ; neuf clercs de chapelle à 60 livres ; quatre chantres à 100 livres. Neuf secrétaires à 200 livres ; deux contrôleurs à 400 livres ; quatre clercs d'office à 200 livres ; un médecin à 600 livres et deux à 500 ; un apothicaire à 400 livres ; deux chirurgiens à 25 livres ; un barbier à 30 livres ; un maître de la garde-robe à 300 livres ; dix valets de chambre à 180 livres ; trois valets de garde-robe à 180 livres ; trois huissiers de salle à 120 livres ; six valets de fourrier à 100 livres ; sept aides à 60 livres ; neuf gens de métier à 20 livres ; trois maréchaux de logis à 400 livres ; six fourriers à 140 livres ; trois panetiers bouche à 180 livres ; trois aides à 120 livres. Échansonnerie bouche, quatre à 180 livres, trois aides à 120 livres. Panneterie commun, cinq à 160 livres, huit aides à 120 livres ; quatre écuyers de cuisine à 200 livres ; trois queux à 180 livres ; deux potagers à 160 livres ; trois hasteurs à 120 livres ; deux enfants de cuisine à 40 livres ; trois galopins à 35 livres ; quatre porteurs à 90 livres ; deux huissiers à 90 livres ; un garde vaisselle à 200 livres. Cuisine commun : quatre écuyers à 170 livres ; deux queux à 160 livres ; trois potagers à 120 livres ; trois hasteurs à 130 livres ; trois enfants de cuisine à 40 livres ; quatre galopins à 25 livres ; six porteurs à 60 livres ; deux huissiers à 50 livres ; deux pâtissiers à 90 livres ; un verdurier à 50 livres ; un garde vaisselle à 400 livres ; deux pourvoyeurs à 120 livres ; un fruitier à 100 livres ; cinq aides à 50 livres ; deux tapissiers à 120 livres ; deux aides à 60 livres ; deux maréchaux de salle des dames à 100 livres ; un huissier des dames à 408 livres ; un serf de l'eau à 90 livres ; un huissier de bureau à 110 livres ; deux portiers à 120 livres ; quatre valets des filles à 50 livres, enfin, un trésorier à 2,000 livres de gages (*Doc. inéd. Négoc. lett. et papiers relatifs au règne de François II*).

XI

Les grandes charges de la Couronne et les charges de Cour. — Les Officiers civils et militaires et la Magistrature.

Avant d'aller plus loin, c'est le moment, il me semble, de donner un aperçu de cette organisation multiple qui, sous le nom de grands officiers, d'offices de cour et de magistrature, de charges militaires, de Parlements, de Conseils d'Etat et privé et de Pairs de France, gravitaient autour de la personne royale en accroissant sa majesté et sa splendeur. On pourrait faire une exception pour les parlements qui tendaient déjà à devenir un état dans l'Etat; mais ils n'étaient point encore arrivés à ce point d'audace que les Rois, comme Louis XIV, fussent obligés de s'y montrer, un fouet de chasse à la main. Au lieu de m'adresser aux contemporains français, dont la partialité peut, à bon droit, être suspectée, j'aurai recours aux ambassadeurs vénitiens, bien placés pour tout voir de près, qui savent voir, non moins bien raconter, et dont le jugement est assurément empreint d'impartialité. C'est une mine inépuisable, fort curieuse, et dans laquelle les écrivains ont, selon moi, le tort de ne pas puiser assez souvent.

Il est bon que, dès les premières pages de ces récits, le lecteur soit familiarisé avec des noms, des qualités et des objets qui s'y représenteront aussi fréquemment.

Commençons par les pairs de France : « Au-
« jourd'hui, dit Jérôme Lippomano, la pairie
« ne sert plus qu'à l'éclat du trône. Elle est
« partagée entre les Princes et les plus grands
« personnages ; quant à son autorité, elle est
« tout à fait tombée en désuétude. A présent,
« ils sont douze pairs laïques à peu près, puis-
« qu'on a érigé en pairies le comté d'Eu, les
« duchés de Vendôme, de Guise, d'Aumale, de
« Montpensier, de Nevers. Si quelque différend
« s'élève entre un Pair et le Roi, Sa Majesté peut
« se faire juger par les Pairs ou décider elle-
« même. Le Pair prêtait autrefois, en Parle-
« ment, le serment solennel, de défendre la
« Couronne, et cette obligation était réputée si
« sacrée que Henri II, par une ordonnance, dé-
« cida que les Princes du sang, non revêtus de
« la Pairie, pouvaient assister aux Conseils
« publics, mais non au Conseil privé, car ils
« n'avaient pas prêté le même serment que les
« Pairs. Lorsque le Pair n'a que le titre, sa pré-
« séance est réglée uniquement par la date de
« sa dignité. Mais, s'il est à la fois prince du
« sang et honoré de quelque dignité laïque ou
« ecclésiastique, alors il y a doute, comme il

« arriva aux funérailles du Roi François II,
« entre le duc de Nevers et le cardinal de Bour-
« bon. Le duc étant plus ancien dans la Pairie,
« voulait la préséance ; mais, comme le duc
« de Bourbon était à la fois prince du sang et
« cardinal, le duc de Nevers, d'après la décision
« du Parlement, dut lui céder le pas. Au con-
« traire, le duc de Montpensier, frère du Car-
« dinal, eut la préséance sur celui-ci, parce
« que les pairs laïques l'ont toujours sur les
« ecclésiastiques, et comme tous deux étaient
« princes du sang, la dignité de Cardinal
« n'était comptée pour rien. »

A dater de Henri II, il y eut autant de pairies qu'il plût aux rois d'en créer, sans qu'ils tinssent aucun compte du nombre de douze auquel le Parlement prétendait les limiter. Ce fut Henri III, qui, à Blois, en 1576, décida que les princes du sang précéderaient tous les autres pairs, et que le premier prince du sang prendrait la qualité de premier pair de France.

(1) Les douze pairs, six laïcs et six ecclésiastiques, étaient les vassaux immédiats du duché de France. C'était les ducs de Normandie, de Bourgogne et d'Aquitaine, les comtes de Flandre, de Champagne et de Toulouse, l'archevêque de Reims, les évêques de Langres, de Laon, de Châlons-sur-Marne, de Beauvais et de Noyon. Puis, à partir du XIIIe siècle, les rois s'attribuèrent le droit de créer des pairs possédant tous les mêmes droits que les anciens, c'est-à-dire ceux de prendre place au Parlement, de siéger dans les lits de justice, d'assister au sacre des rois, de ne pouvoir être jugés que par le Parlement, etc. De 1259 à 1789, il n'y eut pas moins de 228 créations de pairies, dont il ne restait plus que 49 en 1789. Charles IX et Henri III en avaient créé 21 pour leur part. François II n'en créa aucune.

Parlons de ce Parlement qui, même dans la question des pairs de France, prétend intervenir et imposer au roi sa volonté. Marino Giustiniano dit : « le Parlement de Paris a cent
« vingt conseillers partagés en différentes
« classes (1) : ils jugent en dernier ressort non
« seulement les causes de l'Ile-de-France, de la
« Picardie et de la Champagne, mais celles qui
« ont été jugées par les autres parlements du
« royaume : ils sont conseillers à vie, et ils
« prononcent sur les causes criminelles et
« civiles, d'après les pièces, sans entendre les
« avocats. Il faut, pour être conseiller, le titre
« de docteur, mais cela ne veut pas dire que
« les conseillers soient savants. Toutes ces
« charges-là sont à vendre : le roi les a données
« à ses serviteurs qui en font trafic.

« La procédure, dit-il encore, ne finit jamais,
« en sorte qu'il n'y ait que les riches qui puissent
« plaider, encore s'en tirent-ils fort mal. Une
« cause de mille écus en exige deux mille de
« frais : elle dure dix ans. Cette oppression qui,
« partout ailleurs, paraîtrait intolérable, a fait

(1) C'est-à-dire en différentes chambres, la Grande Chambre, les chambres d'enquête, criminelle et des requêtes du Palais. En dessous du premier Président et des présidents à mortier ou « présidents au Parlement », il n'y avait entre les conseillers d'autre inégalité que dans leur qualité d'ecclésiastiques ou de laïques. Les laïques étaient « conseillers au Parlement », les clercs « conseillers-clercs au Parlement ». Au XVIIIe siècle, il y avait au Parlement de Paris cent dix conseillers et dix-sept présidents. En 1480, il y avait quatre-vingt conseillers ; il y en avait cent vingt en 1635. Ce fut le chiffre le plus élevé qu'atteignit jamais le Parlement.

« naître une assez bonne institution : c'est que
« le gouvernement payant les juges pour un
« nombre fixe d'heures d'audience par jour, si
« chaque partie leur donne un écu en sus, ils
« restent une heure de plus à entendre les
« débats. — « Que Saint Simon n'a-t-il lu
« Giustiniano ». — Le roi donnait autrefois les
« charges de judicature : maintenant on les
« vend à vie, au prix de 3.000 à 30.000 francs
« chacune.

« Il faut que le commerce des charges soit
« lucratif, car en 1563, dit Marc-Antoine Bar-
« baro, ils sont 130 conseillers ; les lois elles-
« mêmes, ajoute-t-il, ne sont pas à l'abri des
« décisions du Parlement : il va jusqu'à inter-
« préter, modifier et rejeter les décisions du
« conseil privé. » « Quoiqu'il y eut des par-
« lements à Rouen, Bourges, Bordeaux, Tou-
« louse, Aix, Grenoble, Dijon et Rennes, celui
« de Paris était le « Parlement ». Il était, dit
« Jérome Lippomano, le premier de tous. C'est
« à lui que sont dévolues les affaires les plus
« importantes de haute administration, de
« justice civile et criminelle. Il juge aussi les
« querelles et les différends des princes ; il prend
« même part, lorsque cela plaît au roi, aux
« délibérations sur les affaires d'Etat. D'après
« l'ancienne coutume, on ne peut ni conclure
« une paix, ni déclarer une guerre sans la par-
« ticipation du Parlement de Paris. C'est à ce
« Parlement que tous les gouverneurs des pro-

« vinces, villes et terres particulières, après
« avoir prêté serment entre les mains du roi,
« jurent de gouverner et de juger selon les
« coutumes du pays, sans jamais rien inno-
« ver. »

Si le nombre des membres du Parlement de Paris fut presque doublé, car en 1461 il ne comprenait que 80 conseillers, cela tient à ce que, en 1552, Henri II *le fit semestre*, c'est-à-dire ne siégeant que six mois par moitié. Au commencement du règne de Charles IX, le chancelier de l'Hospital supprima le semestre et rétablit le chiffre des membres dans ses anciennes limites.

J'ai dit et je répète que c'était déjà sous les fils de Henri II un état dans l'Etat. On n'aurait pu alors dire de lui, comme en 1485 son premier Président La Vacquerie « qu'il était institué pour
« administrer la justice et qu'il n'avait l'admi-
« nistration ni de la guerre, ni des finances, ni
« du fait et gouvernement du roi et des grands
« princes » ou encore moins comme Machiavel :
« qu'il était impossible de trouver une institution
« meilleure, plus prudente, ni un plus ferme
« appui de la sûreté du roi et du royaume. »
Dès 1529, le premier président, Claude Gaillard, osait dire au roi : « Nous savons bien que
« vous êtes au-dessus des lois, et que les lois et
« ordonnances ne vous peuvent contraindre ;
« mais entendons dire (nous prétendons) que
« vous ne devez ou ne voulez pas vouloir tout ce

« que vous voulez ; mais seulement ce qui est
« en raison bon et équitable, qui n'est autre que
« la justice. » Le Parlement ne devait pas
s'arrêter dans cette voie hautaine, et, dès le
règne de Henri II, on le voit commencer à faire
échec aux lois, en s'arrogeant le droit de les
inscrire ou de ne pas les inscrire sur ses registres, cause incessante de conflits avec le roi qui
devait forcer la main à ces brouillons par des
lettres de jussion parfois deux ou trois fois réité-
rées. Les actes de Henri II et de ses fils en contiennent de nombreux exemples. Tout le monde,
même le roi, ne traitait pas les membres du
Parlement comme le connétable de Montmorency répondant un jour aux conseillers du
Parlement de Bordeaux, qui étaient venus lui
faire quelques remontrances : « Et qui estes-
« vous, messieurs les sots, qui me voulez con-
« troller et me remonstrer ? Vous êtes d'habiles
« veaux d'estre si hardis d'en parler. » Et une
autre fois qu'un président l'était venu trouver
pour lui parler de sa charge, comme il faisait
très chaud, le connétable tenait son bonnet à
la main. Le président était également découvert,
mais par respect. Ici je laisse parler Brantôme :
« S'approchant de luy, il luy dict : « Dictes-
« donc, Monsieur le Président, ce que vous vou-
« lez dire et couvrez-vous » en luy répétant
« souvent. Le président pensant qu'il se tient
« découvert pour l'amour de luy, fit response :
« Monsieur, je ne me couvriray point que vous

« soyez couvert premier » : — « Vous estes un
« sot, Monsieur le Président, dit M. le conné-
« table, pensez-vous que je me tienne découvert
« pour l'amour de vous? C'est pour mon aise,
« mon amy, et que je meurs de chaud. Il vous
« semble estre icy à vostre siège présidental ;
« couvrez-vous si vous voulez et parlez. » Mon-
« sieur le Président fut si esbahy qu'il ne fît que
« dire son intention à demy, encore ne faisait-il
« que balbutier. — « Vous dis-je pas bien, Mon-
« sieur le Président, dict encore M. le connes-
« table, vous estes un sot, allez songer vostre
« leçon, et me tournez trouver demain. » Brantôme ajoute qu'avec les présidents, conseillers
et gens de justice, le connétable était coutumier
du fait. « La moindre qualité qu'il leur en don-
« nait, c'estait qu'il les appelait *asnes, veaux et*
« *sots*... si bien qu'ils tremblaient devant luy. »
Si nos rois avaient suivi l'exemple du « bonhomme », ils s'en seraient peut-être mieux trouvés.

Après les Parlements, qui donnaient des conseils quand on ne leur en demandait pas, il est
logique de parler des assemblées qui étaient
faites pour l'usage diamétralement opposé,
c'est-à-dire des Conseils du Roi.

Il y avait trois sortes de conseils, le conseil
des affaires, le conseil privé et le conseil d'Etat
ou Grand Conseil. Dans le conseil des affaires
« on traite, dit Marc-Antoine Barbaro, les
« affaires d'état et les matières les plus impor-
« tantes. Il a été institué par François I. On

« n'y admet que très peu de personnes qui sont
« de l'intimité du Roi » Lippomano dit à son
tour que dans le conseil des affaires « n'entrent
« que ceux qu'il plaît au Roi d'y appeler, qu'ils
« soient titrés ou non, membres ou non d'un
« autre corps ; pourvu qu'ils soient agréables
« au Roi. on ne regarde pas au reste... Ce con-
« seil est celui des favoris les plus intimes du
« Roi, il se tient dans son cabinet quand il
« s'habille ». Quant au conseil privé, où siègent
tous les membres du conseil des affaires, augmentés de beaucoup d'autres personnes, « jadis
« c'est là que l'on traitait les grandes affaires ;
« mais à présent (1563) on ne s'y occupe que
« des choses qui doivent être réglées confor-
« mément aux lois du Royaume » (Marc-Antoine
Barbaro.) Reste le conseil d'état ou grand conseil « qui compte beaucoup de membres et que
« préside le chancelier » (Barbaro). Dans ce
conseil prennent séance « le Roi, la Reine-mère,
« la Reine régnante, tous les Princes du sang,
« tous les dignitaires du Royaume, l'amiral, les
« maréchaux, le premier président du Parle-
« ment et celui de la Chambre des Comptes, le
« colonel-général de l'infanterie française, le
« gouverneur de l'Arsenal, les capitaines des
« compagnies d'hommes d'armes des ordon-
« nances, et enfin vingt-cinq conseillers, dix de
« robe longue et quinze d'épée, choisis par le
« Roi parmi les membres du conseil privé ;
« et enfin les gouverneurs des provinces »

« (Lippomano). D'où les conclusions passablement dédaigneuses de ces nobles républicains que « c'est seulement entre les mains des « prêtres que se trouve le gouvernement du « Royaume. »

Les Vénitiens auraient pu ajouter que les États-Généraux accordaient une part de pouvoir au peuple. Lippomano en parle dédaigneusement, comme d'une assemblée qui n'était bonne qu'à se plaindre des impôts excessifs et à en demander l'allègement. Barbaro rend du moins justice à cette institution et dit que « la « puissance des Etats-Généraux peut modérer « l'autorité du roi ». Il énumère en effet ses attributions qui « sont nombreuses et très « importantes. Ils délibèrent sur les moyens « de pourvoir aux dépenses publiques, sur la « formation des armées, sur la diminution où « l'augmentation des impôts, sur le règlement « des abus, sur l'administration de la justice, « sur la liste civile des fils ou des frères du Roi, « sur les réformes à introduire dans le gou- « vernement, sur les mesures à prendre pen- « dant la minorité du Roi. »

Après le roi, le premier personnage du royaume était le Connétable. « Personne aujourd'hui (1579) n'est en possession de cette « charge ; le roi actuel ne voulait plus d'une « aussi grande dignité, quoique bien tempérée, « soit que l'expérience du temps passé lui fasse « craindre l'abus d'une ausssi grande autorité

« accordée à un gentilhomme, soit peut-être
« que l'ambition de la Reine-Mère ait écarté
« tout ce qui pouvait lui faire ombrage, et
« cependant le connétable ne s'occupe que de
« la guerre ; il organise les corps d'armée,
« fait préparer les logements, donne l'ordre
« des marches, et, lorsque le Roi n'est pas à
« l'armée, c'est le connétable qui fait tout en
son nom (Lippomano). « On ne donne jamais
« ce poste, dit Barbaro, qu'à des princes ou à
« des grands seigneurs ». La famille de Montmorency, à elle seule, a fourni six connétables à la France. Parmi les trente neuf titulaires qui se succédèrent de 1060 à 1626, six appartiennent donc à la maison de Montmorency, les trente-trois autres appartiennent — je les donne dans l'ordre chronologique — aux familles de Clément, Chaumont, Mello, Montfort, Trasignies, Beaujeu, Châtillon, Brienne, Castille, Bourbon, Fiennes, du Guesclin, Clisson, Artois, Champagne, Albret, Luxembourg, Armagnac, Stuart, Bretagne, Albert de Luynes et Bonne de Lesdiguières. Pour le xvie siècle, il n'y eut que trois connétables, Charles, duc de Bourbon, de 1515 à 1523 ; Anne de Montmorency, de 1538 à 1567 ; et Henri, duc de Montmorency, de 1593 à 1614. Quand le titulaire venait à mourir, il n'était pas procédé aussitôt à son remplacement. Cet office donnait droit à de très nombreux privilèges, à des prérogatives très fructueuses.

Une ordonnance de 1340, entre autres, attribue au connétable, lors de la prise d'un château ou d'une place forte, « tous les chevaux, harnais, vivres et toutes autres choses que l'on trouve dedans, excepté l'or et les prisonniers qui sont au Roi et l'artillerie qui est au maître des arbalétriers ». Cette ordonnance était encore appliquée au xvie siècle, aussi le vieux Montmorency, qui était puissamment riche, se serait-il néanmoins bien gardé de laisser tomber ce privilège en désuétude. Un autre privilège plus honorable était celui de conduire l'avant-garde quand l'armée était en marche. Le connétable avait pour insigne une épée, il était juste qu'il s'en servit (1).

Les maréchaux de France étaient donc subordonnés au Connétable. « Ils ont, dit Lippoma-« no, la préséance sur l'amiral ». Dans l'origine, il n'y avait qu'un seul maréchal, comme il n'y avait qu'un seul amiral. De saint Louis à François Ier, il y en eut deux. François Ier en établit un troisième et Henri II un quatrième. Comme le nombre s'en était encore accru sous ses fils, les Etats de Blois, en 1577, exigèrent qu'on le réduisît à quatre. Brantôme dit méchamment à ce sujet : « Les rois Charles et Henri III en ont fait la grande augmentation, en vertu de quelque pierre philosophale ». (2)

---

(1) La charge de connétable fut supprimée après la mort du connétable de Lesdiguières, par un édit de janvier 60?, et ne fut jamais rétablie depuis.

(2) Pendant le règne de François II, il n'y avait que quatre

« L'amiral, dit Machiavel, a non seulement
« le commandement de toutes les armées de
« mer, mais son pouvoir s'étend sur tous les
« ports du Royaume ». Lippomano et Barbaro
le reconnaissent ainsi, mais, relativement à la
préséance, il faut indiquer ce correctif, qu'un
règlement d'avril 1582 donna le pas à l'amiral
sur les maréchaux (1).

maréchaux de France, Jacques d'Albon de Saint-André, Charles de Cossé, comte de Brissac; Paul de la Barthe, seigneur de Thermes et François, duc de Montmorency. Sous Charles IX, furent créés maréchaux de France, François de Scepeaux, seigneur de Vieilleville (1562); Imbert de la Platière, seigneur de Bourdillon (1564); Henri de Montmorency (1566); Artus de Cossé, comte de Secondigny (1567); Gaspard de Saulx, seigneur de Tavannes (1570); Honorat de Savoie, marquis de Villars (1571); Albert de Gondi, duc de Retz (1573). Henri III nomme maréchaux : Roger de Saint-Lary, seigneur de Bellegarde (1574); Blaise de Montluc (1574); Armand de Gontaut, baron de Biron (1577); Jacques Goyon de Matignon (1579); Jean d'Aumont (1579); Guillaume, vicomte de Joyeuse (1582). Pendant dix ans, il n'y eut plus aucune nomination. La première que fit Henri IV, en 1591, fut celle de Henri de La Tour, vicomte de Turenne, duc de Bouillon. Depuis 1185 jusqu'à 1870, il y eut 318 nominations de maréchaux de France ; le premier Empire y figure pour 25 et le second Empire pour 18.

(1) Il n'y avait qu'un seul amiral de France, dont l'autorité, par le fait, ne s'étendait que sur les côtes de Normandie et de Picardie, car les gouverneurs ou sénéchaux de Provence, de Guyenne, de Gascogne et de Bretagne, étaient en même temps les amiraux des provinces dont ils avaient le commandement. De 1270 à 1830, il y eut 74 amiraux de France. Cette charge, supprimée avec celle de connétable, par Louis XIII, en 1627, fut rétablie par Louis XV, en 1769, au profit de Louis de Bourbon, comte de Vermandois. Pendant les règnes des fils de Henri II, les amiraux de France furent successivement, après Gaspard de Coligny, seigneur de Châtillon : Honorat de Savoie, marquis de Villars (1572); Charles de Lorraine, duc de Mayenne (1578); Anne, duc de

Passons maintenant aux grands officiers de la Couronne, ou, pour être plus exact, aux officiers servant auprès de la personne du Roi avec le titre de *grand*. D'après les termes du règlement du 3 avril 1582, concernant les questions de préséance entre les officiers de la Couronne, ils n'étaient qu'au nombre de six, le connétable, le chancelier, le grand-maître de France, le grand chambellan, l'amiral et les maréchaux. Henri III y ajoute, en 1584, le colonel-général de l'infanterie française. Henri IV, le grand écuyer et le grand maître de l'artillerie. L'historien des grands officiers de la Couronne y fait figurer en outre le grand panetier, le grand veneur, le grand fauconnier, le grand louvetier, le grand aumônier, le grand queux et le grand échanson.

Lippomano est le seul qui se soit étendu sur les principaux offices de la Cour : « Nous allons, dit-il, en dire quelques mots », que je vais reproduire en y ajoutant des commentaires, s'il y a lieu de le faire.

« Le premier de tous, car il réunit l'autorité
« et l'utilité, est celui de grand-maître de
« France. Le grand-maître juge toutes les
« causes et les différends des courtisans et de
« la famille du Roi. C'est entre ses mains que
« tous les offices de la Cour prêtent serment.

Joyeuse (1582) ; Jean-Louis de Nogaret de La Valette, duc d'Epernon (1587) ; Antoine de Brichanteau, marquis de Nangis (1589).

« C'est lui qui prononce sur toutes les querelles
« de la Cour en l'absence du roi. Jadis, on por-
« tait une verge devant le grand-maître, comme
« on fait pour le recteur de l'Université, mais
« cette coutume est tombée en désuétude.
« Chaque soir, on lui porte dans sa chambre
« les clefs du palais. » Ce que dit l'ambassadeur
est de tous points conforme à la tradition. Dans
l'origine, on le qualifiait *Souverain Maître de
l'Hôtel du Roi* ; à partir de 1448, *grand Maître
de la maison du Roi* et, depuis 1451, *grand-
Maître de France*. J'ajouterai que, tous les ans,
il réglait la dépense de bouche de la maison du
Roi. Aux obsèques du Roi, après que tous les
officiers avaient rompu et jeté leurs bâtons de
commandement dans la fosse, il n'y laissait
entrer que la pointe du sien avec lequel il touchait le cercueil et le retirait en entier ; mais il
le rompait après le repas qui suivait les obsèques. Le grand-maître avait 3,600 livres de
gages, 10,000 livres de pension, 42,000 livres de
livrées et 1,200 livres pour ses droits de collation. Il avait le droit de vendre à son profit,
quand elles devenaient vacantes, la plupart des
charges de la maison du Roi. Au sacre, il marchait derrière le chancelier et occupait une
place d'honneur auprès du trône. Il avait sous
ses ordres les officiers de la bouche et du
gobelet, jusqu'au jour où le duc de Guise
renonça à cette prérogative, à cause des dé-
fiances dont il était l'objet de la part du Roi.

Les grands-maîtres de France, au XVIe siècle, ont été Charles d'Amboise, en 1502 ; Jacques de Chabannes, en 1511 ; Artus Gouffier, le 7 janvier 1515 ; René, bâtard de Savoie, comte de Villars, en 1519 ; Anne, duc de Montmorency, le 23 mars 1525 ; François, duc de Montmorency, en 1558 ; François de Lorraine, duc de Guise, en 1559 ; Henri de Lorraine, duc de Guise, en 1563 ; Charles de Bourbon, comte de Soissons, de 1589 à 1612 (1).

« Après lui venait le grand queux, autrement
« dit le surintendant des cuisines ; mais cette
« charge a été supprimée. » A la mort de Louis de Prie qui en était titulaire, cette charge avait été effectivement supprimée et réunie à celle de grand-maître. « Ensuite vient le grand pane-
« tier — c'est aujourd'hui le maréchal des logis
« — qui a sous sa dépendance tous les pane-
« tiers de la maison royale et tous ceux qui
« s'occupent du pain et de lingerie. Cet officier
« jugeait jadis en première instance toutes les
« causes des boulangers, comme le grand
« échanson pour les marchands de vin et taver-
« niers. Aujourd'hui, par suite de l'indifférence
« de ces grands personnages qui dédaignent de
« s'abaisser à de si humbles détails, toute cette
« juridiction appartient au prévôt de Paris,

---

(1) Le premier en fonction l'était en 1290. Le dernier fut Louis-Henri II, prince de Condé, nommé en 1740. Dans l'intervalle il s'en était succédé 41. Mais les fonctions étaient devenues héréditaires dans la branche de Bourbon-Condé depuis 1641.

« ainsi que les droits qui leur en revenaient ». Le grand panetier avait droit de juridiction sur tous les boulangers de Paris et de la banlieue. Il connaissait des entreprises, injures et violences commises par eux, leurs valets, garçons et apprentis, exerçait basse justice sur eux et levait les amendes en tous cas. Il recevait les maîtres de la corporation et avait un lieutenant pour l'aider dans son office. Il prélevait chaque année un denier parisis sur les boulangers et pâtissiers. Dans les grandes fêtes, aux repas solennels, il changeait les assiettes, les serviettes et le couvert du Roi. Cette charge, pendant toute la deuxième moitié du XVIᵉ siècle, de 1547 à 1621, demeura dans la famille de Cossé-Brissac (1). Quant au grand échanson, jusqu'au XVIᵉ siècle, il s'était appelé le grand bouteiller. Ses droits sur les cabaretiers et taverniers étaient les mêmes que ceux du grand panetier sur les boulangers et pâtissiers. Mais, à partir du XVᵉ siècle, il avait sur lui l'avantage d'être l'un des Présidents de la Chambre des comptes de Paris. Dans les grands repas, il servait à boire au Roi, après avoir fait l'essai. C'est à peu près à cela que se bornaient ses fonctions au XVIᵉ siècle, pendant lequel ses titulaires furent Charles de Rohan, seigneur de Gié, 1498-1510 ;

---

(1) Elle y était entrée par René de Cossé, seigneur de Brissac, en 1495, et Louis-Hercule-Timoléon de Cossé, duc de Brissac, massacré à Versailles en septembre 1792, fut le dernier titulaire de cette charge, après onze de ses ancêtres.

François Baraton, 1516 ; Adrien de Hangest, seigneur de Genlis, 1526-1533 ; Louis de Beuil, comte de Sancerre, 1533-1563 ; Jean de Beuil, comte de Sancerre, 1563-1600.

« La charge de grand écuyer a toujours été
« tenue en haute estime. Sous ses ordres, il a
« tous les écuyers ordinaires qui servent par
« quartier, comme du reste font tous les offi-
« ciers de la Cour. » Sous Henri III, le grand écuyer n'était pas encore classé parmi les Grands officiers de la Couronne. Dans le règlement du 3 avril 1582, le Roi nomme les Grands officiers dans l'ordre suivant : 1° le connétable, 2° le chancelier, 3° le grand maître, 4° le grand chambellan, 5° l'amiral, 6° les maréchaux. Henri IV érigea la charge en grand office de la Couronne, en faveur de César-Auguste de Saint-Lary, baron de Thermes. Le grand écuyer était connu à la cour sous le nom de *Monsieur le Grand*. Avant le xve siècle, cet officier ne portait d'autre titre que premier écuyer du corps et maître de l'écurie du Roi. Ce fut Tanneguy du Chastel qui se qualifia pour la première fois grand écuyer dans le contrat de mariage de Philippe de Fouilleuse, seigneur de Flavacourt, le 16 août 1455. Le grand écuyer commandait la grande écurie du Roi et en réglait toutes les dépenses, tandis que le premier écuyer, *Monsieur le Premier*, avait sous sa dépendance la petite écurie. Aux premières entrées que le Roi faisait dans les villes du

royaume, ou dans celles qu'il avait conquises, le grand écuyer le précédait immédiatement, à cheval, portant l'épée royale dans un fourreau de velours bleu parsemé de fleurs de lys d'or, suspendu à un baudrier de même. Le dais que, dans ces circonstances, les échevins portaient sur la tête du Roi lui appartenait. Dans les lits de justice, il était assis à la droite du Roi, sur un tabouret, au bas des degrés du siège royal, portant l'épée pendue à son cou. Dans la cérémonie du sacre, il soutenait la queue du manteau du Roi. Aux funérailles du Roi, il fournissait le chariot d'armes, les carrosses et les chevaux caparaçonnés. C'était sur ses ordres qu'étaient livrés les vêtements de deuil des capitaines, officiers et gardes du corps, des hérauts d'armes, des pages, etc... A la mort du Roi, tous les chevaux de la Grande écurie, ainsi que les harnais et les meubles qui en dépendaient, lui appartenaient. Pendant le xvie siècle, cette charge eut pour titulaires : Galeas de San-Severino, le 22 septembre 1505; Jacques de Genouillac, seigneur d'Acier, en 1524; Claude Gouffier, duc de Roannais, le 22 octobre 1540; Louis Chabot, comte de Charny, en 1570.

« Il y a encore le <u>grand maréchal</u> qui a sous
« ses ordres les vingt-quatre maréchaux de
« l'écurie du Roi. Les droits et privilèges sont
« nombreux. Charles VII décida que celui-ci
« ne ferrerait pas lui-même les chevaux,
« excepté ceux que le Roi monte en personne.

« Mais tout s'en va à l'abandon parce que les « charges s'achètent, que les gages sont mal « payés ». Ceci, n'a jamais été, que je sache, un office de Cour, c'est un simple office des officiers de l'écurie.

« Le grand chambellan est encore un des « principaux officiers de la couronne. Cet office « a toujours appartenu à de très grands person- « nages et à des Princes du sang, car il est un « des quatre qui donnent entrée dans le Con- « seil d'État. » Le grand chambellan, qui avait le quatrième rang, suivant l'ordre de préséance établi le 3 avril 1582, marchait après le grand-maître et avant l'amiral, ce qui donne une haute idée de l'importance attachée à cette charge. Il avait spécialement la garde du lit et de la garde-robe royale ; il avait la garde du sceau particulier ou sceau du secret du Roi. Au sacre, il chaussait les bottines du Roi et le revêtait de la dalmatique et du manteau. Dans les lits de justice, il était assis aux pieds du Roi, et dans les audiences solennelles, il se tenait derrière son fauteuil. De 1504 à 1552, cette charge eut pour titulaires François, Claude, Louis et François d'Orléans, ducs de Longueville ; de 1551 à 1562, François de Lorraine, duc de Guise, et de 1562 à 1611, le duc de Mayenne.

« Il y a près de la personne du Roi deux « autres charges presqu'égales en dignité et « en revenu, celle de premier gentilhomme de

« la Chambre et celle de maître de la garde-
« robe. » La charge de premier gentilhomme
de la chambre fut instituée par François Ier en
1545, quand il supprima celle de grand chambrier. Jusqu'à la mort de Henri III, il n'y eut
qu'un seul gentilhomme de la Chambre.
Henri IV en créa deux autres et Louis XIII en
adjoignit deux autres, ce qui resta ainsi établi
jusqu'à la fin de la Monarchie. Le premier gentilhomme suppléait le grand chambellan en son
absence, recevait le serment de fidélité de tous
les officiers de la chambre, leur délivrait des
certificats de service ; donnait aux huissiers
l'ordre pour les personnes qu'ils devaient
laisser entrer, etc... Quant au second office cité
par l'ambassadeur vénitien, il ne faut pas le
confondre avec celui de grand maître de la
garde-robe qui ne fut créé qu'en 1667. De même
que le premier gentilhomme de la chambre
était le suppléant ou lieutenant du premier
chambellan, ainsi le maître de la garde-robe
était un second suppléant ou lieutenant pour
tout ce qui concernait le lit, le coucher et les
vêtements du Roi.

« Toutes ces dignités de cour acquièrent plus
« ou moins d'importance au gré du Roi, la
« moins élevée est quelquefois la plus appré-
« ciée, si celui qui la possède est plus aimé
« du Roi. Il y a maintenant plus d'officiers de
« la maison du Roi qu'il n'y en a jamais eu.
« Les maîtres d'hôtel, seuls, sont au nombre

« de 26, dont 24 égaux en dignité, servant à
« 6 ensemble par quartier de trois mois, et deux
« qui sont qualifiés premiers maîtres d'hôtel.
« Les gentilshommes de la chambre sont en
« nombre indéterminé, et il y en a d'autant plus
« aujourd'hui que cette charge est devenue
« très estimée. Ceux qui en sont pourvus por-
« tent tous une clé d'or attachée à la ceinture.
« Il y a ensuite 12 pages d'honneur choisis
« parmi les plus grandes familles de France.
« Les pages de l'écurie sont au nombre de 60
« environ, chacun ayant son valet. Six des
« pages d'honneur se tiennent avec le maître
« de la garde-robe, six avec le premier gentil-
« homme de la chambre. Outre cela, il y a tant
« d'huissiers, d'officiers de bouche et de garde-
« robe, tant de gardiens de chiens et d'autres
« bêtes, tant de gens salariés, que c'est un pêle-
« mêle sans ordre et sans règle aucune. »

Une rectification à propos des « gentils-hommes ordinaires de la chambre du Roi » : tel était leur titre officiel. Ce n'était pas à la ceinture, mais au cou qu'ils portaient la clé dorée, insigne de leur dignité, suspendue par un cordon d'argent et de soie blanche, orange et colombin (Compte des Argentiers sous Henri III, K. K., 138. Arch. nat.). Les pages d'honneur étaient ce que l'on appelait « les pages de la chambre ». Au XVIe siècle, il était encore d'usage que les jeunes gentilshommes entrassent comme pages dans d'autres familles

qui souvent n'occupaient pas dans la noblesse un rang plus élevé que le leur : « C'est un bel usage
« de notre nation, dit Montaigne, qu'aux bonnes
« maisons nos enfants soient reçus pour y être
« nourris et élevés pages, comme une école de
« noblesse ; et est discourtoisie, dit-on, et injure
« d'en refuser un gentilhomme ».

La cour, dont Catherine de Médicis fut l'âme et comme le pivot pendant le règne de ses trois fils, n'ayant durant cette période de vingt-neuf ans subi aucune modification, je vais rapporter ici ce que l'ambassadeur vénitien en disait en 1577, car cela s'applique aussi bien à l'époque de François II et de Charles IX, qu'à celle de Henri III.

« Les Reines ont leurs cours, presqu'aussi
« nombreuses, composées d'officiers de bouche,
« de gardes, d'écuyers, sans compter un grand
« nombre d'aumôniers, de chapelains, de mé-
« decins, d'astrologues, et d'autres personnages
« de mérite qui sont entretenus par la Cour et la
« suivent continuellement. La première place
« auprès des Reines est celle de premier gen-
« tilhomme de leur chambre, que l'on appelle
« chevalier d'honneur. La garde ordinaire des
« Reines est de douze hallebardiers et de douze
« arquebusiers, mais la Reine-Mère, qui tient
« les rênes du gouvernement, a une cour plus
« nombreuse et plus considérée. Les princes, les
« ducs, les barons, les prélats qui suivent la
« cour, les uns par devoir, les autres par ambi-

« tion, sont si nombreux qu'à chaque grand
« voyage, il n'y a jamais moins de huit mille
« chevaux et autant de personnes. Pour trouver
« ses logements, un prince est obligé de se tenir
« à trois ou quatre lieues de distance d'un autre,
« et comme les villes ne pourraient suffire à
« contenir tant de monde, on se met dans les
« villages environnants. Quand même il y
« aurait assez de place pour la cour, il n'y en
« aurait pas assez pour les bêtes. »

Dans cette foule, il faut comprendre « la
« garde du Roi qui était autrefois de 6,000
« Suisses et n'est plus à présent que de 1,500.
« Elle comprend encore 150 Ecossais ou An-
« glais qui servent à la garde particulière de la
« personne royale (1), 800 Français, puis 200
« gentilshommes à bec de corbin qui n'ont
« d'autres fonctions que d'accompagner le roi
« quand il va à la messe, ou de le suivre à che-
« val quand il est en voyage ; les gardes fran-
« çaises et suisses restent au château (du
« Louvre) tout le temps que le Roi y demeure ;
« les écossais et les archers l'accompagnent en
« route, à cheval ou à pied, dans les grandes
« solennités. Ils gardent les portes, les cours,
« les salles, les chambres du roi : ils font leur

---

(1) Les gardes Ecossais avaient été tirés par Charles VII
d'une compagnie écossaise d'hommes d'armes des ordonnances qu'il avait créée en 1445. Lorsqu'il y eût quatre
compagnies des gardes du corps, la compagnie écossaise
fut maintenue comme la première, mais elle ne se composait
plus que de Français et n'avait d'écossais que le nom.

« service par quartier et sont relevés d'heure
« en heure. »

A propos des gentilshommes à becs de corbin, il faut remarquer que leur compagnie ne se composait que de 100 hommes et qu'ils tiraient leur nom de la forme du fer de la hallebarde qu'ils portaient dans les cérémonies où ils marchaient deux par deux devant le Roi. La compagnie des Gardes écossais avait été créée en 1453 par Charles VII. Quant aux Gardes françaises ou régiment des gardes, qu'il ne faut pas confondre avec les Gardes du corps, il fut créé en 1563.

Pour d'autres détails, qui complètent le tableau, c'est à Barbaro (relat. de 1563) qu'il faut avoir recours : « Le chancelier, dit-il, est un
« personnage très important et pourvu d'une
« très grande autorité. Il a la garde du grand
« sceau, siège dans tous les conseils, et aucune
« délibération d'importance ne se tient qu'il n'y
« assiste. Le Roi lui demande conseil dans tout
« ce qu'il fait. »

Le chancelier était chef de tous les conseils et président-né de toutes les cours de justice : il veillait à l'exécution des lois dans tout le royaume. Ses insignes étaient la robe ou simarre violette, et le mortier orné de galons d'or jusqu'au sommet. Déjà au xvie siècle, la dignité de chancelier était inamovible. S'il était disgracié et exilé, comme cela arriva à Michel de l'Hospital, il conservait son titre et le Roi nommait un garde des sceaux pour exercer les fonctions. C'est ainsi que René de Birague, nommé garde des sceaux en 1568, ne prit le titre de chancelier qu'après la mort de Michel de l'Hospital, en 1573.

Sous les trois fils de Henri II, les chanceliers furent François Olivier, 1559-1560 ; Michel de l'Hospital, 1568 ; Jean de Morvilliers, évêque d'Orléans, 1570 ; René de Birague, 1570 ; Philippe Hurault, 1588 ; François de Montholon, 1589.

Les lettres patentes et les édits, scellés par le chancelier, étaient contre-signés par un des secrétaires du Roi : « Il y en a, dit Barbaro « (1563), quatre principaux qui s'intitulent se- « crétaires des Commandements et ont l'entrée « du Conseil. » Le véritable titre qu'ils portaient était secrétaires d'Etat, mais il y avait en réalité peu de temps qu'ils l'avaient reçu ; jusqu'à la paix de Cateau-Cambrésis, dit Pasquier, on les appelait *secrétaires des Commandements et finances du Roi*. Leur nombre avait été fixé à quatre par Henri II, le 14 septembre 1549.

Les ambassadeurs, ainsi que les écrivains contemporains français, signalent comme un grave abus la vénalité des offices, non seulement des offices de Cour, mais des offices de magistrature et un peu de tous en général. Le Roi et l'Etat n'en étaient pourtant pas plus mal servis. Marino Cavalli, notamment, dit (1546) « on tire beaucoup d'argent de la vente des

« emplois et ce commerce se fait de mille ma-
« nières. Le nombre des employés augmente
« toujours; ce sont des avocats du Roi à chaque
« petit village, des receveurs d'octroi, de tailles
« et de taillons, des trésoriers, des conseillers,
« des présidents de cours des comptes et de
« celles de justice, des maîtres des requêtes,
« des procureurs du fisc, des prévots, des élus,
« des baillis, des vicomtes, des généraux et
« d'autres dont la moitié serait bien suffi-
« sante. Tout ce monde donne de l'argent au
« Roi qui, une année portant l'autre, en tire
« plus de quatre cent mille écus ». Cet impôt
volontaire sur la vanité n'est-il pas préférable
aux impôts forcés dont on surcharge le peuple?

« Tous les états de France se vendaient au
« plus offrant et dernier enchérisseur, mais
« principalement ceux de la justice, contre
« tout droit et raison » (L'Estoile). Les charges
de cour et les charges militaires se vendaient
non moins bien. Je cite quelques exemples :
En 1576, Montmorency-Thoré vend le bailliage
du Palais 18,000 francs ; Montmorency-Méru
vend la capitainerie de la Bastille ; en 1578,
Lansac vend 20,000 écus sa charge de capitaine
des cent gentilshommes de la garde du Roi ;
Beauvais-Nangis achète 200,000 écus le régiment de Saint-Luc ; Saint-Luc achète au jeune
Lansac 20,000 écus le gouvernement du Brouage ; Le Roy achète 33.000 écus la charge de
Trésorier de l'Epargne. Quelquefois, c'était le

roi lui-même qui achetait une charge pour en faire don à quelque favori. En 1581, Henri III, pour en gratifier le duc d'Epernon, achète à Philippe Strozzi la charge de colonel-général de l'infanterie française. Strozzi reçoit 50,000 écus et 20,000 livres de pension. Avec cela il achète la belle terre de Bressuire en Poitou.

Les rois avaient souvent tenté de combattre cette vénalité. Henri III, dans un règlement du 1er janvier 1585, s'exprime ainsi : « S. M.
« ayant mis fin à la vénalité des offices de ju-
« dicature, qu'elle avait trouvé introduite dans
« son Royaume, pour la nécessité du temps,
« veut couper chemin à la vénalité de tous les
« autres états, charges et offices de quelque
« qualité qu'ils soient......, déclarant que doré-
« navant elle ne veut qu'aucun des susdits
« estats, charges ou offices, se vendent direc-
« tement ou indirectement, ni qu'il en soit pris
« ou baillé aucune récompense, sous peine de
« privation, à celuy qui l'aura acheté et à celuy
« qui l'aura vendu, de la somme qui sera
« trouvée en avoir reçue et d'estre incapable
« pour trois ans de tenir aucun estat, charge
« ou office ». Tout cela était certainement très bon à dire et d'autres l'avaient dit avant lui. Mais pourquoi ces belles résolutions n'étaient-elles suivies d'aucun effet ? L'ambassadeur de l'empereur, Busbec, va nous l'apprendre :
« Rien n'est plus curieux au Royaume que
« l'augmentation des offices que le Roi a créés

« pour tirer de l'argent. Maintenant on en sup-
« prime une partie ; entre autres, il avait 150
« officiers de sa chambre, qui recevaient de
« bons appointements pour le servir et il les
« a réduits à 16, ou tout au plus à 24. Il en
« sera de même des autres, ce qui sera d'un
« grand soulagement aux peuples obligés de
« soutenir les dépenses. Mais les particuliers
« feront de grandes plaintes de perdre ainsi
« leur propre argent dont ils avaient acheté ces
« charges, et quand même on songerait à les
« rembourser, ils ne laisseraient pas d'y perdre
« beaucoup. » Il y avait encore autre chose, la
difficulté de rembourser les offices sur le pied
du taux de la création : et les meilleures intentions échouaient sans cesse devant les besoins
d'argent, qui se multipliaient également sans
cesse.

XII

L'Ordre de Saint-Michel

Jusqu'à ce que Henri III eut fondé l'ordre du Saint-Esprit, destiné à devenir la plus illustre et la plus enviée parmi toutes les décorations européennes, la monarchie française n'avait pour récompenser le mérite ou les services rendus, en outre des charges civiles et militaires, que le collier de Saint-Michel, *l'ordre du Roi* comme on l'appelait alors, *le collier à toutes bêtes* comme on ne tarda pas à le surnommer pour l'abus qu'en firent les fils de Henri II, pour le discrédit où il tomba après l'apparition de l'ordre du Saint-Esprit réservé aux princes et aux plus grands seigneurs du Royaume.

« Les chevaliers de l'ordre de Saint-Michel, « dit Barbaro en 1563, sont tous gentilshommes « et ne doivent ordinairement cette distinction « qu'à leur mérite. » De 1577 à 1580, laps de temps qu'embrasse la relation de Jérôme Lippomano, la décadence s'était accentuée : « Après « l'avènement de Henri II, cet ordre devint très « déprécié par la prodigalité avec laquelle on « le distribua à toutes sortes de gens, nobles et « même roturiers. (Ceci, pour ce qui concerne

« les roturiers, est inexact.) Le jour de la fête de
« Saint-Michel, qui est celle de l'ordre, les
« princes se sauvent pour ne pas paraître à la
« cour. J'ai vu trois années de suite cette céré-
« monie, qui est la même que celle de l'ordre
« du Saint-Esprit. La première année, la cour
« étant à Poitiers, il y eut beaucoup de princes
« et même le duc d'Alençon. Pour les deux
« autres années, je n'y ai vu d'autres princes,
« en 1578 que le duc de Mercœur, et en 1579
« que le duc de Guise, et encore celui-ci avait-il
« été spécialement invité par le Roi. On a voulu
« plusieurs fois (Lippomano est le seul à affir-
« mer ceci) partager les chevaliers en deux
« classes, afin de rehausser l'éclat de l'ordre ;
« mais on n'a pu y donner suite, de crainte de
« les offenser. Maintenant, on se montre moins
« prodigue de nominations. »

Il faut retenir ce mot, car, en effet, à partir de la création de l'ordre du Saint-Esprit, les chapitres de l'ordre de Saint-Michel qui se tenaient ce jour-là tous les ans pour la nomination de nombreux chevaliers, devinrent de moins en moins fréquents, et le nombre des élus se fit de plus en plus rare. Sous Henri IV, l'ordre avait presque reconquis le prestige que lui avait donné Louis XI, son créateur.

Les insignes consistaient, en grand costume, en tenue de chapitre, en un collier de coquilles d'or entrelacées auquel était suspendu un médaillon ovale portant l'image de Saint-Michel avec cette devise : *Immensi tremor Océani*, par allusion au mont Saint-Michel battu de tous côtés par l'Océan. Dans l'ordinaire de la vie, le collier était remplacé par un ruban noir supportant le médaillon d'or. Celui-ci « le falloit « porter ordinairement et ne désemparer « jamais, fut-ce parmy les grands combats, « batailles et dangers ». (Brantome, *M. de Tavannes*) Il arrivait quelquefois que des chevaliers de l'ordre, pour éviter de porter ce médaillon battant sur leur armure, faisaient graver ou ciseler en relief sur le sommet de leur cuirasse le collier et le médaillon de l'ordre. On en trouve quelques exemples sur de belles armures du XVIᵉ siècle : il est vrai qu'ils sont fort rares. On en voit une au Musée d'Artillerie (G. 138), à fond noir et filets argentés, de la seconde moitié du XVIᵉ siècle. Le collier de l'ordre est repoussé et ciselé sur le colletin. On en voit encore une autre, connue sous le nom de l'armure aux lions (G. 50), que je n'hésite pas à attribuer à Henri II.

Le chevalier était tenu de prêter un serment et de le mettre par écrit. En voici la teneur : « Nous, Françoys de Belleval, chevalier, baron « de Longvilliers, d'Avrilly et de Bauche, sei-« gneur des dits lieux, Recques, Armainvilliers « et Marquise, aiant agréable l'honneur qu'il a « plu au Roy, chef souverain de l'ordre de « M. Sainct Michel, et aux confrères, compai-« gnons, chevaliers, du dict ordre, de nous élire

« et nommer en ceste amiable compagnie,
« dont le remercions de très bon cœur ; et pro-
« mettons par ces présentes que de tout nostre
« pouvoir nous aiderons à garder, soutenir et
« deffendre les grandeurs et droictz de la Cou-
« ronne et majesté roiale, et l'autorité du Sou-
« verain de l'Ordre, de ses successeurs souve-
« rains, tant que nous vivrons et serons d'icelle;
« que nous nous employerons de tout nostre
« pouvoir à maintenir ledict ordre en estat et
« honneurs et mettrons peine de l'augmenter
« sans le souffrir descheoir ou amoindrir, tant
« que nous pourrons y remédier et pourveoir.
« Que s'il arrivoit que Dieu le veuille, qu'en
« nous fust trouvée aulcune chose pour laquelle
« sellon les coutumes et statuts de l'Ordre en
« feussions privé, sommé et requis de rendre
« le collier, nous, en ce cas, le renvoyerons
« audit Souverain et au trésorier dudict ordre
« sans, après laditte sommation, porter ledict
« collier. Nous porterons et accomplirons
« patiemment toutes les peines et punitions
« qui, pour ce ou pour aultre moindre cas,
« nous pourroient estre enjoinctes et ordonnées;
« que nous nous trouverons et comparaîtrons
« aux convocations et assemblées ou y envoye-
« rons sellon les statutz et ordonnances d'icel-
« luy, et obéirons audict Souverain et à ses
« commiz en toutes choses raisonnables, tou-
« chant et regardant le devoir et office dudict
« ordre ; et accomplirons de toute nostre puis-

« sance les statutz et ordonnances portées ès
« articles et serment que nous avions faict
« entre les mains de M. le duc de Montpen-
« sier (1), duquel nous avons agréablement
« reçu et accepté le collier dudict ordre. En

(1) Henri de Bourbon, duc de Montpensier, prince de Dombes, gouverneur de Normandie, né le 12 mai 1573, mort le 27 février 1608. François de Belleval avait été attaché à son père, François de Bourbon, duc de Montpensier, mort le 2 juin 1592, en qualité de gentilhomme de la maison du Prince, dès 1572, et assista à ses côtés en Poitou, en Touraine et en Normandie à dix combats dans lesquels le duc de Montpensier défit les troupes de la Ligue. Plus tard, en 1589, ils étaient ensemble au combat d'Argentan, le 20 avril, à la prise de Bernay et de Honfleur, à la bataille d'Arques le 24 septembre; le 14 août 1590 à la bataille d'Ivry, où François de Belleval eut un cheval tué sous lui et son armure faussée de trois balles ; aux prises d'Alençon, Falaise, Lisieux, Pont-Lévèque et Honfleur, au siège de Rouen (1591-1592), de Dreux le 8 juillet 1593, et au siège de Honfleur qui dura du 9 mai au 3 juin 1594 et où François fut blessé à l'assaut du 1ᵉʳ mai. En 1596, François de Belleval prenait part au siège de La Fère, et en 1597, à celui d'Amiens où il se distingua, puisque les historiens picards le citent avec éloge. — Sous le règne de Henri III, François de Belleval avait été lieutenant des Gardes du corps et capitaine de la compagnie des gardes du duc d'Epernon. Il vit de près le meurtre du duc et du cardinal de Guise et joua un rôle subalterne dans la tragédie. Il a relaté les détails de ce qu'il vit dans une curieuse lettre adressée à un gentilhomme du Boulonnais, Charles de Sourhouette du Halde, dont il devait épouser la sœur, devenue son héritière, en janvier 1593. Ce document inédit ayant quelque importance pour l'histoire, je le transcris ici :

« Monsieur mon bon compagnon, je vous blasme fort
« que vous n'avés pas esté avec nous pour voir la fin qu'il
« a pleu au Roy donner à tout cecy. Il n'y a plus qu'un roy
« à l'heure présente et cest le nottre, un cher et bon maître,
« comme vous scavez. M. de Guyse a méchamment finy
« après une méchante vie, et M. le Cardinal aussy. Or,
« voilà ce que j'en sçais. Le Roy, se sentant journellement

« témoin de quoi, nous avons signé la présente
« de nostre main et cachetée de nos armes.
« Faict à Paris le xv° jour de Novembre 1596.
« Longvilliers. »

Après la formule du serment, vient celle de

« pressé par la conjuration, qui estoit de l'enlever et le
« mener à Paris, et sçachant tout le propos de par Mons.
« de Provenchère qui recevoit dun costé pour le redire
« dun autre, se prinst à considérer ce quil luy conviendroit
« faire de Mons. de Guyse et eut lavis d'aucuns de ses plus
« familiers qu'il convenoit de l'emprisonner et qu'on eut à
« luy faire son procès : mais cest avys ne fut du goût du
« Roy qui dist ces mots en son particulier à Mons de
« Bévol : « mettre le Guisard en prison seroit tirer un
« sanglier aux filets, qui se trouveroit possible plus puis-
« sant que nos cordes; quand il sera tué il ne nous fera
« plus de peine, car homme mort ne fait plus guerre. »
« — A quoy chacun du Conseil dist amen car plus n'en
« pouvoit. La veille, qui estoit jeudi, sur les dix heures,
« Mons. de Larchant, notre cappitaine, pour lors malade
« et en son lict pour la dyssenterie, m'envoia quérir en
« mon logis par un garde et me dist que cestoit pour le
« lendemain matin et quil falloit prendre avecq moi Mons.
« de Montclar, exempt, et vingt de nos compagnons, et nous
« loger à la montée du vieux cabinet par où l'on descend à
« la gallerie des Cerfs, avecq commandement que qui-
« conque ce fust ne peut entrer, ne sortir, ne passer : comme
« je lui demandois ce qu'il adviendroit de luy et des autres
« gardes du corps que je commandois pour lors par rapport
« à sa dite maladie, il me respondit qu'il se tiendroit à la
« montée et à la porte de la chambre du Conseil et que je
« n'en aye soin, mais seulement de mettre mon corselet
« pour crainte de pire et de le faire mettre aux gardes et
« d'exécuter le commandement. En retournant à mon logis
« je rencontrai Mons. du Halde qui me dist que le Roy
« vouloit aller le matin à La Noüe pour revenir en son
« Conseil, et quil luy avoit ordonné de l'éveiller à quatre
« heures. Le matin, à sept heures, Mons. de Monclar
« m'amena les vingt gardes et nous feumes à la montée du
« vieux cabinet sans voir personne, fors que sur les huit
« heures j'entendis dans ledit vieux cabinet un grand bruit
« et une voix qui crioit : « hé! mes amis! » dont mes
« gardes étoient fort surpris et ne sachant rien se vouloient
« porter dans le vieux cabinet; mais je leur fis l'exprès
« commandement de ne bouger de par le Roy, et peu après,
« Mons. de Loignac (*) ouvrit la porte et me dit « c'est
« fait; le Roy vous commande que vous alliez arrêter
« Mons. le Cardinal qui est au Conseil et le meniez dedans
« la tour de Moulins. » Ce que je fis incontinent avecq les

(*) Charles de Montpezat, seigneur et baron de Loignac.

la réception du collier de l'ordre que le Roi envoie au nouveau chevalier, à titre de « don et présent ». — « Nous, François de Belleval, « chevalier, baron de Longvilliers, chevalier « de l'ordre du Roy, confessons avoir eu et

« vingt gardes, et trouvasmes dedans la chambre du Conseil
« Mons. le Cardinal qui disoit : « Ah ! on a tué mon frère ! »
« — Et le conduisimes dans la tour où il fut estroittement
« gardé avec deux gardes dedans sa prison et deux à la
« porte et Mons. l'archevèque de Lion avecq luy ; mais pour
« celui-là le Roy ne luy vouloit point de mal aucun. Comme
« il avoit tenu des propos pleins d'extrême mépris et d'in-
« sollence contre Sa Majesté, ils émurent tellement le
« courage du Roy qu'il résolut de s'en despêcher et com-
« menda qu'on le fist tot mourir. Mais comme aucuns ne
« le vouloient, disant que cestoit pitié et sacrilège, le cap-
« pitaine Le Gast se chargea de l'affaire avec quatre gardes
« de sa compagnie, et les deux corps furent bruslez dans
« une salle en bas par l'exprès commandement de Mons.
« de Richelieu (*), grand-prévost, qui fit jeter les cendres en
« la rivière.
« De cette misérable fin ont esté fort esmus les dépputéz ;
« et des catholiques zélés aulcuns ont esté prisonniers,
« comme Mons. de Rambures, mais il n'en sera rien de
« plus fascheux pour luy s'il veut se ranger de ceux du
« Roy, comme l'on croit communément qu'il fera par
« raison, et aussy de Mons. de Saveuses, puisqu'il ne luy
« faut que dire à Sa Majesté mercy. Pour moi, je ne vois
« pas si bonne fin à tout cecy, et je doute fort que ceux de
« l'Union, enragés de la mort de Mons. de Guyse et de
« Mons. le Cardinal, n'esmeuvent une plus rude guerre que
« paravant. Si vous mande que fasciés bonne garde et que
« ayez toujours la barbe sur lespaulle ; et ne manqués
« aussy d'avoir toujours un corps de cuirasse sous le pour-
« point quand vous invités vos amys. Espérant Dieu, Mon-
« sieur mon bon compagnon, vous donner parfaitte santé,
« très longue et heureuse vye.

« Votre plus humble affectionné amy,
« François de BELLEVAL. »

Henri IV donna à François de Belleval, baron de Longvilliers, le collier de son ordre et en fit un des gentilshommes ordinaires de sa chambre. Celui-ci mourut en 1602.

(*) François du Plessis, seigneur de Richelieu, chevalier des ordres du roi, Grand-Prévôt de France, père du Cardinal, mort le 10 juillet 1590, âgé de 42 ans, au moment où il venait d'être nommé capitaine des Gardes du corps.

« reçu de messire Martin Ruzé, seigneur de
« Beaulieu et de Longjumeau, trésorier de
« l'ordre du Roy, ung grand collier d'icelluy,
« ordre contenant vingt-quatre nœudz et autant
« de doubles coquilles avecq ung image Saint
« Michel pendant à icelluy, dont ledict sei-
« gneur nous a faict don et présent en nous
« créant et faisant chevalier de son dict ordre.
« Duquel collier nous nous tenons pour comp-
« tant, et en avons quitté et quittons ledict
« sieur trésorier susdict et tous aultres par la
« présente que nous avons pour ce signé de
« nostre main et faict sceller du scel de nos
« armes. A Paris, le xve Novembre 1596. —
« Longvilliers. » (Arch. de la famille de Belleval).

On vient de voir, dans le serment, que le chevalier se soumettait aux peines qui pourraient lui être infligées. Voici un exemple que ce châtiment allait jusqu'à la peine de mort. En décembre 1580, le chapitre de l'Ordre condamne à mort le sieur Desle, allemand, chevalier de l'Ordre, qui, chargé par le Roi d'aller lever pour lui des reitres en Allemagne, les avait, au contraire, enrôlés pour le compte du Prince de Condé. Desle fut pendu à Blois, en vertu des articles 27, 28 et 30 des statuts (l'Estoile).

En octobre 1572, pour se distraire sans doute de la Saint-Barthelemy, Charles IX voulut tenir à Notre-Dame de Paris un chapitre de l'Ordre :

« Le Roi, venu dans le chœur, s'assit à main
« droite, sous un dais de drap d'or ; et un peu
« plus loin et au même côté étaient assis le duc
« d'Anjou, les ducs de Montpensier, de Nevers
« et de Guise, le maréchal de Tavannes, le
« prince Dauphin (1), la Chapelles aux Ursins (2),
« Rubempré (3) et Villequier le jeune (4). De
« l'autre côté du chœur, à gauche, sous un
« autre dais de drap d'or, étaient les écussons
« des rois d'Espagne, de Danemark et de Suède.
« Un peu plus bas étaient assis le Roi de Na-
« varre, les ducs d'Alençon et d'Uzès, le Prince
« de Condé, de Lansac (5), de Chavigny, le

(1) Louis de Bourbon-Montpensier, fils aîné du duc de Montpensier, dauphin d'Auvergne et qualifié le prince dauphin jusqu'à la mort de son père, le 22 septembre 1582.

(2) De la maison de Jouvenel des Ursins ; il était seigneur de la Chapelle-Gautier, en Normandie (Eure), qui prit le nom de la Chapelle-aux-Ursins, et qu'Elisabeth des Ursins apporta à son mari Mercurin de Saint-Chamans, pour qui elle fut érigée en comté par lettres-patentes de mars 1612.

(3) François de Bourbon Vendôme, seigneur de Rubempré déjà cité.

(4) René de Villequier, baron de Clairvaux, plus tard gouverneur de Paris et de l'Ile de France. Il était l'un des favoris de Henri III. Il se rendit tristement célèbre pour avoir, en septembre 1577, poignardé sa femme, Françoise de la Marck, qui était enceinte, au château de Poitiers, où était le Roi. Cela eut-il pour cause la jalousie, comme il le prétendit, ou le désir de venger les rancunes du Roi contre elle ? Toujours est-il qu'il ne fut pas inquiété et qu'il figura dans la première promotion des chevaliers du Saint-Esprit, en 1578.

(5) Guy de Saint-Gelais de Lansac, appelé le jeune Lansac parce que la Reine-Mère l'employait concurremment avec Charles de Saint-Gelais, seigneur de Lansac, son frère aîné. Envoyé en ambassade en Pologne, il y contribua beaucoup

« comte de Retz (1) et Villequier l'aîné (2).
« Tous ces seigneurs étaient habillés de blanc
« et couverts de leurs grands manteaux de
« drap d'argent avec la grande queue traînant
« à terre, le chapeau de velours cramoisi
« enrichi de broderies et de grande quantité de
« perles et de pierres précieuses, avec le grand
« collier de l'Ordre par-dessus. Au-devant du
« Roi, dans le chœur, sur des sièges de drap
« d'or étaient assis les maîtres des cérémonies,
« huissiers, trésorier, greffier et chancelier de
« l'Ordre, tous vêtus de grandes robes de satin
« blanc avec les chapeaux de satin cramoisi.
« En cet équipage, le Roi et les seigneurs assis-
« tèrent aux Vêpres et aux vigiles, pour l'âme
« des chevaliers trépassés. Puis, changèrent de
« livrée, car le lendemain, à la célébration du
« service, ils avaient mis de grands manteaux
« et chaperons à bourlets noirs avec le grand
« collier de l'Ordre, sauf le Roi qui avait le
« manteau et le chaperon violet » (La Popelinière, *Histoire de France*, 1-2, liv. 31).

à l'élection de Henri III au trône de ce pays. Il mourut fort âgé en 1622.

(1) Albert de Gondi, baron puis comte de Retz, puis duc de Retz et pair de France en 1581. Né le 4 novembre 1522, mort à Paris le 12 avril 1602. Gentilhomme de la chambre et maître de la Garde-robe de Charles IX, il fut l'un des principaux instigateurs de la Saint-Barthélemy. Ambassadeur en Angleterre en 1572, maréchal de France et gouverneur de Provence en 1573, chevalier des ordres du Roi, général des galères en 1579.

(2) Claude de Villequier, vicomte de la Guerche.

XIII

Les Finances, le Budget et les Monnaies.

Le chapitre si important des finances et du budget ne pouvait échapper aux investigations d'hommes aussi observateurs que les ambassadeurs vénitiens : « Les prédécesseurs du Roi
« (Charles IX) dépensaient beaucoup, surtout
« François Ier, qui employait de grandes sommes
« d'argent en constructions, en fêtes et en plai-
« sirs de toutes sortes, en outre des dépenses or-
« dinaires consistant dans les gages de ses con-
« seillers, de ses officiers, des gens d'armes et
« des archers de ses ordonnances. Aujourd'hui,
« les dépenses ont considérablement diminué,
« en raison de la minorité du Roi et aussi à
« cause des dettes de l'Etat. Les pensions ont
« été restreintes et les dépenses inutiles sup-
« primées. Ainsi, en 1561, les dépenses de la
« Couronne n'ont pas dépassé trois millions et
« demi d'écus d'or. » (Barbaro.)

L'appréciation de Barbaro sur François Ier est inexacte ; il parle de choses qu'il ne connaît que par ouï-dire, car, pendant la seconde partie de son règne, François Ier diminua, au contraire, considérablement les dépenses, et ré-

forma quantité d'abus en matières financières. Ainsi, en 1535, avec un revenu de deux millions et demi d'écus, la dépense était de 1 million 390,000 écus (Giustiniani). Le même Giustiniani, en énumérant toutes les sources de revenus et celles de dépenses, émet cet amusant paradoxe : « Plus ces peuples (les Français) sont grevés, plus « ils paient gaiement. » Si cela était vrai alors, ce dont il est permis de douter, il y a longtemps que cela a cessé de l'être ; Giustiniani n'est pas, d'ailleurs, le seul à énoncer cette proposition qui ressemble à une méchante raillerie. Correr dit à peu près la même chose en 1567, avec ce correctif que, si le Roi était aimé de ses sujets, il pourrait en obtenir autant d'argent qu'il lui en faut. Il rapporte à ce sujet que Louis XI comparait son royaume à un pré qu'il fauchait quand il voulait ; que l'empereur Maximilien comparait à son tour le Roi de France au berger d'un troupeau de moutons dont la toison était d'or et qui se laissaient tondre à volonté. Il cite le mot de François Ier : Comme Charles-Quint lui demandait combien lui rapportait annuellement son royaume : « Autant que je veux », répondit François. Mais il ajoute : « Pour plu-
« sieurs raisons, le roi actuel n'en pourrait dire
« ni faire autant. D'abord, au lieu de lui donner
« de l'argent, les Huguenots lui en soustrai-
« raient plus volontiers ; ensuite, les catho-
« liques lui en donnent de mauvaise grâce ».
Les embarras financiers, déjà prononcés sous

Charles IX, ne firent que s'accentuer sous Henri III. Telle est la conclusion.

Où se trouvait l'argent du Royaume ? Correr y répond ainsi : « Il est aujourd'hui entre les « mains d'une seule classe de citoyens. Le clergé « est ruiné, et il ne peut espérer relever la tête « tant que dureront ces troubles. Sans compter « les biens engagés ou vendus avec l'autorisa- « tion du Pape, le clergé a payé, depuis 1561, « plus de douze millions d'écus, ce qui serait « peu de chose, car il a sept millions d'écus « de revenu annuel, si l'armée catholique ne « lui avait pas causé autant de dommages que « l'armée protestante. La noblesse, à cause des « guerres, n'a pas le sou. Le peuple a été si bien « pillé par les gens d'armes qui vivent partout « à discrétion, qu'à peine a-t-il de quoi couvrir « sa nudité. Restent les bourgeois et les ma- « gistrats, qui ont de l'or à foison et n'en savent « que faire. » Il y a là, en ce qui concerne le clergé, une exagération manifeste : pour la noblesse et le peuple, il faut passer condamna- tion. Il y avait dans le clergé plus d'argent que partout ailleurs. N'avait-il pas été autorisé, en mai 1563, à engager le temporel de ses béné- fices jusqu'à concurrence de cent mille écus de rente ? La vérité était que le clergé se faisait pauvre pour n'avoir pas à subvenir aux frais d'une guerre profitable seulement aux intérêts de la Religion. Ce qui n'empêchait pas les Rois, en toutes circonstances, de lui accorder faveur sur faveur. Le 16 août 1571, ses privilèges et libertés sont confirmés. Les évêques, abbés, prieurs et communautés, sont autorisés à faire attacher les armes du Roi aux portes de leurs maisons comme sauvegarde ; le 4 novembre 1572, le clergé est exempté de toutes contributions aux charges des villes, excepté dans les cas de disette, pour la subsistance des pauvres ; le 23 décembre 1574, il est déclaré exempt de toute contribution et du logement des gens de guerre ; la confirmation de ces privilèges est renouvelée le 12 février 1577, en mai 1579, en février 1580 : les ventes des biens de l'Église, faites pendant les guerres de Religion, sont annulées en mai 1576 ; les ecclésiastiques sont placés sous la sauvegarde des gentilshommes et des bourgeois des villes, en mai 1577 ; la contrainte par corps ne peut être exercée contre eux, etc… On pourrait prolonger ces citations à l'infini. Le clergé était donc forcé à la reconnaissance envers les Rois très chrétiens ; mais il est regrettable de constater qu'il n'en donnait guère de preuves.

« Aux difficultés que le Roi éprouve auprès
« de ses propres sujets, continue l'ambassadeur
« vénitien, j'ajoute qu'il a perdu tout crédit
« auprès des marchands étrangers, et qu'en
« dehors de son royaume, il ne trouverait pas
« un écu sans donner un nantissement. Privé
« de ces ressources, le Roi est contraint de s'en
« tenir à ses seuls revenus, lesquels, s'ils étaient

« libres, lui apporteraient six millions. Les
« revenus ordinaires du Royaume donnent
« quatre millions huit cent mille ducats ; les
« quatre décimes qui sont comptés parmi les
« revenus annuels, six cent mille. La vente
« des emplois et autres ressources semblables
« complètent la somme de six millions, sur les-
« quels un million deux cent mille sont en-
« gagés. La ville de Paris, à elle seule, en a
« huit cent mille ; les revenus sont, au surplus,
« très mal administrés. On peut dire que le
« Trésor public n'appartient pas à un seul,
« mais que c'est une bourse dans laquelle
« chacun plonge sa main. Celui qui a la main
« la plus grande en retire la plus forte somme. »
Ceci se passait en 1567. Ne dirait-on pas que
c'est en 1897 que le Vénitien a écrit ce qu'on
vient de lire ?

Il est intéressant de contrôler les relations
des divers ambassadeurs vénitiens l'une par
l'autre. A la date de 1563, Barbaro disait :
« Le revenu ordinaire du Roi est d'environ six
« millions d'écus d'or. Le domaine particulier
« du Roi consistant en droits et en biens héré-
« ditaires, mais dont une grande partie est en-
« gagée, représente un million et demi. En
« temps de guerre, on pourvoit aux nécessités
« au moyen d'une augmentation de tailles ou
« de décimes, ou d'emprunts que paient les
« places fermées. Enfin, le Roi prend de l'ar-
« gent à intérêt, aussi la dette s'élève-t-elle à

« plus de quinze millions d'écus d'or. » Sous Henri III, comme je l'ai dit, la situation ne fait qu'empirer. Lippomano trace un tableau très sombre de la situation de 1577 à 1580 : « Les revenus du Royaume sont très peu as-
« surés. On refuse de payer les nouveaux im-
« pôts, et dans quelques provinces on n'acquitte
« pas même les anciens. Le désordre de l'admi-
« nistration et les dilapidations continuelles
« ruinent tout à fait le royaume. Les ambassa-
« deurs ne sont pas payés, la Cour est toujours
« dans la gêne, l'armée n'a ni soldats ni four-
« nitures et elle s'en venge en volant et en
« pillant les villages. »

A propos des finances, il faut bien parler des monnaies. « La monnaie et la langue, dit Lip-
« pomano, sont les deux choses par lesquelles
« un peuple se distingue essentiellement des
« autres peuples et des autres pays. » La monnaie changeait de valeur en France comme en tout pays. Ainsi, l'écu s'était élevé, en 1576 et 1577, à cause de la guerre, jusqu'à quatre, cinq et six francs; à d'autres époques il était descendu jusqu'à un franc, mais le cours ordinaire était trois francs, « taux avantageux aux négo-
« ciants, aux boutiquiers, aux nobles peut-être
« et aux contrôleurs des finances ». La monnaie d'or consistait en demi-écu, écu au soleil, l'Henri, le double Henri, qui vaut un peu plus que le double ducat de Hongrie. Les monnaies d'or étrangères qui avaient cours dans le

royaume, étaient le doublon d'Espagne, l'écu et le ducat portugais, et les ducats de Hongrie et de Pologne. Le ducat était une monnaie frappée en or et en argent dans divers pays. Le ducat d'or de Venise était au titre le plus fin et on l'employait pour « dorer à l'or de ducat » les belles armures et les riches poignées d'épées. Une ordonnance de 1546 avait donné cours en France au ducat en lui attribuant une valeur de 31 sous et quelques deniers. Le sou tournois représentant, sous Henri II, environ 50 centimes de notre argent actuel, le ducat d'or équivalait à 23 francs. Sous le règne de Henri III, le ducat d'Espagne valait 6 livres 4 sous, soit 24 francs 80 centimes de nos jours. Le ducat d'argent était une monnaie de compte employée en Espagne et à Venise.

« Les Français ont peu de monnaies d'argent,
« mais, en revanche, celles qu'ils ont sont fort
« commodes et presque toutes conformes aux
« monnaies des Romains, comme on peut le
« voir par les calculs de Guillaume Budé. Ils
« ont le franc, qui est le tiers d'un écu ; ils ont
« le quart d'un écu au soleil et le quart d'un
« écu pistolet qui est un teston ; ils ont le réal,
« la moitié du teston et la moitié du réal ; puis
« le sou, puis le carolus, qui vaut un sou moins
« deux liards ; puis le quart de sou qu'on ap-
« pelle le liard ; puis le quart de réal, le denier,
« la pièce de deux deniers et une autre qu'on
« appelle la maille et qui vaut la moitié d'un

« denier. Cette dernière n'a pas cours dans le
« commerce et ne sert qu'à faire l'aumône
« aux pauvres. » (Lippomano.) L'ambassadeur a mélangé les monnaies d'argent et celles de billon ; c'est ce qui explique comment, après avoir parlé du petit nombre des monnaies d'argent, il en énumère une si longue série.

Ailleurs, il affirme que tout or étranger, autre que celui cité plus haut, est interdit, ainsi que celui du Bourbonnais, de la Navarre, de la Lorraine, de la Flandre et de l'Angleterre, et que la monnaie étrangère dont on se sert le plus communément en France est le réal d'Espagne qui représente le douzième d'un écu au soleil. Précisément à la même époque, l'Estoile, après avoir dit que l'on ne voyait plus de menue monnaie, douzains et carolus, car elle
« avait été transportée hors du royaume pour
« l'eschanger à l'or estant à un haut prix en
« France », énumère les monnaies d'or et d'argent qui avaient cours, avec leur rapport à l'argent français : « L'escu soleil à 3 livres
« 12 sous 6 deniers ; le double ducat à deux
« testes, à 10 livres ; les ducas doubles de Por-
« tugal, dits Saint-Estienne ou millerais, à 9
« livres 5 sous ; le noble roze à 41 livres ; l'im-
« périale de Flandre, d'or double, à 6 livres ;
« simples, à 6 et 7 sols ; les Philippes d'argent,
« à 3 livres ; les testons de France, à 20 et 22
« sols ; les ducas dits de Pologne, dont couroit

« lors un nombre effréné parmi tout le royaume
« de France, et que mesme on disoit estre
« forgés en France, à 4 livres 15 sous, qui
« n'estoient toutefois que d'or d'escu et ne pe-
« soient que deux grains plus que l'escu so-
« leil. »

XIV

La France et Paris.

Après avoir parlé des finances, il convient de parler de la France. Au XVIᵉ siècle, on compte des historiens qui sont parfois de braves capitaines, mais on ne rencontre guère de voyageurs français en France. C'est ici que les ambassadeurs vénitiens sont d'un grand secours, car non-seulement ils connaissaient bien Paris où était leur principale résidence, mais ils traversaient deux fois la France pour remplir l'objet de leur mission, et ils suivaient la Cour dans ses fréquents voyages et déplacements.

« La France est très habitée. D'après le dé-
« nombrement fait par certains Génois qui vou-
« laient établir l'imposition sur les dotz, on
« peut y compter environ 15 à 16 millions
« d'habitants. Quoique l'Italie soit estimée
« comme l'un des plus beaux pays du monde,
« il faut avouer que la France la surpasse par
« les avantages naturels... Le pays de France
« est plus richement doué, les sites y sont plus
« agréables, et le sol est si fertile que non-
« seulement il produit en abondance pour la

« consommation des habitants, mais pour l'u-
« sage des étrangers. » (Correr, 1567.) Lippomano n'est pas moins affirmatif : « Le royaume
« de France est le plus beau et le plus grand
« de l'Europe, et peut-être aussi le plus riche. »
Il est de tous les ambassadeurs vénitiens
qui se sont succédés sous les règnes des fils
de Henri II, celui qui a le mieux étudié la
constitution physique du pays. « Ce grand
« royaume est composé de douze provinces,
« au centre desquelles est placée l'Ile-de-France,
« dont tout le pays prend le nom et qui est
« comme le cœur de ce grand corps. La France
« abonde en rivières fort commodes pour la
« guerre et pour le transport des vivres. Elles
« sont toutes navigables et peu éloignées les
« unes des autres. Elles arrosent tout le pays,
« qui a d'ailleurs plusieurs côtes baignées par
« la mer. La pente du territoire est si douce
« et les fleuves sont si tranquilles dans leurs
« cours de deux à trois cents lieues, qu'ils sont
« presque toujours navigables, même en les
« remontant, ce qui est très commode pour les
« gens du pays et pour les étrangers qui ap-
« portent leurs marchandises et exportent
« celles du Royaume. La France a peu de lacs,
« mais aussi elle n'en a guère besoin ; les
« fleuves et la mer lui en tiennent lieu. Le
« climat est fort tempéré. Il n'y fait pas trop
« froid en hiver, pas trop chaud en été, si ce
« n'est par accident. Aussi les habitants y au-

« raient-ils une très longue vie, s'ils ne se rui-
« naient pas l'estomac en mangeant trop,
« comme font les Allemands, et en buvant
« trop, comme font les Polonais... La France
« est riche en grandes villes... Les maisons,
« pour la plupart, sont faites avec du bois et
« du mortier. Toutefois, on commence à bâtir
« avec une certaine pierre très facile à tailler
« et à mettre en œuvre, mais qui, après la
« construction, devient aussi dure et aussi
« résistante que la pierre d'Istrie. Les Français
« s'attachent plus à la commodité qu'à la gran-
« deur dans leurs maisons, et en cela ils
« montrent plus de jugement que les Italiens.
« Ils ont l'habitude de couvrir les murailles de
« nattes de paille qui rendent les chambres
« plus chaudes l'hiver et plus fraîches en été.
« On ne voit guère de palais dans les villes,
« parce qu'elles ne sont habitées que par des
« marchands, des bourgeois et des hommes de
« robe, plus soucieux d'amasser de l'argent
« que de le dépenser en beaux bâtiments. »

Pour avoir un croquis des richesses physiques de la France d'alors, il faut s'adresser à Jean Michieli, qui avait été désigné avec André Badoaro, en qualité d'ambassadeurs extraordinaires, pour venir complimenter Henri III à l'occasion de son couronnement et de son mariage.

Le blé et le vin sont les produits que le sol fournit avec le plus d'abondance. On exporte

le blé en Espagne, en Pologne, en Angleterre, quelquefois même en Suisse et à Gênes. Le vin « quoique les Français l'aiment bien » va en Angleterre, en Ecosse, en Flandre, dans le Luxembourg, en Lorraine et en Suisse ; « on retire par an de sa vente un million et demi d'écus et on le vend plus cher que ceux d'Espagne et de Chypre ». La viande de toute espèce, le poisson frais et salé y sont en abondance. « Les laines ordinaires n'y manquaient
« pas ; quant aux draps fins, on les fabrique
« avec les laines anglaises et espagnoles. Il est
« vrai que la Normandie et la Picardie donnent
« une espèce de laine un peu plus fine, qui
« sert pour certains draps et pour un, entre
« autres, qu'on appelle *camelot* ». La toile est aussi un objet d'exportation en Angleterre, en Espagne, en Italie et dans les pays barbaresques: il y en a de toutes qualités, mais la meilleure n'approche pourtant pas la célèbre toile hollandaise. Il y a en abondance du bois à brûler et du bois de construction, car un sixième de la France est couvert de forêts « et cependant le bois coûte deux fois plus cher qu'à Venise ». L'ambassadeur l'explique par ce fait que presque toutes les forêts appartiennent au Roi, qui autorise la coupe et la vente des bois « comme il lui plaît ». En fait de mines, la France n'a que des mines de fer (1). Elle tire l'or d'Espagne

(1) Pourtant cette affirmation peut être contredite par les lettres-patentes de Fontainebleau, 29 juillet 1560, qui

et du Portugal et donne ses draps en échange.
« Elle le tire non pas brut, mais frappé en doublons et en ducats dont elle fait ses écus ». L'argent, le cuivre et l'étain viennent d'Allemagne; une autre partie d'étain et de plomb vient d'Angleterre. L'Allemagne et les Pays-Bas fournissent les chevaux de guerre et les chevaux d'attelage. La Bretagne seule fournit quelques haquenées. « Partout ailleurs, ce sont des bidets « sans valeur. »

Les épices ne viennent plus d'Anvers, mais de Portugal. « Leur introduction a été récemment affermée ». Le Portugal envoie aussi le sucre et les confitures, le Portugal et l'Espagne fournissent des fruits, le raisin sec, les oranges, les citrons, les olives et les amandes, ainsi que des huiles pour de très fortes sommes, quoique le Languedoc et la Provence puissent suffire aux besoins de consommation. « Le commerce
« des fruits est bien plus grand qu'on ne pense.
« Je me suis assuré que le seul droit sur les
« prunes sèches que la France envoie en An-
« gleterre, en Ecosse et en Flandre, a été affer-
« mé dix mille écus par an ».

renouvellent au profit de Claude Grippon de Guillion, écuyer, seigneur de Saint-Julien, le privilège accordé précédemment par Henri II au sieur de Roberval, autorisant le sieur de Saint-Julien à rechercher, ouvrir et exploiter toutes les mines d'or, d'argent, fer, et cuivre et autres substances précieuses ou non qu'il pourra découvrir dans toute l'étendue du royaume, à la charge par lui de désintéresser les propriétaires des terrains qu'il occupera. Le roi lui fait remise du don de dixième denier.

On consomme en France une plus grande quantité de draps d'or et de soie qu'à Constantinople et dans presque tout le Levant. Les draps fins sont fournis par l'Italie et les soieries par l'Espagne. « Dans ce genre, les Gênois et « les Toscans font des profits incroyables : leur « travail est tout à fait du goût des Français, « c'est-à-dire qu'ils font des draps qui ont peu « de prix et encore moins de durée ; c'est « justement ce qu'il faut aux Français qui « s'ennuieraient à porter le même habit trop « longtemps ». La France n'est pourtant pas exclusivement tributaire de l'étranger pour les belles soieries. Des fabriques de tissus de soie avaient été établies à Tours sous le règne de François Ier. On y comptait huit mille métiers. Indépendamment des Français, plusieurs fabricants vénitiens s'y étaient établis avec leurs familles, et des Gênois en plus grand nombre, ainsi que des Lucquois.

Une des principales richesses de la France était le sel que l'on recueillait en grande abondance en Gascogne, en Provence et en Bretagne. On le préférait au sel d'Allemagne pour conserver la viande et le poisson ; aussi l'Angleterre venait-elle chercher son approvisionnement en Bretagne.

Parmi tous les ambassadeurs vénitiens qui ont visité Paris et qui y ont vécu, Lippomano est le seul qui ait tracé un tableau étendu et intéressant de notre capitale. Je vais suivre d'aussi près que possible sa narration écrite en 1580.

Paris a douze portes continuellement ouvertes, excepté celle du Temple et quelquefois celle du Louvre, surtout lorsque le Roi est à Paris. Mais la seule vraiment fortifiée, est celle de Saint-Antoine, défendue par la Bastille, et celle du Louvre qui protège le château royal. Henri II, soit par crainte des projets de Charles-Quint, soit qu'il voulût tenir en respect le peuple de Paris, avait résolu de fortifier Paris ; mais, d'une part, la dépense étant excessive et, d'autre part l'urgence ayant cessé d'exister, les travaux furent interrompus. « Si on les achevait, ce
« serait la place la plus forte du monde ; seule-
« ment, il faudrait une armée innombrable
« pour la défendre ; mais une armée suffisante
« la défendrait contre le monde entier, si,
« toutefois, les vivres ne venaient pas à lui
« manquer. La muraille est en pierres vives,
« de l'épaisseur de quatre pas romains. Les
« trois boulevards déjà achevés, sont si grands
« que chacun tiendrait 3,000 fantassins et 560
« cavaliers. C'est pour cela que ces construc-
« tions sont restées et resteront imparfaites. »

Sur la rive droite de la Seine est la Bastille « plus forte que vaste ». Elle n'avait pas de garnison et servait déjà de prison d'État « pour les princes et autres personnages de marque ». Le Louvre « a un commencement de cons-
« truction dont la majestueuse architecture,

« si elle était jamais achevée, en ferait un des
« plus beaux édifices du monde. J'ai vu com-
« modément loger au Louvre le roi et ses frères,
« trois reines, deux cardinaux, deux ducs avec
« leurs femmes, trois princesses du sang,
« maints favoris et dames, enfin une partie du
« conseil. » Fort près du Louvre « puisque le
roi et les reines y vont souvent à pied », « on
voit les Tuileries, destinées à servir de maison
de plaisance pour les princes »; « magnifique
« construction, commencée par la Reine-Mère,
« avec beaucoup de statues, pierres de prix,
« divers ordres de colonnes, et cet admirable
« escalier en colimaçon dont les marches ne
« sont pas plus hautes que quatre doigts et sont
« portées merveilleusement par une légère
« aiguille de marbre. Il y a un appartement
« pour courir la bague et faire des armes, et
« un beau jardin où les arbres et les plantes sont
« distribués dans un ordre admirable, où l'on
« trouve non seulement des labyrinthes, des
« bosquets, des ruisseaux, des fontaines, mais
« où l'on voit reproduits les saisons de l'année
« et les signes du zodiaque, ce qui est une
« chose merveilleuse. »

L'église Notre-Dame, la Sainte-Chapelle, les plus beaux et les plus curieux monuments religieux n'obtiennent pas même une mention de l'ambassadeur. En fait d'église, il ne voit que Saint-Eustache qui « si elle était achevée,
« serait un des plus beaux temples et des plus

« vastes de l'Europe » et à propos de laquelle il fait cette remarque : « J'ai entendu dire au curé qu'il a dans sa paroisse jusqu'à 85.000 âmes, plus que n'en ont plusieurs évêques des principales villes de l'Italie. »

Toujours sur la rive droite de la Seine, Lippomano signale l'église et l'abbaye de Saint-Martin « ceintes d'une très haute muraille avec des tourelles qui leur donnent l'aspect d'un château », et le Temple dont il compare l'étendue à celle de l'arsenal de Venise. Aux alentours sont disséminés les hôtels des ducs d'Anjou, de Bourbon, de Lorraine, de Guise, de Montmorency, de Damville, de Brienne, de Condé et de Sens. L'Hôtel de ville n'obtient qu'une mention à titre de « grand édifice. » En revanche, si l'Hôtel de la Monnaie « n'est pas un édifice élégant », les maisons, les ateliers et les boutiques qui en dépendent lui donnent l'aspect « d'un grand bourg ». L'Arsenal n'excite pas davantage l'admiration de Lippomano : il le trouve petit par rapport à la grandeur de la ville. On n'y travaille, dit-il, qu'à la confection de la poudre, des pièces d'artifice et des boulets, dans des magasins très éloignés les uns des autres, précaution justifiée par une explosion qui renversa ou ébranla toutes les maisons autour de Saint-Paul et des Célestins.

Sur la rive gauche, Lippomano énumère le « très grand couvent des Cordeliers, fondé « et construit par Marguerite, femme de Saint-

« Louis, où vivent 560 étudiants de cet ordre,
« bien pauvrement et pâtissant dans leur
« manger et dans leur nourriture. » Puis, c'est
l'abbaye de Saint-Germain, ceinte de fossés et
de murailles; l'abbaye de Saint-Victor, le grand
couvent des Augustins qui « est l'oratoire du
roi »; puis « la grande toiture sous laquelle se
tient la foire Saint-Germain, l'Université et les
collèges » dont quelques-uns logent jusqu'à
mille écoliers; enfin les hôtels des ducs de
Nevers, de Nemours, de Luxembourg, de Montpensier et du prince Dauphin.

Dans la Cité, c'est le Palais de justice « qui
est en même temps la Bourse de Paris »; l'ambassadeur en fait un assez piquant tableau.
« On y voit, le matin et le soir, un nombre
« incroyable d'huissiers, d'avocats, de plaideurs,
« d'agents d'affaires, de marchands, de ban-
« quiers. Dans la grande salle et dans les ga-
« leries on admire les statues en marbre de
« tous les rois et de tous les princes royaux;
« dans les corridors qui sont couverts, il y a
« une immense quantité de boutiques, et l'on
« y rencontre toujours une foule de cavaliers
« et de dames, le roi et la cour même. Les uns
« y viennent pour leur amusement, les autres
« pour leurs affaires. Le Palais est comme
« l'entremetteur des amants. C'était autrefois
« la demeure des rois. »

Les ponts sont un sujet qui attire le vénitien
accoutumé aux ponts très étroits et très courts

de Venise, et il s'y arrête avec complaisance. Je le cite textuellement : « le pont Notre-Dame
« peut être compté parmi les plus belles choses
« qui soient en France : il est tout en pierre.
« Il est si beau, si large, qu'il y a de l'un et de
« l'autre côté des maisons tout en pierre et
« 68 boutiques, toutes rangées en droite ligne,
« toutes au même niveau, et que trois carrosses
« peuvent encore y passer de front. Les mai-
« sons et les boutiques le bordent de telle
« manière qu'on croirait être dans une rue. »
Rebâti en 1507, sur les dessins de Fra Giocondo, le pont Notre-Dame avait coûté 250,380 livres 4 sols 4 deniers tournois; des tournois, des jeux de bagues et des courses avaient lieu sur le pont dédié à la Vierge, dont l'image se voyait dans des niches entre les enseignes des marchands. On construisit dessus 60 maisons dont la ville s'était réservé le premier étage pour les solennités, au prix de 60 livres pour chacune.
« Le Pont-au-Change est aussi couvert de mai-
« sons et de boutiques plus nombreuses que
« l'autre, mais elles sont presques toutes en
« mortier et en bois. Le pont lui-même repose
« sur des pieux, aussi n'y laisse-t-on passer ni
« charrettes, ni coches. On l'appelle Pont-au-
« Change parce que c'est là et aux environs
« que se trouvent autant de boutiques d'or-
« fèvres et de joailliers que peuvent en compter
« trois ou quatre des premières villes d'Italie,
« sans en excepter Rome et Naples. Le pont

« des Moulins est de bois, fait exprès pour la
« commodité des moulins qui se trouvent
« dessous, tout chargé de petites boutiques
« comme le Rialto ; aussi il n'y passe presque
« jamais de chevaux. Le Petit Pont, en face
« de celui de Notre-Dame, et celui de Saint-
« Michel, en face du Pont-au-Change, sont
« aussi couverts de grandes boutiques et de
« maisons en pierre ou en mortier. On construit
« maintenant un pont qui, de la place des
« Augustins, passera jusqu'à la place de l'Ecole;
« le dessin en est beau, et ce pont sera fort
« commode pour ceux qui demeurent dans le
« faubourg Saint-Germain et dans les environs
« du Louvre. » C'était le Pont-Neuf, qui fut
commencé au mois de mai 1578, « sous l'ordonnance du jeune du Cerceau, architecte du
roy » (l'Estoile).

Après les monuments, ce qui frappe le plus
Lippomano, c'est la quantité de jeux de paume
établis dans Paris. La ville en est pleine, dit-il,
« et le nombre s'élève à plus de 1,800. Les
« Français se plaisent beaucoup à ce jeu et s'y
« exercent avec une grâce et une légèreté sans
« pareilles ».

Lippomano prétend que l'on peut évaluer la
population de Paris à un million d'habitants,
en y faisant figurer les étrangers qui ne font
qu'y passer mais qui affluent de toutes parts.
Barbaro, qui écrivait en 1563 et dont les éva-
luations sont beaucoup plus modérées, dit

« on lui donne 400,000 habitants. » Ce qu'il y a de certain, c'est que le loyer des maisons se maintient à un prix très élevé. L'usage de louer les maisons toutes meublées est assez général, on les loue ainsi au mois et même à la journée, « car les concierges qu'on pourrait appeler les « fermiers des maisons et des palais, ne peu- « vent pas en disposer autrement, craignant « toujours que leurs maîtres ne reviennent à « la cour; alors il faut déloger tout de suite, « principalement si c'est une maison de grand « seigneur. Ainsi, Mgr Salviati, nonce du pape, « fut obligé de déménager trois fois en deux « mois. » On serait tenté de croire que les concierges louaient pour leur propre compte et à l'insu de leurs maîtres. Ce qui donnera, en tout cas, un aperçu du taux élevé de ces loyers, c'est « qu'il n'est si pauvre chambrette « garnie qui ne coûte deux ou trois écus par « mois ». Les maisons non meublées coûtaient naturellement moins cher, mais il fallait les meubler à grands frais, et selon l'usage on perdait sur la vente du mobilier, si frais qu'il se fut conservé, le tiers du prix qu'on l'avait payé.

Déjà, à cette époque, on trouvait à Paris en abondance tout ce qu'on pouvait désirer pour les besoins de la vie. Les mercredis et les samedis se tenaient les marchés aux volailles et au gibier; tous les samedis le marché aux chevaux où il y avait 1,000 à 2,000 chevaux à vendre ; tous les mercredis le marché des vins. Les vins de l'Ile-de-France n'étaient guère estimés, et le prix en était très variable. En 1578, le tonneau se payait trente francs, en 1579, neuf ou dix francs seulement. Le foin, le bois, le blé, le charbon venaient par la Seine et se vendaient sur les bateaux mêmes à l'arrivée. A propos des marchés, on pourrait parler du prix des denrées et en dresser le tableau comparatif pendant le règne des trois Valois, mais ceci nous entraînerait trop loin. Aussi me contenterai-je de donner quelques indications sur les denrées alimentaires et sur d'autres objets de première nécessité, lorsque François II monta sur le trône en 1559. Il est bon de rappeler d'abord que la livre tournois équivalait à 8 fr. 25 de notre monnaie, le sou tournois à 41 centimes, le denier tournois à 3 c. 1/2. La queue de vin, 24 à 25 l. t.; le cent de fagots, 30 à 35 s. t.; un bœuf, 8 à 10 l. t.; un veau gras, de 20 à 25 s. t.; un mouton gras, 25 à 30 s. t.; un chapon, 4 à 5 s. t.; une poule, 2 s. 6 d.; 6 à 7 œufs, un blanc ; un boisseau de noix, 20 d. à 2 s. t.; la pièce de laine, la meilleure, 100 s. t.; l'aune de drap blanchet, le meilleur, 20 à 22 s. t.; l'aune de drap gris, 12 à 15 s. t.; l'aune du meilleur drap noir, 46 s. t.; l'aune de tiretaine, la meilleure, 4 s. t.; l'aune de toile de chanvre, 4 à 5 s. t. (Claude Haton, Mém.) Le 19 janvier 1569, la municipalité de Paris donna à la Reine-Mère un festin à l'Hôtel de Ville ; le compte des dépenses qu'il occasionna va nous renseigner sur les prix, au marché de Paris, de tout ce qui constitue la nourriture ; les viandes d'abord : le faisan, 70 s. t.; le cygne, 100 s. t.; le trable à large bec, 35 s. t. ; le bigorreau, 25 s. t.; l'aigrette, 25 s. t.; le héronneau, 40 s. t.; le poulet d'Inde, 20 s. t.; le chapon à bouillir, 5. s. t.; le cochon, 15 s. t.; le poulet à bouillir, 2 s. 6 d.; le renueron, 3 s. 4 d.; le pigeonneau, 3 s. 6 d.; le levreau, 2 s. t.; le lapereau, 5 s.; l'oison, 5 s.; le perdreau, 5 s ; l'outardeau, 70 s.; la caille, 3 s. 4 d.; le coq d'Inde, 30 s. — La pâtisserie : un massepain, 5 s.; un gâteau en croissant, 15 s.; un plat de bracelets de pâte royale, 5 s.; un plat de petits gobelets, 3 s.; un pâté d'artichauts, 3 s.; une tarte de gelée, 3 s.; un plat de petits feuilletages, 4 s.; un plat de gaufres, 4 s.; une tarte au verjus, 3 s.; une tarte sèche, 3 s.; un flagot, 5 s. — L'épicerie : 1 livre de gingembre pilé, 32 s.; l'once de muscades battues, 2 s.; l'once de clous battus, 4 s.; 3 onces de poivre concassé, 4 s. 6 d.; l'once de cannelle fine battue, 4 s.; l'once de safran battu, 16 s.; l'once de cloutrié, 4 s.; la livre de dragées musquées, 20 s.; un quartier de fromage de Milan pesant 17 l. 1/2, 105 s.; 3 chopines d'eau musquée, 20 s.; 3 chopines d'eau rose, 15 s.; 1 livre de ficelle, 4 s.; la livre de long cannellat tout doré pour verser sur les gelées et confitures, 15 s.; la quarte d'hypocras blanc, 20 s.; la quarte de Malvoisie 16 s.; la livre de sucre blanc fin, 49 s.; la livre de bougie jaune, 9 s. 6 d. — Les fruits et légumes : le panier de guignes, 40 s.; le panier de bigarreaux, 25 s.; 3 boisseaux de pois, 22 s. 6 d.; un boisseau de fèves, 12 s. 6 d.; 12 douzaines d'artichauts, 6 l.; 3 douzaines de fromage de crême, 36 s.; 16 livres de beurre de Vannes, 60 s.; 36 concombres, 13 l. 20 s.; 400 abricots, 9 l.; 1 bouteille de verre d'osier pour mettre le vin de table, 3 s. (Comptes orig. Arch. nat.)

C'est par les prisons, le guet et les exécutions capitales que Lippomano termine la description de Paris. Il y a, dit-il, plusieurs Palais de Justice avec une prison à côté de chacun. « Dans toutes les grandes rues il y a une petite « loge où demeurent des sergents... qui exécu- « tent les arrêts de la justice et qui font la « ronde toutes les nuits pour saisir les délin- « quants ; ils sont appelés le Guet : leur chef « est le chevalier du Guet. Chaque paroisse a « un commissaire qui commande un certain « nombre d'hommes, obligés d'entretenir un « cheval et de servir, même en rase campagne « s'il le faut. Pendant la nuit, ceux-ci vont « chevauchant dans la ville, et ils font un si « grand tapage qu'ils donnent aux malfaiteurs « le signal et le temps de se sauver. » Le détail est piquant, mais nous avons vu cela de nos jours, quand il y avait une garde nationale dont les patrouilles n'en faisaient jamais d'autres.

Les sergents dont parle Lippomano, et qui se

tenaient dans des corps de garde, se divisaient en sergents à pied ou à verge, et sergents à cheval. C'était des officiers de justice qui signifiaient les mandements de justice, étaient chargés des arrestations à domicile et chargés de la police sous l'autorité des commissaires du Châtelet. Ils étaient au nombre de 220. Quant au guet, c'était la garde qui pendant la nuit veillait, ou était censée veiller, à la sûreté de Paris. On distinguait encore deux sortes de guets, le *guet assis* et le *guet royal*. Le premier se composait de milices bourgeoises qui passaient la nuit dans des corps de garde établis sur différents points de la capitale. Le guet royal employait la nuit à faire des rondes. Le guet assis fut supprimé en 1559 et, en même temps, on augmentait le guet royal. Le *guet assis* ou *bourgeois*, rétabli pour un temps au commencement des guerres de Religion, fut supprimé de nouveau après la paix d'Amboise en 1563. Un édit de novembre de la même année éleva le guet royal à 50 hommes à cheval et 100 hommes à pied. Qu'était-ce que cela pour une ville comme Paris ?

« Les prisons sont presque toujours pleines.
« On voit cependant tous les jours, dans une
« partie de cette ville ou dans l'autre, exécuter
« des gens dont la plupart sont pendus. Les
« absents sont exécutés en effigie ; la dépense
« et la cérémonie sont les mêmes que si le
« coupable était là. La garde à cheval accom-

« pagne le mannequin et le prêtre marche à
« côté. » En ce qui concerne la fréquence des
exécutions, l'exagération italienne me semble
avoir pris le dessus. Prenons, par exemple, le
journal de l'Estoile qui, en sa qualité de curieux
et de commère, enregistre les exécutions à
mort avec les comment et les pourquoi, qui ne
sont jamais trop développés au gré de celui qui
étudie les mœurs de cette époque si curieuse.
L'ambassade de Lippomano a duré trois ans, de
1577 à 1579. Voyons pour ces trois années,
ce que dit l'Estoile. Pour 1577, rien. Le
20 août 1578, furent pendus, puis brûlés, deux
hommes de Chelles-Saint Randour, pour blasphèmes ; le 3 septembre, un enfant de treize
ans est pendu, place Maubert, pour avoir donné
des coups de dague à son maître qui n'en
mourût pas. En 1579, un gentilhomme du
Berry, nommé Beaupré, et cinq ou six autres
furent décapités en effigie, au bout du pont
Saint-Michel, pour avoir attaqué et blessé le
maréchal d'Aumont et tué le seigneur de Bouchemont qui l'accompagnait. Le 5 août 1579,
François de la Primaudais, dit la Barre, gentilhomme du duc d'Anjou, fut décapité aux
Halles de Paris pour meurtre commis sur la
personne de Jean de Refuge, seigneur de
Galardon. C'est tout. Il est certain que l'Estoile
ne prenait pas la peine d'enregistrer les exécutions des simples voleurs ou meurtriers, mais
on peut néanmoins conclure que le bourreau

n'avait pas autant de besogne que Lippomano voulait bien le dire. Relativement aux exécutions en effigie, à ce que dit l'ambassadeur, il faut ajouter qu'elles se faisaient de deux manières, soit que l'on pendit ou décapitât un mannequin, soit que l'on accrochât à la potence ou au billot, un tableau grossièrement fait, représentant le condamné subissant sa peine. Pour les autres peines infamantes, les galères, le bannissement, on affichait la sentence. (Ordonn. de 1536 et 1566.)

XV

Les Français et les Françaises

Parlons donc des Français qui ne sauraient être aussi ressemblants, peints par eux-mêmes, que par des étrangers, fins observateurs. Je remonte à 1546, quand Marino Cavalli prétendait tirer du tempérament des Français, les causes de leur grandeur. « Nul pays n'est aussi
« aisé, aussi facile à manier que la France.
« Voilà sa force à mon sens : unité et obéis-
« sance. La liberté est sans doute le plus haut
« bien parmi les biens de la terre, mais tous les
« hommes ne sont pas dignes de la liberté. Il
« y a des peuples nés pour obéir, il y en a
« d'autres qui sont faits pour commander.
« Aussi les Français qui se sentent peu faits
« pour se gouverner eux-mêmes, ont-ils entiè-
« rement remis leur liberté aux mains de leur
« Roi. » Viennent les guerres civiles qui donnent un prompt et cruel démenti aux paroles de Cavalli; et avec Barbaro, en 1563, nous allons entendre une autre note.

« Les Français sont naturellement fiers et
« orgueilleux, mais très hardis à la guerre,
« aussi soutient-on difficilement leur premier

« choc. Il faut les vaincre comme Fabius vain-
« quit Annibal, par les temporisations. S'ils
« pouvaient mettre de l'ordre dans leur fougue,
« les Français accompliraient de merveilleuses
« prouesses. Mais on a trop souvent constaté,
« malheureusement pour eux, qu'ils étaient
« sans force et sans persévérance dans les
« dangers et les fatigues. » Le portrait n'est pas
flatteur; celui que trace Machiavel l'est encore
moins, mais il faut reconnaître que tous deux
ne sont que trop ressemblants : « Les Français,
« dit-il, sont naturellement plus fiers que gail-
« lards. Si l'on résiste à l'impétuosité de leur
« premier choc, on les voit perdre tout cou-
« rage et ressembler bientôt à des femmes. On
« en a eu maintes preuves dans le royaume de
« Naples et en dernier lieu au combat de Gari-
« gliano, où, supérieurs de moitié aux Espa-
« gnols, ils croyaient n'en faire qu'une bouchée.
« Quiconque voudra vaincre les Français, doit
« éviter leur premier choc, et il viendra à bout
« d'eux en traînant les choses en longueur.
« Aussi César a-t-il dit des Gaulois, leurs ancê-
« tres, qu'ils étaient pour commencer plus que
« des hommes, et pour finir moins que des
« femmes. » Telle est, en effet, la théorie de
nos victoires et de nos défaites.

Lippomano (1577-1580) renchérit sur le jugement de Barbaro : « Le Français est naturelle-
« ment hautain et orgueilleux. Hardi dans
« l'exécution des entreprises, insolent dans la

« bonne fortune. Toujours occupé de ses inté-
« rêts et insoucieux de ceux des autres ; peu
« reconnaissant et peu fidèle. C'est une opinion
« vulgaire en France que la vraie réputation se
« mesure d'après l'utilité ; voici pourquoi un
« homme de sens disait qu'il fallait être l'ami
« des Français, mais pas leur voisin. » Ne
croirait-on pas lire le portrait d'un italien, tracé
en 1870 par un Français ? « Le peuple français
« plus mobile que tout autre, dit-il ailleurs, et
« ne sachant pas garder une résolution bonne
« ou mauvaise. » Et encore ceci : « Les Fran-
« çais ont naturellement une haute estime
« d'eux-mêmes ; ils se croient la première
« nation du monde. S'ils avaient autant de
« prudence à garder leurs conquêtes, qu'ils
« ont eu de bonheur à les faire, ils seraient les
« maîtres d'une grande partie de l'Europe. » Ici
le fait est vrai, car Brantôme juge en cela ses
compatriotes absolument de la même façon :
« Voilà pourquoi il faut que les Français ne
« se proposent pas de conquêtes, puisque
« nous ne savons même pas garder ce qui est
« nôtre..... si bien que je crois que, si nous
« avions conquis les Indes, elles ne seraient
« plus à nous, il y a longtemps. »

Lippomano termine ses observations générales par ce dernier trait : « Dans le commerce
« et les affaires, les Français ne tiennent pas
« scrupuleusement leur parole. Quand ils ont
« envie d'une chose, ils n'hésitent pas à pro-

« mettre beaucoup ; quand ils l'ont, ils se repen-
« tent de leurs promesses ». De la part d'un Italien, le reproche est au moins singulier. Mais il ne faut pas oublier que c'était depuis le traité de Cateau-Cambrésis seulement, que le drapeau français avait cessé de flotter victorieux en Italie.

Pour les françaises, Lippomano se montre moins que galant, je dirai même brutal : « En
« apparence les Françaises sont très dévotes,
« mais par le fait, elles sont très accortes et très
« libres. Elles vont tous les jours à la messe ;
« elles passent les jours des grandes fêtes à
« l'église, c'est-à-dire qu'elles assistent au ser-
« mon, à la grande messe et aux vêpres. Chacune
« veut être traitée en honnête femme, quand
« bien même serait-elle une courtisane, et il
« n'est femme de si mauvaise vie qu'elle soit,
« qui ne trouve à redire aux mœurs de sa voi-
« sine. Elles sont fort insolentes, parce que leurs
« maris leur accordent trop d'autorité, leur
« confient l'administration de la maison et se
« laissent même gouverner par elles. Elles se
« rendent toutes seules au marché, à l'église, et
« restent trois ou quatre heures dehors de la
« maison, sans que le mari songe à demander
« où elles sont allées. Les demoiselles ne jouis-
« sent pas de la même liberté ; toutefois les filles
« des nobles sortent accompagnées d'un laquais
« ou d'une servante, et les filles du peuple vont
« seules à l'église ou dans le voisinage. Quand

« elles se transportent à la campagne, elles
« montent à cheval en croupe d'un serviteur,
« et elles se tiennent accrochées au pommeau
« ou au tapis de la selle ». J'ai recueilli ces
traits épars dans les relations de Lippomano, le
seul vénitien qui ait traité avec ces détails du
caractère des Français, et je ne saurais mieux
terminer que par cette dernière remarque :
« On dit communément que l'on fait tout faire
« à toutes les femmes du monde. Avec les fran-
« çaises, l'argent suffit ». Ah ! monsieur l'ambassadeur, auriez-vous, par aventure, laissé à
Paris quelques plumes de vos ailes, en même
temps que quelques-unes de vos illusions ?

La noblesse française n'a pas, du moins, à se
plaindre des appréciations de deux ambassadeurs. La noblesse, dit Barbaro (1563) doit le
service militaire de deux façons, pour elle-
même d'abord, ensuite pour les fiefs qui lui
appartiennent. Le gentilhomme figure en personne dans l'armée, et il doit ensuite fournir un
nombre de cavaliers porportionné à l'importance de sa seigneurie. « Cette cavalerie noble
« et privilégiée montre au service du roi un dé-
« vouement admirable : les nobles hommes qui
« la composent, n'épargnent pas plus leurs
« biens que leurs vies pour servir leur souve-
« rain ». Jean Correr (1569) n'est pas moins affirmatif quand il dit : « La noblesse française est
« nombreuse et brave ; c'est elle qui, incontesta-
« blement, fait la force et la sûreté du Royaume ».

Lippomano, lui, ne traite pas mieux la noblesse que les femmes. « Les gentilshommes sont plus « prodigues que chez tout autre peuple, dépen- « sant ce qu'ils ont, et même ce qu'ils n'ont « pas, en chevaux, en banquets, en vêtements. « Le gentilhomme est naturellement ouvert : il « se mêle aux laquais et aux valets avec une « familiarité presqu'incroyable ». Mais il se condamne lui-même en constatant que le Roi ne fait pas autrement, se laissant approcher par tous, Henri III notamment, et « que « c'est une des principales causes de la force « de la monarchie en France ».

Du peuple, les ambassadeurs ne parlent guère. Correr (1569) prétend que, jusqu'au temps présent, cette classe de la société « avait presque « toujours été regardée comme molle et presque « bonne à rien pour la guerre », à l'exception des gascons qui avaient la réputation d'être de bons soldats. « Mais, dit-il, les guerres de Reli- « gion ont fait l'éducation militaire du peuple « et il fournit maintenant les éléments d'une « bonne infanterie ».

A propos du Tiers-Etat qui se compose, dit-il, de bourgeois, de marchands et du peuple des villes et des campagnes, Lippomano est tombé dans une étrange erreur; celle de prétendre que les charges de la justice civile et criminelle lui appartiennent pour ainsi dire en propre, que dans ses rangs sont pris les receveurs-généraux, maîtres des requêtes, contrôleurs, exacteurs, trésoriers, avocats, juges, présidents et conseillers des Cours et Parlements, les quatre secrétaires d'Etat, et jusqu'au Chancelier lui-même. Ce n'était pas, quoiqu'il en dise, les familles de la bourgeoisie ou du commerce qui occupaient les charges de magistrature. Devant une affirmation qui est commune à Barbaro et à Lippomano, il convient de faire la preuve du contraire. Pour le XVIᵉ siècle seulement, les chanceliers de France furent successivement recrutés dans les familles de Rochefort, Ganay, Poncher, du Prat, du Bourg, Longuejoue, Poyet, Montholon, Errault, Olivier de Leuville, Bertrand, l'Hospital, Morvilliers, Birague, Hurault, Bellièvre, Brûlart. Cinq d'entre elles appartenaient à l'ancienne noblesse d'épée ; toutes les autres, à l'exception de trois issues d'ancienne bourgeoisie, appartenaient à des familles de noblesse de robe. Pour les secrétaires d'Etat, il en est de même, très nobles tous les quatre. Quant aux charges de magistrature, on les voit aux mains de la noblesse de province pour plus de la moitié. Je prends, par exemple, toute l'organisation judiciaire de la ville d'Abbeville pour tout le XVIᵉ siècle ; lieutenants-généraux du sénéchal de Ponthieu, onze titulaires, tous nobles. Les lieutenants particuliers et civils, sept titulaires, tous nobles ; procureurs du Roi en la sénéchaussée de Ponthieu, huit titulaires dont six nobles ; conseillers au Présidial d'Abbeville, trente-huit dont dix-neuf nobles ;

avocats du Roi en la sénéchaussée de Ponthieu, onze dont six nobles; baillis d'Abbeville, sept dont cinq nobles; élus en Ponthieu, vingt-quatre, dont dix-huit nobles.

Relativement au clergé, et à tout ce qui se rattache à lui, les Vénitiens sont entrés dans des détails assez étendus pour en faire l'objet d'un chapitre spécial.

XVI

Le Clergé et ses Biens

Lippomano dit que le clergé se recrute dans l'ordre de la noblesse et dans celui du Tiers-Etat. « Le prêtre français n'est pas très dé-
« bauché : il n'a d'autre vice que celui de la
« gloutonnerie, qui lui est commun avec le
« reste de la nation. Il serait donc moins diffi-
« cile d'améliorer le clergé que celui des autres
« nations où les excès sont bien plus criants.
« Il y a de bons et savants prédicateurs capables
« de prêcher trois ou quatre heures de suite
« (comme ils font le Vendredi-Saint), sans se
« reposer un instant, et sans presque jamais
« cracher, chose vraiment incroyable ». L'ambassadeur est trop sérieux d'ordinaire pour que l'on puisse prendre ceci pour une raillerie. Ayant dit cela du clergé, il semble que pour lui la question soit épuisée, car il n'y revient plus, et ses collègues n'effleurent même pas ce sujet. Mais il s'arrête sur la question des bénéfices, que Correr touche également d'un trait de plume. Je commence par ce dernier, comme étant le premier en date : « Le Roi trouve
« commode de distribuer 14 archevêchés,

« 106 évêchés, 600 à 700 abbayes, autant de
« prieurés, et de pouvoir, sans bourse délier,
« payer ses dettes, donner des récompenses,
« marier des demoiselles et gratifier des sei-
« gneurs ».

Un mot d'explication, en passant, sur les bénéfices et ce qui les concerne, sera d'autant plus nécessaire que ce nom pourra revenir souvent dans le cours de ces récits. C'est le concordat de 1516 qui accorda à François Ier et à ses successeurs le droit de disposer des bénéfices ecclésiastiques, en faveur des clercs auxquels le Pape ou les supérieurs accorderaient l'institution canonique. Le Roi avait encore le droit de disposer d'un certain nombre de bénéfices en vertu de l'*Indult* et de la *Régale*. L'Indult était une grâce par laquelle le pape avait permis au Roi de conférer des bénéfices ecclésiastiques aux conseillers du Parlement ou à d'autres officiers de cours souveraines. Si ces officiers étaient clercs, ils pouvaient être nommés eux-mêmes aux bénéfices; s'ils étaient laïques, ils pouvaient désigner une autre personne, pourvu qu'elle présentât les conditions voulues pour jouir d'un bénéfice ecclésiastique. L'Indult s'étendait à tous les bénéfices séculiers et réguliers, mais le Roi ne pouvait en user qu'une fois en faveur de chaque officier des Parlements. La Régale donnait au Roi le droit de disposer de tous les bénéfices pendant la vacance d'un siège épiscopal et d'en percevoir une partie des revenus. En vertu du droit de joyeux avènement, le Roi nommait, au commencement de son règne, à la première prébende qui venait à vaquer dans chaque cathédrale. Enfin, à chaque changement d'évêque, le Roi disposait de la première prébende vacante dans son diocèse. Par déclaration du 24 juin 1549, le Roi avait renoncé aux droits de provision et de collation de bénéfices dans la Bretagne et la Provence. Une ordonnance contemporaine de notre ambassadeur autorise les prélats du royaume à examiner la suffisance des candidats aux bénéfices, alors même qu'ils seront nommés (février 1566); ce qui exclut l'idée de choix de gens indignes ou incapables et atténue la critique sévère de Jean Correr.

Voici la suite de cette critique : « L'abus a
« pénétré si avant que les évéchés et les abbayes
« sont devenus une marchandise, comme chez
« nous le poivre et la cannelle. Toute collation
« de bénéfice est ordinairement très avanta-
« geuse à celui qui y nomme, à celui qui la
« sollicite, à celui qui y est nommé. On ne
« peut prétendre que ce désordre ne soit connu :
« il est, au contraire, tellement public que tout
« le monde s'en plaint....., les bénéfices sont
« conférés avant qu'ils soient vacants, et il est
« arrivé de mon temps que quelques bénéficiers
« ont eu de la peine à prouver qu'ils étaient
« bien vivants ». Lippomano parle dans le

même sens : « les femmes, les enfants au ber-
« ceau, les militaires, les hommes mariés ont
« des évêchés, des prieurés et des abbayes ».
Mais il justifie Henri III, en disant que « très
« libéral de son naturel, et comme les revenus
« du royaume sont aliénés ou engagés, sans
« cette ressource il n'aurait aucun moyen de
« récompenser le dévouement de ses servi-
« teurs ». Précisément, à la même époque (1578),
l'Estoile fait une remarque analogue : « la
« plupart des bénéfices estants tenus et pos-
« sédés par femmes et gentilshommes mariés,
« auxquels ils estoient conférés et donnés pour
« récompense de leurs services ». A la date du
mois de décembre 1574, le même annaliste
avait déjà mentionné ceci : « En ce mois, un
« capitaine dauphinois nommé le Gast, favori
« du Roi, auquel Sa Majesté, pour prix de ses
« services, avait donné, à son retour, les évê-
« chés de Grenoble et d'Amiens devenus vacants,
« par la mort du cardinal de Créquy, vendit à
« une garse de la Cour l'évêché d'Amiens, la
« somme de 30,000 francs, aiant vendu aupara-
« vant l'évêché de Grenoble 40,000 francs, au
« fils du feu seigneur d'Avançon ». Mais si l'on
descend au fond des choses, voici ce que l'on
trouve : François d'Avançon, évêque de Grenoble, en 1562, était mort en 1574, et ce fut
François Fléhart qui lui succéda en 1575. Pour
Amiens, il est certain que le cardinal de Créquy
étant mort le 20 juin 1575, l'évêché resta vacant

jusqu'au 29 mars 1577, que fut nommé Geoffroy de La Marthonie. On peut écrire l'histoire et se tromper.

Busbec, ambassadeur de l'empereur, écrivait dans une de ses lettres, en 1583 : « les rois de
« France s'attribuent le droit de conférer les
« bénéfices, et l'on voit des soldats, des enfants,
« même des femmes jouir des revenus des
« évêchés et des abbayes ; sur quoi on a mis en
« délibération s'il ne serait pas mieux de réta-
« blir les choses à leur première institution et de
« laisser la liberté des élections ; mais il a été
« conclu que cette liberté des élections a tou-
« jours été sujette à tant de dépravations qu'il
« n'y a point de raison que le Roi se dépouille
« d'un droit injustement acquis, mais que,
« laissant les choses dans le même état, le Roi
« devait donner son attention à ne conférer
« les bénéfices qu'à des personnes de probité,
« capables de les remplir ». Le projet reçut son exécution par le règlement du 1er janvier 1585. « Sa Majesté déclare sa volonté estre
« que dorénavant et vaccations advenant des
« archevêchés et évêchés, elle ne veut y estre
« pourveu que des personnes de l'estat ecclé-
« siastique, dignes et capables..... auxquelles
« la provision ne sera point expédiée, qu'aupa-
« ravant il n'ait esté informé par le grand
« aumônier ou autre prélat que S. M. voudra
« députer, de leur bonne vie, mœurs et religion
« catholique, apostolique, et romaine, et de leur

« suffisance et capacité, et qu'ils aient atteint
« l'âge de vingt sept ans ».

Ce règlement justifie l'existence des abus dont se plaignent les contemporains cités ; mais Henri III, pour les avoir laissés subsister pendant presque tout son règne, pouvait invoquer l'excuse que ses prédécesseurs n'avaient rien tenté pour les faire disparaître. Cela remontait loin puisque Hugues le Grand, père de Hugues-Capet, est souvent désigné sous le nom de Hugues l'abbé, parcequ'il avait l'administration des riches abbayes de Saint-Denis, de Saint-Martin de Tours, de Saint-Germain-des-Prés et de Saint-Riquier. Les seigneurs laïques, qui touchaient les revenus des monastères et en exerçaient les droits seigneuriaux, laissaient l'administration à un moine appelé doyen ou prieur. Quand les rois voulurent s'emparer des riches bénéfices dépendant des abbayes, ils en mirent un grand nombre en *commande,* c'est à dire en garde, en administration provisoire, jusqu'à la nomination d'un titulaire. Le laïque que le Roi gratifiait, prenait le nom d'*abbé commendataire* et ne résidait pas. Il était suppléé par le Prieur que l'on appelait aussi *Custodinos*. Bussy d'Amboise avait deux abbayes en commande. Le poëte Ronsard était abbé de Bellozanne, et Philippe Desportes abbé de Bonport. En mai 1582, Jean Bailly, président des comptes à Paris, meurt dans son abbaye de Bourgueil, qu'il avait achetée 18,000 écus à M. de Cimier, favori du duc d'Anjou. Après sa mort, cette abbaye fut donnée à Fervaques, gentilhomme normand, autre favori du même prince, qui avait déjà l'évêché de Lisieux.

Lippomano s'occupe ensuite des cérémonies du culte, puis des grand.actes de la vie humaine, les baptêmes, les mariages et les inhumations, auxquels le clergé préside :

« Les cérémonies religieuses, dit-il, sont les
« mêmes qu'en Italie, sauf qu'elles paraissent
« célébrées avec une dévotion mieux sentie. Le
« peuple se mêle aux prêtres dans les églises
« et aux moines dans le chœur des abbayes,
« et chante avec eux dans toutes les paroisses,
« ou fait, les jours de fête, une procession
« autour de l'église ou dans le cloître. Souvent,
« dans la même église, on chante trois grand'-
« messes à trois chœurs à la fois. Les prêtres
« ordinairement revêtent et dépouillent leurs
« ornements sacerdotaux à l'autel même, sauf
« dans les messes solennelles. Après les vêpres,
« dans toutes les paroisses a lieu une cérémonie,
« qu'on appelle salut à Notre Dame, ce qui ne
« se fait pas en Italie. Lorsqu'on porte le Saint-
« Sacrement dans les rues, on ne le fait pas
« avec le respect convenable : personne ne
« l'accompagne et l'on s'agenouille à peine
« quand il passe. A la fête de Noël, on ne chante
« pas une grand'messe à minuit, mais on dit
« trois messes basses, comme on le fait le matin
« même ; après lesquelles chacun retourne chez

« soi, et, sans attendre le jour, mange, s'il veut,
« de la viande sans scrupule de conscience.
« Tous les jours de fêtes, on fait un grand pain
« rond et doré, qui coûte quelquefois douze à
« quinze écus; après l'avoir fait bénir, on le
« rompt en petits morceaux et on le distribue
« aux fidèles. Pour les aumônes en faveur
« des pauvres, on a un moyen que je trouve
« admirable. Les grandes dames vont, chacune
« à son tour, avec une coupe d'or ou d'argent
« quêtant dans l'Eglise. Les cérémonies de la
« Semaine Sainte sont comme chez nous. »

Pour les baptêmes, les mariages et les enterrements, ils se font, dit Lippomano, avec une pompe appropriée au rang du personnage. « Beaucoup de cérémonie s'il s'agit des riches
« et des puissants de ce monde, moins que
« rien pour les déshérités de la fortune, de la
« naissance et du pouvoir. » La constatation n'était même pas à faire ; c'est dans le monde entier l'histoire qui se renouvelle et se perpétue.

La célébration du mariage donne lieu à une triple cérémonie. « Les futurs en présence des
« parents se donnent la main : ceci s'appelle les
« *accordailles*. Puis viennent les fiançailles. Les
« futurs et les parents vont le soir à leur
« paroisse; là, ils notifient leur accord et le
« renouvellent, et ils prient le curé de publier
« le mariage et de demander, selon la coutume,
« si quelqu'un n'y connaît pas quelque empê-

« chement. La troisième cérémonie, qu'on
« appelle les *épousailles,* se fait tout comme en
« Italie, seulement l'époux ne peut pas entrer à
« l'église sans donner une aumône. Les gens
« du peuple pratiquent une autre cérémonie
« qui est fort commode. Après le mariage, ils
« donnent un dîner auquel ils invitent parents
« et amis, mais principalement ceux qui peu-
« vent donner le plus. Avant de se mettre à
« table, en offrant l'eau aux convives, on leur
« présente un bassin, ou deux au plus, selon leur
« nombre, dans lesquels chacun dépose de l'ar-
« gent, ou tout autre présent destiné aux époux.
« Ceci se renouvelle quand le dîner est fini, au
« moment de se lever de table. Les fiancées
« portent les cheveux flottants sur les épaules,
« attachés sur le front avec une couronne de
« perles ; la robe est de drap ; les bourgeoises
« la portent avec des bandes de velours noir,
« les manches ouvertes et pendantes jusqu'à
« terre et doublées de velours noir; les femmes
« nobles et les princesses s'habillent comme
« elles veulent. Le *compère de l'honneur* ne
« donne aucun présent à la commère et n'en
« reçoit pas d'elle. » Il s'agit ici certainement
du garçon et de la demoiselle d'honneur.

Pour les enterrements, les femmes n'y assistent presque jamais, ou du moins, elles ne suivent pas le corps. « Si le mort appartient à une
« grande famille, ou bien si c'est une personne
« marquante, on en donne avis au curé de la

« paroisse. Alors six, huit et même douze
« membres des confréries religieuses, vêtus de
« longs habits noirs, avec un capuchon sur les
« épaules, parcourent les rues en agitant une
« clochette et en criant le nom du défunt, afin
« que les fidèles se rassemblent pour accompa-
« gner le corps à l'église. Le matin, on chante
« la messe et les offices des morts. Au moment
« de l'offrande, à la grand'messe, trois de ces
« confrères apportent à l'autel, le premier un
« flambeau, l'autre, deux ou trois pains de fro-
« ment, le troisième, un vase rempli de vin.
« Puis les parents viennent un à un offrir un
« petit cierge. »

XVII

Denrées et Comestibles

Ceci pourrait être intitulé : *Comment les Français se nourrissent*. A en croire Lippomano, nos aïeux du xvie siècle auraient été de véritables Gargantuas, « très désordonnés dans leur ma-« nière de manger » et faisant quatre ou cinq repas par jour. Peu de pain et de fruits, mais beaucoup de viande, d'ailleurs « bien rôtie et « assaisonnée ». Ce qu'on préfère, c'est la pâtisserie « c'est-à-dire la viande cuite dans la pâte », autrement dit les pâtés et les fritures. Aussi Lippomano affirme-t-il que l'on trouve non seulement dans les villes, mais dans les villages, des rôtisseurs et des pâtissiers, autrement dit des gens qui vendent des viandes cuites dans la pâte. Ce qui lui semble incroyable, c'est que « un chapon, une perdrix, un lièvre, coûtent « moins, tout apprêtés, lardés et rôtis, qu'en les « achetant au marché ou dans les environs de « Paris. » Il se l'explique par le prix inférieur que rôtisseurs et pâtissiers doivent payer en achetant en gros ce qu'ils revendent en détail.

L'ambassadeur passe ensuite en revue tous les comestibles, commençant par les viandes, continuant par le poisson et finissant par les légumes et les fruits. En raison, dit-il « de « l'abondance et de la richesse des pâturages, « les animaux sont très gras et très bons. C'est « le mouton qui est le plus estimé de tous. Le « bœuf est très bon aussi, mais pas autant que « celui d'Angleterre. » Le veau « ne coûte « guère plus cher que le mouton, tant il y en « a. » Je l'ai prouvé dans un précédent chapitre et je le prouverai dans celui-ci. L'agneau est très estimé, quoique moins bon que celui d'Italie. En fait de gibier « le chevreuil, le lièvre et « le jeune sanglier ou marcassin sont plus « recherchés que la perdrix et le faisan. On « mange plus de gros gibier. » A Paris, tout se vend à la vue, tant la pièce, et rarement à la livre.

Le poisson n'est pas aussi bon et aussi abondant qu'il devrait l'être, à cause des nombreuses rivières qui traversent la France et de l'étendue de mer qui baigne les côtes. Les poissons de mer sont plus estimés que les poissons d'eau douce : ce sont la sole, le saumon, l'esturgeon, le turbot « et les huîtres que l'on trouve à Paris « presque toute l'année. » Parmi les poissons de rivière, on préfère le brochet, la grosse lamproie, le persico. « On n'aime guère la carpe « dont on fait des pâtés ».

Le pauvre, celui qui est vraiment pauvre, se nourrit de porc. L'ouvrier, lui, le marchand, « si « chétif qu'il soit », veut manger du mouton, et même du chevreuil et de la perdrix comme les riches; du saumon, de la morue, du hareng salé, qu'on apporte des Pays-Bas et des îles septentrionales en très grande quantité. Il en vient « des bâtiments tout chargés, comme les navi-« res marseillais le sont des fagots et du bois « de l'Esclavonie. »

On consomme beaucoup de beurre et de laitage. Il y a des légumes à foison, surtout les pois blancs et verts, ces derniers plus tendres et d'une cuisson plus facile. » Quant aux autres « espèces de légumes, on n'en fait pas grand « usage; en quelques endroits on mange un « peu de lentilles, et des fèves presque jamais. « Le riz et l'orge triés sont très estimés; les « épiciers les vendent comme des drogues, « ainsi que le fromage d'Italie, qu'ils appellent « fromage de Milan. Les Français ne savent pas « faire de fromage; et si quelque patron le fait « bien, ce sont des Italiens établis en France « qui y travaillent. » Tous les aliments, excepté la salade, s'apprêtent avec du beurre, car l'huile n'est pas bonne et a « une saveur âcre. » C'est encore chez les épiciers que l'on trouve l'huile qui vient de Provence. Quoiqu'on raffine la cire à Rouen, aussi bien que dans n'importe quelle ville d'Italie, dans les églises on ne brûle que de la cire jaune. Les fruits sont excellents, quoique le climat « plutôt froid que chaud » ne soit pas très favorable, « si bien qu'il y a des « années, comme en 1579, où le cassis ne peut pas mûrir ». Il y a peu de figues et de melons, excepté dans les provinces du Midi, mais les poires, les abricots sont en abondance. « Les « poires de bon chrétien et les bergamottes « durent tout l'hiver et sont excellentes, ainsi « que les pommes qu'en Italie on appelle *appie*. » Il y a beaucoup de cerises, mais elles ne sont pas bonnes. « Il y a beaucoup de griottes « et de concombres excellents. Les salades et « les légumes durent presque toute l'année. « Les artichauds, les cardons, les laitues ne « manquent pas, même dans la saison la plus « rigoureuse... Ainsi, durant le Carême, les « légumes et les fruits abondent, et cependant « les Français ont, à ce qu'ils disent, reçu du « Saint-Siège la permission de manger du « beurre et du laitage pendant tout le Carême. « Le fromage est défendu, si ce n'est celui de « Milan, peut-être parce qu'il est le meilleur. »

On fait gras les quatre ou cinq samedis qui suivent Noël et précèdent la Chandeleur. Lippomano affirme que les Français en donnent pour raison que « pendant ces semaines, la bienheu- « reuse Vierge, étant en couches, ne jeûnait pas. » *Si non e vero e ben trovato* pourrions nous dire, en employant la langue maternelle de l'ambassadeur, qui ajoute : « En revanche, dans le mois « de mai, au temps des Rogations, ils font « maigre tout une semaine, excepté le jeudi ».

Lippomano s'en tient aux généralités. Voici des détails, sous forme d'un tableau du prix des denrées de 1560 à 1589, pendant toute la période dont j'ai entrepris de retracer l'histoire. Les prix y sont accompagnés de l'évaluation en monnaie moderne. On y trouvera tout ce qui se rattache à l'alimentation, et c'est un devoir d'y faire figurer, par extension, quelques articles de costume et de mobilier, puisque l'un et l'autre font l'objet des chapitres qui suivent.

DENRÉES (de 1560 à 1589).

Blé, froment. — La mine de 12 à 16 sous (2 fr. 43 à 3 fr. 24) en 1560. — De 15 à 17 sous (2 fr. 90 à 3 fr. 21) en 1561. — De 1 l. à 1 l. 15 s. (3 fr. 78 à 6 fr. 63) en 1562. — De 12 s. 6 d. à 1 l. 10 s. (2 fr. 36 à 5 fr. 68) en 1564. — De 1 l. à 2 l. (3 fr. 78 à 7 fr. 77) en 1565. — De 1 l. à 1 l. 17 s. (3 fr. 62 à 7 fr. 16) en 1570. — De 3 l. à 4 l. 15 s. (9 fr. 43 à 14 fr. 94 en 1587.

Seigle. — La mine 12 s. (2 fr. 43) en 1560 — 18 s. (3 fr. 40) en 1562. — 1 l. 15 s. (6 fr. 63) en 1565. — 16 s. (3 fr. 03), en 1566-1570. — 1 l. 12 s. (6 fr. 02), en 1572. — 2 l. 10 s. (9 fr. 26), en 1573. — 16 s. en 1578. — 1 l. 16 s. (7 fr. 79), en 1583. — 3 l. (9 fr. 43), en 1586 et 1587. — 18 s. (2 fr. 83), en 1588.

Avoine. — La mine : 6 s. (1 fr. 21) en 1560-1562. — 10 et 11 s. (1 fr. 89 et 2 fr. 08) en 1562. — De 7 s. à 13 s. (1 fr. 42 à 2 fr. 50) en 1565). — De 11 à 13 s. (1 fr. 81 à 2 fr. 04) en 1578. — De 9 à 16 s. (1 fr. 41 à 2 fr. 66), en 1584. — 1 l. (3 fr. 14) en 1588.

Pois. — La mine de 1 l. à 2 l. (3 fr. 78 à 8 fr. 12) de 1560 à 1588.

Fèves. — La mine de 1 l. à 2 l. (3 fr. 78 à 8 fr. 12) de 1560 à 1588.

Foins. — Tonte et fenage, par arpent, en 1561 (2 l. 18 s. 6 d.) 11 fr. 08 ; en 1564, 3 l. 15 s. (14 fr. 20).

Le quintal 12 s. (2 fr. 22) en 1572 ; 1 l. (3 fr. 14) en 1575 ; 2 l. 15 s. (8 fr. 29), en 1579.

La charretée 4 l. 07 d. (16 fr. 20) en 1572 ; 5 l. 10 s. 19 fr. 57) en 1573 ; 8 l. (25 fr. 16) en 1581. — 10 l. (31 fr. 84) en 1582 ; 4 l. 67 d. (13 fr. 96) en 1589.

Pailles. — Paille de seigle pour lits, le faisceau 05 d. (8 c.) en 1551. — Paille de seigle pour lits, la charretée 1 l. 11 d. (5 fr. 77), en 1564. — Le cent de paille 7 d. (1 fr. 32) en 1560. — La charretée 1 l. 10 s. (5 fr. 68) en 1566.

Chaume à couverture. — La gerbe 1 s. 4 d. (0 fr. 20), en 1581.

Raisin. — La livre, 1 s. 7 d. (0 fr. 32) en 1560.

Noix. — Le poinçon, 4 l. 05 s. (13 fr. 37) en 1588.

Vaches. — Vieille vache 7 l. (26 fr. 52), en 1564. — 16 l. (50 fr. 33) en 1584. 20 l. (62 fr. 92) en 1589.

Vache-mère, 22 l. 10 s. (80 fr. 08) en 1573. — 25 l. (78 fr.), en 1581.

Vache. — 18 l. (68 fr. 21), en 1565. — Id. en 1578. — 10 l. (31 fr. 46) en 1585.

Veaux. — 1 l. 15 s. (7 fr. 15) en 1561 — 4 l. 15 s. 17 fr. 99) en 1564. — 5 l. (18 fr. 13) en 1570.

Mouton. — 1 l. 10 s. (6 fr. 09) en 1560.

Porc. — 7 l. (26 fr. 52) en 1564. — La moyenne est de 7 l.

Porc gras : 16 l. (60 fr. 63), en 1564. — 19 l. (72 fr.), en 1565. — 12 l. 10 s. (47 fr. 36) en 1566.

Viandes, boucherie, charcuterie.

Graisse, la livre 05 d. (1 fr. 01) en 1560. — Langue de mouton 03 d. (0 fr. 05) en 1560. — Lard, la livre, 2 s. 6 d. (0 fr. 50) en 1560. — Grand aloyau de bœuf, 8 s. (1 fr. 62), en 1560. — Saucisses, la douzaine 7 s. 6 d. (1 fr. 52) en 1560. — Langue de mouton, la douzaine, 3 s. (0 fr. 60) en 1560. — Porc frais, la livre 1 s. 8 d. (0 fr. 33) en 1560. — Moelle de bœuf, la livre 7 s. 6 d. (1 fr. 52) en 1560. — Côtelettes, la livre 1 s. 8 d. (0 fr. 33) en 1560. — Pied de mouton 3 d. (0 fr. 05) en 1560. — Panne de porc, 1 s. (0 fr. 20) en 1560. — Ris de veau 3 d. (0 fr. 05) en 1560. — Fressure et foie de veau, 6 s. (1 fr. 21) en 1560. — Bœuf, mouton, veau, la livre de 1 s. 10 d. à 2 s. (0 fr. 30 à 0 fr. 37), de 1568 à 1585.

Volailles. — En 1560 : une oie, 2 s. (0 fr. 40), 1 pigeon, id. ; 1 poulet, 1 s. 6 d. (0 fr. 30) ; 1 chapon, 6 s. (1 fr. 21) ; 1 chapon gras, 10 s. (2 fr. 03).

Beurre. — De 2 à 3 s. (de 0 fr. 40 à 0 fr. 60) la livre ; de 1560 à 1589.

OEufs. — Le cent, en 1560, 16 s. (3 fr. 24).

Gibier. — En 1560 ; 1 ramier 3 s. (0 fr. 60) ; 1 lapin; 5 s. (1 fr. 01); alouettes, la douzaine, 2 s. (0 fr. 40); un héron, un butor, 1 l. 10 s. (6 fr. 09) ; 1 lièvre, 9 s. (1 fr. 82) ; faisan, 1 l. 5 s. (5 fr. 07) ; 1 pluvier, 3 s. (0 fr. 60) ; 1 sarcelle, 2 s. 6 d. (0 fr. 50) ; 1 grive 1 s. (0 fr. 20).

En 1568 : 3 perdreaux, 2 outardes, 1 levreau, 3 l. 12 s. 6 d. (13 fr. 42).

Poissons. — En 1560 : 1 gros brochet, 1 l. 15 s. (7 fr. 11). — 1 lamproie, 1 l. (4 fr. 06) , une grande plie, 6 s. (1 fr. 21) ; une vive, 2 s. 5 d., (0 fr. 50); truites, le cent, 6 s. (1 fr. 22) ; 1 grosse carpe, 5 s. (1 fr. 01); une anguille, même prix.

Poissons salés. — En 1560, le cent de morues sèches 9 l. (36 fr. 57) ; id. en 1577, 56 l. (168 fr. 93); en 1565, 16 l. (60 fr. 63), en moyenne 20 l. (72 fr. 50 jusqu'en 1589.

Sel. — Le minot, 1560 : 1 l. 18 s. (7 fr. 75); 1567, 2 l. (9 fr. 77); 1580, 5 l. 3 s. (16 fr. 32).

Pain. — 1560 : Pain de bouche, la douzaine, 4 s. 6 d. (0 fr. 91). — 1573, la livre de pain, 1 s. (0 fr. 17).

Pâtisserie. — 1556 : Pâté de veau d'assiette, 3 s. (0 fr. 60). Pâté de rable de lièvre, 5 s., (1 fr.) Biscuit d'Espagne, 6 s. (1 fr. 21). — 1576 : 1 tarte, 1 l. (3 fr.) 1 tarte de sucre et cannelle (id.) ; 2 plats de sucre, 5 l. (15 fr. 74) ; 2 plats de massepains, 2 l. (6 fr. 29) ; 2 plats de gauffres, 32 gauffres en tout, 2 l. (6 fr. 29); 3 grandes tartes d'amandes sèches musquées (id.).

Vins. — De l'Orléanais, 1572 : de 10 à 15 l. le tonneau, (37 à 57 fr.).

Vins. — Le poinçon, 1565, clairet vieux, 7 l. (26 fr. 52); vin blanc, le poinçon, 8 l. (30 fr.) ; 1566, vin clairet, le poinçon, de 12 à 16 l. (48 à 60 fr.) ; 1569, vin vieux, la pièce, 17 l. (64 fr. 42) ; 1570, vin blanc, le poinçon, de 4 à 5 l. (14 à 20 fr.) ; 1572, vin clairet, le poinçon, 25 l. 5 s. (100 fr. 95) ; 1577, vin clairet, le poinçon, 18 l. (54 fr. 30) ; 1583, le même, 5 l. (15 fr. 63) ; 1560, vin blanc d'Anjou, le setier, 16 s. (3 fr. 24), vin clairet d'Orléans (id.).

Hypocras. — La chopine, 1560, 1 s. 9 d. (0 fr. 36).

Vinaigres. — 1560, le poinçon, 2 l. 10 s. (10 fr. 15) ; 1564, 6 l. (22 fr. 73) ; 1566, 9 l. (34 fr. 10) ; 1575, 6 l. (22 fr. 22).

Huile. — Huile de noix, la mesure, de 4 à 11 s. (0 fr. 81 à 2 fr. 16). — Huile d'olive, 1566, 3 s. 6 d. (0 fr. 64); 1577, 5 s. 9 d. (0 fr. 90).

Riz. — 1560, la livre, 1 s. 5 d. (0 fr. 25).

Miel. — 1565, la livre, 1 s. (0 fr. 18).

Sucre. — 1565, la livre, 8 s. (1 fr. 50); 1572, la livre, 11 s. (2 fr. 12); 1570, cassonade, la livre, 10 s. (1 fr. 57).

Pruneaux. — Le cent pesant, 1563, 3 l. (11 fr. 36) ; 1568, 7 l. (26 fr. 52).

Fruits secs. — Raisins, la livre, 3 s. (0 fr. 56) ; en 1567, figues, le grand cabas, 4 l. (15 fr. 15).

Cotignac, la douzaine de boîtes, 1566, 4 l. (16 fr. 25).

Repas. — 1556 : Souper du seigneur de Sansac, chevalier de l'Ordre et capitaine de 50 hommes d'armes, commis à visiter Orléans et logé aux frais de la ville à l'Ecu-de-France : 1 potage (7 d.), 2 lapins (16 s.), 2 chapons (18 s.), 2 perdreaux (16 s.), 2 bécasses (16 s.), 4 pluviers (1 l.), 2 membres de mouton (16 s.), 1 poule d'Inde (1 l. 10 s.), citrons et oranges (5 s.), une salade verte (2 s. 6 d.), 2 douzaines d'alouettes (10 s.), 1 petit levreau (15 s.), 4 livres de lard (12 s.), une rôtie d'olives (5 s.), capres menues (3 s.), naveaux (1 s.), bonnes herbes (1 s.), marrons (2 d.), 2 pâtés de pommes de Court-Pendu (12 s.), 2 gâteaux feuilletés (10 s.), une tarte blanche (5 s.), une tarte aux raisins de cabas (5 s.), 1 raton (gâteau) (5 s.);

raisin de cabas (2 s.). — Total : 11 l. 10 s. 8 d. (46 fr. 86).

C'était le souper du 4 février. — Voici le *dîner* du *vendredi* 5 février et son souper ensuite.

Dîner, un gros brochet (1 l. 15 s.), 1 *aigrefaim* (5 s.), 2 lamproies (2 l.), 2 grandes plyes (12 s.), 4 vives (10 s.), 2 perches, 2 carpes (12 s.), demi-cent d'huîtres (3 s.), 6 harengs blancs (2 s.), 6 harengs saurets (2 s.), 4 livres de beurre (12 s.), demi-quarteron d'œufs (2 s. 2 d.), herbes (2 s.), 4 pièces de four (1 l.), menu dessert (10 s.). — Total : 8 l. 9 s. 2 d. (33 fr. 96).

Souper. — 1 gros brochet (1 l. 17 s.), 2 lamproies (2 l. 8 s.), 2 grosses carpes (10 s.), 2 perches (6 s.), huîtres (3 s.), 2 grandes plyes (12 s.), 2 pâtés de chacun une grosse anguille (16 s.), goujons (2 s. 6 d.), 4 vives (12 s.), harengs blancs et saurets (4 s.), demi-quarteron d'œufs (2 s. 2 d.), oranges (2 s.), 4 livres de beurre (12 s.), épinards et bonnes herbes (2 s.), 4 pièces de four (1 l.), menu dessert (10 s.). — Total : 9 l. 19 s. 2 d. (40 fr. 46).

Dépenses faites par les échevins d'Orléans en 1589, le 2 décembre : 1 chapon aux poireaux, 1 l. 5 s.; 2 grands pâtés de veau, 10 s.; un jambon gras, 1 l. 1 s.; 2 andouilles, 5 s.; 1 langue de bœuf, 7 s. 6 d.; 2 plats de saucisses, 8 s. 6 d.; 6 autres aunes de saucisses, 3 s.; cire blanche, la livre, 12 s.; suif, la livre, de 2 à 3 s., bougies (cire ouvrée) de Flandre, la livre, 8 s. en 1560 ; chandelles de suif, la livre, 2 s., 4 et 6 d.; bois de chauffage, le millier, en moyenne 11 l.; bourrées, le cent, en moyenne, 1 l. 10 s.; charbon de bois, le sac, de 2 à 3 s. 10 d.; chaux, le muid, de 2 s. 10 d. à 3 s.

Briques. — Le cent, 1563, 12 s.; carreaux communs à carreler, id. (2 l. 27 s.); grands carreaux à four, la pièce, 2 s. 6 d. (0 fr. 47); tuiles, le millier, 3 l. 10 s. (13 fr. 26).

Ardoises. — 1564, le millier, 6 l. (22 fr. 73).

Charronnage. — 1564, roues de charrettes, la paire,

3 l. 15 s. (14 fr. 20) ; 1593, tombereau garni de fer, 17 l. (60 fr. 50) ; 1586, roues pour charrette, la paire, 6 l. (18 fr. 87) ; roues pour tombereau, la paire, 7 l. 05 s. (22 fr. 80).

Pelle en bois, 1 s. 6 d. (0 fr. 28), en 1563.

Sellerie. — 1 harnais de chèvre, en 1560, 4 l. 10 s. (18 fr. 28) ; 1 harnais à chevaucher, 2 l. 20 s. (10 fr. 15) ; peau de chèvre pour couvrir les colliers des chevaux, 10 s. 10 d. (2 fr. 20) ; avaloir et dossière de cuir de vache pour mulet, 3 l. 10 s. (13 fr. 26) ; en 1585, collier de cheval de charrette et sangle, 3 l. 6 s. (10 fr. 38) ; harnais neuf de cheval (collier, bride, selle, dossière, avaloir, tetière, paire de bolliveaux ? 10 l. (31 fr. 46).

Clous de fer ouvré, la livre, 3 s.

Taillanderie, coutellerie. — Grand couteau pour le pain, 2 l. (7 fr. 59) ; pic de fer, à manche, 16 s. (3 fr. 03) ; cognée à fendre le bois, 1 l. (3 fr. 78) ; une bêche, id., une serpe, 1 l. 3 s. (4 fr. 49).

Maréchalerie. — 1 fer de cheval, 3 s. (0 fr. 47), la paire 1 sou en plus, total 0 fr. 62.

Vitrerie. — Panneau de vitres, le pied, 6 s. (0 fr. 94).

Verres en cristal, la douzaine, 1 l. 10 s. 10 d. (5 fr. 84).

Meubles. — Coffre en bois de poirier, 4 l. (11 fr. 25) ; chalit de chêne, 3 l. 10 s. (13 fr. 25) ; grande huche plate, 16 l. 5 s. (58 fr.) ; mai à pétrir le pain, 25 l. (78 fr. 65).

Cordes. — La livre de 3 à 4 s. ; chanvre, la livre, 2 s. ; fil en pelote, la livre, 3 s. 2 d. ; fil en écheveau, la livre, 2 s. 2 d.

Soie à coudre. — L'once, 1 l. 05 s. (3 fr. 93) ; soie noire, l'once, 18 s. (2 fr. 83) ; fleuret, 12 s. (1 fr. 88).

1560. — Voile de moulin à vent, l'aune, 3 s. 6 d. (0 fr. 71) ; toile de chanvre à faire des draps de lit, l'aune, 7 s. (1 fr. 42) ; toile d'étoupe, l'aune, 4 s. 6 d. (0 fr. 85).

Draps. — Drap violet cramoisi, l'aune, 10 l. 1 s. 8 d. (37 fr. 35) ; drap noir, l'aune, 3 l. 10 s. (12 fr. 96) ;

drap blanchet, l'aune, 2 l. 8 s. (7 fr. 55); serge noire, l'aune, 1 fr. 05 (3 fr. 93).

Tissus de soie. — Taffetas noir, taffetas blanc pour bannerolles de trompettes, l'aune, 1 l. 10 s. (6 fr. 09); taffetas vert, pour l'envers des mêmes bannerolles, 1 l. 05 s. (5 fr. 07); velours vert, l'aune, 7 l. (28 fr.); velours pour manteau d'un capitaine de compagnie, l'aune, 10 l. (36 fr. 64); taffetas rouge violet, l'aune, 1 l. 10 s. (5 fr. 49); velours incarnat bleu violet, l'aune, 10 l. (35 fr.); satin de Bruges, blanc, orange, violet, vert, gris, l'aune, 1 l. 12 s. 5 d. (5 fr. 10); taffetas vert, incarnat pour doublures, l'aune, 3 l. 4 s. 4 d. (10 fr. 12); satin violet, cramoisi, l'aune, 9 l. (28 fr. 35).

1560. — Toile d'or, l'aune, 18 l. (73 fr. 14); toile d'argent, l'aune, 15 l. (60 fr. 95); en 1576, toile d'or et d'argent, l'aune, 5 l. 16 s. 2 d. (18 fr. 28).

Armes (1577). — Nettoyage et blanchissage de 10 corcelets et brassards, tassettes et gantelets, 14 armets de tête, le tout garni de cuir neuf et de clous, 20 l. (60 fr. 33).

Poudre à canon, la livre, 6 s. (1 fr. 21), poudre de mine, id. (id.).

1563. — Location d'un cheval de selle, par jour 12 s. (2 fr. 27).

Journées d'ouvriers, employés et domestiques. — 1562. Vigneron, 3 s. (0 fr. 56); manœuvres, 4 s. (0 fr. 75); conducteur d'ouvriers maçons, 10 s. (1 fr. 89); surveillant, 17 s. (3 fr. 21); tailleur de pierres, 10 s. (1 fr. 89); maçon, 6 l. (1 fr. 13); maître-maçon, 10 s. (2 fr. 27); couvreur, 6 s.; charpentier, 10 s. (1 fr. 89); maréchal, 4 s. 4 d. (0 fr. 82); voiturier avec voiture à 2 chevaux, 1 l. 10 s. (5 fr. 68); valet de louage, 7 s. 6 d. (1 fr. 42); charretier, par an, 19 l. (72 fr.); cuisinière par an, 12 l. (45 fr.); servante de cuisine, par an, 5 l. (18 fr. 94).

XVIII

Du costume des Français sous Charles IX et Henri III

Lippomano est le seul ambassadeur vénitien qui parle du costume des Français. Après avoir lu ce qu'il en dit, sous une forme piquante et satirique, on serait tenté de se demander quels étaient donc les vêtements que portaient ses compatriotes.

« La noblesse française porte des vêtements
« si variés de couleur et de forme, qu'il serait
« malaisé d'en donner un modèle. Tantôt les
« nobles font usage d'un chapeau à larges ailes
« qui déborde de la tête sur les épaules, tantôt
« d'un bonnet si petit qu'à peine couvre-t-il le
« sommet du crâne. On a des manteaux qui
« descendent jusqu'à la cheville, ou bien des
« capes qui n'atteignent presque pas les reins.
« Les chausses à la Grecque ou à la Savoyarde
« sont si larges qu'elles s'étendent jusqu'à
« mi-jambes, ou si étroites et si courtes que
« l'on dirait des tuyaux. Les hauts de chausses
« sont attachés au pourpoint qui est ajusté de
« manière à dessiner les formes naturelles.
« Quelquefois on a une chausse d'une couleur

« et l'autre d'une couleur différente. Les cols
« des chemises avec des dentelles sont si
« grands qu'ils ressemblent à des voiles : ils
« sont simples ou renversés ou soigneusement
« travaillés ; les nouveautés dans l'habillement
« se succèdent de jour en jour et d'heure en
« heure. Si la forme des vêtements varie, la
« manière de les porter n'est pas moins
« bizarre. Le Français a toujours le manteau
« posé sur une épaule et pendant de l'autre
« côté, une manche de la saie toute ouverte et
« l'autre boutonnée. A cheval, on met l'épée à
« la main et l'on parcourt les rues de la ville au
« galop, comme si l'on poursuivait un ennemi,
« à la manière des cavaliers polonais. Les
« changements de costume usités parmi les
« jeunes gens exigent des dépenses considéra-
« bles en drap de laine, de soie ou de velours.
« Un courtisan n'est pas estimé riche, s'il n'a
« pour le moins vingt-cinq à trente habille-
« ments de différentes façons pour en pouvoir
« changer tous les jours. Les gens âgés portent
« des vêtements plus modestes, en soie ou en
« laine très fine ; ils sortent en manteau long
« ou en chapeau. Le bonnet n'est de mode qu'à
« la Cour : hors de là on trouvera à peine dix
« personnes sur mille qui en font usage. »

Ici la distinction entre le gentilhomme de province ou le courtisan est nettement établie; vêtements amples et commodes d'un côté, vêtements étroits et excentriques de l'autre.

Mais on ne voit pas ces vêtements comme je les ferai voir tout à l'heure. Lippomano s'attache davantage aux femmes : « Pour les fem-
« mes, il y a de moins fréquents changements
« dans les vêtements. La femme noble porte
« sur la tête un chaperon de velours noir, ou
« l'escoffion qui est un réseau de rubans d'or
« et de soie, quelquefois orné de joyaux, et elle
« a un masque sur le visage. Les bourgeoises
« ont un chaperon de drap, car la coiffure en
« soie et le masque leur sont défendus. Pour le
« reste du vêtement, il n'y a pas de différence.
« Toutes portent la cotte, le cotillon et la robe
« comme il leur plaît ; toutefois les bourgeoi-
« ses n'ont jamais de robes qu'en drap, en
« armoisin, mais pas en autre qualité de soie-
« ries. On reconnaît encore les femmes nobles
« à la plus grande largeur de leurs manches,
« qu'elles font faire de l'étoffe et de la couleur
« qui leur convient ; tandis que les autres ne
« les peuvent avoir que noires. Les veuves sor-
« tent voilées avec une robe montante et avec
« un simple collet renversé sans dentelles.
« Pour le deuil du père, de la mère et du mari,
« la femme noble a une robe à manches
« ducales bordées de fourrures blanches, de
« vair ou de cygne. Les hommes ne portent le
« deuil que le jour de l'enterrement ; le reste
« du temps, ils sont habillés de noir, avec le
« manteau et le chapeau. Les Françaises ont
« des tailles fort minces. Elles se plaisent à

« enfler leurs robes de la ceinture en bas par
« des paniers, des vertugadins et autres arti-
« fices, ce qui rend leur tournure encore plus
« élégante. Elles se chaussent bien et font
« usage de la pantoufle et de l'escarpin. Le
« cotillon, que l'on appelle à Venise *la car-*
« *petta*, est de très grande valeur et très élé-
« gant, parmi les femmes nobles aussi bien que
« parmi les bourgeoises. Quant à la robe que
« l'on met par dessus, elle est en sergette ou
« autre toile ordinaire, car les femmes à l'église
« s'agenouillent par terre et s'asseoient même
« dessus. Par dessus la chemise, elles ont le
« corset ou camisole qu'elles appellent corps
« piqué, qui rend la tournure plus légère et
« plus svelte : il est agrafé par derrière, ce qui
« rend encore plus belle la forme du sein. La
« gorge et les épaules sont couvertes de voiles
« très fins et de gaze ; la tête, le cou et les bras
« sont ornés de bijoux. La coiffure est très
« différente de celle d'Italie : elles ont sur la
« tête des perruques et des toupets qui donnent
« plus de largeur au front. La couleur des
« cheveux est ordinairement noir et fait res-
« sortir la pâleur des joues. Or la pâleur, si elle
« n'est pas maladive, est regardée comme un
« agrément. »

Ces relations des ambassadeurs vénitiens étaient lues par eux dans le Sénat, dans les quinze jours qui suivaient leur retour après leur mission terminée. Qu'a dû penser le grave

Sénat de l'intimité des détails donnés par son ambassadeur sur les vêtements, sur *les dessous* des femmes de France ?

Lippomano voulait prouver qu'il avait tout observé, mais il ne pouvait être que superficiel pour ce qui ne touche pas à la politique. Il laisse donc beaucoup à dire, ce que je vais faire, et toute une étude à composer, d'autant plus attachante que ce sont des documents et des écrits contemporains qui m'en fournissent les éléments,

Sous le règne de Charles IX il n'y avait, pour la forme des pourpoints, aucune différence avec ceux que l'on portait sous François II, sauf que la taille en était peut-être plus allongée et pointue par devant; mais c'était peu sensible. Au lieu d'être demi-ajustées, les manches sont serrées sur toute la longueur du bras; et sur les épaules, pour les hommes comme pour les femmes, on met des bourrelets ronds, garnis par le dedans de fort boucassin et de coton pour les maintenir bien raides et bouffants. Le petit manteau se porte de la même façon. Il y en a de plusieurs sortes : la cape à l'espagnole, sans collet, se drapant autour du buste, et les capes françaises, à collet droit, à collet rabattu, à capuchon, qui recouvrent à moitié les épaules, en découvrant toute la poitrine; le sayon avec ou sans manches, le collet en étoffe et en cuir; le manteau à la reître et la robe à chevaucher qui lui fait pendant.

Sous les noms de hauts-de-chausses « à l'italienne, à la napolitaine, à la flamande, à la martingale, à la marine, à la matelotte, à l'espagnole, à la prêtre », on en voit qui sont bouffants et ne dépassent pas le milieu de la cuisse, ou qui, du même genre, descendent jusqu'aux genoux en formant comme deux gros ballons sur les cuisses; ceux-là sont rembourrés pour ne pas faire de plis. On en voit qui, bouffants sur les hanches, sont saillants sur la cuisse et se terminent aux genoux; d'autres qui, sans doublure ni apprêt, tomberaient jusqu'aux genoux s'ils n'étaient maintenus par des bandes de velours qui les recouvrent en partie, en laissant voir l'étoffe du dessous, de telle sorte qu'à l'inverse des précédents, ils sont ajustés par en haut et bouffants par en bas. Il y a des bas-de-chausses de deux sortes, des bas longs que l'on nomme *bas d'attache*, parce qu'ils sont attachés aux hauts-de-chausses par des aiguillettes; des bas courts, indépendants des chausses, maintenus au-dessous du genou par une jarretière et se terminant au-dessus du genou par une manchette semblable à celle des bottes. La coiffure est toujours la même; la toque à plumes, le chapeau français, le chapeau à l'allemande et le chapeau à l'espagnole. (Rec. de Gaignières, t. IX, Bibl. nat. Estampes et autres gravures contemporaines.)

Ce qui distingue encore l'époque de Charles IX dans le costume des hommes, c'est que, l'escarcelle ayant disparu de la ceinture, on la remplace par des poches aux pourpoints et aux hauts-de-chausses ; que l'on recommence à attacher au côté droit la dague assortie à l'épée ; que les hommes et les femmes prennent l'habitude de porter des « montres d'horloge », c'est-à-dire des montres, suspendues au cou par un ruban ou une chaîne ; et qu'enfin le collet de la chemise, rabattu à l'italienne, a décidément fait place à une petite fraise bien tuyautée et godronnée. (Gravures, *ut suprà*.)

Parlons des femmes ; elles ont, pour sortir et pour monter à cheval, la robe montante, avec la petite fraise autour du cou, avec les manches plates et ajustées, sauf aux épaules, où elles sont bouffantes ou munies de deux gros bourrelets. On les porte ouvertes par-devant ou relevées sur les côtés, pour montrer la cotte qui est toujours d'une étoffe très riche, tandis que la robe, ou la berne comme on l'appelle quelquefois, est au contraire d'une étoffe très simple. Les vertugales qui, malgré les édits fixant leur largeur à une aune de tour, sont redevenues aussi amples que sous François Ier, ne se portent qu'avec la robe de cérémonie, pour les fêtes et pour le bal. Le corsage de ces robes ne tient aux épaules que par les bourrelets, tant il est décolleté en carré par devant et par derrière ; mais on couvre les épaules avec une collerette qui se termine par la fraise. Les manches ne tiennent pas alors après la robe, mais après le devant de la cotte, et elles sont bouillonnées ou en étoffe légère, ou en étoffe pareille à celle de la cotte. La jupe, tombant jusqu'à terre par devant, est ouverte sur la cotte, et par derrière elle est munie d'une queue plus ou moins longue, qu'on laisse ordinairement traîner, mais qu'on relève avec un crochet ou un bouton, pour danser.

Les dames ont pris le goût des tailles très fines, et elles arrivent à se les procurer en emprisonnant le buste et la ceinture dans un *corps piqué* garni par devant d'une lame de fer, ou dans un *corps* entièrement en fer, comme une cuirasse, découpé à jour et garni d'étoffe en dedans et en dehors. Les femmes mettent, comme les hommes, des hauts de chausses qu'elles appellent quelquefois *caleçons*. Pour la coiffure, elles relèvent leurs cheveux au-dessus des tempes avec des arcelets ou petits cercles en fer. Quand elles sortent, elles se couvrent la tête d'un chaperon de velours noir avec la queue plissée tombant le long du dos, et elles y ajoutent parfois et par-dessus un léger chaperon de la même forme que celui des hommes. Avec la robe habillée, elles mettent l'*escoffion*, petite toque posée sur une coiffe à réseau, en rubans d'or et de soie. Pour monter à cheval et pour voyager, elles s'appliquent sur le visage un loup ou demi-masque en velours noir. C'est à cela que l'on reconnaît les dames nobles, car les bourgeoises n'en peuvent porter.

Telle est la théorie, voici maintenant la pratique. A côté du précepte, mettons l'exemple. Dans l'inventaire du mobilier de François de Gaing, seigneur d'Oradour-sur-Glanne, garnissant le manoir d'Oradour et dressé le 21 juillet 1565, on trouve le détail des vêtements d'un gentilhomme de province, sous Charles IX : un pourpoint de satin noir découpé ; une robe de damas bandée de trois bandes de velours, fourrée, avec des parements de martres ; une robe de damas bandée de trois bandes de velours et ornée de 33 aiguillettes d'or émaillé ; une robe de taffetas à trois bandes de velours ; une robe de serge de Florence garni de « passements surjetéz » ; une cotte de velours passementée de soie ; une paire de chausses, le haut de velours, garnies de taffetas à l'intérieur ; « un reistre » (manteau à la reître) de drap noir ; deux collets, l'un de velours découpé, avec douze aiguillettes d'or, l'autre de maroquin, avec dix boutons d'or ; deux bonnets de velours ; un chapeau d'Allemagne, à poil ras, piqué de laine ; un chapeau doublé de velours, entouré d'un cordon et d'un passement d'or. (*Rev. des Soc. savantes*, décembre 1869.) — Un autre exemple : Il s'agit ici des vêtements de François de Belleval, seigneur de Rouvroy, enseigne de cinquante hommes d'armes des ordonnances sous le commandement de M. de Bourbon-Rubempré. Ce personnage avait été tué à la bataille de Saint-Denis, le 10 novembre 1567, et l'inventaire après décès du mobilier garnissant son manoir de Rouvroy, avait été dressé le 25 février 1568 : une cape de drap noir bordée tout autour d'un galon de velours noir, les parements doublés de taffetas noir ; une cape de drap noir bordée « d'ung bord de satin par dedans et deux « bandes de passement dessus » ; un manteau de taffetas noir bordé d'un « jet de velours » ; un manteau de taffetas noir avec des bandes de velours sur les manches ; un manteau à la reître en drap noir, doublé de grosse serge, pour monter à cheval ; une robe de velours noir ; une robe en serge de Florence, fourrée d'agneau blanc et noir ; une robe de nuit de droguet ; un collet de velours noir doublé de taffetas noir ; un pourpoint de satin noir « esgrafyné » ; un pourpoint de satin rouge cramoisi, avec les chausses de velours pareil ; un pourpoint de satin cramoisi violet avec les chausses de velours pareil ; un pourpoint de satin noir « découppé » ; un pourpoint de satin gris ; une paire de chausses noires ; une paire de chausses orange, le haut de chausses en velours pareil ; un haut de chausses en velours noir doublé en satin noir, avec le bas de chausses en serge de Florence ; un haut de chausses en velours gris doublé de satin noir, avec le bas de chausses noir. Pour la garde-robe de Madame de Rouvroy, sa femme : Un devant de cotte de velours noir ; une robe de damas gris à grandes manches, bordée d'un

bord de velours ; deux robes de satin, à grande
queue et à grandes manches, bordées tout
autour de velours. (Orig. Arch. de l'auteur.)

Il serait oiseux de continuer à citer, car les
inventaires de vêtements d'une même époque
ont l'inconvénient de se répéter. Ceci n'étant
pas d'ailleurs une histoire du costume, je suis
forcé de me restreindre. Dans les comptes des
argentiers du roi Charles IX on trouve de curieux
détails sur ses vêtements : Une robe de satin
vert gaufré, pour porter dans sa chambre, bordée
tout autour de ruban d'argent, le collet, les
manches et le haut des manches chamarrées de
passement d'argent, la robe doublée de taffetas
vert, garnie de boutons et de boutonnières
d'argent. Un pourpoint de toile d'argent, chamarré en long de bandes de satin orange, ces
bandes « barbillonnées de chaque côté », le
pourpoint doublé de boucassin et de taffetas
par-dessus, bordé tout autour de boutonnières
d'argent. Une paire de chausses de toile découpées à bandes en long, couvertes de satin
orange, blanc et « coulombin » en long et en
travers sur ces bandes de toile d'argent, et sur
le satin toutes garnies de chainettes d'argent et
« barbillonnées » deux fois, un côté de satin
coulombin et l'autre de satin orangé et, « par
« dessoulz ledict satin qui est barbillonné et
« descouppé, doublé d'une bouillonnerie de
« thuile d'argent à ramage » ; des chausses
« à la garguesse », en velours noir, bordées de

même; une robe de serge verte de Florence pour monter à cheval; deux paires de grands gants de chèvre, larges, allant jusqu'au coude, « pour servir au Roi pour aller à l'assemblée »; « trois paires de grosses bottes de vaches gras- « ses, fermant à blouques et à genoulx », garnies de fortes semelles; dix paires de souliers de maroquin blanc et six paires de souliers de couleur, gris, rouge, noir, vert et blanc; une paire de bas de soie, côtée 12 livres, soit 50 francs 40 de nos jours; une garniture de bonnet de six plumes blanches et incarnat avec six aigrettes; un grand feutre fin, à grands rebords, bordé de passement de soie et garni d'un large crêpe enrichi d'argent; un chapeau de taffetas de Florence « haut et plissé à l'espagnole. »

Le roi faisait des présents de vêtements à ses courtisans et à ses officiers. A l'aide de ces costumes complets, nous avons un aperçu de la manière dont on s'habillait à la cour. Il donne à son premier écuyer une casaque de velours rouge doublée de taffetas cramoisi; un pourpoint de satin blanc, doublé de taffetas blanc; des chausses en velours blanc, bouillonnées de satin blanc et doublées de taffetas blanc; des bas de chausses en serge blanche de Florence, doublées de toile blanche, et un chapeau de velours rouge doublé de taffetas cramoisi. Le Sénéchal d'Agenais, qui était en même temps capitaine des gardes, reçoit une robe de **velours** noir, doublée de taffetas noir ; un pourpoint en toile de soie et de coton rayée d'or fin et de soie bleue turquin ; un haut de chausses de velours noir bouillonné de toile d'argent fin, avec les bas de chausses en serge noire de Florence. Pour le baron de Cadeville, c'est une cape de serge noire de Florence bandée de velours, doublée de satin noir ; un collet « découpé » en velours noir, doublé de satin noir ; des chausses en velours noir bouillonnées de satin noir ; un pourpoint de satin noir ; un bonnet, une ceinture et des escarpins en velours noir. Charles IX gratifie M. de Heilly d'une casaque de velours cramoisi enrichie de trois bandes de velours blanc rayé d'argent, de boutons et de boutonnières d'argent ; d'un pourpoint de satin blanc rayé d'or et de soie cramoisie « tout descoupé entre les rayures », garni de trois douzaines de boutons d'or et doublé de canevas. M. de Saint-Remy, frère bâtard du Roi (1), doit à sa munificence une

---

(1) Henry, fils de Henri II et de Nicolle de Savigny, dame et baronne de Saint-Remy, *femme* de Jean de Ville, seigneur de Saint-Nérac et de Saint-Remy, chevalier de l'ordre du Roi. De son mari elle avait eu deux enfants : André de Ville, baron de Saint-Remy, seigneur de Fontette et de Noyers, et Elisabeth, demoiselle de la Fosse-aux-Loups. André de Ville ne paraît pas avoir goûté l'*honneur* que le Roi avait fait à sa maison, car s'il est constant que le 28 juillet 1576, il avait souscrit au profit de sa mère une obligation de 25.000 livres, il n'est pas moins certain qu'il la chassa de son château de Fontette. Il mourut avant 1590, sans laisser de postérité, et tous ses biens passèrent à sa mère qui, par son testament du 12 janvier 1590, légua tout au fils qu'elle

longue robe en velours noir, à collet carré, avec le parement et la doublure du collet en toile d'argent fin, et des bandes de toile d'argent sur la robe ; un pourpoint en satin rouge cramoisi avec deux aunes de taffetas rouge de Florence pour servir à « faire gonfler » le pourpoint et doublé en boucassin ; un haut de chausses en velours rouge cramoisi bouillonné de toile d'argent fin, avec trois aunes de frise pour les

avait eu de Henri II. Le testament de la dame de Saint-Remi fait connaître à peu près l'époque de la naissance de celui que sa mère ne désigna jamais, dans tous les actes authentiques et jusqu'à sa mort arrivée avant le 15 février 1590, que sous le nom singulier d'*Henri Monsieur*, affecté à cette époque aux fils de France, comme on le voit pour le fils de Henri IV et de Gabrielle d'Estrées. appelé « *César Monsieur* » pendant toute sa jeunesse, jusqu'au jour où le Roi lui donna le duché de Vendôme. Ce testament constate qu'Henri II avait remis à sa maîtresse, le 13 février 1558, trente mille écus destinés à l'entretien et à l'éducation de son fils. En rapprochant ce fait et cette date de celle du mariage d'Henri de Saint-Remy en 1591, il faut admettre qu'il n'avait dû naître qu'en 1557, peu de temps avant le présent du roi à sa mère. Si l'on ajoute qu'il mourut en 1621, en tenant compte de la durée moyenne de la vie humaine, j'estime que je ne serai pas à côté de la vérité en affirmant que le dernier des enfants naturels de Henri II naquit en 1557, une année seulement avant la mort de son père. — Voici la succession de cette branche bâtarde de la maison de France, qui s'éteignit à la fin du siècle dernier, après avoir traversé de terribles vicissitudes que je raconte en détail dans le travail que je lui ai consacré sous ce titre : *Les derniers Valois* (je néglige tous les autres enfants à chaque degré, sauf l'aîné). — I. Henri de Saint-Remy, baron de Fontette, de Noyers, de Bazolles et de Beauvoir, chevalier de l'ordre du Roi, gentilhomme ordinaire de sa chambre, lieutenant de 50 hommes d'armes des ordonnances, colonel d'un régiment de cavalerie et de gens de pied, gouverneur de Châteauvillain, fils de Henri II et Nicolle de Savigny, baronne de Saint-Remy, mort

« faire gonfler », et des bas de chausses en serge rouge de Florence. M. Lavernot, chirurgien du Roi, reçoit, de son côté, un costume d'une nuance sévère comme il convient aux gens de sa profession : une robe de damas noir bandée de velours noir ; un collet et des chausses de velours noir ; un pourpoint en satin noir bouillonné de même ; un bonnet et une ceinture en velours noir.

Si l'on veut savoir maintenant comment les

à Paris le 14 février 1621 et inhumé dans l'église de Saint-Sulpice. Allié le 91 octobre 1592 à Chrétienne de Luz dont : II. René de Saint-Remy, baron de Fontette, seigneur de Noyers, Bazolles et Beauvoir, chevalier de l'ordre du Roi, gentilhomme ordinaire de la chambre, mort le 30 mars 1665 et inhumé à Fontette. De Jacquette Bréreau, sa femme, il eût : III. Pierre-Jean de Saint-Remy seigneur de Noyers et de Fontette en partie, major d'infanterie, allié le 26 janvier 1673 à Marie de Mulot dont : IV. Nicolas-René de Saint-Remy, chevalier, seigneur de Luz, lieutenant au régiment de Béthencourt, mort le 30 octobre 1759 et inhumé dans le cimetière de Fontette. Allié le 4 mars 1714 à Marie-Elisabeth de Vienne dont : V. Jacques de Saint Remy, allié à Marie Jossel, sa maîtresse, fille d'un fermier de son père. Mort à l'Hôtel-Dieu de Paris, le 14 février 1762. Son acte mortuaire le qualifie : Henri de Valois, baron de Saint-Remy. Il avait eu trois enfants : 1° un fils, Jacques, qui suit ; 2° Jeanne, l'héroïne de l'affaire du Collier, née à Fontette, le 22 juillet 1756, morte à Londres le 22 août 1791. Elle avait épousé M. de Lamotte, garde du corps du comte d'Artois, et fut connue sous le nom de comtesse de Lamotte-Valois ; 3° Marie-Anne, chanoinesse en Allemagne, après avoir été servante d'auberge. VI. Jacques de Saint-Remy, baron de Valois (nom et titre sous lequel il fut présenté à Louis XVI, né le 25 février 1755, lieutenant des vaisseaux du Roi et chevalier de Saint-Louis, à l'âge de 29 ans quand il mourut en 1785 sans alliance, pendant l'instruction du procès de sa sœur. Il fut le dernier de son nom. Cette branche portait pour armes : *d'argent à la fasce d'azur chargée de trois fleurs de lys d'or.* »

laquais de Charles IX étaient uniformément vêtus, voici, d'après les mêmes comptes, le détail de leur livrée : bonnet de velours bleu turquin doublé de taffetas, mandil et manteau à l'anglaise en drap bleu à bandes et chamarrures de velours blanc et incarnat, avec des boutons à longue queue en soie incarnat, blanche et bleue, doublés en frise rouge ; pourpoint en bombazine de Milan noire, doublé de futaine blanche ; haut de chausses d'estamet gris, coupés au genou, à l'espagnole, fait à bandes et chamarré sur chaque bande de deux bouillons de taffetas à six fils jaunes et verts, et piquées de soie, avec canons et pochettes ; jarretières en taffetas incarnat ; la ceinture et le pendant d'épée en cuir du Levant, et l'épée. On remarquera que c'est la livrée de France, tricolore, que la République inconsciente a pris à la domesticité royale pour en faire le drapeau de la France (1).

Charles IX s'occupait de chasse, d'exercices violents, de forger des gardes d'épées, mais guère de la toilette. Henri III fut tout différent ; il changea les modes qui avaient à peine varié

(1) Ce fut seulement à partir d'Henri IV, et lui compris, que la livrée de France fut, sans interruption, bleu. blanc et rouge Avant Henri IV on ne trouve que Charles IX et le duc de Berry, dauphin du Viennois, régent du Royaume en 1410, qui aient porté ces couleurs. Charles VI avait blanc, vermeil, vert et noir : Charles VII, rouge, blanc et vert ; Louis XI également, de même que Charles VIII ; Louis XII, rouge et jaune ; François Ier, violet, jaune et incarnat ; Henri II, jaune, rouge et vert.

depuis son père, et parut s'occuper plus des habits que des affaires de l'Etat. Il composa lui-même, avec de la farine de riz, un empois excellent, paraît-il, pour empeser les grandes fraises qu'il s'efforça de substituer aux collets rabattus à l'Italienne, que l'on portait quand il revint de Pologne. L'Estoile, dans son journal, s'est montré impitoyable pour ces ajustements du Roi et de ses courtisans, que les écoliers raillaient en se promenant à travers la foire Saint-Germain, avec de grandes fraises en papier autour du cou et en criant : « A la fraise, on connaît le veau ! » « Ces beaux mignons, dit-il,
« portant leurs cheveux onguets, frisés et refri-
« sés par artifice, remontant par-dessus leurs
« bonnets de velours, comme font les putains,
« et leurs fraises de chemises de toile d'atour
« empezées et longues de demi pied, de façon
« qu'à voir leur teste dessus leur fraise, il
« semble que ce soit le chef saint Jean dans un
« plat. » D'Aubigné se moque de Henri III en prose et en vers, mais c'était un huguenot et de plus l'ami de Henri de Navarre.

Blaise de Vigenère(1) ne raille pas le Roi, mais les modes, car il était secrétaire d'ambassade à Rome, et les fonctionnaires d'alors n'avaient pas plus le droit que ceux d'aujour-

(1) Érudit, né le 5 avril 1523 à Saint-Pourçain, dans l'Allier, mort à Paris le 19 février 1596. Il avait commencé par être le secrétaire de François de Clèves, duc de Nevers. Secrétaire d'ambassade à Rome de 1566 à 1569.

d'hui, de se moquer du gouvernement qui les faisait vivre. Dans les notes et les commentaires qui accompagnent sa traduction de Tite-Live, il fait un portrait fort gai et fort ressemblant dans son allure gouailleuse des deux costumes qui se partageaient la faveur de la noblesse. Le premier est certainement celui de la noblesse de cour, et le second celui de la noblesse qui vivait en province, dans ses terres. Voici le courtisan : « Un pourpoint fort juste et comme
« collé sur le corps, court de buste et estroit de
« manches, avec un panseron à la poulaine,
« garny, cotonné, callefeutré, embouty, re-
« bondy, estoffé comme un bast de mullet à
« cofres, à l'épreuve presque des mousquete-
« ries, et allant de bien près recognoistre le
« bort des genouils ; avec un chapeau fait en
« pain de sucre ou en obélisque, à la hauteur
« d'une bonne coudée, n'ayant pas à grand
« peine deux doigts de rebras (bords) ; avec un
« petit bourlet au lieu de haut de chausses,
« froncé, recueilly, bouillonné à coupeau de
« carpe, mais le bas allongé en flûte d'Alle-
« mand et juste à la cuisse, ainsi que d'une
« autruche mâle ou d'une poulastre de Lom-
« bardie, avec un gentil petit, frisque, gay,
« troussé mantelin qui allait escarmoucher la
« ceinture, avec la teste passée comme à tra-
« vers une meule de moulin, goderonnée à
« tuyaux d'orgues de vingt-cinq à trente lez,
« douz et menuz, fraizés en choux crespés. »

Voilà maintenant l'autre mode, l'autre système :
« Un pourpoint très plantureux et ample, dé-
« coupé à grandes balafres, plus qu'à la Suisse,
« un panseron à la poulaine — comme j'ai dit
« pour l'autre — les manches larges et pen-
« dantes à l'endroit des couldes comme une
« chemise à ypocras (filtre à passer les bois-
« sons) ; un large sombrero (chapeau espagnol)
« tout aplaty en cul d'assiette, avec un rabat
« de plus d'un pied et demy : de longues ana-
« xyrides (culottes) marinesques traînantes
« jusqu'aux talons ; un grand, long et plantu-
« reux tabarre, plein-foncé, balliant la terre
« tout à l'entour ; un simple bord plutôt que
« renvers (col) de chemise large peu plus
« moins que l'espaisseur d'une jocondalle (mon-
« naie des Pays-Bas) mais crénelée à barba-
« canes. » Il n'y a qu'à regarder les monuments
figurés du temps pour s'assurer que Vigenère a
fait des portraits et non des caricatures. On y
voit également que les huguenots, jeunes ou
vieux, ne sacrifiaient pas à ces modes excentriques. Ils ont des pourpoints de couleur sombre
et sans panseron. le pourpoint des règnes de
François II et de Charles IX ; des cols plats et
rabattus à l'italienne, le chapeau à l'espagnole,
à larges bords, et le haut de chausses bouffant
jusqu'aux genoux.

Ce qui caractérise le costume masculin du
règne de Henri III, et ne permet pas de le confondre avec celui d'aucun autre règne, c'est

le panseron à la poulaine ou à la Polonaise, longue pointe qui termine le devant du pourpoint en descendant jusqu'à l'extrémité du bas ventre, fortement rembourrée en coton et bourrée entre l'étoffe et la doublure, tant et si bien que la pointe d'une épée ou d'une dague avait de la peine à la traverser. Henri III rapporta, dit-on, cette mode de Pologne, où il l'imagina en guise de cuirasse, parce qu'il n'y croyait pas sa vie en sûreté. Tout le monde se hâta de l'adopter, jusqu'aux soldats des régiments d'infanterie. Naturellement les cuirasses des armures prirent la même forme, mais quelques gentilshommes mettaient de légères cuirasses, ainsi façonnées, sous leurs pourpoints, pour donner encore une plus belle prestance à leurs panserons, tout en étant mieux garantis contre la pointe de l'épée, qui n'était alors que trop souvent hors du fourreau. Pour les hauts de chausses, il y en avait une infinité, à la Provençale, à la Polonaise, à la Savoyarde, à la Picarde, à la Garguesque, à la Hongroise, à la Gigotte, et de bien d'autres façons encore. On voyait aussi beaucoup de bas de chausses qui différaient de couleur avec les hauts de chausses.

La toilette des femmes suit l'impulsion générale, qui est l'excentricité. Elles ont des robes fermées sur le devant, plus courtes que la cotte dont on n'aperçoit plus que le bas, au lieu d'en voir toute la devanture : elles ont des vertugales si larges et si bouffantes sur les hanches et autour du corps qu'on ne peut les approcher qu'à la longueur du bras ; des corsages finissant en pointe au milieu du ventre, et étranglés à la taille, parce qu'ils sont en fer, recouverts d'étoffe, des manches tellement bouffantes aux épaules, qu'elles atteignent la hauteur des oreilles, bouffantes tout le long du bras et tout à fait étroites et serrées aux poignets ; leur tête, coiffée de cheveux en *raquette*, relevés aux tempes et sur le front, est encadrée dans une immense fraise qui, par derrière, dépasse le sommet des cheveux et par devant s'échancre sur la poitrine. Elles ont des pendants d'oreilles très longs, comme on n'en a jamais vus ; des gants jour et nuit, gants parfumés, frangés, chiquetés, gants coupés ou mitaines ; des chaînes d'or partout : dans les cheveux, au cou, sur la poitrine, aux entournures de la robe, des deux côtés de la ceinture à laquelle elles suspendent d'un côté un miroir et de l'autre un éventail pliant, invention nouvelle. Elles ont des chaussures à l'italienne, des mules de Venise, des bas de soie, et des petits hauts de chausses ou caleçons en velours, étroits, collants et froncés.

Pour les couleurs et les étoffes, nous allons demander des détails à des inventaires contemporains. Voici la garde-robe d'un gentilhomme et de sa femme, qui vécurent à la cour. François de Belleval, baron de Longvilliers, lieutenant des gardes du corps de Henri III, capitaine des gardes que le duc d'Epernon entretenait comme colonel-général de l'infanterie française, puis gentilhomme ordinaire de la Chambre et chevalier de l'Ordre du Roi, après le décès de Henri III. Sa femme était Diane de Sourhouette du Halde, fille de M. du Halde, premier valet de chambre de Henri III, et veuve de Robert de Hallwin, fils puîné du duc d'Hallwin. Henri III lui avait fait de riches présents et avait dansé à sa noce. Voici d'abord les vêtements du mari : un costume de cour tout complet, le pourpoint de toile d'argent, décoré de bandes, en longueur, de satin incarnat; sur chaque bande, une natte d'argent dentelée de chaque côté ; le haut-de-chausses pareil; le bonnet de velours noir garni de six plumes blanches et incarnat; les souliers de maroquin blanc : l'épée à la lame espagnole, à gardes enrichies de ciselures d'argent représentant des personnages et des masques humains, la dague pareille ; le ceinturon, le pendant d'épée et les fourreaux en velours noir. Puis les costumes moins riches : un pourpoint de satin jaune et un de taffetas piqué de soie ; un petit manteau de taffetas gaufré ; un haut de chausses à bandes de velours blanc « rayé d'or, pleines de satin de soie rayé d'or et d'argent »; deux manteaux de drap noir, à parements de taffetas bandés de velours large de quatre doigts; deux manteaux de taffetas noir, garnis l'un de trois bandes de velours tout autour, et l'autre de deux bandes de passements de soie, tous deux fourrés de

martre ; un manteau à manches, en serge de
Florence, noire, à parements de velours noir,
garni tout autour de deux bandes de velours et
de canetille de soie ; une casaque de velours
noir bordée de passements d'or et fermant avec
douze gros boutons d'or ; deux chapeaux de
velours noir avec des plumets blancs ; un chapeau de taffetas de Florence, haut et plissé à
l'Espagnole ; une paire de grands gants de
chien, larges, montant jusqu'aux coudes, « pour
aller à l'assemblée » ; une paire de souliers
verts, une autre grise, une autre noire ; une
paire de grosses bottes de vache grasse « fer-
« mant à blouque et à genouils, garnies de fortes
« semelles, avecq les éperons dorés ».

La garde-robe de la baronne de Longvilliers
est encore plus nombreuse et mieux montée, si
c'est possible : une robe de velours noir et une
autre de taffetas à fond gris ; une robe de
crêpe de soie et autre de damas noir bandé de
velours noir, avec la jupe en velours noir ;
« deux corps de robe » sans manches, en
taffetas et en satin de soie ; un corps de robe
de velours noir, avec les manches découpées ;
un autre de taffetas orange ; un autre en satin
blanc ; un autre « en étamine à fond de satin
« gris garny de ject par dessus à manches ou-
« vertes, deschiquetées » ; le devant d'un corps
de robe en velours noir ; huit « devantures
de cottes » en satin de soie broché cramoisi,
en velours tanné avec les « mancherons »

pareils, en drap d'or, en velours jaune brodé d'argent avec les mancherons pareils, en toile d'argent « en broderie d'or et de canetille », en satin broché, cramoisi, en satin blanc brodé d'argent ; un « bas de cotte » en velours noir ; un autre en toile d'argent incarnat piquée d'or ; « un des côtés de la queue d'une robe » en satin noir broché d'or ; quatre jupes, une en « toile d'or violette », une en toile d'argent, une en toile d'or incarnat brochée d'or, une en velours vert « à la Reître » ; un « cotillon » de camelot de soie jaune pâle, brodé de passements d'argent, et un autre en satin « couleur de pain bis » ; deux corsets en soie tannée et en velours noir ; une paire de manches en velours cramoisi ; deux autres paires en satin cramoisi, deux autres paires en satin de soie et en velours noir ; une paire de grandes manches en toile d'or, quatre « grandes manches à bombarde, de fourrure » ; une paire de doublures de grandes manches en toile d'argent ; six paires de « mancherons » et une paire de manches en toile d'argent ; un « collet de velours noir broché d'or ; un autre « ouvraigé d'or et de soie faict à l'esguille » ; une cape ronde de velours noir « à haut collet, à doubles manches, l'une de velours, l'autre de satin de soye » ; un manteau de taffetas « couleur de feuille » ; un manteau de taffetas velouté fourré d'agneau noir, un manteau de drap tanné « pour aller à cheval » ; des collets

« de crèpes » ; des crespes à coiffure » ; une toque de velours, un chapeau de feutre, un chapeau garni de taffetas, enfin, un petit hault de chausses de velours rouge à usaige de femme ». (Orig. Arch. de l'auteur.)

Ceci n'étant pas une histoire du costume, que j'ai faite ailleurs et que d'autres ont faite avant moi, que d'autres feront encore après, car il est des sujets inépuisables en raison de la découverte de documents nouveaux et inexplorés, je n'en dirai pas davantage, convaincu d'avoir donné une idée suffisante de la manière dont on s'habillait au temps des fils de Henri II.

XIX

Les Armes de Charles IX et de Henri III
Du Costume militaire

On conservait d'abord dans le garde-meuble de la couronne, puis au musée des souverains, enfin on conserve aujourd'hui au Musée d'artillerie, les trois armures, absolument authentiques, de François II, de Charles IX et de Henri III. J'ai parlé de celle de François II, au chapitre VI ; il me reste à parler de celles de ses deux frères, qui offrent avec la première une singulière analogie, à ce point qu'elles ont dû, sauf quelques détails de gravure et quelques détails très insignifiants dans la forme, avoir été copiées les unes sur les autres, et que les mêmes armuriers ont dû les fabriquer toutes trois.

Ce sont des armes de parade, qui n'auraient pas même supporté l'épreuve de la balle de pistolet, dont elles ne portent d'ailleurs aucune traces, contrairement à ce que l'on remarque, même dans les armures les plus riches de ce temps. Il n'est donc pas douteux que c'était des armures destinées à être endossées dans des occasions solennelles, comme pour des entrées dans les bonnes villes. Par exemple, quand Charles IX fit son entrée à Paris, après son mariage, il était revêtu d'une armure, sans doute celle dont je vais donner la description. Comme il n'eut jamais l'occasion de se produire sur aucun champ de bataille, il est probable qu'il n'en posséda jamais d'autre que celle-là. Quant à Henri III, qui, avant de monter sur le trône, avait un autre tempérament, il est certain que ce n'était pas avec cette armure légère qu'il combattit à Jarnac et à Moncontour.

La demi-armure de Charles IX est en fer battu et toute dorée. Elle se compose de l'armet à haute crête et à double visière, du colletin, des épaulières, brassards et gantelets, de la cuirasse et des tassettes très larges et très cintrées. L'ornementation consiste en des bandes juxtaposées, séparées par des petits cordons saillants. Ces bandes représentent alternativement un semis de fleurs de lys et des rinceaux de fleurs et de feuillages. Une grande fleur de lys est ciselée sur le côté de la crête de l'armet. La cuirasse est munie du faucre. Telle qu'elle est, cette demi-armure mesure 1 m. 15, ce qui permet d'établir que la stature de Charles IX était d'environ 1 m. 76. On conserve encore au Musée d'Artillerie une bourguignotte, un bouclier et une épée, qui ont été faits pour Charles IX et qui proviennent également du garde-meuble de la couronne. Ces pièces, le bouclier et la bourguignotte du moins, sont de ces armes de parade, d'un admirable travail, que l'on ne portait pas et qui faisaient l'ornement d'un cabinet d'armes. Tous deux sont en or ; ils sont travaillés au repoussé, ciselés, gravés et décorés de trois sortes d'émaux, opaques, translucides et cloisonnés. Sur le bouclier la lettre K, initiale du mot *Karolus*, surmontée de la couronne royale, est répétée seize fois dans des médaillons de forme ovale qui, alternant avec un même nombre d'émaux translucides et cloisonnés d'une exécution merveilleuse, et reliés par des branches d'olivier, composent la bordure du bouclier. La grande composition centrale représente tout un ensemble d'opérations militaires : un combat de cavaliers nus ou armés à la romaine, occupe le premier plan ; une rivière sépare la prairie, sur laquelle se débat leur lutte acharnée, du camp dont on voit les tentes et du gros de l'armée rangée en bataille pour les protéger. Sur le côté gauche, au second plan, c'est un assaut dirigé contre la porte d'une citadelle dont les défenseurs sont groupés sous le drapeau de l'islamisme. Entre le centre et la bordure on remarque les mêmes ornements que sur le magnifique bouclier de Henri II, une tête de Méduse, un masque de vieillard, des prisonniers assis sur des armes entassées, des armes suspendues et des groupes de fruits. Tout le revers est garni d'une riche étoffe brodée d'or sur le velours rouge. Il mesure 0 m. 680 de hauteur sur

0 m. 490 de largeur. La bourguignotte, dite à l'antique en raison du cimier qui remplace la crête, mesure 0 m. 350 de hauteur sur 0 m. 370 de largeur. On y retrouve la même ornementation que sur le bouclier, la tête de Méduse, le masque de vieillard, des trophées d'armes et des groupes de fruits, un combat de cavalerie et une ville assiégée. Sur une des oreillettes est une figure de Mars assis sur des armes entassées, sur l'autre une Victoire assise et tenant une palme à la main. Tout l'intérieur est garni d'une étoffe de soie rouge brodée et piquée (1).

Quant à l'épée, qui mesure 1^{m}240, la poignée est en fer ciselé, bruni et doré par places, ornée de mascarons, de têtes d'hommes, de femmes et d'animaux. Le chiffre de Charles IX, deux C adossés et enlacés, couronnés, surmontant le chiffre IX, est gravé et doré sur les côtés de la double garde. La fusée, cannelée et ondulée, est composée de l'alternance de zones transversales en écaille brune et en écaille blonde, qui forment comme des rubans cerclés dans des filets d'or. La lame porte l'inscription *de Pedro de Toro, Toledo* (2).

Charles IX aimait les belles armes, les épées principalement, et il en avait au Louvre un

---

(1) Ces belles pièces sont retournées au Musée du Louvre où elles avaient été empruntées pour figurer au Musée des souverains.

(2) Cette épée est conservée au Musée d'artillerie.

riche cabinet. Pour une seule année, on relève dans les comptes des Argentiers, les fournitures suivantes, en armes, qui lui furent faites : une épée à gardes représentant « des masques et personnages en relief, » ciselés en or et en argent, avec une lame espagnole, la dague pareille, le fourreau et le ceinturon en velours noir ; une autre épée ornée de « masques et mufles de lion, » ciselés en or et en argent, la dague pareille, le fourreau et le ceinturon également noirs ; une épée à poignée dorée, avec son fourreau de cuir jaune « lisse » pour porter à la chasse ; une épée à poignée dorée, unie, avec son fourreau « de vache, la chair en dehors, avec un bout doré » ; une épée à poignée argentée, unie, avec son fourreau de velours noir garni d'un bout argenté ; un estoc gravé et doré dans son fourreau de vache. (*Comptes*, k. k., 134. Arch. nat.)

De Henri III on n'a conservé qu'une demi-armure de parade absolument conforme à celles de ses frères, sauf que le plastron de la cuirasse reproduit d'une manière accentuée la forme du pourpoint, c'est-à-dire le panseron à la Polonaise. Ce fut donc à son retour de Pologne, et quand il fut Roi qu'il se la fit faire. Elle se compose absolument du même nombre de pièces que les autres : elle est en fer battu, entièrement dorée et ciselée. L'ornementation est un quadrillé uniforme et serré recouvrant toutes les surfaces, avec les bordures simulant des branches de feuillages (1). Henri III, qui était très habile à l'escrime et passait pour une des plus fines lames du royaume, aimait naturellement les épées, comme son frère, et il en changeait souvent. Pendant les six premiers mois de l'année 1583, il n'acheta pas moins de cinq épées : une épée à poignée dorée, à lame espagnole, avec son fourreau de velours à bout doré; une épée à poignée argentée; une épée à poignée noire, unie, avec la fusée recouverte d'une tresse noire, le fourreau de velours noir et une lame espagnole ; une épée à « gardes vernies en noir » avec son fourreau de velours noir; une épée et sa dague « à gardes ciselées « et dorées, fort riches, lames d'Espagne, four- « reaux de velours à bouts ciselés et dorés ». (*Comptes des Argentiers*, k. k., 138. Arch. nat.)

En ce temps-là, il n'y avait pas de château, pas de simple maison, où l'on ne conservât plus ou moins d'armes. Il fallait bien qu'un gentilhomme, un homme de guerre, eût quelques épées de rechange, quelques armes à feu et une armure. Cela constituait aussitôt un petit cabinet d'armes dont on ne faisait jamais trophée, car l'usage était de renfermer toutes ses armes dans des coffres, après avoir enveloppé chaque objet dans un étui de drap ou de toile. Les armures elles-mêmes, démontées, envelop-

---

(1) Les armures de François II, Charles IX et Henri III, jadis conservées dans le Garde-Meuble de la Couronne, ont été déposées au Musée d'Artillerie G. 119. 120. 121.

pées, étaient rangées dans des « coffres à bahut » ou des armoires. En étalant aujourd'hui les armes en trophées sur les murailles, en montant les armures sur des armatures ou des gaines, dans les musées ou les collections, on est tout à fait en dehors de la vérité ou de la tradition. Sans chercher à multiplier les exemples, il faut aller chez quelques gentilshommes de province, dans quelques châteaux et manoirs; pendant la période correspondant aux règnes de Charles IX et de Henri III. Chez François de Gaing, seigneur d'Oradour, dans son manoir d'Oradour-sur-Glanne, nous trouverons dans ses coffres une épée à gardes noires, avec fourreau de cuir, pour l'usage journalier ; une épée à gardes dorées, et sa dague, avec fourreaux et ceinturons de velours ; une épée d'armes, sans branches, pour pouvoir la manier avec la main armée du gantelet ; une hache d'armes des cent gentilshommes de la garde du Roi (1), la compagnie à laquelle appartenait le seigneur d'Oradour; une masse d'armes, une chemise de mailles, sept arbalètes « avec leurs bandages », trois arquebuses, quatre pistolets avec leurs « flasques » (poires à poudre) et une paire d'éperons dorés. (*Revue des Soc. sav.*, décembre 1869.) Au château de Grafton, en Angleterre, en 1570, on

---

(1) Gentilhommes au bec de corbin, ainsi nommés parce que leur arme principale était une hache à bec de corbin ou bec de faucon, autrement dit une hache d'armes. Les jours de cérémonie, ils marchaient deux à deux devant le roi.

trouve, toujours dans des coffres ou bahuts, deux armures, l'une noire, l'autre blanche, renfermées dans des étuis en coton ; une demi-armure de chevau-léger ; une cotte de mailles à manches ; deux corselets (cuirasses) avec leurs morions ; une vieille brigandine, cinq jacques et onze salades ; six paires de manches de mailles, une hache d'armes, un fer de hache, un chanfrein, une paire de gantelets, trois mousquets et deux pistolets, une épée, une dague, une rapière, deux poudrières, deux arcs, trois bottes de flèches et une selle d'armes. (*Invent. des armes du château de Grafton*, S. Meyrick, ancien[t] armour, t. III.)

Revenant en France au manoir de Rouvroy, chez François de Belleval, seigneur de Rouvroy, enseigne de la compagnie de cinquante hommes d'armes des ordonnances commandée par M. de Bourbon-Rubempré, on trouve dans un coffre en bois de chêne « un complet harnoys
« (une armure complète) d'homme d'armes, à
« clous et boucles dorés et l'arrest (faucre) doré » ;
dans un autre coffre » une arbaleste avecq le
« bandage, une aultre arbaleste avecq le ban-
« dage, ung harnoys de cuyr complet, cinq
« jaques de mailles de fer, une paire de moufles
« de fer (gantelets dont les quatre doigts sont
« réunis et le pouce seul détaché), trois pistol-
« letz, une espée à poignée dorée garnye de
« sa dague, une espée noire garnye de sa dague,
« une ceinture à porter l'espée en velloux noir,

« une aultre ceinture à porter espée en cuyr,
« une harquebuse à rouet, ung morion et ung
« hauce-col dorez, un panache à mettre à ung
« cheval aux armes (quand on s'arme) ». Chez
celui-ci, par exception, aux murailles de la
salle sont accrochées deux arquebuses à croc
et un épieu de chasse, parce que ce sont des
armes trop encombrantes et trop longues pour
être mises dans un coffre. (Invent. orig. Arch.
de l'auteur.)

Le fils de François de Belleval était un
homme de cour ; il fut lieutenant des gardes du
corps de Henri III et capitaine des gardes
que le duc d'Epernon entretenait en qualité
de colonel-général de l'infanterie française.
Un riche mariage avec Diane du Halde, fille du
premier valet de chambre de Henri III, lui
avait valu la forteresse de Longvilliers, en Boulonnais, et trois baronies. Dans ce château de
Longvilliers, quand François de Belleval, baron
de Longvilliers, vint à mourir, les armes in-
ventoriées remplissaient trois coffres. Le premier contenait ce qui suit : « Une espée, la
« lame espaignole, les gardes enrichies d'ar-
« gent faictes à masques et à personnaiges,
« avec la dague de mesme, les poignées (fu-
« sées) d'argent fin, fourreaux de velours noir
« et ceinture de velours noir avec les pendans
« et porte-espée de velours noir et les blouques
« d'argent, et une bourse de drap bleu pour ser-
« vir (à envelopper) à ladite espée et dague ;

« une espée avec la poignée et les gardes toutes
« dorées, avecq un fourreau de cuir jaune
« lisse ; une longue espée que l'on nomme
« communément ung duel, garny de sa dague ;
« deux espées ci deux dagues rabattues (émous-
« sées, pour l'escrime); une espée damasqui-
« née d'argent avec sa dague ; une espée, les
« gardes noires, la poignée (fusée) de soie
« noire, avecq la lame espaignole et le fourreau
« de veloux noir, pour aller à l'assemblée ; ung
« ceinturon de buffle ; trois autres ceinturons
« avecq leurs pendans de veloux ; ung pour-
« point doublé de jacques de mailles ; ung
« pourpoint de buffletin chamarré de passemens
« d'or ». Le second coffre renfermait : « Ung
« caparanchon de buffle pour un cheval ; deux
« harquebuzes garnyes de leurs fournymens ;
« dix arquebuzes à mesche ; ung pistollet ar-
« genté avecq le fourreau ; deux aultres pistol-
« letz avecq le fourreau de cuyr ; ung poitrinal-
« bandoullier avecq le fournyment de corne ;
« deux fournymens avecq plusieurs charges et
« moulles à balle, avecq le fournyment de cuyr. »
Dans le troisième coffre il y avait : « ung har-
« nois de gendarme tout complet (une armure
« complète), deux grèves, ung morion à ba-
« vière, ung aultre morion damasquiné, ung
« hausse-col et ung corselet également damas-
« quinés (damasquiné est pris ici évidemment
« pour gravé) avec les blouques dorées, et deux
« chemises de mailles ». Plus deux hallebardes

et un épieu de chasse. (Invent. orig. Arch. de l'auteur.)

S'agit-il d'un manoir bien modeste, de l'habitation, une ferme pour ainsi dire, de ces petits gentilshommes qui vivaient fraternellement avec leurs chiens de chasse dans la même salle, voici ce que l'on trouve chez eux : « Deux « bonnes et grandes rondelles (boucliers ronds), « avec deux espées courtes et larges, deux ha- « lebardes, deux picques de 22 pieds de long, « deux ou trois cottes ou chemises de mailles « dans le petit coffre plein de son, deux fortes « arbalestes de passe avec leurs bandages et « garrots dedans, trois arquebuses ». (*Descrip. du manoir d'un gentilhomme campagnard*, par un contemporain, en 1590. *Maisons de Rouen*, par M. de La Querrière). Dans cette humble demeure, où il y a peu de meubles, pas de superflu, à peine le nécessaire, on remarque un petit arsenal pour combattre à pied ; car, à cette époque, le préjugé contre le service de l'infanterie tend à disparaître, les ambassadeurs vénitiens le constatent, et les gentilshommes qui, comme celui-ci, n'ont pas de chevaux, ne croient pas déroger en servant dans les rangs des régiments d'infanterie que la nécessité force à créer chaque jour.

XX

Châteaux et Manoirs

C'est un préjugé de croire que tout gentilhomme avait un donjon et de hautes tours à sa demeure. Les châteaux étaient l'exception aussi bien que de nos jours. Dans la plupart des villages, le manoir seigneurial était construit sur le plan d'une simple ferme ; au fond d'une cour, entourée par les écuries, vacheries, bergeries et granges, s'élevait l'habitation du seigneur, qui se composait généralement d'une cuisine, d'un cellier et d'une salle basse au rez-de-chaussée, et d'une ou deux salles avec une garde-robe au premier étage. Le mobilier de la salle basse consiste en un lit à dais avec un ciel et des tentures, une ou deux tables, des chaises à dossier, des pliants, un dressoir, des bahuts servant à la fois de coffres et de sièges ; les murs sont tendus de tapisseries de Flandre ; des nattes recouvrent le pavé. Même ameublement, plus ou moins somptueux dans les chambres hautes ; et dans la garde-robe des bahuts qui renfermaient les vêtements, le linge et les armes offensives et défensives, sans oublier le meuble indispensable, *la chaise de nécessité*, d'où il nous est resté l'expression *d'aller à la garde-robe*. Dans ces simples demeures habitaient pourtant de nobles personnages, qui ne se croyaient, et avec raison, inférieurs en rien à leurs voisins lesquels déployaient un grand train de maison dans les hautes et vastes salles de leurs forteresses féodales. Le château ne faisait pas le gentilhomme.

Allons à Oradour-sur-Glanne, un gros et populeux village du Limousin, à cinq lieues de Limoges. François de Gaing, seigneur de l'endroit, vient de mourir, et le 21 juillet 1565, le bailli, accompagné d'experts, procède à l'inventaire des meubles et effets qui garnissent le manoir. Voici d'abord la « salle basse » ; la cheminée est garnie d'une paire de grands « landiers » en fer : une tenture de tapisserie, dite « la chasse au cerf », couvre les murs le long desquels sont dispersés quatre chaises « dont une de menuiserie », et dix tabourets ; d'un côté un buffet et une table « sur traiteaulx » ; au milieu est une table « carrée double » recouverte d'un tapis vert. Il y a plusieurs chambres, et pas une qui n'ait son grand lit ou au moins sa couchette ; et à ce propos, comme dans la plupart des inventaires de cette époque, on trouve un véritable luxe fort peu en rapport avec le restant du mobilier. Dans celle-ci, voyez le « grand litz garny de velour noir et « incarnat, trois pentes et le doussier, le fond et « rideaux de soye rouge et noire, garni de

« coussin et couverte de Cathelongne rouge » ; la
« couverte de cathelongne » est tout simplement
une couverture de laine rouge, d'une étoffe
moelleuse et chaude. On en retrouve partout,
dans les mobiliers les plus simples comme dans
les plus riches (1). Ces couvertures fabriquées
en Catalogne, devaient être importées par
grandes quantités, car elles constituent le fond
même de toute la literie, avec les matelas et les
traversins. Dans la même chambre, il y a une
couchette avec un ciel « de veloux noir, et
« satin blanc pour rideaulx, avec le fond de
« sarge sans rideaulx, garny de coicte, cous-
« sin, et une couverte de tapisserie ».

Dans la seconde chambre, le fond, les pentes
et les dossiers du lit sont en « velour jaune et
satin cramoisy faict en borderye de toyle d'or » ;
dans la troisième ils sont en « toyle d'argent » ;
dans la quatrième « en satin blanc et bleu de
Bruges en Flandre » ; dans la cinquième, en
velours noir et incarnat ; dans la sixième en
« velours violet et taffetas changeant » ; dans
la septième, en « velours blanc et damas
violet » ; dans la huitième « en sarge bleue,
blanche et incarnat ». Ces chambres sont

(1) Couverture de laine pelucheuse à deux envers, fabriquée
avec succès dans cette province et particulièrement à
Barcelone. Elle était faite avec des toisons du pays. La
catalogne blanche, et plus souvent rouge, servait pour la
literie. Il s'en faisait aussi en fleuret ou bourre de soie ; celle-ci
était naturellement plus chère « une castelongne de fin
fleuret, 8 escus » (*Comptes de l'argenterie du Roi*, p. 167,
année 1559.)

tapissées pour la plupart. Leur ameublement se compose, presqu'uniformément, outre le lit et la couchette, d'une ou deux tables couvertes de tapis vert, d'un buffet plus ou moins antique, « à deux armoires et deux tirettes », et de grands coffres servant d'armoires. Dans la « chambre neuve », il faut remarquer « une grande cheyse garnye de cuyr » ; dans une autre « un eschauffe-litz », autrement dit une bassinoire, en compagnie d'une « perche d'oiseaux » c'est-à-dire d'un perchoir pour l'oiseau favori du défunt seigneur. Dans cette autre sont suspendus trois miroirs « dont un grand et les deux autres couvertz de velour cramoisy, garnis d'argent ».

La cuisine est bien fournie de batterie de cuisine en fer, poëlons, poëles, deux rotissoires, « une basignoire », deux « bassins à cracher » et « un bassin pour la chambre ». Il faut espérer pour François de Gaing, que sa cuisinière n'avait pas de distractions quand elle faisait cuire les repas de son maître. C'est encore dans la cuisine qu'est la vaisselle d'étain. aussi variée que nombreuse, écuelles, assiettes, saucières, plats de toute espèce, flacons, pintes, chopines, aiguières, « roquelles », un grand bassin à laver et un autre petit, « à cracher », cuillers et fourchettes. En revanche, dans le buffet de la salle basse, où l'on renferme d'habitude l'argenterie, on ne trouve qu'un « potet » ou petit pot, deux tasses d'argent doré avec leurs couvercles, deux salières et une cuiller d'argent.

Comme point de comparaison, prenons un autre « manoir seigneurial » à l'autre extrémité de la France, dans le comté de Ponthieu, qui correspondait à l'arrondissement d'Abbeville (Somme), et à une partie de celui de Montreuil-sur-mer (Pas-de-Calais). Le manoir de Rouvroy (1) se compose d'un corps de logis en briques et en pierres, orné au centre d'une tourelle hexagone, prolongé par deux petits bâtiments n'ayant qu'un rez-de-chaussée, seulement; à gauche la cuisine et le fournil, à droite la chapelle. Le manoir occupe le fond d'une cour carrée dont les deux côtés sont garnis par des bâtiments couverts en tuiles, les étables à moutons, l'écurie contenant deux chevaux de selle, une haquenée, deux chevaux de labour, et trois juments avec chacune un poulain; la grange, la brasserie et un hangar. On entre dans la cour par une grande porte à plein cintre, accostée de deux forts piliers carrés. Derrière le manoir s'étend un jardin terminé par un herbage, et le tout est enveloppé d'une muraille flanquée aux angles de quatre tourelles couronnées de toits aigus en ardoises.

La distribution intérieure du manoir est la suivante : au rez-de-chaussée, à gauche de la tourelle, « la salle »; à droite « la chambre basse » et un cabinet ou « petite despense »; au premier étage à gauche « la chambre sur la

(1) Commune du Translay, canton de Gamaches (Somme).

salle », à droite la « chambre haute »; au-dessus le grenier. De la cuisine il n'y a rien à dire, son mobilier en vaisselle de fer et d'étain offrant la plus grande analogie avec celui que je viens d'énumérer pour le manoir d'Oradour : on y remarque « ung pot de chambre » et « deux fers à gaufre ». Il y a pour cent kilos pesant d'étain.

La « salle » mérite une description minutieuse. C'est l'appartement d'honneur servant à des usages multiples. C'est le salon et la salle à manger, c'est là que le seigneur de Rouvroy donne audience à ses vassaux, c'est là qu'il reçoit les gentilshommes du voisinage qui viennent le visiter, c'est là qu'il les fait asseoir à sa table; c'est là que l'on conserve les armes de guerre et de chasse, c'est là enfin aussi une chambre à coucher. Le mobilier se charge d'ailleurs d'expliquer les diverses destinations auxquelles on fait servir cette pièce, vaste et élevée, dont le sol est carrelé, dont le plafond, en bois de chêne, est décoré de poutrelles saillantes brunies par le temps et par la fumée.

La « salle » est à peu près carrée. Le côté qui touche à la cuisine est occupé par une petite porte et par une vaste cheminée garnie de deux chenets en fer; au-dessus du manteau sont accrochées deux arquebuses à croc (1) et un

---

(1) Longues et lourdes arquebuses servant à la défense des châteaux et places fortes. Un manuscrit contemporain, de 1567, en parle en ces termes ; « les harquebuses à croc

épieu de chasse. Contre le mur vers le jardin est un lit « estoffé avec ses matelas et traversins « et couvertes en tapisserie et les rideaulx en « tapisserie à personnages des istoires de l'an- « cien et nouveau Testament » ; sur le côté faisant face à la cheminée, à droite, une porte donnant sur le vestibule et sur la tourelle de l'escalier ; à gauche, juste en face de la cheminée, un grand buffet de bois de chêne « à deux « armoires fermant à serrures et à clefs, avec « des médaillons », autrement dit quelque beau meuble artistement sculpté. Le long du mur, du côté de la cour est suspendue « une boite à « horloge en cuyr noir aveuc de la peinture des- « sus et tout alentour ». Au centre de la salle, une grande table de bois de poirier, montée sur deux tréteaux de fer et couverte d'un tapis de drap vert. A côté de la cheminée est placée « une grande chelle à dos, en boys de chesne, « avec l'écusson des armes dud. seigneur « deffunct », c'est-à-dire une de ces grandes stalles comme on en voit quelques-unes dans les musées, meubles d'apparat que leur pesanteur empêchait de déplacer et où l'on aurait été

---

sont de plusieurs longueurs et calibres et aussi faut qu'ils (elles) servent pour plusieurs effets. Les communes que l'on fond ordinairement pour le Roi ont 3 pieds 1 poulce de long ou environ (pour le canon) la circonférence à l'endroit de la lumière est de 7 poulces 2 lignes, sur le devant 5 poulces 2 lignes. La longueur depuis la douille jusques au crochet 1 pied 7 poulces. L'embouchure contient en diamètre 11 lignes. le boulet (la balle) 6 lignes ». (Latreille, discours sur l'artillerie, Mss.)

trop mal assis sans la précaution que l'on prenait de poser sur le siège un coussin mobile. Le long des murs sont rangés pêle-mêle quatre « chelles », ou chaises à haut dossier couvertes de cuir, trois tabourets également recouverts de cuir, deux « selles basses », trois grands fauteuils recouverts de tapisseries de Flandre, et deux grands coffres de bois de chêne fermant à clé, renfermant les armes défensives et offensives (1). Les murs sont entièrement recouverts d'une tenture en tapisserie de Flandre représentant « l'adoration des Rois Mages de Bethléem ».

Le mobilier de la « chambre basse » est des plus simples : un grand lit à quatre colonnes, dont le fond est garni de drap noir, et le devant et les deux côtés garnis de trois « pentes » de drap noir brodé de velours blanc, avec trois rideaux en camelot jaune bordés de franges ; la literie consiste en une paillasse, un traversin rempli de plumes et une couverture de catalogne rouge. A droite, un lit de camp en bois de chêne, muni de ses sangles et de ses ferrures, avec le ciel, le dossier, les trois pentes et les rideaux de damas noir, garni d'une paillasse, d'un traversin, d'un matelas de coton recouvert de futaine et d'une couverture de catalogne blanche. Au milieu une table de chêne sur deux tréteaux de fer ; le long des murs, trois coffres de

(1 Ces armes sont décrites dans le chapitre précédent.

chêne fermant à clé : dans l'un, les papiers de famille et les titres de propriété ; dans le second, « cinq pièces de velours blanc figuré, taillées pour faire un lever de lit » ; dans le troisième, des engins pour la pêche et pour la chasse au furet. A la suite, vient un cabinet ou « petite despense » où il y a un grand buffet « à six armoires fermant à serrures et à clefs » qui renferme l'argenterie, à savoir trois coupes, une aiguière, un bassin à laver et douze cuillers d'argent ; et trois coffres renfermant les vêtements du seigneur et de la dame de Rouvroy (1). C'est ainsi que le rez-de-chaussée du manoir nous révèle les secrets de la vie privée de ses habitants ; le seigneur et la dame de Rouvroy passent la journée dans la salle où il y a une cheminée et de bons fauteuils, ils y dînent, ils y reçoivent ; le seigneur y conserve ses armes de guerre et de chasse. Les époux couchent dans la chambre basse, le mari dans le lit de camp, la femme dans le lit à colonnes, et ils s'habillent dans la « petite despense » où sont leurs vêtements.

La chapelle, qui ne sert plus au culte, quoi qu'ils soient bons catholiques, a été convertie en lingerie, où des armoires en « blancq bois » contiennent le linge de maison, et le linge de corps, soit quinze paires de drap de « fil de chanvre », trente nappes de même tissu, dix-

---

(1) Ces vêtements sont décrits dans le chapitre XVIII

huit nappes « d'oublies », trois douzaines de serviettes de fil de chanvre, six rideaux de « fil de lincq », trois courtines de soie noire et quatre autres de « fil de lincq », six douzaines de serviettes de même étoffe, sept longues nappes de lin, cinq serviettes de même, deux grandes et six petites « toielles à orilier », six « toielles de fil de lincq », quatre paires de drap de « fil de lincq », et douze chemises d'homme de toile de lin.

Au premier étage, il y a deux chambres, la « chambre haute », chambre d'honneur à donner à un étranger ou à un ami. Un « tapis de tapisserie » couvre le sol carrelé ; au centre de la pièce est une table de noyer recouverte d'un grand tapis vert ; d'un côté un buffet, dans le fond un lit en chêne à quatre colonnes, dont la literie est recouverte d'une grande couverture de satin cramoisi à crépines d'or et d'argent ; le « tour du lit » est en serge et « les pendans » en toile de lin. D'un autre côté, une « couche » en bois à quatre petits piliers, et une « chaielle à dossier » recouverte d'une tapisserie. Dans la garde-robe, ou cabinet attenant, il n'y a qu'une table de chêne. L'autre chambre renferme tout ce qui ne sert pas, tout ce qui embarrasse, mais tout ce qui peut servir d'un moment à l'autre : c'est une succursale du grenier. Ce qui explique que l'on ait fait de cette chambre un grenier, c'est que du grenier on a fait une grange.

S'agit-il d'un château, la différence réside dans le plus grand nombre de chambres d'abord, et dans une plus grande richesse du mobilier. Ce qu'il faut remarquer, comme un trait caractéristique de l'époque, c'est que chaque chambre a toujours deux lits inégaux : le grand lit à colonnes, et un lit de camp ou une couchette. Certains châteaux, pourtant, étaient bien moins meublés que certains manoirs, le château de Folleville (Somme), par exemple, quoiqu'il fut une forteresse importante dont anglais et français, au XVe siècle, s'étaient disputés la possession, et que pendant les guerres civiles, à l'époque de Henri IV, on eut jugé prudent de le démanteler. Il y a relativement peu de meubles dans ce château, dont les ruines, encore fort imposantes, attirent l'attention des archéologues et des curieux, et qui appartenait, en 1571, date de l'inventaire que j'ai sous les yeux, à « haut et puissant seigneur messire Loys de « Lannoy, chevalier de l'ordre du Roy, capi- « taine de cinquante hommes d'armes de ses « ordonnances, gouverneur pour Sa Majesté « des villes de Boullogne et pays de Boullenoys ». Cela tenait sans doute à ce qu'il était rarement habité, M. de Lannoy faisant sa résidence habituelle dans la ville dont il avait le gouvernement depuis quelques années, et l'ayant quitté pour se mettre dans les rangs des Huguenots, à la suite du prince de Condé. Voici la topographie de cette forteresse importante, quoique de dimensions restreintes : au rez-de-chaussée, la cuisine, la tourelle appelée la Carbonnière, la grande salle basse, la tour près de cette salle, « la buyrie », le fournil, la chambre basse, deux autres petites chambres, « la chambre du commun » et la prison. Au premier étage, « la grande salle du haut », une petite tourelle, la chambre verte sur la grande salle, la tourelle, une autre tourelle, la chambre aux étuves et sa garde-robe, la chambre brûlée, la chambre neuve, la chambre du Roi et sa garde-robe, la galerie, la chambre de feu Monsieur (de Lannoy) et sa garde-robe, la salle y attenant, la chambre sur la buyrie. Au second étage, la chambre sur celle du feu seigneur, la chambre sur la garde-robe, la chambre des demoiselles (Mlles de Lannoy), une petite chambre y attenant, le « couloir » au linge, le « couloir » aux tapisseries, et le grand cabinet. Ensuite viennent les dépendances extérieures, c'est-à-dire la grande écurie, les étables à vaches, à porcs, et les granges.

Ce qui prouve que M. de Lannoy, M. de Morvilliers, comme on l'appelait, du nom d'une de ses seigneuries, ne résidait pas à Folleville, c'est que l'on ne trouve pas une seule arme dans ce logis d'un homme de guerre, à l'exception de dix hallebardes « à l'ancienne mode », neuf arquebuses à croc « en fonte » cinq grandes et quatre petites, et neuf fauconneaux en fer, c'est-à-dire des armes considérées comme de l'artillerie servant à la défense du château, mais rien qui soit personnel à son propriétaire. En revanche, il y a une belle argenterie, quantité de beau linge de table et de maison, et des tapisseries de quoi tendre la plupart des chambres, mais tout cela serré dans des bahuts et des armoires. Aussi, comme on ne peut se flatter de prendre sur le vif la vie de château dans cette habitation déserte, faut-il se contenter de jeter un rapide coup-d'œil sur les principaux appartements.

Dans la grande salle, qui est pourtant la pièce d'honneur, il n'y a qu'une litière recouverte de cuir et doublée de velours violet; deux grands chenets de fer « à personnaiges », dans la cheminée; un lit de camp en bois « dans un fourreau de cuir; » les brancards d'une litière, cinq bahuts, deux coffres de chêne, six chevallets de bois et un à roue, une grande table avec ses tréteaux, trois grands bancs en chêne, deux petits bancs à quatre pieds, dix hallebardes « de l'ancienne mode » et une bêche de fer « avec la boitte ».

La grande salle du haut est à peu près dépourvue de meubles; il y a trois grandes tables et deux petites, « deux à rallonge, une qui se tire, une qui se plie », deux grands « chemynons (chenets) à pomme d'airain », un grand « buffet de salle », un grand bahut servant de garde-robe. La chambre verte renferme une couche de bois « godronnée » (cannelée), le ciel en tapisserie, avec trois rideaux de serge damassée bleu et jaune; une couchette dont la literie est recouverte d'une couverture de serge bleue piquée; une échelle double pour tendre les tapisseries; une table à réteaux couverte d'un tapis de Turquie; un buffet, deux grandes « chaielles à dos », l'une recouverte de serge et l'autre « de meschant satin blanc bordé de velours noir »; une petite « chaielle à dos »; un « passet couvert et faict à poinct desguille »; un écran pour mettre devant le feu; deux « chemynons » à pomme, une fourchette de fer; sept pièces de tapisserie « à bourdon » tendues sur les murailles. C'est la chambre d'honneur, après toutefois « la chambre du Roy » dont voici l'inventaire : une table à piliers, avec un tapis de Turquie « velu rouge »; deux chenets; un buffet recouvert d'un tapis de Turquie; une grande couche « de masquinerye peinte », le ciel et le dossier de velours noir et rouge; trois rideaux de taffetas noir et rouge; une paillasse, deux petits matelas, un traversin de duvet, une couverture de taffetas vert, piquée; une autre de taffetas bleu, piquée; une couchette de bois de chêne « ouvrée » (sculptée), avec le ciel de damas rouge à franges d'or, les trois rideaux et le dossier de même; une chaise à dossier couverte de tapisserie; une « chaielle qui se plie », garnie de velours cramoisi, » et un « passet » de même; un tabouret « sans couverture ». Dans la garde-robe de cette chambre, il n'y a pas moins de « trois chaielles persées ». Je termine cette rapide revue par la chambre de « feu Monsieur », du défunt seigneur : une table pliante à tréteaux, couverte d'un tapis « velu »; une autre petite table pliante; une couche de bois de chêne, avec le ciel et le fond en drap rouge brodé de velours noir, les trois rideaux en serge rouge ; une petite et deux grandes chaises à dossier, dont l'une recouverte de cuir ; deux petits chenets et une fourchette de fer ; une couche faite en forme de buffet, recouverte d'un tapis de Turquie; les murs recouverts de cinq pièces de tapisserie « figurée de larmes, soleil ». (*Invent. orig.* Bibl. de M. Cauvel de Beauvillé.)

Avec le château de Longvilliers, en Boulonnais (1), il en est tout autrement. Forteresse aussi importante que Folleville, c'était une vaste construction en pierres, carrée, renfermant une cour intérieure sur laquelle prenaient jour tous les appartements. D'étroites et rares meurtrières rompent seules vers la campagne l'uniformité des épaisses murailles. Un pont-levis, défendu par deux tours, donne accès dans la cour ; aux angles opposés se dressent la grosse tour et la tour du cabinet; une cinquième tour s'élève entre la grosse tour et celle qui est à gauche de la poterne. Au-dessus de la poterne il y a, au premier étage, une

---

(1) Canton d'Etaples (Pas-de-Calais).

chambre surmontée d'un galetas. Le rez-de-chaussée se compose, dans l'aile gauche, de la vieille cuisine, du bûcher, des caves et des celliers; dans l'aile droite, de la cuisine et de l'office; tout le bâtiment du fond est occupé par la grande salle basse et un cabinet y attenant. Au premier étage, nous trouvons dans l'aile gauche, une chambre dans une des tours de la porte, la grande chambre sur la vieille cuisine, sa garde-robe, une autre chambre dans la tour, puis la chambre de la grosse tour; dans le corps de logis, la grande salle haute, la chambre de Monsieur, la chambre du milieu, puis deux autres chambres, et enfin celle de la tour du cabinet; en continuant par l'aile droite, nous entrons dans un cabinet qui nous conduit dans la chambre de Madame, située sur la cuisine et terminée par la garde-robe qui donne contre l'autre tour de la porte, dans laquelle il y a également une chambre. Le corps de logis et les ailes n'ont qu'un premier étage au-dessus duquel se profilent les toits élevés recouvrant de vastes greniers; ils sont dominés par les cinq tours surélevées d'un étage de plus, avec une chambre dans chacune, et qui, sous leurs toits d'ardoises, ont une couronne de machicoulis.

Je prends pour type du château, à l'époque des fils de Henri II, cette forteresse de Longvillers dans laquelle résidait, quand son service ne l'appelait pas à la Cour ou dans les

camps, François de Belleval, baron de Longvillers, d'Avrilly et de Beauche, seigneur d'Armainvilliers, Recques et Marquise, lieutenant des gardes du corps de Henri III, capitaine des gardes du corps du duc d'Epernon, gentilhomme ordinaire de la chambre de Henri IV, et chevalier de l'Ordre, et où résidait avec lui Diane de Sourhouette du Halde, sa femme, fille de Pierre de Sourhouette du Halde, baron de ces trois baronies, seigneur de toutes ces seigneuries, et de plus « bailli, capitaine et gou-
« verneur des ville et château d'Etaples, pre-
« mier valet de chambre couchant dans la
« chambre du Roi ». Nous le visiterons donc en détail, et c'est par cette visite que je terminerai ce chapitre.

Dans la cuisine, dont le mobilier n'a rien qui puisse nous intéresser, une armoire renferme une nombreuse vaisselle d'étain pesant 223 livres. Dans l'office, il y a deux coffres remplis de linge de cuisine en toile de chanvre, en pièces, non façonné : il y en a quatre-vingt-six aunes, tant nappes que serviettes. De l'office passons dans la grande salle basse, l'une des deux pièces de réception, puisqu'il y a aussi une grande salle haute. L'ameublement en est sobre et sévère ; les murs sont couverts d'une tapisserie de haute lice « à personnages d'Egyptiens » et la cheminée est également drapée d'une haute tapisserie « de plusieurs couleurs ». Dans cette cheminée il faut remarquer deux chenets « de fonte à l'antique » ; d'un côté un « buffet de salle de bois d'érable », d'un autre côté « une petite armoire garnie de ferrures » ; autour de la salle et devant le foyer « trois cherres (grandes chaises) et une petite à enfant », quatorze escabelles de bois de noyer, deux coffres à bahut et deux huches de chêne ; au milieu de la salle une table carrée « qui se tire, » et une autre table carrée « en forme d'ung bureau de bois de chesne, » et quatre tableaux peints sur bois. Négligeons la cave et les celliers pour monter au premier étage.

Pour visiter le premier étage avec ordre et méthode, il faut commencer par un côté du château et finir par l'autre. Le point de départ logique est la poterne dans laquelle s'ouvrent les deux escaliers conduisant dans les deux tours qui en défendent l'entrée. L'escalier de la tour de gauche débouche dans une chambre circulaire meublée d'un lit de camp à l'impériale, d'une couchette de chêne avec un ciel de serge rouge bordé de franges et de crépines vertes et blanches et des rideaux de serge rouge, avec sa literie, « son lit » comme on disait alors ; une table, deux chaises, trois escabeaux et deux chenets de fer. Un corridor étroit et voûté nous mène dans la « grande chambre sur la vieille cuisine ; » la cheminée est garnie de deux chenets de fonte, les murs sont tendus d'une tapisserie de Beauvais, qui n'a pas moins de 68 aunes de développement. Il y a deux lits, l'un carré « garny de verges de fer et verny », l'autre en forme de couchette ; un « buffet de 'salle », deux tables dont une à tréteaux, deux « cherres » (chaises) à dos garnies de velours noir, quatre « placets couvertz de tapyserie » et trois escabeaux. Puis vient la garde-robe où l'on trouve la literie des deux lits, un autre « buffet de salle », une table à deux tréteaux, une couchette en chêne et noyer, une grande table en poirier, une petite table « en façon d'escabeau et une grande chayre à dais, le fond de cuir ». De la garde-robe nous passons dans « la tour près la grande chambre », où l'on pouvait faire coucher quatre personnes, car il y a deux lits de camp, une couchette et une armoire « en façon de buffet pour mettre un lict », avec leurs literies et leurs « catalognes » rouges et vertes, une table à deux tréteaux, une « chaise à dos » et un placet, une cheminée avec deux chenets de fer. Au second étage de la tour on trouve une couchette avec un ciel de droguet noir et blanc, un « chalit (1) de bois de chesne », une table carrée et un buffet.

Redescendons et reprenons la visite du premier étage. A la suite de la garde-robe que nous avons quittée pour entrer dans la tour,

---

(1) Bois de lit ou couchette. Quoique ce terme soit vieilli, il est encore français, « un chalit ou couchette » (Inventaire de l'archevêché de Rouen en 1508).

vient une chambre meublée d'un buffet, d'une chaise à dossier, d'un escabeau et d'un lit carré en façon de lit de camp, avec le ciel, les pentes, le fond et le dossier en tapisserie « à point « croisé, rehaussés de soie et doublés de taffe- « tas vert ».

Nous voici enfin parvenu à la « grosse tour », dans laquelle, ainsi que dans les autres tours, devaient loger les soldats formant la garnison du château, si l'on en juge par la simplicité toute militaire de l'ameublement. Cette garnison, durant les troubles de la Ligue, se composait de soixante arquebusiers. La chambre du premier étage ne contient qu'une table, un buffet, un escabeau, une couchette garnie avec un ciel à deux pentes en tapisserie dite point de Hongrie, et trois rideaux de camelot, et un « chalit » également garni. Il en est de même dans la chambre du second étage, avec un lit de camp, un chalit et une table carrée. La grosse tour, placée à l'angle de l'aile gauche et du corps de logis, est par conséquent adossée à la « grande salle haute » située précisément au-dessus de la grande salle basse. Cette vaste pièce est à peine meublée et servait de garderobe au baron de Longvilliers, dont la chambre est contiguë. Le mobilier consiste en deux chenets de fer forgé dans la vaste cheminée, un buffet à deux portes et deux tiroirs, en bois de chêne ; quatre chaises, trois escabelles, quatre tableaux peints sur bois, et six grands « coffres à bahut », dans lesquels sont enfermés les armes et les vêtements du baron, dont j'ai donné l'inventaire dans les deux précédents chapitres. Dans un coin sont appuyés deux hallebardes et un épieu de chasse.

De cette grande salle on entre dans la chambre dite « chambre de Monsieur », dont les murs sont tendus de six pièces de tapisserie « à feuillages, contenant 29 aulnes » alternant avec six tableaux peints sur bois. Dans la cheminée deux chenets « de fer fontif » et une pelle en fer. Dans un coin, un lit de noyer « à quatre piliers tournés, avec un ciel et trois pièces de courtine de damas changeant ». A la place d'honneur, au fond de la chambre, un superbe lit en bois de chêne, garni de « six pièces de pente », d'un ciel, d'un dossier et de « soubassements » en satin cramoisi « broché de cordons d'or », avec les rideaux de « damas cramoisy bordés de cordons d'or, à franges et crespines d'or ». La literie est recouverte par une couverture de tapisserie à feuillages. Sur un « coffre à bahut » sont rangés « plusieurs « livres tant en latin que en français et aultres « langues, vieux et uzés » ; à côté du coffre deux chaises à dos, garnies de velours noir. La « chambre du milieu » qui vient après, est moins somptueusement meublée ; tout y est en bois de chêne, la table à quatre pieds, le lit à quatre piliers carrés, le lit et le petit chariot d'enfants, le buffet et les trois bahuts renfer-

mant une grande quantité de linge de cuisine ; sur les murs sont tendues neuf pièces de tapisserie bleue et jaune, rayées de bandes blanches et rouges, et sur un des coffres sont posés deux coussins de tapisserie aux armes du seigneur de Longvilliers. Dans la chambre qui suit il n'y a qu'une table à tréteaux, une lanterne, une escabelle en chêne, trois tableaux sur toile et un sur bois, un lit de camp à crochets, et un beau lit en chêne orné « d'un tour de lict faict par
« carreaux de velours blancq et de toile d'or et
« d'argent, les franges de soye blanche, les
« crépines d'or, le fond de velours violet brun,
« le dessus de mesme, et six pièces de pente de
« thoile d'or et d'argent en carreaux, les bor-
« dures de velours violet broudé en feuil-
« lages. »

Nous voici parvenus à la tour, qui, en parallèle avec la grosse tour, fait communiquer le corps de logis avec l'aile droite. On l'appelle « tour après le cabinet » parce que le premier appartement que l'on trouve dans l'aile droite est « le cabinet de la chambre de Madame ». Cette tour est entièrement privée de cabinet, mais en revanche, il faut remarquer dans la chambre du premier « six fauconneaux de diverses grandeurs garnys de leurs monteures » (1). C'est l'artillerie du château.

(1) Le fauconneau était la plus petite pièce d'artillerie. Elle varia de calibre et de longueur, mais à la fin du xvie siècle, en moyenne le fauconneau avait 6 à 7 pieds de lon-

Dans le cabinet de Mme de Longvilliers, il y a peu de gros meubles, un « lit vert à se reposer », un placet couvert de tapisserie, deux escabeaux en noyer, une table à tiroirs en chêne, un bahut contenant de beau linge. Les petits meubles élégants, féminins, sont deux petits coffres de soie « avec cassolettes », une « gaigne d'outilz à jardinyer plaine d'outilz », une gaine contenant dix couteaux, une montre et un « cabinet de bois dans lequel il y a plusieurs « petites pièces qui servent de parement au dict « cabynet ». La « chambre de Madame », dans laquelle nous entrons ensuite, est sans conteste la plus élégamment ornée de toutes les chambres du château. Dans la cheminée, dont le manteau est décoré d'une « litre de tapisserie » (pièce en forme de longue bande), il y a deux chenèts de fonte et une « palette à feu » (une pelle). Contre la muraille qui y fait face, est adossé un vaste et superbe lit carré en chêne et noyer, à quatre piliers tournés en spirale, le ciel, le dossier et le fond, ainsi que les trois pentes, sont « en drap d'or et velours céleste, « semés de lettres d'or, où sont les armes du sei- « gneur deffunct et de ladite dame », les quatre rideaux sont en damas violet, et une courte pointe en damas bleu recouvre la literie. C'est

---

gueur, le calibre était de 2 pouces 1/2 ; la longeur du canon 10 pouces. La fabrication revenait à 18 écus ; le poids 1000 à 1200 livres. Quand le fauconneau était sur affût roulant, on y attelait deux chevaux.

le lit de mariage. D'un autre côté, voici un buffet de même travail et de même bois que le lit, fermant à clé, avec deux tiroirs, une table « en forme de tresteau », couverte d'un tapis de tapisserie, deux petites chaises garnies de tapisserie, deux escabeaux, une « petite tablette « en façon de escabeau », une « chaire » ou chaise à haut dossier sculpté, une « cuvette à « rafraischir vin », un bahut fermant à clé ; à la muraille est accrochée « une orloge sonnante « avecq les contre-poix, façon d'Allemagne ».

Dans la garde-robe qui fait suite à la chambre et va s'appuyer contre une des tours défendant l'entrée, il y a plusieurs « coffres à bahut » fermant à clé : dans le premier, il y a des garnitures de rechange pour les lits, c'est-à-dire les trois pentes, le ciel et le dossier ; en voici une en tapisserie, une autre en tapisserie « au « point croisé », une autre en serge rouge de Beauvais, brodée de velours vert avec les piqûres en soie blanche. Dans le second coffre, doublé de toile blanche et divisé en plusieurs compartiments, et dans un troisième sont les vêtements de la châtelaine décrits dans le chapitre XVIII. Le quatrième est rempli de linge de corps et de table. Un coffret renferme l'argenterie, un autre coffret, les bijoux très nombreux et très riches.

Nous entrons maintenant dans la seconde des deux tours qui défendent la porte et nous trouvons dans la chambre, un lit de camp avec toutes ses garnitures en vieux velours figuré brun et les rideaux en taffetas, une table en noyer sur deux tréteaux de fer, un buffet, deux escabeaux et « une cherre » en chêne. Dans la chambre au-dessus de la porte, entre les deux tours, il n'y a qu'un chenêt de fonte, un lit de camp et une table carrée; dans le « galetas » qui la surmonte, un châlit et sa literie, deux tables, dont une sur tréteaux. Après avoir descendu les deux étages d'un étroit escalier à vis, nous voici sous la poterne, hors du château, et à la fin du chapitre qui nous a fait pénétrer dans l'intimité de nos ancêtres de la fin du xvie siècle.

XXI

L'armée française sous Charles IX et Henri III.

Je n'ai pas la prétention d'écrire ici une étude approfondie sur l'armée française pendant les règnes de Charles IX et de Henri III. Je veux simplement donner une idée de ce qu'étaient les forces militaires du Royaume, au point de vue du détail, de la composition des différents corps et de leur solde. Je prends quatre époques pour servir de termes de comparaison, 1562 et 1570 pour Charles IX, 1580 et 1586 pour Henri III. Je puise mes renseignements à une source autorisée et inédite, un manuscrit qui est en ma possession, intitulé : *État militaire de la France de 1340 à 1740*, et qui a appartenu à M. Bauyn d'Angervilliers, ministre de la guerre, pour qui et par l'ordre de qui il avait été écrit en 1740, d'après des recherches commencées en 1733.

L'infanterie française portait encore en 1562, le nom de « légionnaires ». Il y avait les légionnaires de Guyenne, Picardie, Champagne, Provence et Dauphiné, Normandie, Languedoc et Bretagne. Chaque légion était divisée en un certain nombre de « bandes » commandées par des capitaines : c'était les compagnies dans un régiment. François Ier avait eu l'idée de cette organisation qu'il avait développée dans une ordonnance du 24 juillet 1534. L'effectif des sept légions, la Provence et le Dauphiné ne comptant que pour une seule, était fixé à 6,000 hommes pour chaque. Une légion était commandée par six capitaines dont le premier prenait le titre de colonel, titre qui paraît alors pour la première fois dans notre hiérarchie militaire. Sur ces 42,000 hommes de pied, il devait y avoir 12,000 arquebusiers et 30,000 piquiers et hallebardiers. Ce projet, n'ayant pas reçu son entier accomplissement du vivant de François Ier, fut repris par Henri II, et une ordonnance du 22 mars 1557 avait prescrit la formation des sept légions. Les régiments, moins nombreux que les légions, ne furent créés qu'un peu plus tard.

En 1562, l'organisation due à François Ier et à Henri II n'avait pas cessé de fonctionner, et voici le détail de ce que coûtait une « bande » de 300 hommes à la légion de Normandie. On comptait par livres, sous et deniers tournois, qui, en 1562, représentaient : la livre 7 fr. 50 c. de notre monnaie moderne, le sou 37 c. 1/2, et le denier 03 c. Il sera donc facile, en faisant un simple et prompt calcul, de convertir en argent moderne les chiffres que je vais donner. Le capitaine d'une bande recevait, par mois,

106 livres, le lieutenant 56 livres, le porte-enseigne 36, les deux sergents 20 livres chacun, un fourrier 12 livres, deux tambours à 12 livres, un fifre au même prix, trois caporaux armés de corselets, ce qui signifiait la demi-armure du fantassin, c'est-à-dire le colletin, les épaulières, la cuirasse et les tassettes, quatre anspessades armés de corselets, à 15 livres (l'anspessade était un grade intermédiaire entre le caporal et le soldat, qui n'a plus d'équivalent dans notre hiérarchie militaire moderne); quatre autres anspessades armés de même, à 12 livres; vingt-cinq piquiers armés de corselets, à 9 livres; trente autres piquiers armés de même, à 8 livres; quatre-vingt piquiers à 7 livres, trois caporaux d'arquebusiers coiffés du morion (1), à 18 livres; trois anspessades d'arquebusiers avec la même coiffure, « morionnés » selon l'expression des Etats militaires de 1562, à 12 livres, vingt-trois arquebusiers « morionnés » à 9 livres, trente et un « morionnés » à 8 livres ; quatre-vingt-sept autres arquebusiers, sans indications d'armes défensives, à 7 livres; ce qui donne, pour un mois, un total de 2039 livres.

Le Roi entretenait alors dans le Piémont quelques bandes italiennes qui recevaient la même solde que les bandes françaises. Quant

(1) Casque à haute crête, à bords rabattus sur les oreilles, mais se relevant en pointe par devant et par derrière. Le morion a commencé à paraître au milieu du xvi° siècle, et n'a pas dépassé la fin du règne de Henri IV. Il était spécial à l'infanterie et on ne le portait jamais à cheval.

aux Suisses à la solde de la France, voici ce qu'en dit l'ambassadeur vénitien Jean Correr, en 1569, faisant allusion à la retraite très précipitée que Charles IX et la Cour firent de Meaux à Paris, dans la nuit du 28 au 29 septembre 1567, et qui s'effectua heureusement, grâce à l'attitude énergique des six mille Suisses qui accompagnaient le Roi. Sans prétendre rabaisser la valeur traditionnelle de cette brave nation, il faut dire qu'ils n'avaient pas eu autant de mérite que Correr veut bien le prétendre, dans une circonstance où ils étaient six contre un. Le prince de Condé, quand il tenta d'enlever le Roi, n'avait pas plus de mille à douze cents chevaux sous la main. Il fut admis néanmoins que les Suisses avaient sauvé la Monarchie ce jour-là, et quand Charles IX, dans sa reconnaissance, les appelait « mes bons compères », personne ne songeait à s'inscrire en faux : « Les Suisses,
« comme chacun sait, sont pensionnaires du
« Roi, et celui-ci peut dire que c'est de l'argent
« bien employé, car il leur doit sa couronne
« et sa vie. J'ai compris, pour l'avoir vu par
« moi-même, par leur exemple, ce que peut la
« discipline militaire sur toutes sortes de per-
« sonnes. Quand les six mille Suisses, qui sau-
« vèrent tout, nous rejoignirent à Meaux, j'a-
« voue franchement qu'ils me parurent les plus
« franches canailles que j'eusse jamais vus :
« on les aurait pris pour des portefaix, tant ils
« paraissaient inhabiles non-seulement à ma-

« nier leurs armes, mais même à les porter sur
« l'épaule. Mais quand ils se mirent en bataille,
« ils me parurent de tout autres hommes. Trois
« fois ils se retournèrent sur l'ennemi, lui je-
« tant tout ce qu'ils avaient sous la main, jus-
« qu'à des bouteilles, et, baissant leurs piques,
« ils coururent contre lui comme des chiens
« enragés, sans que l'un fît un pas de plus que
« l'autre. »

En 1562, cette valeureuse infanterie suisse consistait dans le régiment de Frolicq, composé de quatorze compagnies de trois cents hommes, soit quatre mille deux cents hommes, les officiers non compris. On a fait le proverbe impertinent pour cette nation : « Pas d'argent, pas de Suisses. » L'histoire prouve cependant qu'en certaines circonstances, les Suisses, quoique sans solde, ne refusèrent pas de faire vaillamment leur devoir; et, en tout cas, il est certain qu'ils étaient payés moins cher que l'infanterie française. Voici le détail de la solde mensuelle d'une compagnie : Le capitaine « tant pour son « appointement personnel que pour appointer les « plus apparents de la bande », 728 livres, 14 sous; le lieutenant et le porte-enseigne, chacun 136 l. 16 s.; soixante soldats à double paie, chacun 14 l. 8 s.; trente arquebusiers à 7 l. 19 s.; deux cent dix soldats à simple paie, 7 l. 4 s. Total, 3,480 l. par mois. Il y avait un nombreux état-major où l'on retrouve nombre de fonctions qui n'existaient pas dans les bandes françaises :

le colonel, 1,152 l. par mois; le juge général de la justice, 43 l. 4 s.; le prévôt, 43 l. 4 s.; quatorze conseillers de la justice, à 7 l. 4 s.; quatorze sergents du juge général, et quatorze sergents du prévôt au même prix ; un maître du guet, 43 l. 4 s; un fourrier au même prix; un truchement des bandes, 28 l. 16 s.; un scribe, un capitaine des piquiers, un capitaine des hallebardiers, un capitaine des arquebusiers, un secrétaire de la justice et un sergent général de la justice, à 7 l. 4 s. chacun ; un capitaine des bagages et un exécuteur de la justice, à 28 l. 16 s. chacun; le maréchal des logis du régiment, 72 l.; un truchement et un commissaire, à 43 l. 4 s. chacun. Il y avait, en outre, quelques autres compagnies ou bandes suisses, indépendantes de ce régiment, et qui étaient traitées sur le même pied que lui.

L'infanterie allemande était représentée par le régiment de lansquenets du comte Rhingraff ou Rhingrave, c'est-à-dire comte palatin du Rhin, composé de vingt enseignes ou compagnies de deux cent cinquante hommes, soit un effectif total de cinq mille hommes, officiers compris. La comptabilité de la solde d'une enseigne n'était pas compliquée. Le capitaine touchait par mois 850 l., avec lesquels il devait entretenir le lieutenant, l'enseigne et les sergents; cent hommes armés de corselets, à 12 l.; quatre-vingts arquebusiers à 8 l.; soixante-dix lansquenets à 6 l.; soit, pour une compagnie,

2,610 l. par mois. Quant à l'état-major du régiment, il se décomposait de la manière suivante : le colonel, 1,800 l. par mois, plus 900 l. pour « apointer les plus aparents du régiment », ensemble : 2,700 l.; le lieutenant-colonel, 400 l.; le maréchal des logis et le maître du guet, chacun 106 l.; le maître de la munition, 60 l.; le prévôt, pour lui et les hommes sous ses ordres, 576 l.; le juge, pour lui et tous les officiers de justice, 280 l.; les commissaires, chacun 40 l.; les contrôleurs, chacun 30 l.

La cavalerie se composait des compagnies d'hommes d'armes des ordonnances, formant, pour cette année-là, un ensemble de cinq mille neuf cent vingt-huit hommes, soit deux mille trois cent dix-huit hommes d'armes et trois mille six cent dix archers à cheval, dont la dé-dépense générale s'élève, pour l'année, à 1,642,639 l. 16 s. 10 d. Après les détails que j'ai donnés sur ces célèbres compagnies au chapitre VIII, je n'ai rien de plus à en dire ici, car ce serait me répéter. Je passe aux compagnies de chevau-légers et d'arquebusiers à cheval. Chaque compagnie était de cent hommes, officiers compris. La solde mensuelle, pour les chevau-légers, était ainsi fixée : le capitaine, 166 l. 13 s. 4 d.; le lieutenant, 91 l. 13 s. 4 d.; le porte-enseigne, 66 l. 13 s. 4 d.; 97 chevau-légers, à 16 l. 13 s. 4 d. chaque. Pour les arquebusiers à cheval : le capitaine, 114 l.; le porte-cornette, 64 l.; 98 arquebusiers, à 14 l.: les arquebusiers n'avaient pas de lieutenant. La cavalerie légère était complétée par quelques compagnies d'argoulets coiffés du morion, que le Roi avait fait lever en Bretagne, en Provence et dans l'Albigeois. Les compagnies bretonnes, mieux traitées, avaient un capitaine à 120 l. par mois, un lieutenant à 60 l. et trente cavaliers à 16 l. chacun. Les compagnies de Provence et d'Albigeois ne comptaient qu'un capitaine à 30 l. par mois, et 30 argoulets à 14 l.

C'est encore dans la cavalerie légère que l'on peut faire figurer le régiment allemand de Roguendorff, composé de douze cents cavaliers appelés *reîtres* ou *pistoliers*, et divisé en compagnies d'un effectif inégal. Le colonel, M. de Roguendorff, touchait 1,800 l. par mois. Quant aux compagnies, prenons pour type une compagnie de 263 hommes ; aussi bien le chiffre de la solde ne diffère-t-il que par le nombre des cavaliers : le capitaine à 450 l. par mois ; le lieutenant et le cornette, chacun 112 l. 10 s.; cinq rittmeisters, à 37 l. 10 s. chacun ; deux cent trente pistoliers à 12 l. par tête ; un secrétaire, un fourrier, un barbier, un trompette, un maréchal, un ouvrier des pistoliers, et vingt-six pages, à 21 l. chacun.

Il reste à mentionner les gardes du corps divisés en quatre compagnies : la compagnie écossaise et trois compagnies françaises. La compagnie écossaise coûtait annuellement

38,341 l.; le capitaine, 2,262 l.; deux hommes d'armes ou officiers subalternes, 464 l. chacun; vingt-cinq archers du corps, à 426 l. 10 s. chacun, et soixante-quinze archers de la garde, à 326 l. 10 s. Dans les trois compagnies françaises, il y avait inégalité de solde entre les lieutenants et les porte-enseignes. Les capitaines touchaient uniformément 1,464 l. 2 s. 6 d. par an; le lieutenant de la première compagnie, 526 l. 10 s.; les lieutenants des deux autres, 326 l. 10 s.; le porte-enseigne de la première compagnie, 526 l. 10 s ; ceux des deux autres, 326 l. 10 s.; cent archers du corps de la garde, à 326 l. 10 s.

Je complète par un aperçu de la solde des officiers généraux. Le Roi de Navarre, en qualité de lieutenant-général, représentant la personne du Roi, avait 30,000 livres par an ; le duc de Guise, 24,000 livres ; les maréchaux de camp (1), 3,600 livres, ainsi que le colonel-général de l'infanterie française (2).

(1) A cette époque, le maréchal de camp était spécialement chargé de tout ce qui concernait le campement des troupes. Ce ne fut que lorsqu'on créa les lieutenants-généraux que les maréchaux de camp leur furent subordonnés et ne s'occupèrent plus que du commandement de deux régiments accouplés, tandis que les lieutenants-généraux en commandaient quatre. On sait que les fonctions sont restées les mêmes sous les nouveaux titres de généraux de brigade et de généraux de division.

(2) Ce fut le successeur du grand-maître des arbalétriers, dont le dernier fut Aymar de Prie, mort en 1527. Vers 1546, Jean de Taix fut créé colonel-général de l'infanterie française, mais cette charge ne fut érigée en grand-office de la

Passons à 1570, qui vit la paix de Saint-Germain, dite paix *boiteuse et malassise*, parce que l'un des négociateurs était boiteux et que l'autre se qualifiait de seigneur de Malassise (1). L'esprit gaulois ne perd jamais ses droits. Aux bandes d'infanterie alors existantes, le Roi en avait adjoint de nouvelles, auxquelles on donna le nom inusité de régiments, composés seulement de deux cents hommes, dont voici le détail de la solde mensuelle : le colonel, 106 livres ; le lieutenant, 56 livres ; l'enseigne, 36 livres ; 2 sergents à 20 livres ; 4 caporaux d'arquebusiers morionnés, à 20 livres ; 20 anspessades, 4 à 16, 4 à 15, 4 à 14, 4 à 13, 4 à 12 livres ; 37 arquebusiers morionnés, à 9 livres ; 62 arquebusiers à 8 livres ; 50 à 7 livres ; 18 hallebardiers armés de corselets, à 9 livres ; 1 fourrier, 1 fifre et 2 tam-

couronne qu'en 1584, en faveur du duc d'Epernon. Elle subsista jusqu'en 1830, en traversant l'Empire qui lui donna deux titulaires. Charles IX créa, le 17 juin 1591, la charge de colonel-général des Suisses et des Grisons pour Charles de Montmorency, seigneur de Méru, et elle subsista jusqu'à la Révolution.

(1) Armand de Gontaut, baron de Biron, grand-maître de l'artillerie, maréchal de France, tué d'un coup de canon au siège d'Epernay, le 26 juillet 1592. Il était estropié et boiteux. L'autre négociateur était Henri de Mesmes, seigneur de Roissi et de Malassise, professeur de droit à Toulouse, conseiller à la Cour des Aides, conseiller au Grand Conseil, en 1552, maître des Requêtes, en 1553, gouverneur de Sienne en 1556, conseiller d'Etat, chancelier du Royaume de Navarre, garde du trésor des chartes et surintendant de la maison de la Reine Louise, né le 30 janvier 1531, mort le 1er août 1596.

bourins à 12 livres. La composition et la solde des légions françaises, de l'infanterie italienne et allemande, était la même qu'en 1562. Quant aux Suisses, qui avaient atteint le chiffre de 10,381 soldats, ils avaient été licenciés, dès le commencement de l'année, avec une gratification d'un mois et demi de solde et 544 aunes de taffetas incarnat à 45 sous l'aune pour faire de nouvelles enseignes ; mais, dès le mois de mars, on avait dû faire une nouvelle levée de 7,800 Suisses à la même solde.

La cavalerie se composait de 125 compagnies d'hommes d'armes des ordonnances, coûtant pour l'année 5,638,858 livres. La cavalerie allemande, les reitres ou pistoliers, avait été portée à 3,200 chevaux, divisés en trois régiments : la maison militaire du Roi comprenant les quatre compagnies de gardes du corps, avec le même effectif et la même solde, avait été augmentée d'un régiment des gardes (1), fort de 200 hommes, qui revenait à 2,387 livres par mois.

En 1580 la paie du simple soldat, qui était de 6 livres, fut portée à 8 livres ; mais celle des officiers, tout en étant augmentée, ne le fut pas dans les mêmes proportions. Les légions avaient fait place à des régiments composés de trois compagnies de deux cents hommes, commandés par des mestres de camp à 200 livres

---

(1) C'était le régiment des Gardes-Françaises, créé en 1563, cassé par Louis XVI, le 31 août 1789.

par mois, avec l'état-major suivant : un commissaire des guerres et un sergent-major à 100 livres chacun ; un maréchal-des-logis à 60 livres ; un prévôt avec ses aides, 105 livres ; un chirurgien et un chapelain à 30 livres chaque. L'ensemble du régiment comprenait : 3 capitaines à 106 livres ; 3 lieutenants à 56 livres ; 3 enseignes à 36 livres ; 6 sergents à 25 livres ; 3 fourriers, 6 tambourins et 3 fifres à 12 livres ; 6 caporaux armés de corselets à 20 livres ; 12 anspessades armés de corselets, à 18 livres ; 12 anspessades à 15 livres, 12 à 14, 12 à 12 livres ; 90 piquiers armés de corselets, à 10 livres ; 30 piquiers portant corselets et hallebardes, à 10 livres ; 108 piquiers armés de corselets, à 9 livres et 60 à 8 livres ; 12 caporaux d'arquebusiers morionnés, à 20 livres ; 12 anspessades d'arquebusiers morionnés, à 16 livres 10 sous ; 66 arquebusiers morionnés, à 18 livres 10 sous ; 78 arquebusiers morionnés, à 9 livres et 63 à 8 livres. La garnison de Calais, dont l'effectif n'avait jamais cessé d'être de 400 hommes de pied, comptait pour un régiment. L'infanterie allemande, ou lansquenets, avait un effectif de 2,000 hommes, divisé en quatre corps de 500 hommes et dont le détail était bien moins compliqué que celui des régiments français, par l'absence de caporaux, d'anspessades et de toute différence dans la solde entre les soldats armés de la même manière : ainsi il y avait 4 capitaines à 956 livres par mois ; 4 lieutenants à 42 livres ; 4 enseignes à 30 livres : 8 sergents à 18 livres ; 668 piquiers armés de corselets, à 12 livres ; 668 arquebusiers morionnés, à 8 livres ; 644 hommes à la simple paie, à 6 livres.

Pour la cavalerie, en outre des compagnies d'ordonnances, composées et payées comme en 1562, il y avait la compagnie des chevau-légers de la garde du duc de Guise en qualité de lieutenant-général en Champagne, composée du capitaine Joannès, 166 livres par mois ; d'un lieutenant à 77 livres ; d'un cornette à 66 livres 13 sous 4 deniers, de 15 chevau-légers à 25 livres, de 30 à 20 livres et de 12 à 16 livres. La maison militaire du Roi consistait toujours en quatre compagnies de gardes du corps ; mais le « régiment des gardes du Roi » avait un effectif de 600 hommes, divisés en douze compagnies de 50 hommes, sous le commandement supérieur d'un mestre de camp, appointé de 200 livres par mois, avec un état-major composé d'un commissaire des guerres pour tout le régiment, car chaque compagnie en avait un qui lui était particulier, un sergent major, un maréchal-des-logis, un prévôt et ses aides, un médecin, un apothicaire, deux chirurgiens, un « auditeur général des bandes » et un chapelain, ensemble 885 livres par mois. Voici le tableau d'une compagnie : un capitaine à 106 livres ; un lieutenant à 56 livres ; un enseigne à 36 livres ; 2 mousquetaires à 27 livres ; un sergent à 25 livres ; un fourrier, un tambour et un fifre à 12 livres chacun ; 4 caporaux et 2 anspessades à 20 livres ; 2 anspessades à 19 livres et 2 caporaux à 18 livres ; 31 arquebusiers et piquiers à 12 livres ; un commissaire des guerres à 40 livres et un contrôleur à 30 livres.

En 1586, les vieux régiments, Picardie, Champagne, Navarre et Piémont, étaient forts de 800 hommes en quatre compagnies, à la même solde qu'en 1580. Il y avait en outre plusieurs régiments d'infanterie française et italienne, à 200 hommes en quatre compagnies, avec la solde mensuelle de 10 et de 9 livres pour les simples soldats. Les Suisses étaient représentés par le régiment du colonel Heyd fort de 4,800 hommes, en douze enseignes de 400 hommes. Les lansquenets continuaient, comme en 1580, à être au nombre de 2,000 hommes divisés en quatre bandes de 500 hommes.

La cavalerie comprenait 270 compagnies d'hommes d'armes des ordonnances, chiffre énorme, auquel il faut ajouter un certain nombre de compagnies de chevau-légers, de lanciers, d'arquebusiers à cheval, toutes de 50 hommes, officiers compris : ces officiers étaient le capitaine, le lieutenant, le cornette et le maréchal des logis. En revanche, il n'y avait plus de reitres : ils avaient été licenciés. Mais, d'un autre côté le régiment des gardes s'élevait à 2,400 hommes, sous le commandement titulaire du duc d'Epernon, mais effectivement d'un mestre de camp. Les douze compagnies, à 200 hommes, coûtaient mensuellement 2,730 livres et l'état-major 2,853 livres. Une autre innovation était la compagnie de gardes attribuée à chaque lieutenant-général d'armée et à chaque gouverneur de province, composée d'un capitaine, d'un lieutenant, d'un porte-enseigne et de 27 arquebusiers.

Il faut se restreindre et s'arrêter ici. Rien n'est plus aride que des nomenclatures et des chiffres, mais les unes et les autres avaient leur importance car, avant d'avoir occasion de parler souvent de l'armée, il était indispensable de savoir comment elle était composée et rétribuée.

XXII

Catherine de Médicis

Si je fais figurer Catherine de Médicis parmi les préliminaires, dans une étude sur la Société française sous le règne de ses trois fils, il ne faut pas s'en étonner, car elle fut la cheville ouvrière de ces règnes, l'âme de cette époque et, avant de connaître les fils, il est indispensable de connaître la mère. Je n'en veux d'ailleurs retenir que les dires des contemporains, et principalement des ambassadeurs vénitiens qui s'attachèrent avec d'autant plus de soin à l'étudier et à la dépeindre, qu'elle était, à cette cour de France, comme la plus haute personnification, le plus brillant reflet de la patrie commune, de l'Italie.

Pour les rois et reines, pour les princes, les grands seigneurs et les hommes politiques, j'attendrai, pour dire d'eux ce qu'il faut dire, ou du moins ce que je sais, que leurs noms viennent à se présenter au cours du récit.

Si l'on veut remonter à l'enfance de celle que l'on appelait la petite duchesse *(la duchessina)* d'Urbin, fille de Laurent de Médicis, duc d'Urbin, et d'une française, Madeleine de la

Tour-d'Auvergne et de Boulogne, voici comment, à l'âge de treize ans, la représente au physique Antonio Suriano, ambassadeur de Venise à Rome, en 1531 : « Elle est d'un naturel très « vivace, fait montre d'un esprit charmant, « est bien élevée... elle est petite de sa personne, « maigre et d'un visage sans traits fins ; elle a « les yeux gros, tout à fait ceux de la maison « de Médicis. » Le 33 septembre 1533, la petite duchesse, demandée en mariage par le duc de Milan, par le duc de Mantoue, par le duc d'Urbin, par le roi d'Ecosse et enfin par le roi de France, pour son second fils, débarquait à Marseille, et cinq jours après avoir mis le pied sur le sol de ce royaume qu'elle devait remplir de sa personnalité et agiter jusque dans ses fondements, elle devenait duchesse d'Orléans, sans que rien put faire prévoir qu'elle franchirait les degrés d'un trône sur les marches duquel elle paraissait destinée à demeurer (1). Elle avait alors quatorze ans et six mois. Deux ans après, le Dauphin François mourait d'une pleurésie, d'autres disent empoisonné par Simon Montecuculli, de Ferrare, et Catherine commençait tristement l'apprentissage de son métier de reine, par les angoisses d'une stéri-

---

(1) François, fils aîné de François I*r*, mourut le 11 août 1536, d'une pleurésie. On accuse Charles-Quint de l'avoir fait empoisonner. Henri II portait le titre de duc d'Orléans qui fut repris par son frère puîné Charles, lequel mourut le 8 septembre 1545.

lité de dix ans. C'est alors qu'elle s'appliquait à « avaler toutes les médecines propres à la géné- « ration, d'où je conclus qu'elle court grand « risque d'augmenter son infirmité plutôt que « d'y porter remède. » (Relat. de Marco Dandolo, vers 1540.) La stérilité disparut, mais les trois fils portèrent les stigmates indélébiles des moyens violents employés par leur mère pour changer son tempérament et hâter leur naissance.

A peine « cette reine faite par la main du « grand roi François » selon l'expression de Brantôme, était-elle assise sur le trône que, de la lutte contre la stérilité, elle passait sans transition à la lutte contre la favorite. Reine de nom, mais pas de fait, elle se cabre contre un partage qui n'était pas même égal, « mais « depuis, dit Contarini en 1552, elle s'est « résignée et elle supporte avec patience... La « duchesse rend à Catherine les meilleurs offices « dans l'esprit du roi, et c'est elle qui *l'exhorte* « *à aller dormir avec la reine* ». — « Elle n'est « pas belle, dit-il plus loin, mais elle est d'une « sagesse et d'une prudence extraordinaire », et sa douceur et sa soumission ont de si heureux résultats que l'incessant accroissement de la famille royale fait dire en 1554 à un ambassadeur : « Leurs Majestés craignent d'avoir « plus d'enfants qu'il ne faut » (1).

(1) Sans compter ses neuf enfants légitimes, François II, Louis, duc d'Orléans, né le 3 février 1548, mort en 1550;

Giovanni Capello, successeur de Lorenzo Contarini, disait d'elle à la même époque, et il paraissait en cela traduire le sentiment universel des Français : « La reine est aimée et res-
« pectée, et mérite de l'être de chacun pour ses
« qualités personnelles et pour sa bienveillance ;
« le royaume entier est de cet avis. Elle est
« belle femme lorsqu'elle a le visage voilé, je
« m'exprime ainsi, parce qu'elle est grande,
« que sa taille est élégante et que sa peau est
« fine. Quant à son visage, il n'est point beau,
« la bouche est trop grande et les yeux gros et
« blancs. Beaucoup disent qu'elle est le por-
« trait frappant de son oncle Léon X. Elle
« s'habille très richement et avec le plus grand
« goût ; mais lorsque le roi va au camp, elle
« prend le deuil et le fait prendre à toutes les
« dames de la Cour. » En 1557, au lendemain du désastre de Saint-Quentin, Catherine justifia ces paroles et mérita plus que jamais l'affection et le respect par l'énergie virile qu'elle déploya dans des circonstances si critiques en l'absence du roi qui était à Compiègne, et qui à dater de ce jour lui témoigna une déférence marquée. Tous les écrivains contemporains lui rendent

Charles IX, Henri III, Elisabeth, femme de Philippe II, roi d'Espagne ; Claude, femme de Charles II, duc de Lorraine ; Marguerite, femme de Henri, roi de Navarre (Henri IV), Victoire et Jeanne, jumelles, mortes l'une quelques jours, l'autre, deux mois après sa naissance : tous nés du 19 janvier 1544 au 23 juin 1556, Henri II avait eu trois enfants naturels : Henri d'Angoulême, Diane, duchesse d'Angoulême et Henri de Saint-Remy.

cette justice qu'au Parlement, où elle se rendit, elle sut relever les courages et obtenir les plus grands sacrifices que commandait la situation. La France, en ce temps là, au lendemain d'une défaite, ne renversait pas son gouvernement : elle ne songeait qu'à la réparer.

Catherine avait révélé ce qu'elle devait être dans un prochain avenir. Prenons la au moment où, sous le nom de François II, elle va exercer le pouvoir suprême, de telle sorte que l'on peut dire que l'espace compris entre le 11 juillet 1559 et le 5 janvier 1589 est le règne de Catherine de Médicis. Nous sommes en 1560, et Giovanni Michieli s'exprime ainsi sur son compte : « Elle a quarante-trois ans... de la
« plus vive intelligence, affable, capable de
« toutes négociations, politique avant tout...
« Elle tient tout dans sa main, les bénéfices, les
« charges, les grâces; elle est le garde des
« sceaux et elle tient le *cachet* du roi. Ses des-
« seins sont profonds et difficilement on peut
« les pénétrer. Dans son mode matériel de vie,
« elle a peu de règle, son appétit est énorme.
« Elle recherche les exercices, marchant beau-
« coup, montant à cheval, très active. Elle
« chasse avec le roi, son fils, le pousse dans les
« taillis, le suit avec une intrépidité rare. Son
« teint est olivâtre, elle est déjà grosse femme. »
Je relève, dans ce portrait, deux faits sur lesquels je m'arrête. Catherine aimait les exercices violents, la chasse et l'équitation. Pour les deux

assertions, Brantôme les corrobore, en ajoutant que ce fut d'abord, et du vivant de François Ier, une sorte de politique parce qu'à la faveur de ces divertissements et de la familiarité qu'ils faisaient naître, elle espérait pouvoir pénétrer dans les plus secrètes pensées du roi. L'habitude engendre le goût qui se montre fort persistant, malgré de terribles chûtes, dans l'une desquelles elle se rompit une jambe et se blessa à la tête, au point qu'il fallut pratiquer sur elle l'opération du trépan. Ce fut elle, ajoute Brantôme, qui mit à la mode les selles, dont les femmes font encore usage aujourd'hui, pourvues d'un crochet dans lequel elles encadrent la jambe droite. Avant elle, les femmes s'asseyaient de côté sur le cheval, en plaçant les deux pieds sur une planchette qui leur servait en même temps de marche-pied pour se hisser sur leurs haquenées. La passion de la chasse se développa chez elle, à ce point que, dit Brantôme : « Elle aimait à tirer de l'arbalète à jalet
« et en tirait fort bien ; et toujours quand elle
« s'allait promener, faisait porter son arbalète,
« et quand elle voyait quelque beau coup, elle
« tirait. » Ceci se rapportait déjà au temps où elle n'était que la femme du Dauphin, car le Musée d'artillerie aujourd'hui a hérité du Musée des souverains de l'arbalète à jalet dont parle Brantôme. Cette arme historique, d'une indiscutable authenticité, longue de 0^m800, est en bois d'ébène. Les fleurs de lys de France et des

dauphins composent presque toute l'ornementation sculptée ; un dauphin en ronde bosse est posé sur l'arbrier pour déterminer le point de mire, et c'est une tête de dauphin qui termine le bois de l'arbalète. Toutes les garnitures sont d'acier bruni, finement ciselé et damasquiné d'or. Sur l'une d'elles on trouve en trois places la lettre C, initiale du nom de Catherine, et le chiffre formé par l'accouplement de deux de ces lettres, une couronne de dauphin les surmontant.

L'autre remarque qui m'arrête a trait au grand appétit de la reine. C'est un détail qui dépoétise tant soit peu, mais dans l'histoire aucun détail ne doit être négligé. Cet appétit devait jouer de mauvais tours à Catherine, car, à la date de 1575, l'*Estoile*, dans son véridique et amusant journal, dit à propos de « festins magnifiques » auxquels Catherine assistaient »
« l'un desquels la reine-mère mangea tant
« qu'elle cuida (pensa) crever et fust malade au
« double de son dévoiement. On disait que c'es-
« toit d'avoir trop mangé de culs d'artichaut et
« de crêtes de coq, dont elle estoit fort friande. »

Il faut dire de suite que Catherine avait de plus nobles penchants : elle avait des goûts littéraires : « elle se délecte particulièrement à
« l'étude, dit un ambassadeur, elle est fort ver-
« sée dans les lettres grecques et latines ». Pour lire, il faut des livres, et Catherine avait des moyens particuliers de s'en procurer à bon

compte. Un an avant de devenir vraiment la reine de France, elle mit la main sur la riche bibliothèque du maréchal Strozzi (1), tué à Thionville, en se bornant à assurer à son fils qu'elle la lui paierait un jour... ou l'autre. Cette *librairie* était estimée plus de 15,000 écus, et le capitaine, qui était en même temps un lettré, savait l'apprécier et s'en servir. On a vu Catherine, cavalière, chasseresse, savante ; Brantôme la montre vraiment femme : « elle passait fort « son temps les après-dînées à besogner après « ses ouvrages de soye où elle y estoit tant « parfaite qu'il estoit possible ».

Arrivons au règne de Charles IX. Elle croît en âge, mais ses habitudes restent les mêmes : « Elle aime la chasse et le mouvement, dit « Marco-Antonio Barbaro, en 1563. Sa figure « est encore jeune et agréable, son teint blanc, « sa personne belle et ses manières aimables.

(2) Pierre Strozzi, maréchal de France en 1556, appartenait à une famille de Florence et il était par conséquent le compatriote de Catherine qui le protégea fort pour cette raison. Il était venu en France en 1536, appelé probablement par Catherine qui fit à lui et à toute sa famille le sort le plus brillant ; il fut colonel des bandes italiennes, puis colonel-général de l'infanterie italienne au service de France, en 1547. Né en 1500, il fut tué au siège de Thionville, le 20 juin 1558. Il avait deux frères, l'un, général des Galères de France, tué près de Piombino en 1554, et Laurent, évêque de Béziers en 1548, conseiller d'État, cardinal, archevêque d'Albi en 1551, puis d'Aix en 1566, mort à Avignon, le 14 décembre 1571. Son fils, Philippe Strozzi, colonel-général de l'infanterie française en 1569 jusqu'en 1581 qu'il fut remplacé par le duc d'Epernon, fut battu dans un combat naval près des Açores, le 26 juillet 1582, par le marquis de Santa-Crux qui le fit jeter à la mer.

« Quant à son esprit, je puis vous assurer qu'il
« est fin et vraiment florentin. Cette reine est
« adroite, prudente et magnanime : elle fait
« preuve de dextérité et d'intelligence dans la
« pratique des affaires. Elle s'est montrée
« constante dans l'adversité, parmi les troubles
« causés par les questions de religion. Elle
« aime à avoir la haute main dans toutes les
« affaires et que tout relève de son autorité,
« aussi bien dans les affaires de l'État que dans
« l'éducation de ses fils. »

En 1569, l'année des victoires de Jarnac et de Moncontour, remportées par le duc d'Anjou qui devait être Henri III et qui fut le préféré de Catherine, Jean Correr trace de la reine-mère un portrait très étudié : « La reine est entrée dans
« sa cinquante et unième année, le 12 avril. Ces
« années ne pèsent pas sur sa tête. Elle est
« robuste et de bonne santé, et marche si rapi-
« dement que personne de la Cour ne serait
« capable de la suivre. Le grand exercice
« qu'elle prend développe son appétit, elle mange
« beaucoup et indifféremment de toutes choses.
« Les médecins y voient la cause de toutes
« les maladies qui la mettent souvent à deux
« doigts de la mort. On reconnaît en elle l'es-
« prit de la famille, car elle aime à laisser le
« souvenir de son nom dans les monuments,
« les bibliothèques et les musées ». — Il faut ouvrir ici cette parenthèse. C'est à Catherine de Médicis que l'on doit notamment la construc-

tion des Tuileries, celle du château de Monceaux et l'achèvement de celui de Chenonceaux. A propos des Tuileries, c'est par acte notarié du 15 janvier 1566, que Catherine de Médicis acheta le terrain sur lequel elle allait faire édifier le palais que les communards de 1871 incendièrent et dont les républicains de 1883 ordonnèrent la démolition : « un jardin cloz de « murailles et tours, auquel il y a deux pavil- « lons couverts d'ardoises, faits en façon de « cloches... appelé le jardin des cloches... fai- « sant partie du lieu des Tuileries ». Cette vente fut consentie moyennant 6,500 livres, soit environ 65,000 francs de notre monnaie. — A présent, je rends la parole à l'ambassadeur.

« Princesse affable, courtoise et gracieuse
« avec tout le monde, elle fait profession de
« contenter tout le monde, au moins en bonnes
« paroles dont elle est très prodigue. Son assi-
« duité aux affaires est un sujet d'étonnement,
« car rien, pas même la plus petite chose, ne
« se fait à son insu. Elle ne saurait ni manger,
« ni boire, ni même dormir, sans en entendre
« parler ; sans aucun souci de ménager sa santé
« ou sa vie, elle se rend aux armées, faisant
« tout ce que les hommes devraient faire. Mal-
« gré tout cela, elle n'est aimée de personne
« dans le royaume, ou que de bien peu de gens.
« Les huguenots disent qu'elle les a trompés
« par de belles paroles et par son air de bonté
« mensongère, tandis qu'elle tramait leur perte

« avec le roi d'Espagne. Les catholiques di-
« sent, au contraire, que si la reine n'avait pas
« encouragé les huguenots, ils ne seraient pas
« allés si loin ». Dans cette partie de son appréciation du caractère de Catherine. Jean Correr
se rencontre absolument avec Davila et de
Thou, deux historiens qui font autorité. — Je
continue à citer : « De plus, tel est l'état ac-
« tuel de la France, que chacun présume beau-
« coup de lui-même. demande hardiment tout
« ce qu'il s'imagine, jette les hauts cris s'il ne
« l'obtient pas aussitôt, et attribue tout le mal
« à la reine, sous prétexte qu'étant étrangère,
« elle donnerait tout le pays qu'elle ne donne-
« rait rien qui fut à elle. » — Le connétable de
Montmorency, en véritable soudart qu'il était,
lui disait brutalement : « Le Français ne se
« lasse jamais de servir ses rois, mais il ne
« saurait s'accoutumer au gouvernement de
« princes étrangers », insolence dont Catherine put avoir la joie de tirer plus d'une fois
vengeance, en mettant à plusieurs reprises le
pied sur la tête de ce grand personnage dont
les qualités furent effacées par les défauts, et
dont les services furent effacés aussi par cet
effroyable désastre de Saint-Quentin, uniquement dû à son entêtement et à son impéritie.

La fin du portrait mérite d'être citée sans interruption nouvelle : « Toutes les résolutions
« de paix ou de guerre, qui ont été désa-
« gréables, lui ont été attribuées, comme si elle

« avait le monopole du gouvernement, sans
« écouter les conseils de personne... Quant à
« moi, je me suis souvent étonné qu'elle ne se
« soit pas tout à fait troublée et livrée à l'un
« des deux partis. C'est elle qui a conservé dans
« la Cour le reste de majesté royale qui s'y
« trouve encore : voilà pourquoi je l'ai tou-
« jours plainte plutôt que blâmée..... La reine
« parvint enfin, par son habileté, à désabuser
« toutes ces têtes françaises, qui n'espèrent
« plus maintenant la contraindre à se retirer et
« à ne s'occuper que de son existence person-
« nelle. A présent tout le monde la craint et se
« témoigne heureux de la servir. Si les troubles
« cessaient et qu'elle n'eut plus besoin de la
« coopération de certaines gens, elle pourrait
« disposer de ce royaume comme si elle en
« était naturellement la maîtresse. Cet état de
« choses durera encore quelques années, à mon
« sens, parce que le caractère du roi s'y prête.
« On nomme toujours le roi, parce qu'on ne
« peut faire moins, mais tous les yeux sont
« tournés vers la reine. »

Au moment où Charles IX venait de mourir, Sigismondo Cavalli, ambassadeur de Venise, caractérise l'humeur politique de Catherine par une expression frappante qui à elle seule est tout un jugement : « Toutes ses actions ont
« toujours été basées sur l'invincible passion
« que, du vivant même de son mari, on a re-
« connu être en elle, la passion de dominer, de

« commander. — Non seulement, dit-il plus
« loin, elle porte son esprit aux choses poli-
« tiques, mais encore à tant d'autres que je ne
« sais comment elle peut résister et faire face
« à tout. »

Jean Michieli, qui déclare n'avoir pu voir la
reine mère, « qui était absente à cause des
« troubles », fait le tableau de son influence
et de sa politique : « La reine-mère régit à elle
« seule les affaires d'une manière absolue. On
« la rend responsable des malheurs qui désolent
« le royaume. En sa qualité d'étrangère et d'i-
« talienne, jusqu'ici elle était peu aimée ; à pré-
« sent on la hait. Tout le monde reconnaît que
« pour conserver le pouvoir, même après la
« minorité de ses fils, elle a fomenté les divi-
« sions et les désordres, favorisant l'une ou
« l'autre faction selon qu'il convenait à ses in-
« térêts. Elle a tâché d'éloigner toujours ses fils
« des affaires et des occupations sérieuses, afin
« que, sans autorité et sans expérience, ils s'en
« rapportassent toujours à elle, comme ils l'ont
« fait et comme le fait le roi à présent. De cette
« façon, sa puissance s'accroît sans cesse. Elle
« n'ignore pas qu'on lui impute tous les maux
« du royaume, et qu'on la déteste ; ce qui ne
« l'a pas empêchée de dissuader le roi de suivre
« le bon conseil qu'on lui avait donné quand il
« vint d'Italie, d'entrer dans son royaume
« comme il était sorti de Pologne ; (mais
« avec un peu moins de précipitation, aurait

« pu ajouter l'ambassadeur), sans troupes, en
« publiant une amnistie générale, en relâchant
« les prisonniers, en annulant les procès, en
« montrant qu'un roi nouveau voulait avoir une
« nouvelle manière de gouverner. Elle lui con-
« seilla, au contraire, d'entrer entouré de
« troupes, de manière à se faire non seulement
« respecter, mais craindre, afin que lorsqu'il
« s'agirait de relâcher les prisonniers et de par-
« donner à tous, il ne parut pas céder à la
« crainte mais à un sentiment de générosité.
« Le conseil n'était pas mauvais, en somme,
« pourvu qu'il fut bien exécuté. Le duc de Sa-
« voie m'a dit qu'il l'avait approuvé, mais ce
« qu'il y eut de fâcheux, c'est que les troupes
« qui accompagnaient le roi de Turin à Lyon
« étaient si peu nombreuses qu'elles donnaient
« plutôt une idée de la faiblesse du roi que de
« sa force. Ce conseil, dont les conséquences
« ont été si funestes, était imputé à la reine et
« à ses conseillers. »

On en eut une preuve éclatante avec la petite place de Livron, sur les bords du Rhône, qui, assiégée par Henri III à son passage, l'obligea à lever le siège, tandis que ses défenseurs apostrophaient impunément le roi et Catherine, en ces termes : « Hai ! massacreurs, vous ne
« nous poignarderez pas dedans nos lits comme
« vous avez fait l'amiral ! Amenez-nous vos
« mignons godronnés et parfumés ; qu'ils vien-
« nent voir nos femmes, ils verront si c'est

« proie aisée à emporter. » Ce que l'ambassadeur aurait pu ajouter, c'est que si le roi n'avait pas plus de soldats, c'est parce qu'il n'avait pas d'argent pour les payer. Le nerf de la guerre faisait alors défaut à un point incroyable : « En
« ce voiage aussi l'argent se trouva si court que
« la plupart des pages du roi se trouvèrent sans
« manteaux, estans contraints de les laisser en
« gage pour vivre par où ils passoient; et sans
« un trésorier nommé Le Comte, qui acom-
« moda le reine-mère de cinq mil francs, il ne
« lui fust demouré ni dame d'honneur, ni de-
« moiselle aucune pour la servir, comme es-
« tant réduite en extrême nécessité. » *(L'Estoile,* journal.)

« Rien ne la déconcerte, poursuit Michieli :
« courageuse et plus intrépide que jamais, ni
« les fatigues, ni les dangers ne l'arrêtent, ac-
« complissant les voyages les plus longs et les
« plus périlleux, car elle voit l'état du royaume
« et du roi dans un danger qui ne fut jamais
« plus imminent ni plus grand. Elle ne se sou-
« cie ni de la haine qu'on lui témoigne ni des
« imputations dont on l'accable, non plus que
« des écrits publiés contre elle et qui se ven-
« dent publiquement chez les libraires. »

« Je ne m'en soucie pas qui le trouve bon ou
« mauvais », écrit-elle dans une de ses lettres
(Bibl. nat., Fontanieu, (1) 338). « En ce temps,

---

(1) Gaspard-Moïse Fontanieu, érudit, intendant, conseiller d'État, contrôleur général des meubles de la couronne. La

« la vie de la reine-mère, imprimée, qu'on a de-
« puis vulgairement appelée la vie de Sainte-
« Katherine, court partout. La reine se la fai-
« sait lire, riant à gorge déployée et disant que
« s'ils lui en eussent communiqué devant, elle
« leur en eust bien appris d'autres qu'ils ne sça-
« voient pas. » (*L'Estoile*, journal). L'opinion du
français corrobore admirablement celle de l'ambassadeur vénitien qui était bien informé. Le
pamphlet était attribué, selon les uns à Henri Es-
tienne, selon les autres à Jean de Serre : « voyez-
« vous pas, y est-il dit, que autant lui est le
« légitime que le bâtard, le catholique que le
« huguenot ; qu'elle n'en aime ni l'un ni
« l'autre : qu'elle a fait semblant d'aimer l'un,
« tant qu'il ait tué son frère, et puis l'a fait
« mourir après ? Et pourquoi ? A cette fin
« qu'elle gouverne tout à son appétit. » Com-
parez le jugement de l'ambassadeur et du
pamphlétaire, ils sont identiques.

Jérôme Lippomano est le dernier ambassadeur vénitien qui ait écrit une relation sur la
Cour des Valois. Elle embrasse les années 1577
à 1580. Ce fin observateur, qui a fait un tableau
si complet de la France, sociale, politique et
physique, est sobre de détails en ce qui concerne la reine-mère. Voici tout ce qu'il en dit :
« La reine-mère, quoique fort âgée, conserve

collection de pièces manuscrites sur l'histoire de France,
qui lui a appartenu et qui se trouve aujourd'hui à la Bibl.
Nat. se compose de 841 vol. in-4°.

« encore une certaine fraîcheur. Elle n'a pres-
« qu'aucune ride sur son visage qui est rond
« et plein. Elle a la lèvre inférieure pendante,
« comme tous ses fils. Elle garde toujours ses
« habits de deuil, et elle porte un voile noir
« qui lui tombe sur les épaules, mais ne des-
« cend pas sur le front. Quand elle sort, elle
« porte toujours un chapeau de laine par des-
« sus. Les Français ne voulaient pas recon-
« naître d'abord son esprit et sa prudence,
« mais à présent on la regarde comme quelque
« chose de surhumain ; car on voit bien que
« c'est elle qui fait tout, et qu'en gardant pri-
« sonnier Monsieur et le roi de Navarre, quand
« le roi revint de Pologne, elle ne pouvait pas
« se conduire avec une prudence plus utile au
« pays. Dans les derniers troubles, elle inter-
« posa toujours sa médiation, ce qui n'est pas
« difficile à croire pour quiconque connaît les
« inclinations du roi. Du temps de François II
« et de Charles IX, on se plaignait de son am-
« bition qui causa de grands maux à la France,
« parce qu'elle craignait d'être exclue, non
« seulement du gouvernement des affaires,
« mais encore des délibérations du Conseil.
« Alors elle tâcha, en appuyant tantôt la mai-
« son de Lorraine, tantôt la maison de Bour-
« bon, d'attiser les haines privées pour en tirer
« profit. Elle voyait, d'ailleurs, que les deux rois,
« quoique jeunes, voulaient gouverner par eux-
« mêmes. Ainsi, pour se rendre nécessaire, il

« lui fallait des troubles et elle les fomentait
« de son mieux. Mais, comme le roi actuel
« n'aime guère les affaires et s'en remet sur
« elle, celle-ci n'ayant désormais aucun motif
« pour irriter les partis, tache de les appaiser
« pour qu'on reconnaisse sa dextérité et sa
« prudence. Cette grande princesse a l'esprit
« aussi infatigable que le corps : en s'habil-
« lant, en mangeant, en dormant pour ainsi
« dire, elle donne audience. Elle écoute tout le
« monde toujours d'un air fort gai. Elle protège
« les Italiens qui, sans elle, se trouveraient mal
« en France, et je ne sais vraiment ce que de-
« viendront après sa mort plusieurs d'entre eux
« qui sont détestés à Paris et dans tout le
« royaume. Femme libérale, magnanime et
« forte, elle semble vouloir encore vivre de
« longues années, ce qui serait à souhaiter
« pour le bien de la France et de toutes les na-
« tions chrétiennes. »

Encore quelques traits, empruntés aux serviteurs de Catherine et aux Français qui, l'approchant de très près, pouvaient parler d'elle, sinon sans passion au moins en parfaite connaissance de cause, et je termine, car ceci n'est pas une histoire de la grande Florentine, mais une simple esquisse tracée à l'aide de documents peu connus. Voici l'historien Davila, qui fut attaché à sa personne, brave capitaine, d'ailleurs, un de ces Italiens qui étaient venus en France chercher fortune et dignités : « Elle

« ne se donnait pas le temps de respirer... par
« instinct et par réflexion, elle n'aimait à rien
« donner à la fortune et s'attachait de préfé-
« rence aux résultats que l'on pouvait atteindre
« avec le moins de péril et le moins d'effusion
« de sang. Elle avait l'habitude de dire qu'il
« ne faut retrancher du corps les membres
« gâtés qu'en cas de nécessité absolue. » D'Aubigné, qui détestait pourtant Catherine, rapporte d'elle un trait vraiment remarquable de
modération, qui donnerait raison à l'épithète de
« magnanime », que lui décerne l'ambassadeur de Venise : « La reine étant à Beaugency,
« en 1562, pendant la négociation avec Condé,
« elle et le roi de Navarre étant à la fenêtre
« d'une chambre basse, entendirent deux gou-
« jats (valets d'armée) qui, étant à faire rôtir
« une oie, chantaient mille vilenies contre
« Catherine, l'un disant que le cardinal (de
« Lorraine) l'avait engrossée d'un petit gorret,
« l'autre d'un petit mulet; puis ils maugréaient
« contre Catherine qui leur valait tant de maux.
« Retenant le roi de Navarre qui voulait les
« faire pendre, elle leur cria par la fenêtre : —
« Hé! que vous a-t-elle fait? Elle est cause que
« vous rôtissez l'oie! — Puis, elle dit en riant
« au roi : — Mon cousin, il ne faut pas que nos
« colères descendent là; ce n'est pas notre
« gibier. » — (D'Aubigné. *Hist. universelle.*)

Malgré tout son esprit florentin, la reine
trouvait parfois à qui parler. Lors des confé-

rences de Thoury, où les catholiques avaient des casaques cramoisies et les huguenots des casaques blanches, Catherine, en quittant Condé, lui dit : — « Vos gens sont meuniers, mon cousin? ». A quoi le spirituel bossu répondit aussitôt : — « C'est pour toucher vos ânes, Madame. » — Brantôme, qui lui consacre des pages enthousiastes, dit : « Elle estoit de fort
« belle et riche taille, de grande majesté ; tou-
« tefois, fort douce quand il falloit ; de belle
« apparence et bonne grâce, le visage beau et
« agréable, la gorge très belle, blanche et
« pleine, fort blanche aussi par le corps, et la
« charnure belle et son cuir net. » (Il est fâcheux qu'on ne puisse lui demander d'où il le savait.) — « De plus, elle s'habillait tou-
« jours fort bien et superbement, et avoit tou-
« jours quelque gentille et nouvelle invention.
« Elle disoit et parloit fort bon françois, encore
« qu'elle fust italienne, et faisoit fort paraître
« son beau dire aux grands, aux étrangers, aux
« ambassadeurs qui la venoient trouver tou-
« jours après le roi, et leur respondoit toujours
« fort pertinemment, avec une belle grâce et
« majesté. »

Pendant qu'elle agonisait au château de Blois, elle entendit, sur sa tête, les derniers soupirs et la lutte suprême du duc de Guise contre ses meurtriers. On prétend qu'Henri III lui disant qu'il n'y avait plus désormais qu'un seul roi en France, elle répondit : « C'est bien taillé, mais

« à présent il faut coudre. » Mais, pour le malheur de son fils et de la monarchie, elle mourait, tandis qu'elle était seule capable de coudre ce qu'Henri III venait de tailler.

XXIII

Bussy d'Amboise et Madame de Montsoreau

L'histoire romanesque et dramatique de Bussy d'Amboise découvre un coin trop curieux de la société sous les règnes des fils de Henri II, pour que je ne juge pas indispensable d'en offrir aux lecteurs une rapide esquisse. Ceux qui n'en savent quelque chose que par le roman et le drame d'Alexandre Dumas, l'un tiré de l'autre, sous le titre commun de la « Dame de Montsoreau », pourront se faire une idée plus exacte de ce que furent Bussy et Madame de Montsoreau à propos desquels le grand romancier a fait, comme toujours, quelques accrocs à l'Histoire.

Bussy d'Amboise était une bonne épée emmanchée dans un bras vaillant, et le tort de Henri III fut de le laisser s'attacher au duc d'Alençon, plus tard duc d'Anjou, son frère. Cette faute conduisit insensiblement le Roi à provoquer l'accomplissement d'un crime, pour se venger des hauteurs imprudentes d'un homme qui ne contribua pas peu, il faut le dire, à exciter les frères l'un contre l'autre.

Jean d'Amboise, seigneur de Bussy, des Bordes et de Renel, avait eu seize enfants de Catherine de Saint-Belin, sa femme. L'aînée des filles, Renée d'Amboise, dame de Bussy, épousa Louis de Clermont, seigneur de Gallerande, d'une maison qui n'avait rien de commun que la conformité de nom avec les Clermont qui ont pris pour armes les clés de Saint-Pierre, ce qui fait d'eux comme une manière de portiers du Paradis. Le second fils, né de leur union, Jacques de Clermont, seigneur de Bussy, fut substitué aux noms et armes des d'Amboise par son oncle maternel, Georges, cardinal d'Amboise, qui mourut le 25 août 1550 (1). Jacques, allié à Catherine de Beauvau, fut le père de Bussy, dont le nom était Louis de Clermont, seigneur de Bussy. On le connaissait donc sous le nom de sa seigneurie et d'une famille alliée, selon le déplorable usage de la noblesse française, à propos de laquelle on aurait pu dire que lorsqu'on entendait beugler une vache, on n'était jamais capable de dire dans quelle étable.

Ce n'était pas, d'ailleurs, un homme de peu que Bussy. Il était d'abord premier chambellan du duc d'Anjou avec deux mille livres tournois de gages. Le même prince l'avait nommé, le 15 mai 1576, gouverneur d'Anjou et du châ-

---

(1) Dit le Jeune, qu'il ne faut pas confondre avec son oncle le fameux cardinal Georges d'Amboise, lequel mourut le 25 mai 1510. Il succéda en 1510 à son oncle à l'archevêché de Rouen.

leau d'Angers. Bussy était, de plus, capitaine d'une compagnie de cinquante hommes d'armes des ordonnances et le Roi lui avait donné en commande l'abbaye de Bourgueil. Bussy était assez haut placé, assez en vue, pour avoir des amis et surtout des ennemis et des envieux. Voyons ce que disent de lui les uns et les autres.

C'est d'abord la reine Margot, Marguerite de Valois, qui avait le cœur tendre et l'avait laissé en toute liberté battre pour le brave Bussy : « Bussy, haï du Roy, parce que l'ayant autre-
« fois servi, il l'avait quitté pour s'attacher au
« duc d'Alençon, acquisition qui accroissait
« autant la gloire de mon frère que l'envie de
« nos ennemis, pour n'y avoir rien en ce siè-
« cle là de son sexe et de sa qualité de sem-
« blable en valeur, réputation, grâce et esprit...
« Son âme n'était susceptible de la peur, étant
« né pour être la terreur de ses ennemis, la
« gloire de son maître et l'espérance de ses
« amis... lui, dont le courage ne pouvait céder
« à nul autre ». *(Mém. de Marguerite de Valois)*.
Si l'Estoile énonce qu'il « faisait tant le fier et
« le hautain, à cause de la faveur de son maî-
« tre et qu'il avait fait tant de maux et de pille-
« ries ès pays d'Anjou et du Maine » il est vrai qu'ailleurs, il le traite de « brave soldat et haut à la main » et qu'il lui fait cette oraison funèbre, qui n'est pas à dédaigner : « Telle fut la
« fin du capitaine Bussy qui était d'un cou-

« rage invincible, haut à la main, fier et auda-
« cieux, aussi vaillant que son épée, et pour
« l'âge qu'il avait, qui n'était que de trente ans,
« aussi digne de commander une armée que
« capitaine qui fut en France, mais vicieux et
« peu craignant Dieu, ce qui fut cause de son
« malheur, n'étant pas venu à la moitié de ses
« jours, comme il advient ordinairement aux
« hommes de sang comme lui ». — L'expression est exagérée car Bussy qui portait une épée, comme tant d'autres de son temps, aimait à s'en servir.

Lorsque Mézeray vient dire : « Il était si hargneux, si pointilleux qu'il mettait l'épée à la « main pour un pied de mouche » (1) il oublie, ou veut oublier, que si Bussy dégainait si souvent, c'est, la plupart du temps, parce qu'on l'y contraignait, car, en tentant à plusieurs reprises de l'assassiner, on le mettait dans l'obligation de défendre, comme on disait alors, le moule de son pourpoint. Si enfin de Thou prétend que « toute la province d'Anjou fut « charmée de la mort de Bussy et que M. le « duc d'Anjou lui-même ne fut pas fâché d'en « être délivré », on peut affirmer que la première partie de la proposition est exagérée ; pour la deuxième c'est une autre affaire, comme on le verra plus loin. Je finis par Brantôme, cousin et ami de Bussy : « Il était un

(1) Hist. de France.

« preux très vaillant et généreux aux guerres,
« partout où il s'est trouvé » ; et Brantôme
ajoute : « Hélas! il en a trop eu de querelles et
« toutes les a démêlées à son très grand hon-
« neur et heur. Il en voulait souvent à plu-
« sieurs, et sans aucun respect, je lui ai dit cent
« fois, mais il se fiait tant en sa valeur qu'il
« méprisait les conseils de ses amis ».

Ce ne fut pas seulement dans les duels que cette valeur se fit connaître. Dans la troisième guerre de Religion, parmi les rangs des catholiques, Bussy se fit remarquer et fut plusieurs fois blessé, tandis que, de chacun de ses nombreux duels il sortit sans blessures : là, du moins, il était protégé par sa science de l'épée.

Par exemple, lorsqu'en février 1573 le duc d'Alençon prit le commandement des forces catholiques, Bussy était à sa suite et prit part à toutes les opérations. Fait mestre de camp, commandant quatre compagnies d'infanterie, c'est-à-dire colonel d'un régiment, le 10 juin 1574 Bussy fut blessé dans l'assaut qui fit tomber Saint-Lô aux mains du maréchal de Matignon. Le 1er septembre suivant, il était blessé au bras d'un coup d'arquebusade, à l'assaut de Fontenay-le-Comte. Le 23 octobre, toujours de la même année, au siège de Lusignan, il était encore blessé; un mois après, jour pour jour, le 23 novembre, à l'attaque de La Vacherie, il recevait une nouvelle blessure, mais celle-ci si grave que, pendant six mois, il ne put marcher qu'avec des béquilles. (Brantôme).

La journée de la Saint-Barthélemy ne fut pas la plus belle page de la vie de Bussy, car il y fit tuer, s'il ne le tua pas lui-même, Antoine de Clermont-Gallerande, marquis de Renel, son cousin, avec qui il était en procès pour un gros héritage. Sous couleur de la religion, d'autres que lui, d'ailleurs, choisirent ce massacre pour arranger leurs affaires de famille, trouvant, comme lui, que la lame d'une épée ou d'un poignard est encore mieux affilée que la langue de l'avocat le plus retors. C'est ainsi que Bussy gagna son procès, mais il ne jouit pas longtemps des biens qu'il s'était si lestement procurés, et, peu de temps après, il fut obligé de les restituer à la famille du défunt, car la paix de la Rochelle, 6 juillet 1573, annula toutes les confiscations.

Il paraît à peu près certain que dès que Henri III fut de retour de Pologne et qu'il eut ceint la couronne de France en échange de celle de Pologne dont il s'était si lestement débarrassé, il commença à montrer son mauvais vouloir contre Bussy qui était comme l'épée de chevet du duc d'Alençon qu'Henri n'aimait guère et qu'il jalousait. Il redoutait l'influence d'un homme brave et audacieux comme Bussy sur le Prince; c'est de là que lui vint l'idée de se défaire de lui à tout prix. Tout se réunit pour le prouver. Du moment que les favoris du roi, flétris de l'épithète de « Mignons », s'attaquèrent successivement à Bussy et entreprirent de l'assassiner, se réunissant à plusieurs contre un seul, au lieu de le combattre dans un duel loyal, comme il aurait été dans la nature de ces jeunes gens, tous braves, de le faire, il est évident que si on ne leur avait pas donné l'ordre positif de le tuer, on leur avait du moins laissé comprendre que la mort de Bussy serait agréable. En tout cas, les tentatives successives et infructueuses ne furent jamais l'objet d'aucune répression judiciaire ; les agresseurs ne furent jamais châtiés.

La première histoire de Bussy, qui fit grand bruit, fut sa querelle avec Georges de Vaudrey, comte de Saint-Phal. Il y avait une grande foule de dames et de gentilshommes réunis chez les comédiens du roi. L'une des dames avait un manchon avec des broderies de jais figurant des XX. Saint-Phal en avait fait la remarque. Bussy prétendit que c'était des YY. La querelle allait s'échauffer quand une dame qui avait du pouvoir sur Bussy, le pria de se modérer pour l'amour d'elle, ce qu'il lui accorda. Mais le lendemain, Bussy sachant que Saint-Phal était chez sa maîtresse, Madame d'Assigny, que Bussy avait aimée et qu'il regrettait depuis qu'elle était à un autre, y alla lui chercher noise au sujet du manchon. Le résultat fut qu'ils se rencontrèrent et se battirent en troupe. Bussy avait avec lui cinq ou six braves, parmi lesquels le chevalier Berton (1), M. Douglas et le jeune La Guyonnière. Saint-Phal qui était sur ses gardes, ne sortait plus qu'accompagné d'un nombre égal d'Ecossais de la Garde. Dans la bagarre, deux de ces Ecossais firent usage de pistolets qu'ils avaient et Bussy en fut blessé au doigt. Ce que voyant, Saint-Phal et les siens s'en allèrent.

Sur ces entrefaites survint Crillon (2) qui était l'intime ami de Bussy et auquel celui-ci demanda de courir après Saint-Phal, et de l'amener pour se battre dans l'île du Palais où il allait l'attendre. En effet, quelques instants plus tard, on l'y voyait se promenant, tenant à la main son épée dans le fourreau, tandis que les deux quais étaient garnis d'une infinité de gens qui regardaient comme à la comédie. Strozzi et Brantôme (3) s'embarquaient dans un bateau, tandis que Rambouillet (4), capitaine des gardes de quartier, s'embarquait avec ses archers dans un autre. Lorsque Brantôme et Strozzi débarquèrent, Bussy se mit à crier à

(1) Frère du fameux Crillon, dont il est question plus bas.

(2) Louis des Balbes de Berton, seigneur de Crillon, célèbre capitaine, né à Mure (Vaucluse) en 1541, mort le 2 décembre 1615. Colonel du régiment des gardes, lieutenant-colonel général de l'infanterie française.

(3) L'auteur des célèbres *Mémoires*, Pierre de Bourdeilles, seigneur de Brantôme, né vers 1540, mort le 15 juillet 1614.

(4) Nicolas d'Angennes, seigneur de Rambouillet, capitaine des gardes de Henri III, ambassadeur en Angleterre en 1566, mort à l'âge de 81 ans, le 6 février 1611,

Strozzi : « Monsieur, je suis votre serviteur, je vous honore beaucoup mais je vous prie de ne pas me détourner de mon combat, car je sais que vous venez pour cela ». A Brantôme il dit : « Cousin, je t'en prie, va-t-en ! » à M. de Rambouillet il dit ensuite : « Je ne ferai rien des commandements de votre charge ; retournez-vous-en ». Là-dessus Strozzi et Brantôme lui remontrant qu'il n'était pas séant de résister à l'autorité d'un capitaine des Gardes parlant et agissant au nom du Roi, Bussy finit, mais avec bien des façons, à se décider à se retirer et il s'en alla dans l'hôtel du duc d'Alençon qui était fort en peine de lui.

Le Roi commanda au duc de Nevers (1) et au maréchal de Retz d'accorder les deux adversaires, mais Bussy était enragé pour demander le combat en champ clos, comme Jarnac et La Chateigneraye l'avaient obtenu de Henri II. Sur ce qu'on lui remontra que Henri II avait fait serment, après celui-là, de n'en accorder jamais, que la reine-mère avait juré la même chose et qu'elle saurait bien empêcher son fils de dire oui, il fut question d'avoir le champ clos à Sedan, chez le duc de Bouillon, qui était souverain et chez qui lui seul était le maître, mais cela n'eut pas de suites ; et comme Henri III, pour une fois qui n'était pas coutume, montra un peu de volonté et d'énergie, le ma-

(1) Louis de Gonzague, duc de Nevers, par son mariage avec Henriette de Clèves.

réchal de Retz finit par réconcilier Bussy et Saint-Phal qui ne se firent plus mauvais visage par la suite.

Dans son échauffourée avec Saint-Phal, Bussy avait été blessé à la main, comme je l'ai dit, et depuis cette rencontre il portait le bras dans une écharpe de taffetas colombin (1). Ce fut le moment que choisit du Guast pour tenter de se débarrasser de lui, car Louis de Béranger, seigneur du Guast (2), qui l'avait accompagné en Pologne, était tellement aimé du roi, que jamais personne n'a voulu croire que celui-ci n'avait pas donné son consentement à l'entreprise.

A un mois de là, Bussy sortait du Louvre, le soir, pour s'en retourner en sa demeure, à la Corne-de-Cerf, dans la rue de Grenelle, accompagné de quelques gentilshommes et laquais seulement, quand du Guast le chargea à la tête de douze soldats aux Gardes, montés sur de bons genêts d'Espagne que l'on avait pris dans l'écurie royale. Après avoir déchargé tous leurs pistolets sans autre résultat que d'atteindre au bras un des laquais, les assaillants se ruèrent l'épée à la main sur la petite troupe qui éteignit ses torches et se débanda. Ils s'attachèrent alors, dans l'obscurité, à reconnaître Bussy à la couleur de l'écharpe qui supportait son bras

(1) Ce qu'on appelle aujourd'hui couleur tourterelle.
(2) Né vers 1545, assassiné à Paris par le baron de Viteaux, le 31 octobre 1575.

blessé. Mais, par un singulier hasard, un des gentilshommes, blessé au bras également, portait une écharpe de même nuance sauf qu'il n'y avait ni broderies, ni guipures, mais la nuit ne permettait pas de distinguer ces détails. S'acharnant après celui-ci, les assaillants le laissèrent sur le carreau et fort mal accommodé.

Pendant ce temps, Bussy avisant l'embrasure d'une porte, s'y était blotti, comptant sur l'obscurité qui y régnait pour échapper à ceux qui le cherchaient. En s'adossant à la porte, celle-ci qui était entrebâillée céda tout à coup, et Bussy se jetant dans la maison referma cet huis providentiel au nez de nos galants. Il était sauvé. Lorsque du Guast et sa troupe s'éloignèrent, Bussy quitta son asile et s'en fut chez Dron, capitaine des suisses du duc d'Alençon, où Crillon, qui était fort en peine de lui, alla le chercher pour le ramener à son logis. Le lendemain Bussy venait au Louvre, la tête haute, plus fier que jamais, et il faisait à Henri III cette humiliation de ne pas lui demander justice, car il savait fort bien que celui-ci ne la lui aurait pas rendue. Mais le duc d'Alençon jetait feu et flammes, à tel point que quelques-uns, voyant que le roi commençait à s'émouvoir, donnèrent à Bussy le prudent conseil d'aller respirer un air plus pur que celui de la Cour, et le brave capitaine fut assez sage pour en tenir compte. Son départ fut loin de ressembler au départ de

Henri III du royaume de Pologne. Toute la noblesse du duc d'Alençon lui faisait cortège. Des gens qui appartenaient au roi, il n'y avait que Crillon, Neufvy et Brantôme. On sortit par la porte Saint-Antoine, et les maréchaux de Montmorency et de Cossé, qui se promenaient pour lors sur le haut des tours de la Bastille où on les conservait précieusement enfermés, racontèrent depuis qu'ils auraient volontiers donné gros pour être à la place de Bussy. Quant on fut sur le point de se séparer, Bussy dit à Brantôme : « On a fait à Bussy un affront dont on se repentira avant que de mourir ; que ceux-là, quels qu'ils soient, se gardent bien de lui. » Puis il le chargea de le recommander « bien humblement » à une dame dont il portait les couleurs à son chapeau et à son écharpe, et de l'assurer qu'avant longtemps il en tuerait quelques-uns et qu'il verserait plus de sang qu'on n'avait voulu lui en faire répandre.

Tandis qu'il se morfondait en Anjou, Bussy apprit que M. de Lavardin (1) était celui qui, sous du Guast, commandait les gens qui l'avaient assailli. Il jura qu'il le combattrait et lui rendrait ce qu'il en avait reçu. Mais Lavardin était depuis quelque temps en Gascogne, auprès

(1) Jean de Beaumanoir, marquis de Lavardin, né en 1551, mort à Paris en novembre 1614. Elevé auprès du roi de Navarre, après le meurtre de son père à la St-Barthélemy, il se fit catholique et se signala par ses cruautés contre ses anciens coreligionnaires. Henri IV le fit maréchal de France, chevalier des Ordres et gouverneur du Maine.

du roi de Navarre. Le hasard ayant voulu qu'il vint en Anjou, sans se méfier de rien, Bussy lui fit porter un cartel. Après bien des allées et venues, il fut convenu que, pour la plus grande sécurité du combat, on s'en remettrait au comte du Lude (1) qui serait comme le juge du camp. Celui-ci les fit venir à son château du Lude, et les ayant conduits par la main dans son jardin, il les y enferma tous deux seuls, après avoir reçu leur parole qu'ils ne mettraient pas l'épée à la main avant d'avoir causé ensemble. Avaient-ils commandement exprès de ne point se battre, comme quelques-uns l'ont dit ? Toujours est-il qu'après avoir fait quelques tours d'allées, ils vinrent demander qu'on leur ouvrit, parce qu'ils étaient devenus les meilleurs amis du monde. Le soir même, après souper, ils couchèrent ensemble (2) et firent mille joyeuses folies, comme de faire des armes, en chemise, avec leurs épées nues, sans se blesser et pour montrer leur adresse.

Laissons Bussy en Anjou où il demeura assez de temps, car il savait que le roi lui en voulait de mâle mort et qu'il avait une manière à lui, par le moyen « des jeunes coqs » qu'il entrete-

(1) Guy de Daillon, comte du Lude, mort à Briançon le 11 juillet 1585, après s'être distingué dans les guerres de religion.

(2) C'était une marque de fraternité qui remontait à une époque très éloignée. Le soir de la bataille de Dreux, où le prince de Condé avait été fait prisonnier, le duc de Guise fit partager son lit à Condé, son mortel ennemi.

naît autour de sa personne, de se débarrasser des gens qui avaient la malechance de lui déplaire. En attendant, il faut raconter comment le duc de Guise et Bussy étaient devenus de grands amis. C'était un jour au bois de Madrid. Il y avait chasse et Bussy y assistait, tout fraîchement guéri d'une blessure qu'il avait reçue au siège de Lusignan. Le Guisard ayant défendu à son écuyer de le suivre, s'enfonça dans le bois avec Bussy et se mit à l'entreprendre de paroles auxquelles l'autre répondit « si honnêtement « et modérément que le duc lui dit : Monsieur « de Bussy, je m'en contente, mais je vous jure « que si vous ne l'aviez fait, nous nous serions « bien battus sur cette place et j'aurais mis de « côté mon titre de prince et les avantages que « j'ai sur vous. Mais je vous assure à présent « que je suis plus votre ami que jamais. — A « quoi Bussy répondit : Monsieur, je suis fort « aise que vous soyez content de moi. Ce n'est « pas la crainte qui m'a fait parler, car Bussy « ne la connaît pas. » On s'attendait à un duel et on fut bien étonné de les voir se remettre en chasse les meilleurs amis du monde.

Bussy ne reparut à la Cour qu'à la suite du duc d'Alençon lorsque celui-ci fut devenu duc d'Anjou et après la signature de la paix dite de Monsieur, qui eut lieu le 14 mai 1576. Le lendemain même, 15 mai, il avait été nommé par son maître gouverneur de la province d'Anjou et du château d'Angers. Aucun choix ne pouvait être plus désagréable au roi. C'était bien pour cela que le duc d'Anjou l'avait fait. Pourtant, quand le duc vint visiter son frère le 5 novembre, accompagné de Bussy, le roi leur fit bon visage à tous deux et donna même au duc d'Anjou le commandement d'une armée avec laquelle il prit la Charité et Issoire. Le frère de Bussy, Jacques de Clermont d'Amboise, fut tué au siège de cette dernière place. Bussy, lui, était resté à Angers où il commandait à quatre mille arquebusiers avec lesquels, dit-on, il traitait l'Anjou et le Maine en pays conquis. Henri III crut devoir lui envoyer Renaud de Beaune (1), évêque de Mende, et son secrétaire d'Etat Villeroy (2), avec lesquels il vint trouver le roi à Tours et il sut si bien s'excuser qu'il n'en fut rien de plus. On prétendit que cela avait fait fortement crier le peuple, mais le peuple crie toujours, et ce qu'il y a de mieux à faire, c'est de le laisser crier.

La conclusion de la paix ramena tout le monde à Paris. Bussy y vint avec son maître

---

(1) Plus tard, en 1581, archevêque de Bourges, puis de Sens en 1594. Mais le Pape lui refusa si longtemps les bulles de ce dernier siège qu'il ne put en prendre possession qu'en 1603. Ce fut lui qui, à Saint-Denis, donna l'absolution a Henri IV. Il mourut âgé de 79 ans en 1606.

(2) Nicolas de Neuville, seigneur de Villeroy, célèbre homme d'Etat, secrétaire d'Etat, de 1564 à 1614. Disgracié grâce à l'influence du maréchal d'Ancre, il fut rétabli dans sa charge après l'assassinat du maréchal le 24 avril 1617, et mourut, quelques mois après. Il était né en 1542.

et il faut avouer qu'il portait la crête un peu haute. Sa faveur l'avait gonflé plus que d'ordinaire. Il cherchait la bataille, mais le roi trouvait bon, pour lors, qu'on lui épargnât la moitié du chemin. Le jour des Rois, Mlle de Beaumanoir de Pont, créée Reine de la Fève, avait été conduite du Louvre par le roi entendre la messe dans la chapelle de Bourbon. Tous ses beaux amis, godronnés et frisés comme lui, l'accompagnaient. Voici venir tout-à-coup Bussy précédé de six pages habillés de drap d'or frisé, mais lui-même si simplement vêtu que l'on ne put se tenir de le railler. C'était ce qu'il souhaitait, c'était afin de pouvoir faire cette réponse arrogante : « Cela n'a rien d'étonnant, car c'est la saison où les plus bélitres sont les plus braves » (élégants). Le roi eut de la peine à digérer ce propos là, car il tombait d'aplomb sur lui et sur ses amis. Aussi la reine de Navarre, Margot, affirme-t-elle que, à dater de ce moment, de jour, de nuit et à toute heure, on cherchait querelle à Bussy, et elle laisse fort bien entendre que le consentement tacite et la complicité de Henri III étaient acquis aux provocateurs.

Ce fut Gramont (1) qui, comme on dit, attacha le grelot. Dans un bal au Louvre, Gramont étant déjà en place avec sa dame pour danser, voici que Bussy, avec la sienne, vint se mettre devant lui. Bussy avait tort, mais il lui sem-

(1) Philibert de Gramont, comte de Gramont, vicomte d'Aster, tué au siège de la Fère, en 1580, à l'âge de 28 ans.

blait à cette heure qu'il ne pouvait le céder à nul autre.

Quand le bal fut fini, M. de Mauléon (1) vint trouver Bussy qui se retirait, et lui dit que Gramont l'attendait sur le quai. Bussy, fier comme Artaban, lui répondit ces propres paroles : « Jeune homme, Bussy ne se bat ja-
« mais la nuit et il ne daigne pas montrer sa
« valeur ni à la lune ni aux étoiles qui ne sont
« pas dignes de la contempler, mais seulement
« au soleil qui la fait paraître éclatante comme
« lui. Demain matin, je me trouverai où vous
« dites ou ailleurs, si le cœur vous en dit.
« Venez avec lui et je vous ferai enterrer tous
« deux pour l'honneur que nous devons aux
« trépassés. » Gramont n'alla pas au rendez-vous qu'il avait donné, mais dans l'après-midi, il s'en fut avec une nombreuse troupe, faire le siège de l'Hôtel de Bussy, rue des Prouvaires. Il fallut que le maréchal de Cossé et Strozzi vinssent mettre les holà. Ils emmenèrent au Louvre les deux personnages et le roi les fit s'accommoder en sa présence. Il prit même la peine de les prévenir qu'il allait, séance tenante, rédiger une ordonnance pour empêcher le retour de semblables désordres.

L'ordonnance fut publiée le lendemain, 12 janvier, et pendant quinze jours tout fut paisible. Mais le 1er février, un samedi, Qué-

(1) De la famille de Vincens, seigneurs de Mauléon et de Causans, originaire de la province d'Orange.

lus (1), d'O (2), Saint-Luc (3), Joyeuse (4), Saint-Mégrin (5), Maugiron (6), et Livarot (7), embusqués près de la porte Saint-Honoré, en dehors de la ville, surprirent Bussy qui, accompagné du capitaine Rochebrune, gentilhomme du Limousin, et monté sur une jument bragarde de l'écurie du roi, revenait de lui donner carrière au corridor des Tuileries. Par une chance étonnante, Bussy qui se défendit comme un lion, s'en retira sain et sauf, mais son compagnon fut très grièvement blessé.

Comme le coup avait manqué, on ne savait

(1) Jacques de Lévis, comte de Quélus, mort de blessures reçues dans le fameux duel des Mignons, à Paris, sur le marché aux chevaux, le 27 avril 1578.

(2) François, marquis d'O, né en 1535, mort le 24 octobre 1594.

(3) François d'Espinay, seigneur de Saint-Luc, gouverneur du Brouage, grand-maître de l'artillerie en 1596. Né en 1554, tué au siège d'Amiens, le 8 septembre 1597.

(4) Anne, duc de Joyeuse, un des favoris de Henri III; amiral de France, gouverneur de Normandie; né en 1561, tué à la bataille de Coutras, le 20 octobre 1587.

(5) Paul de Stuer de Caussade, comte de Saint-Mégrin, favori de Henri III, assassiné à Paris, par ordre du duc de Guise, le 22 juillet 1578.

(6) Louis de Maugiron, l'un des favoris de Henri III, tué dans le fameux duel des Mignons, le 27 avril 1578.

(7) Jean d'Arces, baron de Livarot, un des favoris de Henri III, tué en duel, à Blois, par le marquis de Maignelay, le 4 mai 1581. Dans le fameux duel des Mignons où Quélus, Maugiron et Livarot, favoris de Henri III, combattirent contre Schomberg, Entragues et Ribérac, le 27 avril 1578, Livarot fut seulement blessé. Quélus, Schomberg, Maugiron et Ribérac furent tués. Entraguet, c'est-à-dire Charles de Balzac d'Entragues, dit Entraguet, fut le seul qui en sortit sain et sauf. C'était une querelle entre lui et Quélus qui avait été la cause du duel.

pas trop, à cause du public, comment le roi prendrait la chose. Quélus s'en alla à Saint-Cloud et Bussy se retira à Charenton, d'où le lendemain il écrivit au roi cette lettre pour lui demander l'autorisation de combattre Quélus :

« Sire, je crois que Vostre Majesté sera fidelle-
« ment advertie de la façon que je fus l'autre
« jour assailly, qui me gardera vous en impor-
« tuner comme de chose dont la redite ne peut
« contenter l'aureille d'une âme généreuse;
« seulement me metz je à vos pieds, Sire, pour
« vous supplier très humblement comme vostre
« très humble et très fidèle subjet et serviteur,
« il vous plaise me faire justice. Vous me la
« devez comme chose que le Tout-Puissant
« a mis entre vos mains avec le sceptre pour
« la départir à ceux qui vous la demandent
« comme présentement je fais et en toute hu-
« milité n'alléguant ni vos deffenses violées
« ni la forme dont je fus attaqué pour me satis-
« faire. Mais qu'il vous plaise, Sire, pardonnant
« au sieur de Caylus l'intérest de son affaire,
« permettre soubz l'asseurance d'un cavallier
« d'honneur tel que Monseigneur votre frère
« nommera, s'il lui plaist, comme je l'en ay
« très humblement requis, je me puis conten-
« ter avecq ledit Caylus par la voye que les
« hommes d'honneur tiennent en leur ven-
« geance, encor que l'acte dont je me plains
« ne m'oblige à telle raison. Mais je vous le
« demande à genoux, à mains jointes, et plus

« que très humblement, Sire, protestant de-
« vant Vos Majestez, où je m'incline en toute
« humilité, que trois jours après l'assignation
« seurement recognue, je m'y trouveray en la
« mesme façon que Monseigneur vostre frère
« ordonnera et sans tenter ces cérémonies que
« recherchent ceulx qui ne veulent venir aux
« mains. Sire, je supplie le Créateur vous
« donner très heureuse, très longue et bonne
« vie. »

Il y eût des gens qui soutinrent que Bussy était à Turenne quand il écrivit cette lettre, parce qu'il l'avait datée de Suresne. C'était le désir qu'on avait de le croire très loin qui faisait qu'on avait si mal lu. En réalité, il était dans le Louvre, dans la chambre de M. de Cimiez (1) l'un des chambellans ordinaires du duc d'Anjou. Ce prince était dans une rage sans égale. Il déclara qu'il entendait aller passer quelques jours à Saint-Germain pour chasser, et donna ses ordres en conséquence à M. de Montsoreau qui était son grand veneur (2), le grand veneur de son duché d'Anjou. La reine mère et la reine

---

(1) De la maison de La Rochepot.

(2) Et nullement le grand veneur de France comme le représente M. Dumas. Cette charge appartenait, depuis 1526, la maison de Lorraine. Claude de Lorraine, duc de Guise, fut remplacé, en 1556, par François, duc de Guise, lequel eut pour successeur Claude de Lorraine, duc d'Aumale, mort en 1573. La charge passa alors à Charles de Lorraine, duc d'Aumale, qui en fut dépouillé en 1594, lorsqu'il fut condamné à mort, par contumace, comme ayant livré plusieurs places aux Espagnols.

firent tout au monde pour le retenir, mais inutilement. François était en train de chausser ses bottes quand Henri III arriva dans sa chambre. Sur le refus qu'il fit de nouveau de renoncer à son départ, le roi le donna à garder à M. de Cossé et à ses archers de la garde écossaise, prescrivit d'arrêter Cimiez et La Châtre, de les conduire à la Bastille et de chercher partout Bussy qu'il soupçonnait n'être pas si loin qu'on voulait bien le dire. Ne se possédant plus, le roi ne craignit pas de s'abaisser jusqu'à fouiller lui-même dans le lit de son frère pour savoir s'il n'y avait pas caché quelques papiers. Lippomano, ambassadeur de Venise, a raconté qu'on aurait découvert Bussy blotti entre le matelas et la paillasse d'un lit, et qu'on l'aurait amené devant le roi, si tremblant de peur qu'il semblait avoir perdu l'esprit. Ceci ne ressemblait guère à Bussy qui journellement bravait Henri III en face. L'ambassadeur ajoute qu'il donna, dans l'hôtel de l'ambassade, un asile inviolable à quelques-uns des serviteurs du duc d'Anjou, lesquels, sachant que leur maître était arrêté, tremblaient qu'on ne leur en fît autant.

 La vérité, la voici, c'est la reine Marguerite de Navarre qui la rétablit. M. de Larchant (1),

---

(1) Nicolas de Grimonville, seigneur de Larchant, capitaine des 100 archers de la Garde du Roi, nommé chevalier des ordres du Roi, à la promotion du 31 décembre 1583. Il fut ensuite capitaine des gardes du corps.

capitaine des archers de la garde, était chargé d'arrêter Cimiez et de chercher Bussy, ce qu'il ne faisait qu'à contre-cœur car Bussy était de ses amis, à tel point que celui-ci n'appelait jamais Larchant autrement que « mon père » et que Larchant appelait Bussy « mon fils. » Il monte à la chambre de Cimiez, fait une recherche pour la forme et va pour sortir, bien aise de n'avoir pas rencontré celui qu'il n'aurait pas voulu trouver. A ce moment Bussy qui était couché sur le lit, ne pouvant se tenir de faire une plaisanterie dans un moment où tout autre se serait tenu coi, et aimant mieux être entre les mains de Larchant que de quelqu'un qui n'aurait pas été aussi honnête homme que lui et avec qui il n'aurait pas été aussi en sûreté, passe la tête à travers les rideaux et s'écrie : « Eh! quoi, mon père, voulez-vous donc vous en aller sans moi? — Ah! mon fils, lui répond Larchant, j'aimerais mieux qu'il m'en eût coûté un bras et que vous ne fussiez pas ici ! — Mon père, réplique Bussy, c'est signe que mes affaires se portent bien. — Et se moquant de Cimiez, pour la crainte dont il le voyait saisi, il suivit Larchant qui l'enferma dans une chambre au quartier des Gardes.

Le plus urgent pour le roi était de se réconcilier avec son frère. Le duc de Lorraine qui venait d'arriver à Paris, la Reine-Mère et la reine Marguerite de Navarre réussirent à faire ce nouveau replâtrage. Alors Henri III fit venir

Bussy et Quélus et leur ordonna de se réconcilier, eux aussi, en sa présence. Quélus, qui avait les torts, avait reçu injonction de réciter à Bussy un compliment préparé à l'avance et dont voici les propres termes : « Voyant que « vous prenniez vostre épée venant vers nous, « cela me fit penser que c'estoit pour me braver, « et perdant patience, je mis la main à l'espée « soudainement pour vous offenser, sans que « vous l'y eussiez et sans avoir considération « que j'estois plus accompagné. Et souhaiterois « qu'il m'eust cousté de mon sang que cela ne « m'eust arrivé. Je vous prie l'oublier et me le « remettre et que nous demeurions bons « parents et amys. »

Quélus lisait cette déclaration, car il avait été stipulé qu'elle serait faite par écrit, mais d'un ton et d'un air qui prouvaient qu'il n'en pensait pas un mot. Quant à Bussy, qui s'était mis à l'unisson, il dit au roi, « Sire, s'il vous plaît que je le baise, j'y suis tout disposé », et il fit à Quélus « une embrassade à la pantalonne » en manière de bouffonnerie, ce qui fit rire tout le monde, excepté le roi dont Bussy se moquait en plein Louvre.

Le 13 février, Combault(1), maître d'hôtel du roi, donna un festin aux amis de Henri III et à ceux de son frère qui se firent bon visage, et pour le surlendemain Bussy avait invité tous les

(1) Charles de Combault, baron d'Auteuil (canton d'Auneuil, Oise).

mêmes convives à venir sceller de nouveau la réconciliation à sa table. Mais c'était un détail du plan que la reine Margot et le duc d'Anjou avaient tramé ensemble, car le lendemain, pendant que le roi, se croyant plus sage que le roi Salomon, était dans une complète sécurité, son frère, Bussy, Cimiez, Harlay-Chanvallon (1) La Châtre (2) et d'autres encore se sauvaient par un trou pratiqué dans la muraille de l'abbaye de Sainte Geneviève et couraient en poste jusqu'à Angers.

Depuis ce temps jusqu'en 1579 Bussy ne quitta plus le duc d'Anjou. Il l'accompagna en Flandre et resta avec lui pendant toute la durée de cette expédition qui aurait été si glorieuse si François avait été un autre homme, et qui finit si mal pour lui et pour sa réputation. Bussy revint avec le Prince le 25 janvier à Alençon, et le 24 février suivant, assisté de Dangeau (3) il s'y battit, sans pourpoint, « en chemise » comme on disait alors, avec l'épée et la dague, contre La Ferté-Imbault (4) et Montmorency-Hallot (5)

(1) Jacques de Harlay, seigneur de Chanvallon, premier écuyer du duc d'Anjou et mestre de camp du régiment de ses gardes.
(2) Jacques de La Châtre, seigneur de Sillac, capitaine des gardes du duc d'Anjou.
(3) De Courcillon, seigneur de Dangeau, ancêtre du marquis de Dangeau.
(4) Jacques d'Estampes, seigneur de la Ferté-Imbault, capitaine des gardes du duc d'Anjou.
(5) François de Montmorency, seigneur de Hallot, chambellan du duc d'Anjou, puis bailli et gouverneur de Rouen et de Gisors, assassiné à Vernon, en 1593.

qui furent blessés tous deux, principalement La Ferté, adversaire de Bussy, qui faillit en mourir. Mais quand le duc d'Anjou revint habiter le Louvre depuis le 24 avril jusqu'au 3 juillet, avant de faire la vaine tentative d'épouser la Reine d'Angleterre qui se joua de lui, Bussy demeura à Angers.

Le brave Bussy commençait à se défier du duc d'Anjou et il devait se dire sans doute qu'à la Cour, entre les deux frères, la place ne lui serait pas sûre. Pour un temps, le duc d'Anjou avait été plutôt son serviteur que son maître. Bussy se vantait hautement de faire de lui tout ce qu'il voulait, d'avoir la clé de ses coffres et de son argent et d'y puiser quand bon lui semblait. Il ne le ménageait guère en paroles; un jour, par exemple, au retour de Flandres, en jouant avec le Prince « au jeu de belle injure », il ne se gêna pas pour se moquer de sa laideur. Enfin, il en fit tant que François se mit à lui porter autant de haine qu'il lui avait porté de tendresse et, pendant son séjour au Louvre, il montra une fois à son frère une lettre que Bussy lui écrivait d'Angers et dans laquelle il lui disait qu'il tenait dans ses filets la *biche de son grand-veneur*. C'était la femme de M. de Montsoreau qu'il désignait bien clairement par là. Ce n'était pas sans intention que le duc d'Anjou avait montré cette lettre a Henri III et qu'il la lui laissa comme par mégarde, de même que ce ne fut pas par intérêt pour Bussy que le roi la fit lire au mari. On alla même jusqu'à prétendre que le roi promit à Montsoreau l'impunité pour tout ce qu'il jugerait à propos de faire afin de venger l'outrage infligé à son nom. Là-dessus, Montsoreau partit pour l'Anjou, résolu à tuer Bussy.

Qu'était-ce que ce personnage qui, avec la permission de Henri III, allait le débarrasser de Bussy?

Montsoreau était dans les temps anciens une baronie, une des seigneuries les plus considérables de l'Anjou. De tout temps il y avait eu à Montsoreau un château-fort réputé imprenable, comme la plupart des châteaux-forts, ce qui n'empêcha pas Henri Plantagenet de s'en rendre maître et de faire prisonnier Guillaume de Montsoreau, mais après un long siège. Le vainqueur fit démanteler le château que l'on reconstruisit sous Charles VII ou sous Louis XI. Il est situé au confluent de la Vienne et de la Loire qu'il domine, et à trois lieues de Saumur. Du haut de ses tours crênelées on découvre un superbe paysage. Ses deux façades sont couronnées de créneaux et de machicoulis et percées de hautes fenêtres; celle qui regarde le fleuve est flanquée de tours rondes et carrées. A l'autre façade qui donne sur la cour, on remarque dans l'angle droit une tourelle taillée à pans, toute couverte d'exquises moulures et de délicates arabesques et terminée par une galerie de marbre à compartiments ciselés. Sur la galerie, au tympan du dernier étage, on voit en sculpture un grand cerf couché, entouré de riches trophées d'armes ; au-dessus, sculptée dans la pierre, une scène allégorique représente un singe remontant à l'aide d'une chaîne et d'une poulie un petit tonneau qu'un autre singe fouette avec une lanière, et sur une banderole cette devise : Feramus ! Feramus ! Cette féodale résidence très bien conservée est habitée par quelques ménages d'ouvriers. Triste fin pour une aussi belle demeure !

Montsoreau avait commencé par appartenir à une famille qui ne porta jamais d'autre nom que celui-là et qui avait pour armes *d'or à la croix patée de gueules*. On trouve déjà un Guillaume de Montsoreau, seigneur dudit lieu en 1050. Les Montsoreau allèrent aux croisades, et il faut citer parmi eux Jean de Montsoreau, mort archevêque de Tours le 26 janvier 1284, après avoir présidé cinq Conciles, dont un à Langeais en 1278 et un à Tours en 1282. La dernière du nom, Jeanne de Montsoreau, apporta en 1380 Montsoreau à son mari, Guillaume de Craon, qui se qualifia baron de Montsoreau.

Marie de Craon apporta à son tour Montsoreau à Louis Chabot, et Jean Chabot céda Montsoreau le 9 février 1450, en guise de paiement de plusieurs sommes qu'il lui devait, au mari de Jeanne Chabot, sa sœur, lequel était Jean de Chambes, conseiller et premier maître

d'hôtel du roi, duquel descendait directement
Montsoreau, le grand-veneur du duc d'Anjou
et l'assassin de Bussy. Les Chambes disaient
que leur famille était d'origine écossaise ; peu
importe. Toujours est-il que Jean de Chambes
et Jeanne Chabot eurent pour fils aîné Jean de
Chambes, baron de Montsoreau, qui, de Marie
de Châteaubriand, sa femme, eut Philippe de
Chambes, baron de Montsoreau, allié à Anne
de Laval dont vinrent deux fils : l'aîné Jean, et
le puîné Charles, grand-veneur de François,
duc d'Anjou. Les Chambes portaient *d'azur
semé de fleurs de lys d'argent, au lion d'argent
brochant.*

Jean de Chambes, baron de Montsoreau, gentilhomme ordinaire de la chambre de Charles IX,
gouverneur de Saumur et chevalier de l'Ordre,
était, au dire des gens de ce pays, « fort renommé par beaucoup de pillages et de violences, qui finalement luy ont fait perdre la
vie, ayant esté tué depuis en qualité de meurtrier ». C'était un de ces catholiques enragés
qui aimaient mieux tuer les huguenots que les
convertir, et il était aussi un vaillant homme de
guerre. En mars 1570 il avait assiégé le château
de la Grève, en Poitou, et s'en était rendu
maître. Il avait pris part au siège de Fontenay-
le-Comte, sous les ordres du duc de Montpensier, du 1er au 20 septembre 1574. Au mois
d'octobre suivant, il avait été chargé par le
même prince, avec quelques chevau-légers et

une cornette de Reîtres, d'attaquer les huguenots que Jean de La Haye menait au siège de Pons.

Au moment de la Saint-Barthélemy, Montsoreau était dans son gouvernement de Saumur. C'est là que, le 26 août 1572, Puygaillard, gouverneur d'Angers, lui écrivait de Paris une lettre qui prouve une fois de plus que Charles IX, en réclamant la responsabilité de tout le sang versé, ne faisait que se rendre justice. « Mon-
« sieur mon compagnon, je n'ai voullu faillir
« vous faire entendre comme dimanche matin
« le Roy a faict faire une grande exécution à
« l'encontre des huguenots, si bien que l'admi-
« ral et tous les huguenots qui estaient en ceste
« ville ont esté tués ; et la volonté de Sa Majesté
« est que l'on en face de mesme partout où
« l'on en trouvera, et pour ce, si vous désirez
« faire jamais service qui soit agréable au Roy
« et à Monsieur, il fault que vous en alliez à
« Saumur avec le plus de vos amis et tout ce
« que vous y trouverey des dictz huguenots
« des principaux les faire mourir. J'ay escript
« à M. de Moullins pour vous aller trouver.
« Ayant faict ceste exécution audit Saumur, je
« vous prie vous en aller à Angers pour vous
« ayder avec le capitaine du château pour
« faire de même. Il ne faut attendre d'aultre
« commandement du Roy ni de Monseigneur
« (le futur Henri III) car ils ne vous en feront
« point, d'autant qu'ils s'en reposent à ce que

« je vous en escripts. Il faut user en ceste
« affaire de diligence et ne perdre de temps
« que le moins que l'on pourra. Je suis bien
« marry que je ne puis estre par delà pour
« vous ayder à exécuter cela. Qui sera l'endroit
« que je me recommande à vos bonnes grâces,
« priant Dieu, Monsieur mon compagnon, vous
« donner santé très longue et heureuse vie.
« Paris, 26 août 1572. Votre bien affectionné
« compagnon, Puygaillard. »

A cette missive était annexée la lettre close que voici et dont Henri III ne pouvait nier qu'il fut l'auteur : « Monsieur de Montsoreau,
« j'ai donné charge au sieur de Puygaillard de
« vous escripre pour chose qui concerne le
« service du Roy, mon seigneur et frère, et le
« mien. A ceste cause, vous ne fauldrez de
« croire et faire tout ce qu'il vous escrira tout
« ainsi que moy-même. Priant Dieu, etc. » (1). Si l'histoire impartiale n'était là pour attester que le futur Henri III, alors duc d'Anjou, fut peut-être plus coupable et plus responsable de ces massacres que son frère Charles IX à qui Catherine de Médicis et lui forcèrent la main, voici qui le condamnerait sans rémission. L'histoire nous enseigne, en effet, que le duc d'Anjou tenait absolument à ces exécutions bien impolitiques, en tous cas, comme la suite l'a prouvé, et que Charles IX ne s'en souciait pas du tout.

(1) Regist. aux délibérat. de l'Hôtel de Ville d'Angers. 1572, f° 102.

Monsieur de Montsoreau n'avait pas été le seul gouverneur de place à recevoir des ordres de cette nature. Quelques-uns avaient répondu par un refus formel de s'y conformer, en disant qu'ils étaient des soldats mais pas des assassins. Mais il y en eut peu pour témoigner un zèle égal à celui de Montsoreau, car il tint à honneur de mettre lui-même la main à la pâte. Courant à Saumur, il poignarde de sa propre main le lieutenant-général et dirige le massacre. Se rendant ensuite à Angers, il fait de même et tue lui-même M. de La Barbée, un gentilhomme qu'il trouva malade dans son lit, et trois ministres huguenots. L'un d'eux, nommé La Rivière, était son ami. Montsoreau le rencontra dans son jardin, en train de se promener ; il va à lui et l'abat d'un coup de pistolet comme l'autre s'avançait vers lui, les mains tendues.

Quand le massacre eut duré quelque temps, Montsoreau permit aux soldats de faire des prisonniers et leur ordonna de respecter les biens des huguenots. Le roi en avait accordé la confiscation au duc d'Anjou, tel était le mystère ; et la preuve réside dans cette lettre de Montsoreau aux échevins d'Angers : « Mes-
« sieurs, M. de Beaumont m'a dit comme M. de
« Puygaillard m'a pryé faire mettre par inven-
« taire les meubles des Huguenots de vostre
« ville et les faire mettre en la maison de ville
« et aultres lieux que aviserez, jusqu'à ce que

« aultrement Monseigneur en ait ordonné.
« Ledict sieur de Beaumont m'a dict que si ceux
« que ordonnerez pour en prendre la charge
« ne le voulloient, lui baillant par inventaire
« qu'il le fera et en respondra. Il y en a beau-
« coup qui veullent jouer au plus fin, ce que
« ferait si vous n'y faites prendre bonne garde.
« Et là où il a été caché et retiré des biens des-
« dictz huguenots, faites-en la recherche, car
« Monseigneur en pourra bien faire plus de
« cent mille francs. Je vous prie d'y prendre
« garde, s'il n'y est faict diligence, ils osteront
« tout de leurs maisons, comme ils ont déjà
« bien commencé, ce sera double peine de le
« retirer de là où ils l'auront mis. A Touarré,
« 4 septembre 1572. MONTSOREAU » (1).

De si bons offices, tant de zèle pour remplir l'escarcelle du duc d'Anjou méritaient bien un témoignage de satisfaction, aussi écrivait-il à Montsoreau en ces termes : « Monsieur de
« Montsoreau, j'ay receu vostre lettre du der-
« nier jour d'aoust dernier par laquelle j'ay
« entendu le debvoir que vous avez faict
« delà, dont je suys très content, comme je
« says de ce que les habitants de ma ville
« d'Angers ont donné ordre à la seureté des
« portes. Et quant à ce que aulcuns de la Reli-
« gion vous ont mandé de ce vouloir retirer,
« auxquels vous n'avez faict réponse, vous

(1) Regist. de l'Hôtel de Ville d'Angers, 1572, f° 14.

« leur ferez entendre le vouloir et intention du
« Roy, qui a esté envoyé par tout le Royaulme,
« ayant donné charge de vous en estre envoyé
« un double imprimé, suyvant lequel lesdictz
« gentilzhommes se pourront conduire et gou-
« verner ; s'ils le font, le Roy mondict seigneur
« et frère ne veult et entend que leur soit mef-
« faict ne mesdit en aulcune manière que ce
« soyt. Mais, s'ils font le contraire et qu'ils
« s'arment et facent les rebelles, ledict seigneur
« veult qu'on leur courre sus et qu'on les taille
« en pièces. Et sur ce... 5 septembre 1572.
« Vostre bon amy, Henry » (1).

A sa recommandation Charles IX fit mieux pour Montsoreau. Par lettres-patentes données à Vitry-le-François, en novembre 1573, il érigea en comté sa baronie de Montsoreau. Mais le nouveau comte n'en jouit pas longtemps car, le 18 mai 1575, le duc d'Anjou, l'obligé devenu roi, accordait des lettres de confirmation de celles de Charles IX en faveur du frère puîné de Montsoreau, et son héritier, celui-ci étant trépassé sans postérité.

Charles de Chambes, comte de Montsoreau, baron de Pontchâteau, était conseiller d'Etat, capitaine de cinquante hommes d'armes des ordonnances et de cent chevau-légers, chevalier de l'Ordre, l'un des chambellans du duc d'Anjou et Grand-Veneur du duché d'Anjou.

(1) Regist. de l'Hôtel de Ville d'Angers, 1572, f° 113.

Il avait épousé, le 10 janvier 1576, Françoise de Maridor, veuve sans enfants de Jean de Cœsmes, baron de Cucé et de Bonnétable ; mais elle avait déjà rendu Montsoreau père de trois enfants, un fils et deux filles, ce qui semble prouver qu'ils ne faisaient pas si mauvais ménage, lorsque Bussy vint se jeter à la traverse de leur bonheur conjugal. Ceux qui voudraient représenter Madame de Montsoreau comme une jeune fille qui aurait épousé contre son gré le comte de Montsoreau, sont à côté de la vérité, comme on le voit. Madame de Montsoreau était la fille aînée d'Olivier de Maridor, baron d'Avoir, seigneur de La Coutancière, La Baudinière, Vaux, La Frelonnière, etc., et d'Anne de Matignon-Thorigny. Comme le mariage de ses parents avait eu lieu en 1552, cela donnait alors aux environs de 26 ans à l'aînée de leurs filles, la comtesse de Montsoreau, qui avait pour sœurs Madame de Longueval-Haraucourt et Madame du Liscouet.

Lorsque le roi eut montré à Montsoreau la lettre dans laquelle Bussy se vantait de tenir dans ses filets la biche du grand-veneur d'Anjou, celui-ci partit aussitôt pour l'Anjou où sa femme était avec ses enfants ; et on prétend qu'il l'obligea à donner un rendez-vous à Bussy en lui écrivant ou en lui faisant écrire qu'elle l'attendrait, un soir, à La Coutancière, un grand château moitié forteresse, moitié maison de plaisance, très agréablement situé pour la chasse et qu'elle avait apporté en dot à son mari. La Coutancière est tout voisin de Saumur (1). Bussy était alors à Saumur, ce qui amène à croire qu'il poussait sa pointe vers Madame de Montsoreau, en admettant qu'il n'eut encore rien obtenu d'elle. Il y en a qui affirment que cette jeune femme ne servit pas de piège pour attirer Bussy à La Coutancière et qu'elle était tout à fait ignorante du rôle que Montsoreau lui faisait jouer. Dans ce cas la lettre qui fit tomber Bussy dans le piège eut été un faux. Pour l'honneur de Mme de Montsoreau, cette hypothèse est préférable, ainsi que celle qu'en écrivant à Bussy elle aurait cédé à la violence. Quoi qu'il en soit, car ce problème n'aura jamais de solution, un an après la mort de Bussy, celle qui fut la cause de sa mort, devenait mère encore une fois ; elle avait donc, en tout cas, pardonné à son mari le meurtre de celui qui la courtisa et qui, peut-être, lui fit pour un instant battre le cœur.

Appelé par une lettre qui lui assignait un rendez-vous le 19 août 1579, Bussy arrivait le soir à La Coutancière dans le galant accoutrement d'un homme qui va à un rendez-vous. Il était accompagné du lieutenant criminel de Saumur, Colasseau, qui servait à Bussy de « messager d'amour », singulière profession pour un magistrat. Il est probable, presque

(1) Commune de Brain-sur-Allonnes, canton Est de Saumur.

certain, que la lettre avait été remise à Bussy par son intermédiaire ; dans ce cas Colasseau était tout simplement le complice de Montsoreau et son assassinat avait pour but de s'assurer de son silence. Quand ils furent entrés dans la cour, on en referma la porte derrière eux et Bussy, sans défiance aucune, pénétra dans le château et monta au premier étage. Là, il se trouva en présence de Montsoreau et de quatorze coupe-jarrets bien armés d'épées et d'arquebuses, qui l'attaquèrent à l'improviste. Pendant ce temps, d'autres cachés dans la cour, tuaient le lieutenant criminel avec des raffinements de cruauté qu'il est difficile de retracer.

C'est ici que l'âme généreuse de Bussy se fit voir tout entière. Seul contre quinze, se voyant perdu, il ne pensa qu'à vendre sa vie le plus chèrement possible et à bien prouver que jamais il n'avait connu la peur. Combattant tant qu'il lui resta dans la main un morceau de son épée, lorsque la lame fut brisée au niveau de la poignée il se fit des armes avec les bancs, les tables, les chaises, les escabeaux et blessa plusieurs des assaillants. Enfin, blessé lui-même, Bussy eut encore assez de force pour sauter par une fenêtre, mais en tombant son pourpoint s'accrocha aux grilles de fer d'une fenêtre inférieure et, tandis qu'il demeurait ainsi suspendu, sans pouvoir se dégager, Montsoreau le fit achever à coups d'arquebuse. Une autre version, qui paraît la meilleure, rapporte qu'au moment où une fenêtre étant ouverte ou enfoncée par lui et comme il s'apprêtait à tenter ce dernier moyen de salut, Montsoreau profita de ce qu'il tournait le dos pour le frapper par derrière et l'abattre d'un dernier coup.

C'est ainsi qu'est mort le brave Bussy que l'on a inhumé dans l'église des Cordeliers de Saumur, avec les honneurs dûs au gouverneur d'une province. Cette mort fit grand bruit. Henri III seul n'en parut éprouver aucune émotion, non plus que le duc d'Anjou aussi ingrat que lâche. Le comte de Montsoreau, qui ne fut pas inquiété, fut néanmoins obligé de s'entourer de beaucoup de précautions, car voyant que la justice n'informait pas contre le meurtrier, un beau-frère de Bussy, Jean de Montluc, seigneur de Balagny (1), époux de Renée de Clermont d'Amboise, sœur de Bussy, jura de le venger et pendant neuf ans il chercha, sans pouvoir l'atteindre, l'occasion de tuer Montsoreau. Au bout de ce laps de temps, le Roi « les fit s'accommoder », selon le langage du temps, ce qui prouve bien que ni le chagrin ni les rancunes ne sont éternels.

(1) Fils naturel de Jean de Montluc, évêque de Valence et d'Anne Martin, légitimé en 1567. Gouverneur de Cambrai en 1581. Il prit le parti de la Ligue en 1593. Sa femme, une héroïne, obtint de Henri IV que celui-ci laisserait à son mari Cambrai avec titre de principauté souveraine et qu'il fut créé maréchal de France. Mais les habitants de Cambrai secouèrent ce joug, se révoltèrent et chassèrent Balagny le 7 octobre 1595. Sa femme qui avait pris les armes mourut de désespoir le jour même. Le maréchal mourut en 1603.

XXIV

La Danse à la Cour et à la Ville

La danse n'est pas en honneur auprès du clergé; certains de ses membres poussent l'intolérance jusqu'à la considérer comme un péché, et cependant, jadis, le clergé dansait. Il dansait dans les églises, à l'occasion de certaines fêtes particulières; mais tout le monde protesta, les Conciles, les Papes, les Evêques, les Rois, et ces danses sacrées furent tout à fait supprimées. Pourtant, au XVIe siècle, on vit encore des prêtres danser. Dans un bal que Louis XII donna à Milan, les cardinaux de Narbonne et de Saint-Quentin dansèrent et s'en acquittèrent fort bien. Plus récemment, au concile de Trente, en 1562, dans le grand bal que l'on offrit au roi d'Espagne, Philippe II, venu pour visiter le Concile, tout le monde prit part à la danse, cardinaux, prélats et jusqu'au sombre monarque. Mais il s'agissait de *danses basses*, ainsi nommées par opposition avec les *danses hautes*, vives et légères. Les *danses basses* étaient des manières de processions, pendant lesquelles on devait garder le maintien le plus grave et le plus compassé, où la musique lente et sérieuse était à l'unisson des visages, et où l'on figurait, les cavaliers avec le manteau et l'épée, tenant leur toque à la main, et les dames vêtues des robes de cour en étoffes lourdes et traînant jusque sur le sol.

Les *danses basses* étaient venues d'Italie et d'Espagne sous les règnes de François Ier et de Henri II, dans les bagages des reines Eléonore d'Autriche et Catherine de Médicis. Mais lorsque Catherine devint Régente, du grave on passa au doux et du sévère au plaisant. Non seulement la Reine fit composer des ballets héroïques (1), mais elle les fit danser par ses filles d'honneur, dont la vertu était le moindre capital, et par les jeunes seigneurs de la maison de ses fils lesquels ne dédaignèrent pas d'y figurer souvent eux-mêmes. Tandis que ceux-ci, abordant le rôle et les fonctions jusqu'alors réservés aux danseurs de profession, déployaient leur agilité dans les *caprioles, tordions, ras de vaches, jetés, chassés, coupés, battus, pirouettes, et balancées*, les dames et les filles d'honneur, revêtues de costumes appropriés à leurs personnages, pouvaient, au moyen de jupes un peu écourtées, faire remarquer la petitesse de leurs pieds et le modelé de leurs

(1) Le dimanche 15 octobre 1581, on dansa devant le Roi et la Reine le ballet de *Circé et de ses nymphes* qui, commencé à 10 heures du soir durait encore à 3 heures du matin. Le Roi, déclarant qu'il était exténué de fatigue, donna le signal du départ.

jambes. C'est encore à la reine-mère que l'on doit l'invention des bals masqués. Dans cette œuvre joyeuse, la seule qui ait vraiment contenté tout le monde, elle eut un puissant auxiliaire dans la personne de Madame Marguerite, sa fille, la princesse séduisante entre toutes. Celle-ci excellait surtout dans la bourrée, une danse d'Auvergne, qu'elle introduisit pour ce motif à la Cour, où la bourrée se maintint jusqu'au règne de Louis XIII, pour y reparaître cent ans plus tard.

Il y avait deux sortes de *basses danses*. Celle-ci était composée de pas et de figures lents et graves que l'on marchait sans quitter le sol. Elle comportait une certaine variété, puisqu'il y en avait quatre espèces différentes que l'on nommait : *Jouissance vous donnerai*, *la Toutefrelore*, *Confortez-moi* et la *Patience*, des premiers mots des paroles qui avaient été adaptées sur leurs airs (1). Le même nom était aussi employé pour désigner la première partie de certaines danses qui commençaient sur une mesure grave et lente pour finir sur un mode plus vif et plus gai. C'était alors un ballet divisé en trois périodes, la *basse-danse* pour commencer, le *retour de la basse-danse* pour continer, et pour finir le *tordion* qui ne laissait rien à désirer sous le rapport de l'animation. Ce ballet était fort plaisant pour les contrastes.

(1) *Orchésographie*, par Thoinet Arbeau (Jean Tabourot, sieur des Accords) 1590, in-4, avec figures.

Il n'y avait pas un bal qui ne commençât par un *branle* ou *ronde*, la danse la plus populaire en France et, sans contredit, la plus ancienne. Le caractère général du branle était que chacun se tenait par la main, et que, se balançant réciproquement les bras, les danseurs tournaient en rond ou bien avançaient et reculaient de quelques pas.

Si l'on se vantait de savoir danser le branle, on ne risquait rien de s'entendre demander lequel, car il ne manquait pas de variétés dans cette sorte de danse. Il y avait le *branle simple*, où l'on n'avançait et l'on ne reculait qu'une seule fois ; le *branle gai*, où tous les mouvements étaient vifs et rapides, et le *branle de Bourgogne*, où l'on se portait tantôt à droite, tantôt à gauche : le *branle du Haut-Barrois*, mêlé de sauts et de bonds et, par conséquent, plus vif que tous les autres ; *les branles de Montiérender en Champagne, du Hainaut et du Comtat d'Avignon ; le branle de Poitou*, où l'on observait de marcher toujours à gauche et jamais à droite ; *le branle de Bretagne* ; *le branle d'Ecosse* ; *le branle de Malte*. Il y avait les *branles coupés*, ainsi nommés parce qu'au lieu de tourner en rond les danseurs se divisaient en deux troupes qui marchaient à la rencontre l'une de l'autre : on en connaissait cinq : les *branles de Cassandre, de Charlotte, de Pinagai, de Laridan* et *de la Guerre*.

Il y avait des branles qui tiraient leur nom

de la manière de les danser, tels que celui des *Lavandières*, où, à certains moments, l'on frappait des mains en imitant le bruit des battoirs ; *le branle des sabots*, où l'on frappait des pieds en cadence : le *branle des chevaux* où le danseur imitait, en regardant sa danseuse, le hennissement du cheval et faisait, en même temps, de petits sauts pour simuler les ruades. D'autres étaient désignés par le nom des airs que l'on chantait, et c'est parmi eux qu'il faut ranger les *branles des Hermites, des Pois, de la Moutarde*, et *de l'Officine* : car la plupart de ces branles étaient mêlés de chansons. Dans le *branle de la Haie*, où danseurs et danseuses marchaient à la suite les uns des autres, celui qui menait le branle, qui marchait en tête, chantait un couplet dont les autres répétaient le refrain en chœur tout en dansant, c'est pour cela que ce branle était aussi appelé *branle à mener*.

S'il devait y avoir un *bal aux Brandons*, alors c'était bien différent ; chacun composait son maintien et son visage, et en prenant l'air ennuyé on ne se donnait que l'extérieur du sentiment que l'on avait en réalité. Les bals aux Brandons n'avaient lieu que dans les circonstances solennelles, telles que le couronnement ou le mariage des Rois, des Princes ou des grands seigneurs. Ce nom leur venait du branle des chandeliers ou des brandons par lequel il était d'un usage invariable d'ouvrir ces bals. Au son des cymbales, des trompettes et des hautbois jouant un air sérieux, les danseurs s'avançaient, tenant d'une main un flambeau allumé et présentant l'autre main à leurs danseuses. Cela s'est conservé en Allemagne sous le nom de Marche aux flambeaux. Quant aux bals ordinaires, ils commençaient toujours par un *branle simple* et se terminaient par un branle double ou chanté, que l'on appelait *branle de sortie*.

Dans l'intervalle qui séparait ces deux branles l'un de l'autre, c'est-à-dire pendant le bal on passait en revue toutes les danses connues : on mêlait les danses populaires aux danses savantes. Dans la catégorie des danses populaires, il faut classer la *bourrée,* elle était d'un mouvement fort gai et en deux temps; le *passe-pied* ou *tibori*, danse bretonne; la *rolte* de Provence, qui se danse au son des cymbales; le *rigodon* du même pays, dont le pas consiste à se rapprocher les deux pieds, à plier les deux genoux et à se relever en sautant; le *tambourin* du Béarn; les danses poitevines avec la cornemuse; les danses bourguignonnes et champenoises accompagnées par le petit hautbois et le tambourin. Chacune de ces danses était d'autant mieux exécutée que les jeunes seigneurs, originaires de ces différentes provinces, figuraient dans leurs danses nationales et s'y montraient supérieurs à tous les autres.

Pour les danses savantes, il fallait distinguer

entre les danses graves et les danses gaies. C'est dans la première série, comme étant la plus grave de toutes, qu'il convient de ranger la *pavane,* danse espagnole. De *pavane* on a fait *pavaner* et *se pavaner*, c'est-à-dire se donner des airs de paon, se donner de grands airs. En cela seulement consistait tout le mérite de cette danse. Son caractère s'accommodait des vêtements longs et amples qui ajoutent à la dignité de la démarche. Pour qu'une pavane eut le cachet qui lui convenait, il fallait que les danseurs y figurassent avec le manteau et l'épée, les magistrats avec leurs simarres, et les dames avec les robes en lourdes et riches étoffes balayant le sol. Bien qu'il y eut une distinction à faire entre la pavane française et la pavane espagnole, le pas ne consistait qu'en un coulé et un marché, pendant lequel il fallait s'armer de toute la dignité dont on était susceptible.

Aux danses graves appartenait encore le *menuet*, originaire du Poitou, ainsi nommé pour les petits pas que faisaient les danseurs et qui consistait seulement en trois figures, un coupé, un relevé et un balancement. Les airs avaient été composés par Ducoroy qui a joui d'une grande réputation comme musicien sous les règnes de Charles IX et de Henri III. La *Chaconne*, importée d'Italie, tenait le milieu entre les *danses basses* et les *danses hautes*, qui consistaient principalement en la *courante*, la *gaillarde* ou *romaine*, la *gavotte*, la *morisque* et le *tordion*. La courante se dansait à trois couples seulement. Pour la gaillarde, dont l'air était à trois temps, il fallait avoir des jambes de vingt ans. On la dansait sur des refrains connus, la *Traditore mi fa morire*, l'*Antoinette*, la *Baisons nous, belle*, la *Si j'aime ou non*, la *Fatigue*, la *Milanaise*, la *J'aimerais mieux dormir seulette*, ou encore l'*Ennui qui me tourmente*. S'agissait-il de la *Morisque*, la gaieté et le mouvement étaient assaisonnés d'un vacarme qui ne devait rien avoir d'agréable pour les spectateurs, car on marquait la cadence avec des castagnettes et en frappant les talons les uns contre les autres. Quant au *tordion*, qui avait un très grand succès, c'était une danse qui s'éloignait beaucoup de la décence ; et quant à la *Canarie*, où l'on prétendait imiter les contorsions que font en dansant les nègres des îles Canaries, les maris n'aimaient généralement pas voir leurs femmes y prendre part, tandis qu'au contraire cela divertissait fort le roi et les jeunes courtisans qui regardaient et applaudissaient.

Seul des trois fils de Henri II, Henri III aimait la danse et, dans tous les bals, il payait royalement de sa personne.

XXV

Les Edits somptuaires

En 1543, le roi François Ier s'avisa de publier une loi somptuaire qui fit beaucoup crier la noblesse contre qui elle était dirigée. Avait-elle le droit de crier à l'innovation ? Certes non, car cet édit était le dix-septième sur la matière, autant de coups mortels portés au commerce et à l'industrie, ce qui rend incroyable l'obstination des Rois à les promulguer. Que la noblesse française n'en ait jamais tenu aucun compte, cela n'a rien de surprenant pour quiconque connaît le caractère français.

Charlemagne, Louis le Débonnaire, Philippe Ier, Louis VIII, Saint-Louis, Philippe III, Charles VIII, François Ier, Henri II, firent tous leurs lois somptuaires. Henri II en prenant possession du trône commença, le 9 mai 1547, par publier un édit somptuaire que l'on s'empressa de ne pas exécuter. Mais si la noblesse était entêtée dans le droit qu'elle déclarait imprescriptible de se vêtir à sa guise, le roi ne l'était pas moins pour ce qu'il considérait comme un des attributs de sa puissance souveraine et absolue. Quand il fut bien constaté qu'il en était de son édit comme d'une chanson, il en publia un deuxième sous le titre d'*Itérative prohibition* qui eut le sort du premier. Un an après, le 17 octobre 1550, le Parlement, qui fourrait déjà son nez en toutes choses et se mêlait avec ardeur de ce qui ne le regardait pas, soumit au roi du « doutes sur l'interprétation de l'ordonnance de 1549 ». Cette naïveté des gens de robe, s'apercevant qu'il fait jour en plein midi, fit rire à leurs dépens et aux dépens du roi. Henri II se le tint pour dit et laissa les choses suivre leur cours.

Le temps manqua à François II, mais Charles IX se hâta de faire paraître un long et minutieux « règlement sur la modestie que doivent garder ès habillements tous les sujets des Roy » visant, cette fois, toutes les classes de la Société. On mit sur le compte des États-généraux, d'Orléans, qui profitaient de la jeunesse du roi pour réformer le Royaume, ce qui n'était nullement le fait de cette assemblée. Charles IX était seul responsable aux yeux de ses sujets, comme il devra l'être aux yeux de la postérité, des ordonnances qu'il publia sur la réformation des vêtements. Il est le seul roi qui soit revenu sept fois à la charge sur ce sujet, et le premier qui, après Philippe le Bel, ait entrepris de restreindre le luxe de la table. Le roi prétendait règlementer l'appétit de ceux dont il règlementait le costume.

La déclaration du 22 avril 1561 aurait dû dispenser Charles IX des six autres, car elle touchait à tout, embrassait tout et ne remédia à rien du tout : défense aux simples ecclésiastiques de porter aucuns draps de soie, ni des habits courts, les habits longs étant seuls convenables et décents dans leur profession. Les archevêques et les évêques auront des robes de damas et de taffetas avec des pourpoints ou soutanes de velours et de satin ; les cardinaux seuls pourront porter toutes sortes de soie, mais discrètement. Aux princes, princesses et ducs est réservé l'usage des draps et toiles d'or et d'argent, des parfilures, broderies, passements, franges, tortils, canetilles, récamures, bords et bandes, velours en soie barrés d'or ou d'argent, en robes, pourpoints, chausses et autres habillements. Défense à tous autres de mettre à leurs habillements et à ceux de leurs enfants, des bandes de broderies, piqûres ou emboutissements de soie, passements, franges, tortils, canetilles, bords ou bandes de quelque sorte que ce soit, si ce n'est seulement un bord de velours ou soie de la largeur d'un doigt ou tout au plus « deux bords, chaînettes ou arrière-points » au bord des vêtements, sous peine de 200 livres parisis (2,000 francs de nos jours) d'amende. Les dames et demoiselles qui demeurent à la campagne s'habilleront de robes de drap de soie de toutes couleurs, sans enrichissement ni autres bords que celui qui serait mis pour éviter la couture. Les dames veuves ont pareillement l'autorisation d'user de toutes étoffes de soie, mais le camelot de soie et la serge, les taffetas, damas, satin, velours pleins, leur sont interdits.

C'est maintenant le tour des gens de justice. Aucun d'eux, du haut en bas de l'échelle, du plus grand au plus petit, présidents, maîtres des requêtes, conseillers de cours souveraines et du Grand Conseil, gens des comptes et tous officiers et ministres de justice, ne peuvent employer de soie que pour les pourpoints, et leurs femmes que pour les jupes, manchon et doublures de manches ; celles-ci ne mettront d'ornements en or dans leur coiffure que pendant la première année de leur mariage, et il n'y aura pas d'émail à leurs chaînes, carcans et bracelets, sinon 200 livres d'amende. Même interdiction aux gens de finance, trésoriers généraux, généraux des finances, notaires et secrétaires du Roi, sauf ceux qui sont en cour. Défense aux artisans, gens de métiers, serviteurs et laquais, d'user de soie, même en doublure, à peine de 50 livres d'amende pour les gens de métier, de prison et de confiscation d'habits pour les autres.

L'année 1563 avait vu de graves évènements, le meurtre du duc de Guise, la pacification d'Amboise, la guerre avec l'Angleterre. Mais le jeune Roi avait en tête la question des habits, et le seul mois de janvier vit éclore trois nouvelles lois somptuaires : le 17, renouvellement de l'édit de 1561 ; le 21, défense d'enrichir les habillements d'aucuns boutons, plaques, grands fers en aiguillettes d'or et d'orfèvrerie ; le 28, une ordonnance sur les droits d'entrée des soies, fluets et filoselles dans le royaume. Il n'y avait qu'une seule classe de la société qui parut prendre au sérieux ce que la noblesse traitait avec un si superbe dédain, c'étaient les gens de justice et de finance. La preuve en est qu'ils s'avisèrent de faire des remontrances pour ce qui les concernait, et ce ne fut pas en vain qu'ils fournirent au jeune roi l'agréable occasion de revenir sur une matière qu'il paraissait mettre au-dessus de toutes les autres; ils obtinrent, le 10 février 1567, de pouvoir porter des robes de soie, et leurs femmes reçurent, le 10 avril suivant, la même faveur. La noblesse n'avait pas témoigné la moindre velléité de solliciter une modification à l'édit; aussi le roi jugea-t-il à propos de le renouveler absolument dans les mêmes termes, le 4 février 1569.

Si le roi Henri III publia, à son tour, le 24 mars 1583, une déclaration sur les habillements, plus longue que toutes les autres, au moins n'en a-t-il publié qu'une. C'est après dix ans de règne, dix ans d'un luxe, d'une recherche dans les vêtements et dans les meubles, comme il n'y en avait jamais eu d'exemple. On remarqua donc, sans surprise, qu'il apportait des adoucissements aux sévérités de son frère et qu'il tenait compte des progrès que l'on avait fait concurremment dans l'art du luxe et dans celui de se ruiner. Si l'on y retrouvait l'antique et éternelle prohibition pour tous, sans exception, des draps et toiles d'or et d'argent, parfilures, broderies, passements, canetilles, cordons, aboutissements, des velours, satins, taffetas, crêpes, gazes, toiles et linges barrés, mêlés, tracés ou couverts d'or et d'argent, en revanche les dames et demoiselles pourraient employer les crêpes d'or et d'argent pour couvrir leurs chaperons de velours et les étoffes interdites en vêtements pour faire des bourses à mettre leur ouvrage. Les plus riches habillements en velours, satin, damas, taffetas et autres étoffes de soie, pleines ou veloutées, figurées et ouvrées, ceux de camelot, serge, drap et autres étoffes de laine et poil, pouvaient être chamarrés de cordons, passements ou étoffes décorées, sans toutefois mettre bord sur bord ou bande sur bande de soie, mais un simple arrière-point pour le coudre, à peine de 50 écus d'amende pour la première contravention, 100 écus pour la seconde et 200 écus pour la troisième.

Pour la question des pierreries et joyaux dont les courtisans se paraient autant et plus que les femmes, le roi s'était montré aussi large et généreux. Les princes et princesses, les ducs et duchesses, les femmes des Grands-officiers de la Couronne et les chefs des nobles maisons qui avaient dans leurs armes les hermines mouchetées, c'est-à-dire les grands seigneurs de Bretagne, étaient autorisés à porter autant de perles et de pierreries que bon leur semblerait. Toutes les autres personnes de qualité pouvaient se parer de chaînes et de boutons d'or et de pierreries montées en anneaux pour mettre aux doigts et en guise d'enseigne au chapeau.

L'enseigne était une médaille, un emblème quelconque cousu devant le chapeau. Dans l'inventaire, après décès, de François II, en 1560, on trouve en fait d'enseigne : « une « enseigne d'or, le fond de lapis et dessus une « figure d'une Lucrèce. Une autre enseigne « sur un fond de jayet où il y a ung homme « esmaillé de blanc et ung armet d'acier sur « un pied d'estier (piédestal) où est ung saphir ; « une enseigne d'un David sur un Goliat, la « teste, les bras et les jambes d'agate ; une « enseigne garnie d'or où il y a une Cérès « appliquée sur une agate, le corps d'argent et « l'habillement d'or ; quatre petites enseignes « de feuilles d'or estampées de dévotions. » Dans l'inventaire du prince de Condé fait en 1588, on remarque : « une enseigne d'or où il « y a ung pourtrait d'homme ayant une espée « en main et le monde en l'autre ; une enseigne « d'or en laquelle y a un portrait de femme. » Il y en avait de plus modestes et accessibles aux petites bourses. Bernard Palissy écrit en 1575 : « Je m'asseure (j'affirme) avoir veu

« donner pour trois sols la douzaine des figures
« d'enseignes que l'on portoit aux bonnets,
« lesquelles estoient si bien labourées (travail-
« lées) et leurs esmaux si bien parfendus
« (appliqués) sur le cuivre qu'il n'y avoit nulle
« peinture si plaisante. »

Revenons à l'ordonnance de Henri III. A tous princes, seigneurs, nobles et capitaines, on accordait le droit d'avoir des gardes et des poignées d'épées et de dagues, des ferrures, des ceintures et des éperons dorés et argentés et de faire dorer et argenter leurs corcelets et armures. Par toutes celles qui sont conservées, on peut conclure que l'on profitait rarement de la permission. L'édit faisait naturellement exception pour les commandeurs, chevaliers et officiers des ordres du roi, qui étaient tenus de porter continuellement au cou la croix d'or émaillée et la même croix bordée d'orfévrerie sur leurs manteaux. Quant aux pages, fussent-ils pages de princes ou de simples gentils-hommes, à leurs habits de drap ou d'étamine, ils ne pouvaient ajouter qu'un simple bord de velours décoré, tandis que les laquais du roi, de la reine et des princes, pouvaient être vêtus de velours ou de soie, ce qui mit les pages dans une colère bien légitime et valut souvent aux habits somptueux des laquais une bonne garniture de coups de bâton.

Dames nobles, femmes de magistrats, de financiers, de baillis, de sénéchaux, d'officiers domestiques du roi, dames de la reine et des princesses, pouvaient se donner carrière : broderies, serre-tête, carcans de pierreries ou de perles, bagues et anneaux en or ornés d'émail et de pierres précieuses, chaînes et bracelets, chapelets et patenôtres d'or et de pierreries, livres d'heures à reliures ornées de grecques d'or et de pierres fines, tout leur était permis. Les bourgeoises elles-mêmes ou femmes à chaperons, comme l'on disait alors, parce que, contrairement aux femmes nobles, elles étaient toujours tenues à porter ce genre de coiffure, si maltraitées, si humiliées jusqu'alors, avaient désormais le droit de relever la tête. Henri III leur octroyait des anneaux d'or émaillé avec des pierreries, une chaîne d'or au cou, des pàtenôtres, chapelets ou dixains en or, et des livres d'heure pareils à ceux des dames nobles. Si le jais, l'émail, le verre et les broderies étaient interdits en bande ou en broderies sur leurs vêtements, elles pouvaient, du moins, en mettre dans leurs coiffures et dans leurs bijoux, chaînes, pendants d'oreille et carcans.

Les prix de diverses étoffes et pièces d'habillement sont ici à leur place. Je les extrais des comptes des argentiers de Charles IX, et à côté du prix qui y figure je place sa traduction en argent moderne : — 3 aunes de serge verte de Florence, 24 livres tournois (90 francs) ; — l'aune de velours noir, large d'un pouce, pour suspendre au cou l'ordre de Saint-Michel, 5 sous

l'aune (1 fr. 40 c.) ; — taffetas noir, à 100 sous
l'aune (28 francs); — le taffetas gris à 4 livres
l'aune (16 fr. 80 c.); — le velours noir à 8 livres 10 sous l'aune (35 fr. 70 c.); — le velours
rouge cramoisi figuré, à poil coupé et non
coupé, même prix ; — le taffetas blanc quatre
fils et le taffetas orange quatre fils, 35 sous
(7 fr. 35 c.) l'aune; — une paire de grands
gants de chien « pour aller à l'assemblée »,
la paire 60 sous (12 fr. 60 c.) ; — (un article
du compte royal de David Blandin, de 1560,
prouve que par « *aller à l'assemblée* » on entendait « aller à la chasse » : c'était le terme
consacré qui se retrouve fréquemment dans les
comptes royaux et même dans certains inventaires de châteaux et de manoirs : « 32 aulnes
« de fine toille de Hollande employée à faire deux
« draps pour la chasse, pour couvrir la pail-
« lasse qui se porte à l'assemblée où couche
« led. seigneur (le Roi) » ; — trois paires de
« grosses bottes de vache grasse fermant à
blouques et à genoulx (à genouillères) garnies
de fortes semelles » 36 livres (126 francs) ; —
les souliers de maroquin blanc ou de couleur
gris, noir, vert, rouge et bleu, la paire 40 sous
(8 fr, 40 c.); = une paire de bas de soie 12 livres
(50 fr. 40 c.); — un grand feutre (chapeau de
feutre) fin, à grands rebords, bordé de passements de fine soie, garni d'un large crêpe enrichi d'argent, 7 livres 10 sous (31 fr. 50 c.); —
un chapeau de taffetas de Florence « hault et

plissé à l'espaignole », 8 livres (33 fr. 50 c.) ; — un bonnet de nuit garni de rubans pour l'attacher, 15 sous (3 fr. 50 c.) ; — une paire de gants, 6 sous (1 fr. 25 c.) ; — taffetas incarnat pour faire des jarretières, 70 sous l'aune (12 fr. 66 c.) ; — une ceinture de cuir du Levant « avec pendant à porter espée », 55 sous (11 fr. 55) ; — quatre aunes et demi de bombazine de Milan noire, pour faire deux pourpoints, 117 sous (24 fr. 47 c.) ; — quatre aunes et demi de futaine blanche pour les doubler, 72 sous (15 fr. 12 c.).

Tout ce qui précède est relevé dans les comptes royaux de Charles IX ; nous y trouvons également le détail de ce qu'il fallait d'étoffe pour faire des costumes complets : une casaque de velours rouge (5 aunes), doublée de taffetas cramoisi (3 aunes) ; un pourpoint de satin blanc (2 aunes 1/2) ; doublure de taffetas blanc (2 aunes) ; des chausses en velours blanc (2 aunes 3/4) ; bouillonnées de satin blanc (2 aunes) ; doublées de taffetas blanc (1 aune 3/4) ; des bas de chausses en serge blanche de Florence (1 demie aune 3/4) ; doublées de toile blanche (1 aune) ; un chapeau de velours rouge (3/4 d'aune), doublé de taffetas cramoisi (1/4 d'aune). Cet élégant costume, qui violait de tous points les édits somptuaires, était donné par le roi à son premier écuyer. A un quart d'aune près, ces mesures se retrouvent partout les mêmes. Ajoutons que pour la cape ou petit manteau qu'on portait sur l'épaule, il fallait deux aunes. Charles IX se fait faire, en 1560, un « *saull en barque* » pour lequel on emploie une aune et demie de fin drap noir de Rouen dit du *Sceau*, à 9 livres (49 fr. 58 c.) l'aune. En 1570, il se fait faire un reître, ou manteau pour monter à cheval, pour lequel on emploie 3 aunes 1/2 de même drap, mais qui coûte 10 livres (55 fr. 20 c.) l'aune. En 1570, pour le roi deux douzaines de paires de gants « delliez, lavez une fois seulement en eaue d'ange » (eau de senteur), 18 livres (104 fr. 86). — amidon pour servir à empéser les chemises du duc d'Alençon, à 12 sous tournois (3 fr. 46 c.) la livre. — 3 paires de gants musqués 4 livres (22 fr. 08).

On a vu que Charles IX portait un saute-en-barque : dans les comptes royaux on trouve la preuve qu'il portait des cabans. Henri II, lui, portait des gilets, c'est-à-dire, sous le pourpoint, un petit vêtement ajusté et sans manches ; en voici la preuve : « 1557 — pour la façon d'un gillet de vellours noir fait de même façon de la casaque... » Ce qui prouve qu'il n'y a sous le soleil rien de ce qu'on croit y trouver de nouveau.

Je pourrais prolonger ces citations à l'infini, et il y aurait matière à en faire un volume, mais ce serait dépasser les limites que je me suis fixées. Pour finir, je dirai que Henri IV voulut, lui aussi, dire son mot dans la question des habits. Le 14 mars 1601, il défendit l'usage des draps et toiles d'or et d'argent ; et en 1602, il établissait à Paris une manufacture de ces tissus interdits, ce qui surprit et égaya le public. Mais, en 1604, il prit sa revanche avec l'esprit qu'on lui connaît, et de façon à ce que son édit fut exécuté. En prohibant l'or et l'argent sur les vêtements, Henri IV faisait exception en faveur des filous et des filles de joie « en qui — disait-il — nous ne prenons pas assez d'intérêt pour leur faire l'honneur de donner attention à leur mise ». Cette fois le malin Béarnais eut les rieurs de son côté.

XXVI

Henri III et ses favoris

Henri III changeait souvent de favoris : on les lui tuait ou ils se faisaient tuer en duel ; le roi les pleurait un peu et se hâtait d'en prendre d'autres. Différent de Louis XIII à qui un seul à la fois suffisait, Henri III partageait ses bonnes grâces entre plusieurs ; à la fin de son règne il n'était occupé qu'à mettre les holà entre Epernon et Joyeuse, et à les combler d'honneurs et de faveurs dans l'espoir de mettre un terme momentané à leur rivalité jalouse (1)

Le peuple détestait naturellement ceux qu'il flétrissait de l'épithète de *Mignons* et leur pro-

---

(1) Jean-Louis de Nogaret de la Valette, duc d'Epernon, né en 1554, mort le 13 janvier 1641 à l'âge de 88 ans. Il avait reçu du Roi la charge de colonel-général de l'infanterie française, les gouvernements des Trois-évêchés, du Boulonnais, de l'Angoumois, de la Saintonge, de l'Aunis, de la Touraine, de l'Anjou et de Normandie. Epernon avait été érigé pour lui en duché-pairie, et enfin le roi lui avait fait épouser Marguerite de Foix, comtesse de Candale, en lui donnant 400,000 écus de dot. Anne de Joyeuse, né en 1561, tué à la bataille de Coutras, le 20 octobre 1587, avait été créé duc de Joyeuse, amiral de France, gouverneur de Normandie et le roi lui avait fait épouser sa belle-sœur, Marguerite de Lorraine.

diguait l'injure. On les insultait chaque jour en vers et en prose. Les favoris dédaignaient l'injure partie de si bas, mais si quelque gentilhomme s'émancipait jusqu'à les critiquer, ils lui faisaient voir que leurs mains, si blanches et si parfumées fussent-elles, maniaient l'épée avec d'autant plus d'habileté que le roi leur avait donné des leçons, et Henri III passait pour être la plus fine lame de son royaume. Si Henri III était devenu femme, il avait commencé par être homme à Jarnac et à Moncontour; les favoris, femmes d'abord, devaient se montrer hommes à Arques, à Ivry et à Fontaine-Française. Ils avaient aussi une autre vertu qui rachetait bien des défauts; ils aimaient leur maître et se serraient autour de lui au moment où les Ligueurs et les Huguenots montaient à l'assaut du pouvoir; et leur dévouement ne se faisait pas marchander tandis que chacun mettait le sien au prix le plus élevé possible. L'histoire impartiale aurait pu les montrer tous, Epernon, du Gast, Saint-Luc, Quélus, Maugiron, Schomberg, Saint-Mégrin, Joyeuse, d'O et tant d'autres, tels qu'ils étaient, de jeunes fous, ivres de tous les plaisirs et de toutes les élégances, mais de fiers et braves gentilshommes, en même temps que de loyaux et fidèles sujets.

Chacun de ces favoris du roi avait son logement au Louvre, indépendamment de celui, simple logement ou hôtel, qu'il avait en ville.

Ainsi l'hôtel de François d'O était situé rue Vieille-du-Temple, en face de la rue des Blancs-Manteaux, et l'hôtel du duc d'Epernon était situé rue Plâtrière et rue Coq-Héron et avait porté le nom d'hôtel de Flandre, avant de lui appartenir.

Entrons dans l'appartement du premier venu d'entre eux, Quélus, si vous voulez, et commençons par la garde-robe attenant à la chambre ; elle est spacieuse et on s'y croirait dans la boutique d'un mercier. D'un côté, voici des chapeaux, d'un autre, des ceintures ; ici, des jarretières ; là, des fraises, les unes à gros plis, les autres à petits gaudrons : voici une collection de perruques artistement frisées pour dissimuler la calvitie qui vient de bonne heure aussi bien à cause de l'emploi trop fréquent du fer à friser qu'à cause, il faut bien le dire, de la vie déréglée que les favoris menaient et des présents douloureux et fort désagréables que leur faisaient les vertus peu farouches de la Cour. A la muraille, dans le fond, est accroché tout un assortiment d'épées, épées mignonnes, à gardes légères et finement découpées, dorées, argentées, damasquinées, armes de parade et dont le poids minime paraît encore trop lourd, car ils ne se décident à les suspendre à leur côté que comme indispensable complément d'une toilette d'apparat. Voici la table de toilette, couverte de brosses, de peignes et d'une infinité de petits ustensiles tels que l'on n'en trouve ordinairement que sur la toilette des femmes : petites boîtes de vermillon en poudre que l'on met dans sa poche pour remplacer celui que l'on a étalé le matin sur les joues; petites pinces pour friser l'extrémité des moustaches ; fers à friser de différentes grosseurs ; force boîtes et flacons, les uns en verre simple, les autres en verre doré et façonné, remplis d'eaux de senteur, de pommades et d'onguents. Sur une grande table sont étalés les vêtements désignés pour les différentes toilettes de la journée. Tout autour de la pièce sont rangés de grands bahuts fermant à clef et renfermant les vêtements, le linge et les chaussures. Un lit que l'on aperçoit est celui du valet de chambre qui couche là pour veiller sur ces richesses et pour répondre au premier appel.

Nous pénétrons naturellement ensuite dans la chambre qui est attenante à la garde robe et nous trouvons encore au lit celui qui l'occupe, car il fait du jour la nuit et réciproquement. Le sol est jonché de fleurs et de feuillages frais sur une grande épaisseur, car il n'y a pas de tapis, si moëlleux qu'il soit, qui délasse aussi bien les pieds gonflés par la chaleur du lit. Les fenêtres sont ouvertes et les rideaux tirés. Le ciel du lit est à carreaux de toile d'argent rehaussés d'or et de soie; les piliers sont en bois doré; la housse qui recouvre le lit, descendant jusqu'à un pied du sol, est en velours vert chamarré de clinquant, ainsi que tout le tour du soubassement. C'est là que Quélus, est non pas étendu, mais assis, pour ne pas déranger, pendant le sommeil, le laborieux édifice de sa toilette de nuit. Dans cet état, ses plus intimes amis ne sauraient le reconnaître Il est masqué comme les dames nobles ont le privilège de l'être quand elles voyagent ; mais ce masque, au lieu d'être en étoffe, est en toile fine et serrée et enduit intérieurement d'une graisse parfumée ; il est échancré par le bas, pour ne pas toucher à la barbe, et toute la partie inférieure de son visage est enveloppée d'un linge. Ses mains sont recouvertes de longs gants de peau souple et parfumée. Il a la tête couverte d'un petit bonnet semblable à celui que l'on met aux enfants nouveaux-nés, son buste est enveloppé de brassières de satin incarnadin brodé en soie, si amples qu'elles s'étendent sur le lit, avec une fraise empesée et godronnée à grands godrons garnis de dentelle autour du cou, et des manchettes pareillement godronnées et garnies ; ses bras sont appuyés sur deux oreillers de satin cramoisi.

A dix heures le premier valet de chambre, car il en a plusieurs et un seul ne saurait lui suffire, est venu tirer les rideaux du lit. Tandis que le maître se plaint d'avoir été réveillé en sursaut et trop matin, le valet, tout en s'excusant et en faisant ouvrir les fenêtres pour prouver que le jour est levé depuis longtemps, ôte avec précaution le masque et le linge qui couvrent la figure de son maître, puis ses gants, et lui présente une serviette mouillée avec laquelle celui-ci s'essuie délicatement le bout des doigts. Un autre valet lui apporte un consommé qu'il avale jusqu'à la dernière goutte, puis un plat couvert de pâtes confites en forme de rouleaux mélangées de viande, dont il mange quelques-unes. On lui présente de nouveau la serviette mouillée dont il s'essuie la bouche et les mains; puis le premier valet de chambre lui enlève le petit manteau de satin blanc chamarré de clinquant et doublé de panne de soie qu'il avait jeté sur ses épaules : il va remettre le masque et la cornette du maître et replonger la chambre dans l'obscurité car celui-ci a dit qu'il voulait reposer encore pendant une heure environ ; mais la porte s'ouvre et quelques jeunes seigneurs, suivis de leurs pages portant les uns le manteau de leur maître tout plié sur l'épaule et les autres leurs épées, entrent en riant et viennent s'asseoir sur les sièges qui garnissent la ruelle du lit. L'un d'eux adresse affectueusement la parole à Quélus et, tout en parlant, lui caresse la joue avec sa main gantée. Quélus lui crie : « Ah ! que vous êtes importun ! Vous me gâtez ma fraise. » Et lui de s'excuser et de le supplier de lui pardonner. Celui-ci, c'est Henri III, roi de France et de Pologne, qui vient aujourd'hui assister à la toilette du favori en reconnaissance du plaisir que celui-ci lui fait en allant presque chaque jour assister à la sienne. Qui voit l'une, voit l'autre, les cérémonies sont les mêmes ; Quélus, bon gentilhomme de province en passe de devenir un grand seigneur, y fait les mêmes façons que le roi; la seule différence qu'il y ait entre eux, c'est que Quélus est servi par des valets de chambre et que le roi l'est par des gentilshommes.

Le roi s'étant assis après que Quélus lui a généreusement octroyé son pardon, les valets de chambre passent à Quélus une robe de chambre en étoffe fort riche, lui chaussent des mules de velours brodées et parsemées de perles, puis le soulevant par-dessous les bras, le mènent jusqu'à un siège où ils vont lui faire subir la question ordinaire et extraordinaire.

Pendant que l'un, avec des linges mouillés, lui essuie la figure et les mains, un autre déroule les petites cordes qui serrent les boucles de sa chevelure afin de leur donner déjà une frisure naturelle, mais celle-ci ne suffit pas encore et il faut que le fer chaud redresse et régularise ces boucles. Un troisième valet de chambre, agenouillé, lui présente un grand miroir, tandis que celui qui le coiffe, au moyen d'une grosse houppe de soie, répand sur sa tête une poudre odoriférante. Cela fait, il saisit une petite pince avec laquelle il enlève, dans les sourcils, tous les poils qui dépassent; s'ils ne forment pas un trait fort délié et régulier, il fait chauffer un bâton de cire d'Espagne à la flamme d'une lumière et, l'appliquant toute chaude sur les parties récalcitrantes du sourcil, les arrache d'un seul coup. Un autre lui frotte le visage avec une eau qui a pour propriété d'éclairer le teint et, quelque temps après, d'y faire paraître des couleurs que l'on jurerait être un effet de la nature. Il prend ensuite une écuelle de terre remplie d'une poudre blanche délayée dans une autre eau, y trempe le doigt et le lui promène sur les dents et sur les gencives. Après lui avoir savonné la barbe avec des boulettes de senteurs et l'avoir bien séchée, le coiffeur la teint avec une composition qu'il retire d'un godet au moyen d'un pinceau ; puis, avec un fer chaud, il relève la moustache pour l'écarter des lèvres et donner la forme d'une gouttière.

Vous croyez peut-être que Quélus va respirer, mais point. Voici qu'un valet apporte des chausses de toile très fine qu'il lui passe, puis un autre apporte à son tour des chausses bandées et boursoufflées auxquelles sont attachés de longs bas de soie qu'il lui fait également revêtir par-dessus les premières. Un troisième lui présente des souliers si mignons, si étroits, que c'est à ne jamais croire que Quélus sera capable de les chausser. La règle de la nature veut que le contenant soit plus grand que le contenu, mais ici c'est le contraire qui est la vérité. Quand il a bien frappé du pied contre terre pour forcer cette chaussure rétive à entrer, il s'assied et donne ses pieds à deux valets qui, en frappant avec la main tantôt sur le talon, tantôt sur le bout de la chaussure, mènent l'entreprise à bonne fin après des efforts héroïques et une constance non moins héroïque de la part de leur maître. Ils attachent ensuite les souliers avec des cordons bien serrés, auxquels ils donnent la forme d'une rose ou d'un chou, et le favori peut enfin se tenir debout.

C'est le moment que l'on choisit pour lui enlever sa robe de chambre, ses brassières et sa chemise. Les plus raffinés des élégants, déclarant qu'ils ne pouvaient supporter le contact du linge qui a été lavé, ne mettaient jamais qu'une seule fois la même chemise. Les autres, qui n'avaient pas cette sublime délicatesse, après s'être enquis des gens les plus habiles dans l'art de blanchir, envoyaient leur linge au loin, dans les provinces et jusque dans les pays étrangers. Quand la chemise a été suffisamment chauffée devant un feu clair, on la passe avec précaution, en prenant bien garde de relever le collet tout autour de la tête qui y est comme encadrée. Ce collet est si bien empesé, si raide, qu'il craque sous la main comme si l'on maniait une feuille de parchemin. Toute l'habileté du valet de chambre consiste à renverser le collet juste au point qu'il convient; alors donc qu'il lui a passé le pourpoint, sans le boutonner, il lui fait hausser et baisser plusieurs fois la tête comme s'il voulait prendre la mesure de son cou avant d'y mettre la corde, puis, d'un tour de main, il renverse le collet et lui fait « faire la rotonde », selon le terme consacré. Collet et pourpoint sont également un peu échancrés par devant, afin de laisser voir la naissance du cou, et par derrière le collet s'éloigne du corps du pourpoint et le domine, car il repose sur un collet renversé attaché à celui du pourpoint, fait d'une étoffe différente, d'une autre couleur, piqué et rembourré pour l'empêcher de retomber. Cela s'appelle le collet à l'Italienne, et c'est une mode qui, au commencement de novembre 1575, remplaça les grandes fraises. Cette nouvelle manière plaisait fort à tous, en les mettant moins à la gêne que des fraises d'un tiers d'aune. Mais trois ans après, il fallut revenir aux fraises, car le Roi le voulut. Que de fois ces beaux muguets n'ont-ils pas entendu le populaire parisien les gratifier, par un exécrable jeu de mots, de l'épithète de saints Jean-Baptiste, parce que, reposant sur la fraise, leur tête ressemblait à celle de ce saint, quand Hérodiade l'eut mise dans un plat; ce qu'il traduisait au figuré par l'image d'un singe en chemise à grande fraise, singe en batiste. Un magasin de mercerie avait même pris cette enseigne, et les favoris voulurent assommer l'impertinent et démolir la maison, mais le Roi ne le permit pas, et il s'y arrêta même un jour pour acheter des jarretières.

Si le haut-de-chausses et le bas-de-chausses

sont si collants que l'on dirait une seconde peau, croyez que ce n'était pas sans travail que l'on arrivait à cette perfection ; il fallait, pendant un bon moment, secouer de toutes ses forces les jambes et les cuisses pour bien étendre les bas-de-chausses ; mais cela n'était rien auprès des efforts qu'il fallait faire pour attacher ensemble haut et bas-de-chausses, les uns et les autres étant exprès aussi courts comme aussi étroits que possible. Quand il s'agissait de serrer les aiguillettes, on aurait dit que les valets s'employaient à tendre le bandage d'une arbalète à jalet. Le pourpoint devait aussi être absolument collant et serré autant qu'on le pouvait supporter. Impossible de le boutonner du premier coup ; il fallait s'y reprendre à plusieurs reprises. Il faut en excepter pourtant celui qui était cousu sur une légère cuirasse, propre à garantir d'un coup d'épée, car le fer ne prête pas ; ces pourpoints recouvrant des secrètes, comme on les appelait, ne servaient que quand on voulait circuler à travers Paris, de jour comme de nuit, car, dans l'un et l'autre cas, il y avait souvent force horions à donner et à recevoir.

Lorsque le pourpoint est mis, un valet attache de grandes manchettes brodées qui couvrent environ le quart du bras, tandis qu'un autre relève légèrement la dentelle du collet qui doit faire la roue. Vous pensez peut-être que pendant toutes ces cérémonies, bien autrement longues à faire qu'à raconter, le Roi ou ses amis seraient tentés de s'impatienter? Erreur : ils regardent, donnent leurs avis, et prennent le plus grand intérêt à ce qu'ils voient. Le Roi admire sincèrement, les amis critiquent par jalousie de métier ; mais celui qu'on habille ne s'inquiète pas plus de l'un que des autres, tellement il est occupé de cette importante affaire. Trois valets lui présentent l'un, une assiette d'argent sur laquelle est un morceau de pâte parfumée, l'autre un bassin et une aiguière, le troisième un linge plié. Quand il s'est lavé et essuyé les mains, on apporte un petit coffret nommé pelotte, contenant un grand nombre de bagues et d'anneaux ; il en désigne quelques-uns qu'on lui passe aux doigts, car il ne peut pas se donner la peine de les mettre lui-même. Dans un autre petit étui, il allait choisir deux pendants d'oreille, lorsque le Roi, se levant, lui en attache lui-même une paire qu'il a apportée pour lui en faire présent. L'un lui enroule autour du bras une petite chaîne de perles entremêlées de quelques chiffres ; un autre lui passe autour du cou une grande chaîne à trois tours, faite de grains de musc, de perles et de grains d'or, parsemée d'olives d'or enrichies de petits diamants. Tandis qu'un valet glisse dans la poche droite de ses chausses un petit miroir s'ouvrant comme un livre, un autre pose délicatement sur le sommet de sa tête un petit chapeau en velours, décoré sur le côté d'une aigrette de pierreries, puis il revient lui présenter un mouchoir emprisonné entre deux sachets d'odeur qu'il met dans la poche gauche de ses chausses.

C'est maintenant au tour de son maître d'hôtel qui lui offre deux boîtes; dans l'une, il prend quelques pâtes confites qu'il fait envelopper dans un morceau de papier, et dans l'autre, quelques petits morceaux d'un sucre réputé fortifiant que l'on renferme dans un petit drageoir de vermeil garni d'une cuillère, et il fait mettre le tout dans la même poche que son mouchoir. Quand il a passé à grand' peine une paire de gants si étroits qu'on les dirait collés sur la peau, il en choisit une autre paire très parfumée, découpée à grandes taillades sur les bords, doublée de satin incarnadin et rattachée avec des cordonnets de soie de même couleur. Son premier valet de chambre lui dépose dans la main droite un éventail en peau de vélin artistement découpée et garnie d'une dentelle d'or, puis il place sur l'épaule d'un page le manteau soigneusement plié et confie à un autre page l'épée à minces et fragiles gardes dorées que, malgré sa légèreté, Quélus ne peut se donner la peine de porter ; la lame, aussi fine que la lanière d'un fouet, a été trempée dans une composition faite d'un parfum si pénétrant que l'odeur embaumée traverse le fourreau de cuir recouvert de velours et se répand au dehors. Le vulgaire prétend que c'est un poison si subtil que la plus légère blessure faite avec une semblable épée entraîne la mort. C'était tout simplement les épées du Louvre, les épées de cour. Lorsque les Mignons sortaient, leurs pages portaient ou ils portaient eux-mêmes des épées dont les gardes, si elles étaient décorées, étaient solidement forgées et dont les lames, œuvres des meilleurs fourbisseurs d'Espagne ou d'Italie, brillaient par une solidité à toute épreuve. Quand elles étaient emmanchées dans ces mains qui n'étaient efféminées qu'au Louvre, elles faisaient merveille.

L'élégance n'exclut pas la vaillance et c'étaient des vaillants. Sous leurs pourpoints chamarrés, plusieurs d'entre eux cachaient des blessures reçues sur le champ de bataille, et presque tous des blessures reçues en combats singuliers. Le vainqueur de Jarnac et de Moncontour avait le droit de se connaître en bravoure et de n'aimer que les braves.

Il est midi et l'on va dîner. Le roi s'appuie sur deux d'entre eux et ils s'acheminent à sa suite vers la salle à manger, vaste appartement dont le carrelage disparaît sous une jonchée de fleurs et de feuillage. A l'extrémité est dressée une table masquée par une longue nappe traînant jusqu'à terre. Au centre de la table, et sur toute sa longueur, s'élève un gradin en bois en forme d'escalier de quatre ou cinq degrés seulement, recouvert d'un linge bien fin, sur lequel sont rangées toutes sortes de vaisselles d'argent ; plats, écuelles, bassins, assiettes, vases, aiguières, disposés de manière à les faire valoir. On appelait cela jadis un buffet ; à cette époque c'était une crédence, le nom seul a changé. Sur cette table sont dispersées quelques assiettes contenant de la glace et de la neige que l'on mélange aux vins pour les rafraîchir. A un bout, par terre, est une grande cuvette de cuivre pleine d'eau dans laquelle sont plongés plusieurs flacons et bouteilles, sous la garde et surveillance d'un majordome. A l'autre bout, une grande corbeille contient plusieurs sortes de pains, pains de pâte levée, pains de pâte broyée, pains avec de la levûre, pains mollets boursoufflés et salés, pains tout plats sans sel, pains ronds, pains longs, pains à corne, etc. A côté, sur une petite table, étaient rangés les verres et quelques autres menus ustensiles. A l'autre extrémité de la salle, est dressée une autre table recouverte premièrement d'un linge uni, et par dessus d'une nappe damassée, plus longue, et plissée artistement à petits plis comme les eaux d'une rivière sont ridées par le souffle du vent. Cette table est bordée d'assiettes, des deux côtés, excepté au haut bout ou place d'honneur que recouvre un linge damassé encore plus curieusement disposé que l'autre et qui est arrangé de telle façon que l'on ne saurait deviner ce qu'il recouvre. Au bout inférieur de cette table, s'élève sur un large pied une vaste nef d'argent doré s'ouvrant des deux côtés : l'un est destiné à renfermer l'éventail et les gants du roi, l'autre les nombreuses serviettes qu'on lui présentera à plusieurs reprises pendant le cours du repas. Les serviettes des autres convives, placées sur leurs assiettes, sont pliées de manière à figurer toutes espèces de fruits ou d'oiseaux, et les maîtres d'hôtel du roi sont, il faut le reconnaître, passés maîtres dans cet art.

Quand le premier maître d'hôtel est avisé que le roi va venir, il fait son entrée dans la salle, tenant à la main son bâton, et suivi d'un certain nombre de pages portant chacun un plat couvert; il va se placer au bout de la table et commande à un page d'enlever le linge fin qui recouvre trois cadenas, celui du roi et des deux convives qui s'assoieront à sa droite et à gauche. On appelle cadenas une assiette de forme particulière, avec une cavité ronde pour mettre le sel et une autre cavité oblongue pour recevoir le couteau, la fourchette et la cuillère. Puis, un gentilhomme servant pose lui-même sur la table tous les plats sans les découvrir. A peine cela est-il terminé que les convives entrent; trois pages prennent à la crédence un bassin et une aiguière d'argent doré, et donnent à laver à chacun. Le roi et les deux seigneurs qu'il veut particulièrement honorer ce jour-là, s'assoient sur trois chaises de velours brisées, assez éloignées l'une de l'autre ; tous les autres ont des pliants plus rapprochés. Aujourd'hui, c'est d'Epernon et Joyeuse qui sont auprès du roi. Les gentilshommes servants découvrent les plats, d'autres présentent au roi et à ses deux voisins des assiettes qu'ils mettent à côté de leurs cadenas, et un autre encore noue la serviette du roi autour de son cou de manière à recouvrir son collet et tout le devant de son pourpoint ; il semblerait que l'on s'apprête à lui faire la barbe. Quant aux autres, ils n'y mettent pas tant de façons, et peu leur importe de tacher ce que le roi paie. Trois maîtres d'hôtel, la serviette sur l'épaule et un couteau à la main, offrent à la ronde les plats du premier service qui se composent de viandes hachées et de ragoûts de toutes sortes. Les convives ne parlent jamais à ces gens-là : un petit signe du doigt suffit pour leur faire comprendre s'ils acceptent ou s'ils refusent ce qui leur est offert. Ils leur servent la viande et même le pain tout coupé, de sorte qu'ils n'ont à faire usage que de leurs fourchettes. A tous les convives, on verse à boire sans autre façon, mais pour le roi il n'en est plus de même : quand le roi a soif, un gentilhomme servant prend le verre et fait l'essai ; deux autres vont chercher sur la table de la crédence une assiette de glace et une assiette de neige, le roi désigne ce qu'il veut mettre dans son verre qu'il vide, tandis qu'on lui tient une serviette sous le menton de peur qu'il ne se répande quelque goutte du liquide ; dès qu'il a bu, il rend son verre au gentilhomme servant qui fait le simulacre de lui baiser la main, et le reporte sur la crédence.

Des pages, précédés du maître d'hôtel, apportent avec le même cérémonial le second service qui comprend les rôtis. Les salades qui les accompagnent sont servies dans de grands plats émaillés, divisés en plusieurs compartiments contenant autant d'assaisonnements différents que chacun prend lui-même avec une fourchette. Ensuite, on sert le fruit, c'est-à-dire des pâtisseries avec des confitures liquides. car un préjugé veut que les fruits naturels soient préjudiciables à la santé. Pour terminer, on apporte dans des plats de toutes couleurs des confitures sèches et une grande boîte contenant de la pâte sucrée nommée marmelade. sur laquelle sont posées toutes sortes de petites figures en sucre que l'on retire pour prendre la pâte qui est dessous. Chacun mange ensuite un peu d'anis ou de cotignac au musc qui passe pour un puissant digestif et qui purifie la bouche de l'odeur toujours désagréable des viandes et des vins. Maîtres d'hôtel et gentilshommes servants enlèvent tout ce qui est sur la table pendant que les convives se lèvent et qu'on leur donne à laver ; le roi et ses voisins se lavent assis et se lèvent quand la table est entièrement dégarnie. A ce moment, on va chercher dans la nef leurs gants et leurs éventails ; on retire les deux nappes qu'on remplace par un grand tapis traînant jusqu'à terre, on apporte des cartes et le jeu commence.

Pour qu'on ne suppose pas que ce qui précède est un travail de pure imagination, je renvoie les lecteurs à un livre très curieux et très rare, d'où ceci est tiré. *La description de l'île des Hermaphrodites, nouvellement découverte*, par Artus Thomas, sieur d'Ambry, fut publiée en 1605. C'était un violent pamphlet contre la mémoire d'Henri III, et de ses courtisans. Comme la majesté royale y était largement outragée, on proposa à Henri IV d'exercer des poursuites contre l'auteur. Le Béarnais se fit lire le livre et répondit ensuite par un refus : « Je me ferais conscience, ajouta-t-il, de chagriner un homme pour avoir dit la vérité ».

Il n'y a donc rien à retrancher du portrait que je viens d'esquisser de Henri III et de ses favoris.

XXVII

Les duels et le point d'honneur

Aujourd'hui, lorsqu'on a « échangé deux balles sans résultat » l'honneur est satisfait. En vérité, il est bien bon d'être satisfait pour si peu. Jadis, on allait sur le terrain pour un mot en l'air, pour rien, pour le plaisir d'y aller ; à présent, quand deux hommes se sont injuriés comme des crocheteurs, il n'arrive pas toujours qu'ils consentent à se battre ; les témoins trouvent la plupart du temps qu'il « n'y a pas matière à rencontre ». Ils seraient encore bien plus ingénieux s'il leur fallait, comme jadis, dégaîner et se battre pour l'honneur, à côté de leurs clients.

A peine le duel fut-il d'usage qu'il développa toute son intensité. Avant le xive siècle, il n'y avait d'autre duel que le duel judiciaire. Au xive et au xve siècles, la guerre de Cent ans suffit à alimenter l'instinct belliqueux de la noblesse française. Le duel ne date, pour ainsi dire, que du règne des fils de Henri II, où il servait d'intermède aux guerres de Religion. Sous Henri IV et Louis XIII il fit fureur. Mais il commença à décroître sous Louis XIV et ne tarda même pas à disparaître presque entièrement, parce que le grand Roi avait une manière à lui, la bonne sans doute puisqu'elle réussit, de mettre un terme à cette coupe réglée de la noblesse.

A Paris, alors, on voyait journellement, au Pré aux Clercs, des gentilshommes, l'épée et la dague à la ceinture, s'aborder en se saluant avec les formes les plus raffinées de la politesse. Ils mettaient bas leur cape ou petit manteau qui pendait sur l'épaule gauche ; de la main gauche, ils dégaînaient la dague qui était attachée au ceinturon sur le flanc droit ; de la main droite, ils dégageaient l'épée des pendants à boucles, formant ce qu'on appelait le crochet de ceinture ou les pendants d'épée et qui, rattachés par un crochet à un anneau enfilé dans le ceinturon, maintenaient l'épée à la hanche gauche dans la position horizontale, de façon qu'en marchant on appuyait la main sur la poignée pour maintenir l'épée immobile afin que le fourreau ne s'embarrassât pas dans les jambes des gens que l'on rencontrait. Lorsque les combattants étaient à une vingtaine de pas l'un de l'autre, en tenant de la main droite l'épée dans son fourreau, d'un coup sec on faisait voler en l'air ce fourreau : c'était le nec plus ultra de l'élégance. Il fallait, en conséquence, que le fourreau de l'épée ne fut pas serré dans les pendants et que l'épée jouât librement dans le fourreau. Cela était cause aussi que l'on faisait une grande consommation de ces fourreaux en bois léger recouverts de cuir mince. Les armuriers en avaient toujours des quantités de toutes longueurs, épaisseurs et largeurs, dans lesquels ils introduisaient une lame en bois pour les empêcher de se déformer sous l'action de la chaleur ou de l'humidité ; on pouvait donc, chez eux, remplacer séance tenante un fourreau perdu ou brisé.

Il y avait deux sortes de duels : le duel prémédité, convenu à l'avance, et le duel de hasard, de rencontre, instantané. Pour le premier on se battait, comme on disait alors, « en chemise », c'est-à-dire sans pourpoint, et les témoins visitaient les adversaires pour s'assurer qu'ils ne portaient sous la chemise ni cuirasse secrète ni cotte de mailles. Dans les duels de rencontre, lorsqu'on s'attaquait inopinément dans la rue, on avait eu fréquemment l'occasion de constater que l'on avait affaire à un adversaire pourvu de ces armes défensives secrètes consistant, je viens de le dire, en une cotte de mailles fine et légère ou en une cuirasse ou « cuirassine » reproduisant exactement la forme du pourpoint qui était cousu sur elle, de sorte qu'en dépouillant l'un on dépouillait en même temps l'autre. Cette cuirasse légère s'ouvrait par devant comme le pourpoint. Enfin, il arrivait parfois que l'on mettait dans la toque, en guise de coiffe, une mince calotte de fer sur laquelle la coiffe d'étoffe était cousue. En ce temps où on dégaînait à tout propos et la plupart du temps hors de propos, il était prudent de prendre ces précautions et de faire en sorte de n'être pas tué au cours d'une promenade.

Il n'arrivait pas toujours, mais cependant il arrivait souvent que le duel avait une mise en scène qui en faisait une véritable bataille rangée, comme cela eut lieu en 1607, en Anjou, où les seigneurs de Brézé et de Saint-Gemme, s'étant pris de querelle, se rencontrèrent accompagnés chacun de quatorze de leurs amis. On se battit quinze contre quinze, il y eut vingt-cinq morts et cinq blessés. Aussi, n'y avait-il rien d'étonnant ou d'exagéré dans cette parole d'Antoine de Loménie de Brienne, secrétaire d'Etat, affirmant en 1607 à Henri IV que, depuis son avènement au trône, quatre mille gentilshommes avaient été tués en combat singulier. Le plus souvent, on avait un ou deux témoins qui se regardaient comme obligés de prendre une part active à une querelle qui leur était étrangère. Quand on n'avait qu'un témoin et qu'il se battait, on disait qu'il « secondait tel individu »; si l'on avait un deuxième témoin, on disait qu'il « tierçait », puisque, par le fait, il y avait trois combattants.

Ce qui distinguait les duels de ce temps, c'était l'acharnement avec lequel on se battait.

On n'admettait pas que les deux adversaires revinssent vivants ; il fallait que l'un ou l'autre succombât. Si celui qui tombait blessé ne demandait pas la vie, son adversaire l'achevait de sang froid, alors même qu'il était incapable de se défendre. Personne n'y trouvait à redire. En voici un frappant exemple entre tant d'autres que l'on pourrait citer. Le capitaine Lartigue ayant tenu quelques méchants propos sur Varaigne, gentilhomme gascon de la suite de Henri IV, peu de temps après la reddition de Paris, Varaigne, qui ne l'estimait pas d'assez bonne maison pour se mesurer avec lui, lui fit tout simplement donner des coups de bâton que Lartigue sut trouver moyen de lui rendre. Varaigne provoque Lartigue. Le combat a lieu « en chemise » c'est-à-dire sans pourpoint, avec l'épée et le poignard. Varaigne perce trois fois de suite Lartigue de part en part, mais celui-ci s'élance à corps perdu sur Varaigne et lui enfonce dans la poitrine son épée jusqu'à la garde ; tous deux tombent mortellement blessés. On les croyait morts, lorsque Varaigne entendant Lartigue qui rendait les derniers soupirs, s'imagine qu'il pourrait lui survivre et triompher de sa mort ; il réunit toutes ses forces, se traîne jusqu'auprès de son ennemi et prenant sa dague à deux mains, l'enfonce dans la poitrine de Lartigue sur le cadavre duquel il expire au même moment. Voici ce qu'on appelait un beau duel. De nos jours, quand après avoir ferraillé pendant une demi heure, l'un des deux reçoit une petite blessure, une simple écorchure, les témoins se hâtent de déclarer que le blessé — pour rire — est dans « un état manifeste d'infériorité » et.., on va déjeûner chacun de son côté. Aujourd'hui le point d'honneur est remplacé par le point de côté.

Il fallait s'attendre à toute heure à être « attaqué d'une querelle d'Allemand » (l'*Estoile, Journal du règne de Henri III*); alors on se battait sur le champ et sans témoins. On n'y trouvait rien à redire et les mémoires contemporains prouvent que la loyauté du survivant n'était pas plus soupçonnée que sa liberté n'était compromise. Ainsi, dans le cas où un des deux personnages, héros du drame dont je vais parler, aurait survécu, il eût été honoré, bien loin d'être poursuivi. Le 2 juin 1586, Henri d'Angoulême, Grand-Prieur de France (1) fils naturel de Henri II (2) étant à Aix-en-Provence, aperçut » à la fenêtre de son logis le capitaine Altoviti, capitaine d'une galère, duquel il croyait avoir à se plaindre; il monte chez lui, dégaîne son

(1) De l'ordre de Malte qui comptait en France six Grands-Prieurés, ceux de France, d'Aquitaine, de Champagne, de Saint-Gilles, de Toulouse et d'Auvergne.

(2) Et d'une Écossaise, Miss Fleming. Après lui, le Grand-Prieuré de France passa à son petit-neveu, illégitime comme lui, Charles de Valois, comte d'Auvergne, puis duc d'Angoulême, fils naturel de Charles IX et de Marie Touchet. En les mettant dans l'ordre de Malte, c'était un moyen de les empêcher de faire souche et d'encombrer la famille royale de branches bâtardes.

épée et le transperce. Altoviti tombé à genoux, eut avant de mourir assez de force pour tirer sa dague et en frapper au ventre le Grand-Prieur qui succomba quelques heures après. *Brantôme, discours sur les duels*.

Il est curieux de rechercher dans les mémoires contemporains les récits des aventures de ce genre car, grâce aux détails qui les accompagnent, ils nous font ainsi pénétrer dans l'intimité d'une société qui avait gardé la barbarie des siècles précédents sous les dehors d'une civilisation bien plus raffinée. Le journal de Pierre de l'Estoile, grand audiencier de la Chancellerie (1), nous fournira à ce sujet les renseignements les plus précieux, car ce personnage était fort au courant de ce qui se passait à la cour et à la ville. Suivons donc le bon l'Estoile qui est un guide sûr et une incontestable autorité.

Comme on se battait toujours, et même de plus en plus, le vendredi 10 janvier 1578, le roi « estant en sa chambre » où il y avait grande foule de princes et de courtisans, déclara qu'il avait résolu de mettre fin à ces querelles sanglantes et trop souvent futiles et dont on le rendait journellement témoin, et qu'il allait faire publier des ordonnances très sévères à ce sujet :

(1) Historien né en 1540, mort en 1611. On lui doit le *Journal du règne de Henri III* et celui du règne *de Henri IV*, qui sont les documents les plus intéressants sur l'histoire des mœurs de son temps.

« et de fait, elles furent peu de jours après publiées et imprimées et néanmoins très mal gardées, comme sont ordinairement en France les ordonnances » (L'*Estoile*).

Le premier exemple de désobéissance fut donné par les favoris du roi. Jacques de Lévis, comte de Quélus, était non seulement un beau mais un brave compagnon, aimable, bien fait et adroit en toutes choses. Aussi était-il, autant par ses qualités que par sa naissance, appelé à figurer parmi les jeunes seigneurs dont le roi aimait à s'entourer. Quélus aurait été sans rival s'il n'y avait pas eu celui que l'on avait surnommé *le bel Entraguet*, c'est-à-dire Charles de Balzac, seigneur de Dunes, frère puîné du seigneur d'Entragues. Il n'était pas seulement joli homme, mais il était quelque chose de mieux, c'est-à-dire lieutenant-général de l'Orléanais dont son frère était gouverneur, gouverneur de Saint-Dizier et capitaine de cinquante hommes d'armes des ordonnances. Ce fut une simple rivalité galante qui divisa deux jeunes seigneurs que réunissait un commun dévoûment à la personne du roi.

Le samedi soir, 26 avril 1578, Quélus avait vu Entraguet sortant de la chambre d'une dame beaucoup plus connue par sa beauté que par sa sévérité, et lui avait dit en riant qu'il était un sot parce qu'il savait qu'elle avait bien d'autres galants que lui. En riant aussi, Entraguet répondit qu'il en avait menti. Là dessus, du rire passant à l'aigreur, ils conviennent de se battre et de se rencontrer le lendemain, dimanche, à cinq heures du matin, au parc des Tournelles, qui servait de marché aux chevaux, auprès de la porte Saint-Antoine ; chacun devait être accompagné de deux seconds. Quélus prit Louis de Maugiron (1) qui était aussi l'un des favoris du roi, et Jean d'Arces, baron de Livarot (2). Entraguet choisit François d'Aydie, vicomte de Ribérac (3), et Georges de Schomberg (4) Son choix prouvait qu'il n'aurait pas été éloigné que les seconds accommodassent l'affaire ; Ribérac était un homme d'un caractère paisible, et l'on en disait autant de Schomberg qui parlait à peine français, qui n'avait que dix-huit ans et qui, amené en France par son frère Gaspard, colonel des reîtres, cherchait bien plutôt les occasions de faire fortune que de tirer l'épée. En effet, dès que l'on fut arrivé sur le terrain, Ribérac s'avança vers Maugiron et lui dit : — Il me

(1) Fils de Laurent de Maugiron, comte de Montléans, lieutenant général en Dauphiné, et qui se distingua parmi les catholiques dans les guerres de religion. — Famille du Dauphiné, éteinte.

(2) Famille également du Dauphiné. Celui-ci devait être le dernier de son nom. Après lui, la baronie de Livarot (Calvados) passa dans la famille d'Oraison.

(3) Famille d'Armagnac, éteinte. Ribérac, en Périgord ; vicomté fut qui érigée en comté en 1595 pour Armand d'Aydie.

(4) Famille allemande, originaire de Misnie. Celui-ci n'avait que dix-huit ans. Il était venu, tout enfant, en France, avec son frère Gaspard de Schomberg qui y fit une grande fortune et devint colonel-général de la cavalerie allemande, gouverneur de la Marche et comte de Nanteuil. Né en 1540 en Saxe, il mourut à Paris, le 17 mars 1599.

semble que nous devrions plutôt accorder et rendre amis ces gentilshommes que de les laisser s'entretuer. — Par la mort-Dieu ! Ribérac, répondit Maugiron, je ne suis pas venu ici pour enfiler des perles, et résolûment je veux me battre. — Eh ! contre qui voudrais-tu te battre, Maugiron ! repartit Ribérac tout surpris ; tu n'as pas d'intérêt dans la querelle et, qui plus est, il n'y a ici personne qui soit ton ennemi. — C'est contre toi que je veux me battre ! s'écria Maugiron. — Prions Dieu et puis nous nous battrons, puisque tu le veux — Sa prière ne fut pas longue et pourtant Maugiron ne put s'empêcher de lui crier, en jurant, qu'il avait assez prié comme cela. Sur quoi, Ribérac se relevant et saisissant ses armes, se jette sur Maugiron et le blesse grièvement d'un furieux coup de pointe. Maugiron recule de quelques pas et tombe en allongeant son épée sur laquelle Ribérac, emporté par son élan, vient s'enferrer lui-même. Maugiron était mort et Ribérac n'en valait guère mieux.

Pendant ce temps, Quélus et Entraguet en étaient venus aux mains, mais Quélus avait oublié sa dague et demandait à Entraguet de jeter la sienne. Celui-ci s'y refusait absolument, en disant que Quélus perdait le sens et que c'était tant pis pour lui s'il n'avait pas eu meilleure mémoire. Sur ces entrefaites, Quélus réussit à percer le bras gauche d'Entraguet qui dut, malgré lui, laisser échapper sa dague, mais cela ne servit pas à grand'chose à Quélus qui reçut trois ou quatre coups d'épée dans la poitrine et tomba, en demandant la vie à Entraguet qui, sans cela, l'aurait achevé.

Voyant ce double combat, Schomberg se prit à dire à Livarot : — Ils se battent tous quatre ; que ferons-nous ? — Battons-nous aussi pour notre honneur, répondit Livarot. — Ils commencèrent donc à se charger de bon cœur. Schomberg, d'un coup de taille à la mode de son pays, fend toute la joue gauche de Livarot qui, d'une estocade au sein, étend Schomberg raide mort. Sur ce champ de bataille, un seul des six combattants restait debout, Entraguet, encore était-il blessé au bras gauche ; Maugiron et Schomberg étaient morts, Quélus et Ribérac étaient mourants. Livarot, qui perdait beaucoup de sang, était aussi couché à côté d'eux.

Ribérac trépassa le lendemain à l'hôtel de Guise où on l'avait transporté; Quélus mourut le dix-huitième jour, à l'hôtel de Boissy, dans les bras du roi qui se montrait inconsolable et qui aurait fait décapiter Entraguet, si celui-ci n'avait pas pris la fuite. Livarot ne tarda pas à guérir, mais ce fut pour succomber deux ans après, à Blois, le 1er mars 1581, dans un duel avec le marquis de Maignelay (1). Ils s'étaient

(1) Louis d'Hallwin, marquis de Piennes. Ses frères eurent tous une fin tragique : Florimond, gouverneur de la Fère, y fut assassiné en 1591 par le vice-sénéchal de Montélimar, assisté du lieutenant des gardes du duc de Mayenne ; Robert fut tué à la bataille de Coutras ; Léonor, gouverneur de Doullens,

pris de querelle après avoir soupé à la table du roi. Le bord de la Loire fut choisi pour le lieu du combat. Livarot y avait envoyé son laquais à l'avance cacher une épée dans le sable, et ce laquais et celui du marquis furent les seuls témoins de la rencontre. Livarot ayant été tué, son laquais déterra l'épée qu'il avait cachée la veille et en frappa par derrière Maignelay qui mourut sur la place.

Le 23 juillet suivant, pendant que l'on célébrait dans l'église Saint-Paul le service de Saint-Mégrin, un autre favori du roi, que le duc de Guise avait, dit-on, fait assassiner l'avant-veille parce qu'il courtisait la duchesse, à la porte même de l'église Gramont (1) et un autre gentilhomme tirèrent l'épée, parce que l'un d'eux avait enlevé une baguette des mains du page de l'autre. Gramont tua son adversaire.

Un an auparavant, un duel analogue, mais qui n'avait pas eu le retentissement de celui-ci, avait déroulé à Abbeville (Somme) ses péripéties sanglantes. Six gentilshommes s'y étaient aussi rencontrés, trois contre trois. Jean Carpentin, écuyer, seigneur de Berlettes, huguenot, avait investi le manoir de Rouvroy, tandis que son possesseur, Jacques de Belleval, écuyer,

---

fut tué à la prise de cette place par les Espagnols le 29 juillet 1595, et Charles, son frère, y fut tué également. Il n'est pas jusqu'à leur beau-frère, François de Brouilly, mari de leur sœur Louise, qui fut tué au combat de Senlis le 17 mai 1589.

(1) Philibert de Gramont, comte de Gramont, vicomte d'Aster, tué au siège de la Fère, en 1580.

seigneur de Rouvroy, gentilhomme du cardinal de Bourbon (1), était absent. Un des serviteurs avait été tué dans la défense, à la faveur de laquelle la femme du seigneur de Rouvroy avait pu s'enfuir; mais, durant cette fuite, elle avait été tuée par son cheval. Jacques de Belleval, était assisté de François de Créquy, vicomte de Langle, guidon de la compagnie d'hommes d'armes de M. de Bourbon-Rubempré, et de Gédéon d'Aigneville, écuyer, ses voisins et amis, tous catholiques. Jean Carpentin avait pour seconds deux huguenots comme lui, Jean de Rambures, seigneur de Poireauville, son beau-frère, et Jules-César de Gouy, homme d'armes des ordonnances, son ami. Le combat eut lieu à Abbeville, auprès de la porte d'Hocquet, le 16 janvier 1577, avec l'épée et la dague. Jacques de Belleval tua Jean Carpentin de cinq coups d'épée; le vicomte de Langle tua Jules-César de Gouy, et Jean de Rambures blessa grièvement Gédéon d'Aigneville qui mourut le quatorzième jour après le combat.

De Paris et de la Cour, l'émulation gagnait la province. Sans rappeler les duels de Bussy d'Amboise, dont j'ai suffisamment parlé au chapitre XXIII, il faut mentionner les deux frères de Duras (2) dégaînant à Agen, le 13

(1) Charles X, le roi de la Ligue.
(2) Jean de Durfort, baron de Duras, chevalier de l'Ordre du Roi, gentilhomme ordinaire de la chambre, tué à la bataille de Coutras, le 20 octobre 1587. — Jacques de Durfort, héritier de son frère, plus tard marquis de Duras, chevalier

mars 1579, contre le baron de Salignac (1) et le vicomte de Turenne (2), et celui-ci recevait dix-sept coups d'épée.

» Le 8 mars 1586, le baron de Biron, qui devint duc et maréchal de France, assisté de MM. de Loignac et de Génissac, se rencontre entre Montrouge et Vaugirard avec des Cars de Carency, fils aîné du comte de La Vauguyon, accompagné de MM. d'Estissac et de la Bastie. Biron, quoique blessé au bras gauche, tue Carency, Génissac tue la Bastie. Loignac blesse grièvement Estissac, remonte à cheval et reste tranquillement à regarder son adversaire mourir. Mais cette cruauté fut fortement blâmée et on lui prédit un châtiment qui tomba, non sur lui, mais sur ses descendants; son fils et son petit-fils furent tous deux tués en duel, l'un dans le Rouergue par le baron de Mégalas; l'autre à Bicêtre, près Paris, par le baron de Rabat. Le 18 avril 1584, MM. de Gerzey en Anjou et de Monchy s'entretuèrent au Pré-aux-Clercs « desmélant une légère querelle ». Pour une fois que le roi s'en mêla, ses archers re-

---

des Ordres du Roi, conseiller en ses conseils d'Etat et privé, capitaine de 50 hommes d'armes des ordonnances.

(1) De la famille de Gontaut.

(2) Henri de la Tour d'Auvergne, vicomte de Turenne, qui épousa, le 15 octobre 1591, Charlotte de la Marck, héritière du duché de Bouillon et de la principauté de Sedan. Henri IV, qui l'aimait beaucoup, le fit maréchal de France en 1598. Il mourut à Sedan, le 25 mars 1623, à l'âge de 67 ans. Il n'avait donc que 23 ans à l'époque de ce duel auquel il survécut par miracle.

çurent des horions. Le baron de Sanzey et le seigneur de la Roche des Aubiers allaient en venir aux mains au Pré-aux-Clercs. Des archers de la garde sont envoyés pour les séparer. Sanzey respectant la défense se retire aussitôt, mais la Roche des Aubiers et ses amis se mettent à charger les archers qui se défendent, et il y eut des morts et des blessés des deux côtés.

Contrairement à l'usage actuel, c'était l'appelant, c'est-à-dire le provocateur qui avait le choix des armes. On se battait la plupart du temps avec son épée et sa dague ; mais l'appelant avait néanmoins le droit incontesté d'apporter dagues et épées et de donner, parmi elles, le choix à son adversaire. Cela se spécifiait même dans le cartel que l'on envoyait à celui que l'on provoquait. Voici un curieux exemple de ces cartels envoyé par M. de Castelbayard à un de ses adversaires : « Monsieur, vous êtes si
« peu de chose que, n'estoit l'insolence de vos
« paroles, je ne me souviendrais jamais de
« vous. Le porteur vous dira le lieu où je suis
« avec deux épées dont vous aurez le choix ; si
« vous avez l'assurance d'y venir, je vous ôterai
« la peine de vous en retourner ». Le fait est que ce fut Castelbayard qui s'en retourna, les pieds en avant, bien mort et porté par ses laquais.

A côté de ce modèle d'impertinence, que son auteur paya de sa vie, il faut consigner un autre cartel qui fut cité par toute la France comme

un modèle de savoir-vivre. Edme de Malain, baron de Lux, conseiller d'Etat, lieutenant du Roi en Bourgogne et chevalier des Ordres du Roi, âgé de soixante ans, s'étant vanté un jour mal à propos qu'il avait été un de ceux qui avaient conseillé au roi Henri III de faire tuer le duc et le cardinal de Guise, le chevalier de Guise leur fils et neveu (1) l'ayant appris, contraignit le baron de Lux, qu'il avait rencontré dans la rue Sain -Honoré, à se battre séance tenante, et l'envoya rouler mort, d'un coup d'épée, dans la boutique d'un cordonnier. Le jeune baron de Lux, résolu à venger son père, fit porter au bout de quinze jours, au chevalier de Guise, un cartel conçu en ces termes : « Monseigneur,
« nul ne peut être plus fidèle témoin du juste
« sujet de ma douleur que vous-même. C'est
« pourquoi, Monseigneur, je vous supplie de
» pardonner très humblement à mon ressen-
« timent si je vous convie par ce billet à me
« faire tant d'honneur de me voir l'épée à la
« main pour tirer raison de la mort de mon
« père. L'estime que je fais de votre courage
« me fait espérer que vous ne mettrez point en
« avant votre qualité pour éviter une action où
« votre honneur vous oblige. Ce gentilhomme
« vous mènera où je suis avec un bon cheval

(1) François-Alexandre-Paris de Lorraine, chevalier de Guise, chevalier de Malte, lieutenant général en Provence, tué le 1ᵉʳ juin 1614 au château des Baux, en Provence, par les éclats d'une pièce d'artillerie à laquelle il venait de mettre le feu.

« et deux épées desquelles vous aurez le choix..
« Et s'il ne vous est agréable, j'iray partout où
» vous me commanderez ». Le chevalier de
Guise comprit ce qu'il devait à un fils soucieux
de venger son père : il accepta le cartel et le
combat eut lieu à cheval, ce qui arrivait quelquefois, sans pourpoint et l'épée à la main. On
courait l'un contre l'autre, ne pouvant échanger
qu'un coup en se dépassant, comme on faisait
avec la lance dans les tournois. A la seconde
course, le chevalier de Guise eut l'épaule traversée ; mais le baron de Lux, touché à quatre
courses successives, tombait mort à la cinquième. Les seconds, le chevalier de Grignan
pour le prince et M. de Riolet pour le baron de
Lux, avaient reçu, le premier, un coup d'estoc
dans les reins, le second un coup de taille sur
la tête. Comme le vieux baron de Lux portait la
croix du Saint-Esprit le jour où il avait succombé, on fit ce mauvais jeu de mots de dire
que le chevalier de Guise avait tué le père, le
fils et le Saint-Esprit.

Dans une circonstance analogue, la Providence se mit, du moins, du côté du bon droit.
M. de Millaud, de la maison d'Alègre, avait été
tué en duel devant l'hôtel de Nesle en 1573 par
le baron de Viteaux, de la famille du Prat (1).
M. de Millaud le fils provoqua le baron de
Viteaux et le tua, à son tour, derrière les Char-

(1) Guillaume du Prat, baron de Viteaux. Sa mère étant
Marie d'Alègre, il se trouvait être le parent de son adversaire.

treux, l'épée d'une main et la dague de l'autre.

A la même famille du Prat appartenait aussi M. de Nantouillet, héros et victime d'un duel retentissant dont les contemporains ont conservé les détails, et par le récit duquel je terminerai cette étude. On disait communément alors qu'on n'avait jamais rien vu d'aussi extraordinaire.

Lorsque Henri, duc de Bar, fils aîné de Charles II, duc de Lorraine, vint à Paris pour épouser Catherine de Bourbon, sœur de Henri IV, quelques courtisans, parmi lesquels était Louis d'Agoult, comte de Sault (1), allèrent au devant de lui pour lui faire cortège. M. de Nantouillet (2) se tenait à une fenêtre avec plusieurs autres, pour les voir passer. Comme on lui demandait pourquoi il ne les avait pas accompagnés, il répondit en se moquant qu'il n'y avait que les fâcheux de la Cour qui y fussent allés. Le comte de Sault, à qui le propos avait été rapporté, dit que Nantouillet avait menti. Mais le roi leur envoya des gardes et on les réconcilia. Le marquis de Cœuvres (3), qui s'était proposé au comte de Sault pour lui servir

(1) Il était demi-frère de Charles de Blanchefort-Créquy, sa mère, Christine d'Aguerre, étant veuve d'Antoine de Blanchefort-Créquy, lorsqu'elle épousa François-Louis d'Agoult, comte de Sault.

(2) Michel-Antoine du Prat, seigneur de Nantouillet et de Précy, baron de Thouri.

(3) François-Annibal d'Estrées, marquis de Cœuvres, frère de Gabrielle d'Estrées, maréchal de France, mort à l'âge de 102 ans, à Paris, le 5 mai 1670.

de second, en fut donc pour ses frais. A quelque temps de là, le marquis de Cœuvres s'étant pris de querelle avec M. de Blanchefort-Créquy (1), Nantouillet se hâta d'aller s'offrir à Cœuvres parce qu'il avait appris que le comte de Sault serait le second de Créquy. Le roi ayant envoyé des gardes aux deux adversaires, Créquy seul les reçut. Cœuvres s'enfuit du Louvre, sans manteau, et se retira au château de Nantouillet (2). Le comte de Sault et Nantouillet avaient été laissés en liberté. Nantouillet en profita pour voir le comte et lui proposa de renouer l'affaire à condition que les seconds, c'est-à-dire eux-mêmes, se battraient « pour participer à la gloire de cette action ». Telles furent ses propres paroles, et on comprendra combien

(1) Fils d'Antoine de Blanchefort, dit de Créquy, lequel était fils de Gilbert de Blanchefort, baron de Sainte-Sévère et de Mirebeau, et de Marie de Créquy. Son grand oncle Antoine de Créquy, cardinal, évêque d'Amiens, abbé de Selincourt et de Valoires, le dernier mâle de la branche aînée de sa maison, avait laissé tous ses biens à son père à condition de prendre les nom et armes de Créquy. Charles de Blanchefort-Créquy avait déjà tué en duel Philippe, bâtard de Savoie, en 1599, après avoir eu avec ce demi-prince une première rencontre dans laquelle Philippe avait été blessé ; c'était pour une écharpe. Charles de Blanchefort-Créquy devint maréchal de France en 1622, et fut tué d'un coup de canon au siège de Brème (Italie) 17 mars 1638.

(2) Seine-et-Marne, canton de Claye. Les restes très importants et encore en fort bon état de ce magnifique château ont été convertis en ferme. Il avait été construit par Antoine du Prat, chancelier de France, cardinal, archevêque de Sens, qui, avant d'entrer dans les ordres, avait été premier président au Parlement de Paris. Le cardinal était l'arrière grand-père du seigneur de Nantouillet dont il est question ici.

les édits contre les duels étaient illusoires quand ils avaient à lutter contre de pareils principes. Le comte de Sault s'était excusé sur ce que Créquy était gardé à vue : — Mais quoi, dit Nantouillet, que ferons-nous ? — Tout ce que vous voudrez, répond le comte de Sault, car je n'ai pas de gardes. — Oh ! répliqua Nantouillet, vous parlez comme un homme de bien doit faire, et afin que vos actes ne démentent pas vos paroles, trouvez-vous demain de grand matin à Saint-Denis.

Là-dessus, Nantouillet monte à cheval et s'en va à Nantouillet passer la soirée avec le marquis de Cœuvres à qui il ne souffle mot de son projet, remonte à cheval à la tombée de la nuit, et franchit les cinq lieues qui séparent Nantouillet de Saint-Denis où il arrive avant le jour et par conséquent avant l'ouverture des portes de l'église dans laquelle il avait donné rendez-vous au comte de Sault. En attendant, il prend une chambre à l'hôtellerie de *l'Epée Royale* et se tient à la fenêtre pour surveiller l'arrivée de son adversaire. Dès qu'il aperçoit le comte de Sault, venu lui-même avant l'heure, il court le rejoindre ; tous d'eux entrent dans l'église que l'on vient d'ouvrir, y entendent dévotement la messe côte à côte et vont ensuite déjeûner à *l'Épée Royale*. Avant de partir, les deux cousins (ils étaient parents) écrivent et signent une déclaration constatant qu'ils n'étaient pas ennemis et n'avaient jamais eu de querelles, qu'ils se pardonnaient réciproquement et de bon cœur leur mort, qu'ils priaient les parents et amis de celui qui succomberait de ne jamais poursuivre le vainqueur ni par les armes ni par les voies de justice. Cela fait, ils vont se battre.

En arrivant sur le terrain, Nantouillet dit au comte de Sault : — N'entrez-vous pas en colère ? — Et sur la réponse négative de celui-ci, Nantouillet ajoute : — Eh ! bien, j'y suis, moi, j'y suis tout-à-fait. — Sur quoi, ayant mis tous deux pied à terre, Nantouillet dégaîne, tombe en garde et demande au comte de Sault qui ne se pressait pas, s'il veut se battre avec son épée dans le fourreau. Le combat s'engage. Le comte de Sault reçoit deux coups d'épée sans gravité, mais il en donne cinq à Nantouillet qui tombe mourant. Le comte de Sault remonte à cheval et s'en va à l'abbaye de Saint-Denis quérir un religieux qu'il envoie consoler les derniers moments de celui qui va mourir.

Quoique ce duel ait eu lieu le 12 mars 1606, par conséquent dix-sept ans après la mort de Henri III, je n'ai pas voulu le passer sous silence, parce qu'il peint au naturel l'esprit de ce temps sur le point d'honneur, l'état des mœurs de la société, parce qu'il fait revivre des hommes qui, tous, avaient vécu et combattu sous le règne du dernier des fils de Henri II.

FRANÇOIS II

FRANÇOIS II

I

Avènement de François II

A peine Henri II avait-il rendu le dernier soupir que les princes lorrains allèrent saluer le nouveau roi : ce qui provoqua l'observation que le duc de Guise s'était en cela montré plus pressé qu'il ne convenait en raison des fonctions qu'il remplissait auprès du prince défunt, et du traitement qu'il en avait reçu depuis qu'il avait rendu Calais à la France. Mais il s'agissait de gagner de vitesse les Bourbons et les Montmorencys, besogne rendue pourtant bien facile par les rancunes de la reine-mère contre le connétable, par les propres maladresses de cet esprit peu subtil, et par les déplorables irrésolutions du roi de Navarre.

Le connétable avait été l'ami et l'allié de la duchesse de Valentinois, et il n'avait pas craint de dire à Catherine : « Les Français ont à cœur « l'obéissance de leurs princes naturels, et à « contre-cœur celle des princes étrangers. » Deux crimes impardonnables auxquels venait s'ajouter, pour ce qui concerne le roi de Navarre, celui d'être le premier prince du sang, le plus proche héritier de la couronne, et le chef avéré des huguenots.

Le connétable et la favorite n'avaient pourtant pas été toujours bons amis, et Lorenzo Contarini, ambassadeur de Venise, dit en 1553 : « Ces deux personnages sont ennemis déclarés : « cette hostilité compte déjà trois années. « Enfin, aux instances de Sa Majesté, ils « firent la paix en apparence mais, au fond, « leur haine est non moins grande que « jamais. » La duchesse était alors l'alliée des princes lorrains, mais, par la faute du cardinal de Lorraine, cette amitié se changea en haine. Mme de Valentinois suggéra à Henri II de charger le connétable de traiter de la paix avec l'Espagne ; elle lui procura un bon accueil du roi et par conséquent de toute la Cour ; et quand, pour prix de ses bons offices, elle proposa le mariage de sa petite fille, Henriette de Bouillon, avec un des fils du connétable (1), « le bonhomme », comme l'appelle Brantôme, n'eut garde de refuser. Rien ne pouvait faire prévoir, et il ne pouvait se douter que cette reine, jusqu'ici si modestement effacée, fut sur le point de devenir l'arbitre de la politique

(1) Henriette ou Antoinette de la Marck, fille aînée de Robert de la Marck, duc de Bouillon, prince de Sedan, maréchal de France, et de Françoise de Brézé, fille de Diane de Poitiers. Elle épousa effectivement, en 1558, Henri de Montmorency, fils puîné du Connétable, qui fut duc de Montmorency et maréchal de France et continua la lignée des ducs de Montmorency.

et le véritable roi de France sous le règne nominal de ses trois fils.

Dès que Henri II eut rendu le dernier soupir, le duc de Guise avait obtenu que la reine mère et le jeune roi allassent s'installer au Louvre; c'est dans l'antique demeure des rois (1) que fut signé le premier acte de François II, sous forme d'un mandement au prévôt de Paris, publié le 13 juillet, défendant à tous prélats de laisser prêcher sans permission dans l'étendue de leurs bénéfices. Le 15 juillet, Crespin de Brichanteau, sous-prieur de Saint-Denis (2), qui avait été « prédicateur et confesseur du Dauphin », était nommé « conseiller-confesseur ordinaire du roi »; et le 23 paraissait une déclaration défendant de porter des arquebuses,

(1) A peine habitable, car la grosse tour du Louvre, de laquelle relevaient tant de fiefs, et le donjon de Pilippe-Auguste venaient d'être jetés bas par ordre de François Iᵉʳ qui, nommant par lettres du 4 août 1546 Pierre Lescot architecte du Louvre, lui avait prescrit de le réédifier complètement. Lorsque Henri II mourut, il n'y avait d'achevé que l'aile occidentale et le pavillon d'angle, dit Pavillon du Roi; l'aile méridionale était commencée. Pierre Lescot, qui s'était adjoint Jean Goujon, fut pendant trente-deux ans architecte du Louvre.

(2) Crespin de Brichanteau appartenait à une ancienne famille de la Beauce, éteinte en Armand de Brichanteau, marquis de Nangis, maréchal de France en 1741, mort à Versailles le 8 octobre 1742. Crespin était né le 5 août 1514. Il avait d'abord été religieux à Saint-Denis, et docteur en théologie en 1553. Prédicateur et confesseur du dauphin le 22 janvier 1556, abbé de Saint-Vincent de Laon, conseiller, confesseur ordinaire du Roi, évêque de Senlis le 17 septembre 1559, mort le 13 juin 1560, avant d'avoir pris possession de son évêché.

des pistolets ou toutes armes à feu, sous peine de 500 écus d'or soleil d'amende, et de la mort, en cas de récidive.

Pendant ce temps, on s'était débarrassé du connétable, en le chargeant de veiller aux préparatifs des obsèques royales, ce qui le retenait au palais des Tournelles où reposait le corps du roi (1). Il alla néanmoins visiter la reine mère, mais ce ne fut pas alors qu'il lui adressa les paroles rapportées plus haut, qui s'appliquaient directement aux princes lorrains, mais dont Catherine, en sa qualité de princesse italienne, pouvait s'attribuer sa part. Pourtant la reine mère avait à faire valoir un principal grief, bien féminin et qui lui était tout personnel, ainsi qu'on le verra plus loin. Le connétable trouva la reine environnée de l'appareil le plus lugubre, dépeint par l'ambassadeur vénitien Contarini, qui avait été lui porter les compliments de condoléance de la République ». Elle « était dans une chambre entièrement tendue « de noir, et tellement que, non seulement les « murailles, mais les parquets en étaient « couverts. Il n'y avait d'autres lumières que

---

(1) Catherine de Médicis n'ayant plus voulu paraître au palais des Tournelles, les bâtiments ne tardèrent pas à tomber en ruines. La ville de Paris les loua pour y établir des étables, des écuries et des dépôts de poudre. Charles IX y installa ses volières, ses chenils, et sa ménagerie; puis il en ordonna la démolition, le 28 janvier 1565. Tout fut rasé, les fossés furent comblés, et de la grande cour intérieure on fit un marché aux chevaux.

« deux cierges brûlant sur un autel garni de
« drap noir. Le lit de la reine était tendu de
« même. Sa Majesté était vêtue des plus
« austères habits, robe noire à queue traînante
« qui n'avait d'autre ornement qu'un collet
« d'hermine ». Toutes les princesses étaient
entièrement habillées de blanc. C'est dans cette
espèce de sépulcre que le connétable fut reçu ;
après avoir parlé de ses longs services, il manifesta le désir de se retirer à Chantilly, et pria
la reine d'étendre sa protection sur les membres de sa maison. Catherine fit bon visage au
vieillard, lui répondit par d'affectueuses paroles,
et, tout en lui laissant entrevoir qu'elle songeait
également à vivre dans la retraite, elle promit
qu'elle ne manquerait pas de prendre la famille
de Montmorency sous sa protection. Après
avoir tenté de se duper réciproquement, ils se
quittèrent en apparence satisfaits l'un de
l'autre. En rentrant aux Tournelles, le connétable dépêcha un gentilhomme au roi de
Navarre, avec une pressante invitation de se
hâter d'accourir. Mais, avant qu'Antoine de
Bourbon fut arrivé à la Cour, le connétable
l'avait quittée et s'était retiré à Chantilly, le
cœur ulcéré, et brûlant du désir de venger
l'injure qu'on lui avait faite en se bornant à le
prendre au mot (1).

(1) A peine avait-il appris, à Gand où il séjournait, la mort
de Henri II, que Philippe II, roi d'Espagne écrivait au connétable de Montmorency pour lui annoncer que don Ponce

25

Impatient d'attendre en vain l'arrivée du roi de Navarre, plus impatient encore du pouvoir des Guises, le connétable était allé trouver le jeune roi à l'issue de son dîner et avait joué avec lui la même comédie qu'avec la reine mère. Mais, bien endoctriné, François II, tout en l'assurant que les siens et lui-même conserveraient leurs charges et leurs pensions, lui témoigna le désir de le voir assister le plus souvent possible aux séances du conseil, où le secours de sa longue expérience lui serait toujours utile et agréable ; il ajouta que, pourtant, toutes les fois que le soin de sa santé l'exigerait, il pourrait se retirer dans ses terres d'où on le verrait revenir avec plaisir : que dans le but de lui ménager un repos si bien gagné, il l'avait déchargé du fardeau du pouvoir pour le partager entre ses deux oncles, le cardinal de Lorraine et le duc de Guise. Le connétable, interdit, répondit qu'il était venu précisément prier le roi de lui permettre de se retirer de la Cour et des affaires, et refusa l'entrée au conseil qui lui était offerte. De là, il se rendit chez la reine à laquelle il adressa cette parole, que j'ai rapportée plus haut, touchant

de Léon, duc d'Arcos, qu'il envoyait porter à la reine et au nouveau roi ses compliments de condoléance, était chargé de le visiter... « vous priant de le croire et de demeurer certain que en tout temps vous me trouverez autant affectionné en tout endroit envers vous et les vôtres... » juillet 1559. — Philippe II ne pouvait moins faire pour celui qui, en négociant le traité de Cateau-Cambrésis, s'était montré plus espagnol que français.

le gouvernement des princes étrangers. Catherine riposta par de vifs reproches sur le dédain que faisait « son compère » des fonctions de conseiller de la Couronne, et lui demanda compte d'un propos outrageant qu'il aurait tenu jadis, en interrogeant Henri II comment il se faisait que le seul de tous ses enfants qui lui ressemblait était sa fille naturelle, Diane, veuve du duc de Castro et remariée au duc de Montmorency, son fils aîné (1). Le connétable s'emporta à son tour, traita le propos de calomnie, demanda à être confronté avec le calomniateur, et retourna au palais des Tournelles qu'il ne quitta plus que pour conduire le corps de Henri II à Saint-Denis. Mais, quand la Cour se fut transportée à Saint-Germain-en-Laye (2), le connétable tenta un suprême effort, et il eut la mortification de voir le roi le laisser confondu dans la foule des courtisans, sans lui adresser la parole. Les Guises avaient gagné la partie. Son départ eut l'air d'un triomphe. Tous les gentilshommes qui se trouvaient à Saint-Germain montèrent à cheval

---

(1) Diane, légitimée de France, fille naturelle de Henri II et de Diane de Poitiers. Apanagée du duché d'Angoulême en 1582. Elle avait épousé en premières noces Horace Farnèse, duc de Castro, en 1552, puis en 1557, François, duc de Montmorency, fils aîné du connétable. Restée veuve, sans enfant, elle mourut à Paris le 11 janvier 1619.

(2) La cour y était dès le 3 août. Le 26 juillet, avant de quitter Paris, le Roi avait publié un édit de création d'un maître de chaque métier dans toutes les villes du royaume, à l'occasion de son avènement à la couronne.

pour lui faire cortège. Bon nombre, parmi eux, avaient eu à se plaindre de lui, mais, chose rare chez des courtisans, ils ne voulaient pas paraître lui tourner le dos en même temps que la fortune. La Cour se trouva ce jour-là entièrement déserte. Mais peu importait aux deux Lorrains devant qui tout souriait et auxquels Catherine ne paraissait ni d'humeur ni de force à disputer le pouvoir.

Brantôme ne tarit pas d'éloges sur le « grand duc de Guise » ; en revanche, en peu de lignes, il maltraite fort le cardinal de Lorraine, son frère, qui fut, après tout, l'homme politique de la famille à cette époque, et le véritable ministre sous François II. Pour n'y plus revenir, j'en vais dire quelques mots.

Charles de Lorraine, cardinal de Guise, avait pris le nom de cardinal de Lorraine après la mort de son oncle Jean, archevêque de Reims, celui qui était si fastueux et si généreux qu'à Rome, un pauvre, recevant de lui une aumône considérable, s'était écrié : « Vous êtes le Christ « ou le cardinal de Lorraine. » Brantôme représente d'abord Charles comme ayant « un « esprit fort subtil, parlant très bien de toutes « choses, entendant les affaires de la France, « voire d'autres pays étrangers. » Mais il ne tarde pas à le montrer sous de bien autres aspects. « Fort caché et hypocrite en sa religion, « de laquelle il s'aydait pour sa grandeur. S'il « eust été aussi vaillant que monsieur son frère,

« il se fut faict chef de party ; mais de nature
« il estoit fort poltron, mesmes il le disoit. »
Le cardinal se consolait volontiers des inimitiés
qu'il suscitait. Montrant un jour vingt-deux
libelles publiés contre lui, il s'en faisait gloire
comme d'une preuve de son zèle pour la religion et de sa fidélité au roi. Jean Correr, ambassadeur de Venise, dit que « personne n'avait
« plus de crédit que lui dans Paris. » Puis, il
mentionne la haine que les Montmorency et
bien d'autres avaient pour lui, à cause de son
caractère hautain. Né le 17 février 1524, il
mourut à Avignon, le 26 décembre 1574, d'un
refroidissement contracté à une procession à
laquelle il avait assisté avec Henri III au devant
de qui il s'était rendu. Ses derniers moments
furent si terribles qu'il invoquait le diable.
« Il mourut, dit l'Estoile, d'une fièvre symp« tomée d'un extrême mal de teste provenu
« du serein d'Avignon, qui est fort dangereux,
« qui lui avoit offensé le cerveau à la procession
« des battus (1), où il s'estoit trouvé en grande

---

(1) Les blancs battus ou flagellants s'étaient introduits en France au XIVe siècle. Marchant en procession à travers les rues d'une ville, ils se flagellaient mutuellement avec des fouets faits de plusieurs lanières terminées par des pointes de fer. La plupart des villes du Midi avaient leurs confréries de flagellants. Henri III les vit pour la première fois à Avignon, à son retour de Pologne, et il en voulut instituer à Paris en 1583 trois confréries : les blancs, les bleus et les noirs, ainsi nommés de la couleur de la robe. Ces trois confréries réunies firent le 25 mars de cette année une procession solennelle à laquelle assistèrent le roi et toute la cour. La populace parisienne hua Henri III et les flagellants.

« dévotion, avec le crucifix à la main, les pieds
« nus et la teste fort peu couverte. Les hugue-
« nots soutenaient que quand on lui pensoit
« parler de Dieu, durant sa maladie, il n'avoit
« en la bouche, pour toute réponse, que des
« vilenies, et mesme le vilain mot de *foutre*,
« dont M. de Reims, son nepveu (1), l'estant
« allé voir, et le voyant tenir tel langage, auroit
« dit en riant, qu'il ne voit rien en son oncle
« pour désespérer, et qu'il avoit encore toutes
« ses paroles et actions naturelles. » Le jour de
sa mort, en se mettant à table, Catherine de
Médicis dit : « Nous aurons la paix, à cette
« heure. » Telle fut l'oraison funèbre que lui fit
la reine. Voici maintenant celle de l'Estoile :
« Le bon arbre se connoit au fruict; pour luy
« ce fruit estoit, au témoignage de ses gens,
« que pour n'estre jamais trompé, il falloit
« croire le contraire de ce qu'il disoit. » Quant
à Brantôme, il est plus concis et plus énergique,
suivant son habitude « M. le Cardinal avoit
« l'âme fort barbouillée, tout ecclésiastique
« qu'il estoit. » Tel était l'un de ceux qui
allaient présider aux destinées de la France.

Les deux frères n'avaient pas attendu le départ du connétable et l'arrivée du roi de Navarre pour « faire le partage de Montgommery,
« tout d'un côté, rien de l'autre » (Proverbe

---

(1) Louis de Lorraine, cardinal de Guise, qui lui succéda
à l'archevêché de Reims et fut assassiné à Blois avec le duc
de Guise, son frère, le 24 décembre 1588.

du XVIᵉ siècle, basé sur les anciennes coutumes de Normandie, qui accordaient aux aînés de cette famille la plus grande partie des biens). Le duc François s'était adjugé le commandement des armées, le cardinal de Lorraine la surintendance des finances. Madame de Valentinois, forcée de rendre gorge, avait dû restituer les diamants de la Couronne et abandonner Chenonceaux (1) en échange de Chaumont-sur-Loire. Le cardinal Bertrandi, archevêque de Sens, avait renvoyé les sceaux que l'on avait rendus à Olivier. (2). Le cardinal de Tournon, rappelé d'Italie, avait pris place dans le conseil (3). L'ensemble de ces mesures, dirigées

---

(1) Henri II l'avait acheté en 1547 et en avait fait don à Diane de Poitiers. Construit sous François Iᵉʳ, par Thomas Bohier, il n'était pas encore achevé. Catherine de Médicis, qui le convoitait, le fit terminer.

(2) Les Bertrand ou Bertrandi étaient une famille française du Lauraguais. Jean Bertrand ou Bertrandi, né en 1470, capitoul de Toulouse en 1519, second président du Parlement de Toulouse en 1533, premier président en 1536, troisième président au Parlement de Paris en 1538, premier président en 1550. Devenu veuf, il entra dans les ordres, et fut nommé évêque de Comminges en 1551, archevêque de Sens et cardinal en 1557. Il fut garde des sceaux depuis 1551 jusqu'à la mort de Henri II en 1559. C'était une créature du connétable de Montmorency. Il mourut à Venise le 4 décembre 1560. François Olivier, qui redevenait garde des sceaux, après l'avoir été de 1545 à 1551, né à Paris en 1497, mort à Amboise, le 30 mars 1560, avait été successivement chancelier de Marguerite, sœur de François Iᵉʳ, et président à mortier au Parlement de Paris en 1543.

(3) François de Tournon, né à Tournon en 1489, mort à l'abbaye de Saint-Germain-des-Prés, à Paris, le 22 avril 1562. Archevêque d'Embrun en 1517, de Bourges en 1525, d'Auch en 1537, de Lyon en 1551, abbé de Saint-Germain-des-Prés,

principalement contre le connétable, car chacune d'elles l'atteignait plus ou moins directement, fut complétée par l'échange que l'on obligea l'aîné de ses fils, le duc François, à faire de son office de grand-maître de France, qui lui venait du connétable, contre un bâton de maréchal de France (1). Contre les Bourbons, les Guises procédèrent autrement, en imposant des faveurs que l'on se serait bien gardé de leur demander. Le prince de Condé fut envoyé à Gand, où séjournait Philippe II, pour lui voir

cardinal en 1530. Ministre d'Etat de François I*r, il avait été envoyé à Rome à l'avènement de Henri II, en disgrâce, le nouveau Roi n'ayant voulu conserver aucun des ministres de son père.

(1) Ce fut le 19 novembre 1559 que François de Montmorency reçut le bâton de maréchal et prêta serment, selon une lettre en date de ce jour du maréchal de Saint-André au connétable. Catherine écrit peu de jours après au connétable : « Le Roy mon fils... a trové sy bon de l'auneste fason que en y avés hausé (usé) que yncontynent yl a fest dépéché la marychausié (a nommé maréchal) à vostre fyls et a comandé aussi vostre asinasion pour vostre ranson... » On savait le point faible du connétable, une insatiable soif de l'argent, et comme on pensait que la cession forcée de la grande-maîtrise de France contre un bâton de maréchal n'apaiserait pas le ressentiment du connétable, on faisait briller à ses yeux la ratification du don que les Etats du Languedoc, province dont il était gouverneur, lui avait fait pour payer sa rançon de prisonnier de la bataille de Saint-Quentin dont il ne s'était pas encore acquitté. Lorsque le duc de Guise fut tué devant Orléans, le 24 février 1563, Catherine eut la plus grande peine à obtenir du connétable qu'il ne mettrait pas empêchement à ce que la grande maîtrise de France passerait au jeune duc de Guise. Ce ne fut que le 12 avril suivant que Catherine put en venir à ses fins, et ce jour là même le connétable quitta la cour « fort mécontent ». (*Mémoires de Condé*).

jurer l'observation du dernier traité de paix (1). Le duc de Montpensier l'accompagnait, avec la mission spéciale de remettre au roi d'Espagne le collier de l'ordre de Saint-Michel. Le cardinal de Bourbon et le prince de La Roche-sur-Yon étaient chargés d'accompagner jusqu'à la frontière d'Espagne la nouvelle reine de ce pays, Madame Elisabeth, sœur de Henri II. Le terrain était déblayé des princes du sang, mais, à vrai dire, étaient-ils si redoutables? On ne semblait pas le croire, puisque les missions qui leur furent confiées furent regardées par tous comme une offense préméditée, et à laquelle le cardinal de Lorraine ajouta la nouvelle offense de n'attribuer aux deux premiers que la somme dérisoire de mille écus pour les frais de leur voyage.

Le prince de Condé n'avait pas encore donné sa mesure, et le roi de Navarre, par l'ordre de primogéniture, était celui de qui l'on croyait encore pouvoir tout craindre ou tout espérer. Brantôme parle de Louis de Bourbon comme d'un homme d'esprit vif et railleur, qui « aymoit autant la femme d'autruy que la sienne », et d'un homme très brave. Les ambassadeurs vénitiens ne le mentionnent guère d'une manière spéciale. Son histoire et les traits de

(1) Le Prince de Condé arriva à Gand le 5 août avec une suite de 180 personnes. Il eut son audience de congé le 9 et reprit le chemin de la France en passant par Anvers (Rap. de Sébastien de l'Aubépine, évêque de Limoges, ambassadeur en Espagne).

ce caractère aventureux se retrouvent presqu'à chaque page pendant dix ans de cette histoire : je ne m'y arrêterai donc pas. Pour son frère aîné, le roi de Navarre, voici comment Marc-Antoine Barbaro le dépeint : Il est d'un tempérament « sanguin et très faible. Sa figure n'est pas très « agréable : il est grand et maigre, et souvent « malade. Il est changeant, peu prudent, assez « simple quoiqu'il affecte une grande intelli- « gence des affaires auxquelles il ne me paraît « pas comprendre grand chose. C'est du reste « un prince bienveillant, affable, plein de dou- « ceur et d'humanité, et qui recherche l'amitié « de tous les princes ». Brantôme n'est pas d'accord avec le Vénitien sur l'extérieur du père de Henri IV : » Belle apparence, dit-il, belle « taille et plus haute de beaucoup que celle de « tous messieurs ses frères, la majesté tout « pareille, la parole et éloquence très bonne... » — « Brave et vaillant, dit-il encore, car de cette « race de Bourbon il n'y en a point d'autres ». Brantôme déclare qu'on ne lui connaissait que « deux *si* », avoir un peu trop négligé ceux qui l'avaient assisté dans la mauvaise fortune, et s'être montré peu vindicatif envers ceux qui l'avaient offensé, mettant ainsi sur le même pied un vilain défaut et une brillante qualité. Ses contemporains traduisaient cela en disant que si l'on faisait son autopsie, on ne lui trouverait pas plus de cœur que de fiel. On cite de nombreux exemples de l'irrésolution et de la faiblesse de son caractère. Après la conspiration de 1560, sept à huit cents gentilshommes lui ayant offert leurs services, dans le cas où on voudrait l'inquiéter, Antoine les remercia en ajoutant qu'il demanderait leur grâce si l'on voulait procéder contre eux : « Notre grâce ? « répondit l'un deux : elle est au bout de nos « épées. Vous serez bien heureux si vous obtenez « la vôtre en la demandant avec humilité... » — « Après la mort de François II il voulut avoir la régence, mais l'énergie de la reine triompha de sa faiblesse et il dut se contenter du vain titre de lieutenant-général du royaume (1). A côté de cela, citons un exemple de véritable courage, tempéré par une grave faute politique. Quand

(1) Après l'avénement de François II, le Roi de Navarre était resté dans ses Etats. Le 3 août 1560, Catherine lui faisait porter par Tanneguy Le Veneur, baron de Carouges, (depuis comte de Tillières et lieutenant général au gouvernement de Normandie) une lettre pressante pour l'inviter à se rendre auprès du Roi. Un mois après, elle lui dépêchait Antoine, comte de Crussol, son chevalier d'honneur, et le 17 octobre suivant, elle écrivait à Antoine : « jay esté bien esbahie de veoir ce que vou m'avé escript de l'occasion qui vous retarde poursuivre votre veoyaige à venir trouver le Roy ». On verra plus tard que le roi de Navarre se décida enfin à venir à Orléans et à quels périls il s'exposait par cette arrivée intempestive. François II à peine mort, le Roi de Navarre fut nommé lieutenant général du royaume, mais avec bien des restrictions, ainsi que le constate cette lettre du 27 mars 1561 de Catherine de Médicis à Jean de Brosses, duc d'Etampes: « Je l'ay faict lieutenant-général du Roy mon fils partout le Royaulme soubz moy, *auquelle reste la suprême authorité*, le commandement des finances, les dépesches et la provision des offices à toujours, comme je l'ay eu jusques icy ».

Navarre et Condé furent mandés par François II à Orléans, Navarre montra assez peu de jugement pour aller se mettre dans la gueule du loup, et il en faillit coûter la tête à son frère. Informé qu'il serait poignardé dans la propre chambre et sous les yeux de François II, Antoine de Bourbon refusa de reculer et dit seulement à un de ses gentilshommes : « S'ils « me tuent, portez ma chemise toute sanglante « à ma femme et à mon fils. Ils liront dans mon « sang ce qu'ils doivent faire pour me venger ». Antoine de Bourbon avait donc le courage personnel de ceux de sa race et justifiait le dire de Brantôme. On sait qu'il mourut des suites d'un coup d'arquebuse dans l'épaule, qu'il avait reçu dans la tranchée, au siège de Rouen, pendant qu'il satisfaisait un besoin naturel (1). Aussi lui fit-on cette épitaphe :

> Amis François, le prince ici gissant,
> Vécut sans gloire et mourut en pissant.

Les irrésolutions d'Antoine le reprirent de plus belle quand il fut à l'article de la mort : il

---

(1) C'était pendant un assaut qui fut vigoureusement repoussé, le jeudi 15 octobre 1562, que le roi de Navarre reçut : « une arquebusade au-dessus de l'épaule gauche, joignant le bord du corselet (la cuirasse) plongeant le coup en dedans et la balle est restée dedans » (lettre du Président de Montfort, ambassadeur de Savoie, témoin oculaire). « Le Roy de Navarre a heu eune arquebuzade dan l'épaule goche et ayspère que sa ne sera rien » écrit le même jour Catherine à la duchesse de Guise.

ne savait plus s'il devait mourir calviniste ou catholique (1).

Charles, cardinal de Bourbon, frère des précédents, qui ne fit réellement parler de lui que quand il accepta la royauté ridicule qui ne dépassa guère les murs du château de Fontenay-le-Comte où il était alors prisonnier et où il mourut, (2) était, dit Jean Correr « un prince « plein de bonté, qui ne serait pas capable de « troubler l'eau même s'il le voulait... » Jérôme Lippomano le qualifie : « saint homme, mais « tenu pour peu propre aux affaires... ». Henri III disait qu'il était « un vieux fou ». Quand on en fit le roi de la Ligue, il avait dépouillé la pourpre pour épouser la duchesse douairière de Guise. Un jour, le 23 juillet 1576, comme l'on racontait à Henri III qu'étant allé à Rouen trouver les

(1) Une lettre sans signature écrite au connétable de Montmorency le 19 octobre, constate que « s'ayant confessé, ayt resu son créateur. » (Bibl. nat. fonds fr. n° 3158, f° 107). D'autre part, Charles IX écrit à Jean Evrard de Saint-Sulpice, ambassadeur en Espagne, que le 9 novembre « Nostre Seigneur l'a appelé (le Roi de Navarre) à soy avec tant de congnoissance de luy et telle repentance et résolution qu'il se peult dire avoir fait la plus belle et la plus saincte mort qu'il soit possible » (Bibl. nat. fonds fr. n° 15.897, f° 381). Il est vrai que Charles IX ne pouvait parler autrement.

(2) Enfermé au château de Fontenay-le-Comte (Vendée), au commencement de 1580, aussitôt après l'assassinat du duc de Guise, il y mourut le 9 mai 1590. Né le 22 décembre 1520 à la Ferté-sous-Jouarre. Evêque de Nevers en 1540, de Saintes en 1544, cardinal en 1548, archevêque de Rouen en 1550. Un arrêt du Parlement de Paris le reconnut pour Roi sous le nom de Charles X, le 3 mars 1590. On battit monnaie à son effigie avec la couronne royale par dessus son bonnet de cardinal.

huguenots dans leur prêche pour leur faire « quelques salutaires remontrances » ceux-ci s'étaient hâtés de déguerpir, et que c'était avec le bâton de la croix qu'il les avait chassés, le roi répondit : « je vouldrais que les autres « fussent aussi aisés à chasser, à la charge « qu'on y deust porter le benoistier et tout ». (*L'Estoile*, journal). Quand Joyeuse fut tué à Coutras, la reine mère l'ayant pleuré « pour la forme, selon sa coutume » le cardinal de Bourbon le pleura « comme un veau, disant « qu'il eust voulu que le roy de Navarre, son « neveu, eust esté en sa place, et qu'il n'y eust « eu tant de perte de lui que dudit duc de « Joyeuse, ce qu'ayant esté rapporté au roy, il « dit que ceste parole estoit digne de ce qu'il « estoit », c'est-à-dire d'un imbécile. (*L'Estoile*, journal).

Louis de Bourbon, duc de Montpensier, et le prince de la Roche-sur-Yon étaient frères. Du premier, Brantôme dit qu'il était « très brave et vaillant » et encore qu'il « vivoit plus sainctement que le commun ». Jean Correr prétend qu'il était « plus capable de diriger une com-« munauté que de commander une armée ». Selon Lippomano, il n'aurait pas été « très capable ». Tout ceci est en contradiction avec les jugements de tous les autres contemporains. Il n'avait rien du saint, le prince qui « quand il « prenoit les hérétiques par composition, il ne « la leur tenoit nullement, disant qu'à un héré-

« tique on n'étoit pas obligé de garder sa foi »
(Brantôme). Encore moins du moine, quand
il s'emparait successivement, de vive force, de
Blois, Tours, Angers, Bourges, Saintes, et de
l'île d'Oléron ; quand il combattait avec la plus
grande valeur à Jarnac et à Moncontour. Un
moine se serait-il mêlé aux assassins de la
Saint-Barthélemy, en criant qu'il fallait tuer
les huguenots jusqu'au dernier? Le duc de
Montpensier laissa la réputation d'un des capitaines les plus braves, mais les plus cruels de
son temps. Le prince de la Roche-sur-Yon,
« bon catholique et sage prince... bien avisé et
« avoit un très bon sens, et le tenoit en meil-
« leur que celuy de M. son frère » (Brantome),
n'avait qu'une passion, de tuer le comte de
Maulevrier qui avait, dans un divertissement,
été cause de la mort du marquis de Beaupréau,
son fils (1). Ce sage prince fut donné comme
gouverneur à Charles IX, enfant, ce qui, comme
le dit justement Brantôme, dispense d'en faire
un plus long éloge.

Il ne faut pas oublier le maréchal de Saint-
André qui avait été si en faveur sous le précédent règne, malgré l'avis de François Ier qui
avait commandé à son fils de se défier de lui.

---

(1) Henri de Bourbon, marquis de Beaupréau, mort le 11
décembre 1560 d'une chûte de cheval qu'il avait faite la veille,
en courant un lièvre à Orléans où François II était mort le
5 décembre précédent. On voit que le deuil de cour et de
famille royale n'était pas de longue durée.

Très brave, mais très insinuant, Jacques d'Albon avait trouvé le moyen d'édifier une fortune vraiment scandaleuse. Brantôme qui n'en sait pas mauvais gré au maréchal, dit seulement que ce fut lui qui introduisit à la Cour le luxe effréné qui ne cessa de croître jusqu'à Henri IV. Il avait fait de son château de Vallery, dans l'Yonne, une véritable résidence princière et y avait entassé un merveilleux mobilier qui fut vendu à l'encan, à Paris, après sa mort; « desquels meubles, dit Brantôme, on n'en put « jamais voir la fin, tant ils durèrent »; et tout n'y était pas, car lorsque la maréchale de Saint-André se mit en tête d'épouser le prince de Condé, elle lui donna le château de Vallery entièrement et richement meublé, ce que le peu scrupuleux prince ne se fit pas faute d'accepter (1). Saint-André, au dire de Vielleville, était l'un des quatre qui « dévoraient le roi (Henri II), comme un lion sa proie » : les trois autres étaient, le connétable, le duc de Guise et Diane de Poitiers. Il a cependant à son crédit d'avoir déconseillé de livrer la bataille de Saint-Quentin où il fut fait prisonnier, et d'avoir tracé le plan de celle de Dreux où il fut tué (2).

---

(1) Marguerite de Lustrac, maréchale de Saint-André, fut formellement accusée, et ce ne fut pas sans preuves, dit-on, d'avoir empoisonné sa fille pour pouvoir donner sa fortune au prince de Condé.

(2) Le maréchal eut, dit-on, le pressentiment de sa mort: « Le matin avant la bataille, il vint trouver M. de Guise dans sa chambre, qu'il n'estoit pas encore jour et en entrant,

La reine-mère ne le regretta pas, car elle savait, dit Brantôme, « qu'il avoit desbattu au conseil « estroit du triumvirat qu'il la falloit jeter en « un sac dans l'eau ». Il n'y avait pas, en effet, « pour elle de quoi le regretter.

Saint-André se trouvait dans la fâcheuse alternative d'être recherché pour l'origine de sa fortune, et poursuivi par une meute de créanciers qu'il ne pouvait satisfaire. Il offrit sa fille, qui devait être immensément riche, malgré les prodigalités de son père, au duc de Guise pour un de ses fils. Guise ne répondit ni oui, ni non; mais Saint-André, qui était devenu bon à ménager, fut laissé sur le second plan, ce dont il se garda bien de se plaindre, tant il se croyait destiné à disparaître.

Tel était l'aspect que présentaient la Cour et le gouvernement quand, de Paris, on emmena à Saint-Germain-en-Laye le petit roi que Capello et Soranzo s'accordent à représenter comme d'un caractère difficile, taciturne, bilieux et obstiné, et qu'au physique on dépeint comme ayant la face plombée et boutonnée, l'haleine fétide, et qui tenait toujours la bouche

---

il demanda au jeune Tranchelion, brave gentilhomme qui en sortoit, ce que M. de Guise faisoit. Il luy dit qu'il venoit d'ouïr la messe et de faire ses Pâques (c'est-à-dire de communier) et qu'il vouloit déjeûner pour monter à cheval. — Oh ! Dieu, ce dit-il (car je l'ouis et y estois), je suis bien malheureux que je n'en aye autant faict et ne me sois mieux préparé, car le cœur me dit que j'auray aujourd'huy je ne sçay quoi ». (Brantôme).

ouverte, parce qu'il ne pouvait respirer que par là. Si Catherine avait su que les ambassadeurs trouvaient une certaine ressemblance entre le fils et la mère, il est probable qu'elle ne l'eut pas plus pardonné que le sac du maréchal de Saint-André.

II

Le Sacre et les Débuts du Règne

François II avait passé tout le mois de juillet à Paris, au Louvre. Dès le 3 août, on le trouve à Saint-Germain-en-Laye où il séjourna jusqu'au 24 du même mois, jour où la Cour se mit en marche pour se rendre à Reims où l'on devait procéder aux cérémonies du sacre. Il faut croire que ces cérémonies ne remplissaient pas d'aise les contribuables de cette ville, car ils étaient tenus à en acquitter les frais, et le roi fut obligé, par une lettre du 15 août, de le leur rappeler en termes comminatoires. Dans l'intervalle de son séjour à Saint-Germain-en-Laye, pour rester fidèle au plan que je me suis tracé, je relève parmi les actes royaux, un édit de révocation des aliénations du domaine de la couronne, le 12 août; une déclaration, du 19 août, portant que les membres du Parlement établis dans le duché de Savoie, conserveront leurs qualités de présidents, conseillers, etc., jusqu'à ce qu'ils aient été « versés dans d'autres compagnies »; une autre déclaration du 21 août, portant que les comptables qui auront obtenu des lettres de révision des jugements rendus contre eux en la Chambre des Comptes de Paris, seront tenus, préalablement au jugement de révision, de payer les sommes auxquelles ils auront été condamnés. Le 18 août, les présidents de Thou et Séguier avaient été mandés à Saint-Germain pour s'entendre prescrire de hâter la solution du procès d'Anne du Bourg. Je parlerai tout à l'heure de cette affaire retentissante. Le 25 août, François II était à Nanteuil-le-Haudouin et le 27 août à Villers-Cotterêts.

Le roi de Navarre était arrivé à Paris le 20 août. Il était en Béarn quand il reçut le gentilhomme chargé par le connétable de l'inviter à se hâter d'accourir. Mais le connétable avait mal pris son temps pour donner cette marque d'intérêt à un prince qui avait à faire valoir contre lui de grands griefs. Antoine de Bourbon n'avait pas oublié que le connétable avait écarté son royaume des derniers traités de paix, et qu'il avait enlevé à son frère Condé le gouvernement de la Picardie pour en gratifier l'amiral de Coligny. Après bien des tergiversations, il s'était décidé à se mettre en chemin, mais, et ceci peint l'homme tout entier, tandis qu'il faisait savoir à Montluc et aux Gascons affectionnés aux Guises qu'il ne se transportait à la Cour que pour rendre ses devoirs au nouveau roi, il faisait aviser sous main les chefs des réformés que son voyage avait pour but de réclamer la liberté de conscience et la réformation des abus.

Toute la noblesse du midi était montée à cheval et s'était offerte au roi de Navarre pour lui faire escorte, mais il les remercia en donnant pour prétexte que cette petite armée donnerait de l'ombrage aux Guises dont il avait à cœur de connaître les véritables sentiments à son égard. Ce fut donc sans un autre apparat que celui qui convenait à son rang qu'Antoine arriva à Vendôme où il avait donné rendez-vous aux Bourbons, aux Montmorency et aux principaux des mécontents. Les princes de Condé et de La Roche-sur-Yon, d'Andelot, le vidame de Chartres, le comte de La Rochefoucauld et bien d'autres s'étaient rendus à son appel. Le connétable s'était fait remplacer par Dardois, son homme de confiance. Les Bourbons firent valoir l'état des esprits, encore indécis et flottants, qu'ils pouvaient ramener à eux par de l'audace et une vigoureuse démonstration. Ils étaient pour un coup de force, pour la guerre. Les Montmorency, d'Andelot, et Dardois au nom du connétable, répondaient qu'on n'était rien moins qu'assuré du concours de la noblesse, et que certainement on ne prendrait pas les Lorrains au dépourvu ; que sans écarter absolument l'hypothèse de la guerre, il fallait ne rien précipiter, tater auparavant le terrain mouvant de la Cour et tacher, dans la limite du possible, de connaître le fond de la pensée de la reine-mère. Les atermoiements n'étaient pas pour déplaire à Navarre, puisque l'indécision était l'essence même de son caractère, et il se rendit volontiers à ce dernier parti. Il se dirigea donc vers Saint-Germain-en-Laye où était la Cour.

L'événement donnait tort aux Montmorency, car non seulement, sous le prétexte d'une chasse, François II ne vint pas au-devant de lui, comme c'était l'usage pour les visites des princes ou des têtes couronnées, mais, pour mieux marquer l'indifférence, il y eut une chasse qui fut dirigée d'un autre côté. Quand le roi de Navarre arriva à Saint-Germain, il ne trouva pas même de logis préparé, et si le maréchal de Saint-André ne lui avait offert le sien, on aurait eu l'indécent spectacle du premier prince du sang logeant dans une auberge. La reine-mère fut froide et affecta de ne parler que de la perte qu'elle avait faite. Le cardinal de Lorraine, qui était présent, manquant à son devoir et à toutes les convenances, attendit insolemment que Navarre vînt le saluer. Enfin, prévenu du retour du roi, Navarre qui s'était porté au-devant de lui, n'obtint de François que quelques paroles banales, et le roi poursuivit son chemin sans plus s'inquiéter de lui. Le roi, pendant les jours suivants, soutint si bien son personnage que Navarre, honteux du rôle qu'il jouait, se souvint à propos que, n'ayant pas assisté aux funérailles du feu roi, il ne pouvait se dispenser plus longtemps d'aller saluer sa tombe. Il se rendit donc à Saint-Denis, et de là il alla à Paris où il tint de nouveau conseil avec ses amis. On résolut de tenter de gagner le Parlement, et quand on se serait assuré de ses bonnes dispositions, de lui présenter, au nom des princes et de la noblesse, une requête pour demander la réformation des abus et la convocation des Etats-Généraux. Les démarches faites individuellement auprès d'un certain nombre de membres de cette assemblée donnèrent l'éveil aux Guises qui hâtèrent les préparatifs du sacre, afin de se débarrasser ensuite des Bourbons en envoyant les uns en Flandre, les autres en Espagne, comme je l'ai déjà dit, et de renvoyer le roi de Navarre dans le Béarn.

François II séjourna à Villers-Cotterêts. Il y était le 29 août, il y était encore le 4 septembre. C'est de là que, le 29 août, il publie un édit interdisant à personne d'être admis à prêter serment comme procureurs postulants auprès des cours souveraines, des bailliages et des sénéchaussées, jusqu'à ce que leur nombre soit suffisamment diminué. Ces procureurs postulants sont les ancêtres des avoués d'aujourd'hui. Le 4 septembre, déclaration révoquant les survivances d'états et offices, et édit ordonnant d'abattre les maisons où les réformés ont tenu « conventicules et assemblées illicites et nocturnes », et décrétant la peine de mort contre ceux qui y auraient assisté. Les Guises n'attendaient pas les attaques. C'étaient eux qui portaient les premiers coups. Le Parlement s'y associait en ordonnant, le 7 septembre, aux propriétaires et aux locataires de toutes les maisons de Paris, de renseigner exactement les commissaires et quarteniers sur « la religion » de ceux qui y habitaient.

Le 14 septembre, le Roi était à Sézanne, d'où la reine-mère écrivait à Gilles de Noailles (1), son ambassadeur en Angleterre, de lui acheter « une demye douzaine de guilledins » (chevaux hongres).

Le 15 septembre, François II faisait son entrée à Reims « par grant pluye et grant vent » — les éléments ne sont pas courtisans. — A la porte de la ville il reçut, suivant l'antique usage, les clés des mains de « la pucelle, richement couverte et parée à l'antique ». La jeune fille, qui remplissait ce rôle symbolique, emblème de la ville de Reims, était coiffée d'un chapeau de toile d'argent doré et d'un chapeau de fleurs par dessus, et vêtue d'une robe de soie bleue parsemée de fleurs de lys d'or, avec des bas blancs, et une résille de soie verte la recouvrant tout entière. Le cortège traversa les rues tendues de tapisseries. Douze clairons, marchant par quatre, ouvraient la marche.

---

(1) Né en 1524, mort le 1er septembre 1597, après avoir rempli plusieurs missions importantes en Angleterre, en Pologne et à Constantinople.

Le connétable chevauchait en avant du poêle de velours sous lequel était le roi. Derrière, venaient le roi de Navarre, les grands officiers de la Couronne et toute la noblesse. Une indisposition du prince de Piémont retarda la cérémonie jusqu'au lundi 18. Elle s'accomplit suivant les rites accoutumés. Les pairs ecclésiastiques étaient les évêques de Laon, de Langres, de Beauvais, de Châlons et de Soissons; l'évêque de Noyon (1), absent, fut remplacé. Les pairs laïcs étaient le roi de Navarre, les ducs de Guise, de Nevers (2), de Montpensier, d'Aumale et le connétable. Le duc de Montpensier avait soulevé tout d'abord une querelle de préséance, en voulant précéder Guise et Nevers, quoique la création de leur pairie fut plus ancienne que la sienne (3). Le 16, le roi prononça qu'au sacre, les pairs marcheraient dans l'ordre d'ancienneté de leur pairie, mais qu'à la Cour, les princes du sang auraient le pas sur les pairs; et M. de Chemaut, maître des cérémonies, reçut l'ordre d'inscrire cette décision sur son registre.

Dans l'assistance, on remarquait les princes

---

(1) C'était pour Laon, Jean Boc; pour Langres, Claude de Longny, cardinal de Givry; pour Beauvais, Eudes de Coligny-Châtillon cardinal; pour Châlons, Jérôme Bourgeois; pour Soissons, Charles de Roucy, et pour Noyon Jean de Hangest.

(2) François II de Clèves, deuxième duc de Nevers.

(3) Nevers avait été érigé en pairie en 1347, avec confirmation en 1404; le duché de Guise en 1517 et le duché de Montpensier en 1538.

de Piémont, d'Orange et de Ferrare. Le cardinal de Lorraine dit la messe du Saint-Esprit, assisté des évêques d'Evreux et de Meaux (1), faisant diacre et sous-diacre. Les otages de la Sainte-Ampoule, autrement dit les quatre grands seigneurs qui avaient mission d'aller la chercher à l'abbaye de Saint-Remy et de l'y ramener, furent Jean de Luxembourg, comte de Brienne; Jean de Luxembourg, vicomte de Martigues; Charles de Montmorency, seigneur de Méru et Eléonor Chabot, comte de Charny.

Le roi de Navarre avait retrouvé à Reims le rang qui lui appartenait et il avait pris séance au Conseil sans y avoir été invité, mais aussi sans qu'on lui témoignât du mécontentement de l'y voir. Il parlait plus haut et commençait à se faire écouter, quand un jour, on donna lecture au Conseil d'une lettre du roi d'Espagne qui offrait à brûle-pourpoint à son beau-frère le secours de quarante mille hommes pour mettre à la raison les mutins ou seulement les mécontents de son royaume : il y ajoutait que ses affaires étant en bonne voie dans les Pays-Bas, il se disposait à retourner en Espagne. La main des Lorrains était là dedans, et cette machination eut tout le succès qu'ils s'en étaient promis. Le roi de Navarre s'imagina que ce retour de Philippe en Espagne

---

(1) L'évêque d'Evreux était Gabriel Le Veneur de Tillières, et l'évêque de Meaux était Louis de Brézé.

cachait un secret dessein contre le Béarn, et il
accepta avec empressement le prétexte honorable qu'on lui fournit pour quitter la Cour. La
jeune reine d'Espagne, qui avait voulu assister
au sacre de son frère, ne pouvait plus retarder
son départ pour Madrid. Le cardinal de Bourbon
et le prince de La Roche-sur-Yon avaient été
désignés pour la conduire jusqu'à la frontière.
On offrit au roi de Navarre de prendre la haute
direction de cette mission, et il s'y résolut
d'autant plus volontiers qu'il entrevoyait, à la
faveur d'une entrevue avec Philippe II, la possibilité d'entamer directement des négociations pour obtenir la restitution de la Navarre,
ou du moins de toute la partie située au-delà
des Pyrénées, dite Haute Navarre. Antoine de
Bourbon qui était revenu avec la Cour à Fontainebleau, après le sacre, quitta avec elle cette
résidence lorsque le roi partit pour Blois,
devança la reine d'Espagne à Bordeaux, et la
conduisit jusqu'à Roncevaux, où il attendit les
ministres espagnols chargés de venir recevoir
leur nouvelle souveraine. La cérémonie devait
avoir lieu au Pignon, petit hameau situé au
sommet de la montagne, sur la frontière
même des deux pays. Antoine avisa les Espagnols qu'il les attendait à Roncevaux pour ne
pas obliger la jeune reine à séjourner au milieu
des neiges, dans un lieu où on ne pouvait lui
fournir un logement convenable. Ceux-ci,
après avoir résisté pendant quelques jours,

cédèrent devant la menace que fit le roi de s'en retourner en Gascogne avec leur reine, et ils allèrent la chercher à Roncevaux, mais ils protestèrent par écrit afin que cet acte de condescendance de leur part ne put tirer à conséquence pour l'avenir. De son côté, Antoine de Bourbon fit rédiger par deux notaires une protestation dans laquelle il était dit que le terrain sur lequel on se trouvait n'appartenait ni à la France, ni à l'Espagne, mais bien à la partie du royaume de Navarre dont il revendiquait la possession. Loin de s'opposer à cet acte dont ils étaient témoins, les Espagnols laissèrent entendre au roi que Philippe II ne serait peut-être pas éloigné d'être disposé à entrer en arrangements avec lui. Antoine de Bourbon s'éloigna rempli de ces illusions, qu'une lettre très dure de Philippe II devait dissiper quelques mois plus tard ; et se désintéressant, en apparence du moins, de tous les événements, il ne quitta plus ses états qu'un an après, quand il commit la faute insigne de venir, sur l'appel de François II, se remettre et remettre son frère, à Orléans, aux mains de leurs pires ennemis.

On a vu par les premiers actes du roi, que j'ai mentionnés, que les Guises étaient décidés à agir avec rigueur à la fois contre les abus, contre les mécontents et contre les huguenots. Maîtres de tout, maîtres du roi par la reine et se croyant maîtres de la reine-mère qui n'avait pas encore eu l'occasion de leur donner la mesure de ce qu'elle valait, ils paraissaient se soucier fort peu d'augmenter le nombre des mécontents et d'exaspérer les disciples de la nouvelle religion. Les banquiers étrangers et français, exploitant les nécessités des circonstances, avaient avancé à Henri II de l'argent à un taux usuraire. Sans souci de se fermer toutes les banques et de tarir le crédit, on se fit rendre compte par ces financiers de tout ce qu'ils avaient perçu au-delà du taux ordinaire de l'argent auquel on réduisit leurs créances. Quantité d'offices de la maison du roi furent supprimés ; ceux qui étaient victimes de cette mesure furent renvoyés avec la moitié de leurs gages. François Ier et Henri II avaient aliéné, soit par des dons, soit par des ventes, la plus grande partie du domaine de la Couronne : toutes ces concessions furent révoquées d'un trait de plume. Le connétable, par l'entremise du cardinal de Châtillon, son neveu, eut le talent de s'en faire excepter, ce qui était injuste vu le caractère général de la loi, et odieux si l'on considérait l'immense fortune du vieux Montmorency. La moitié des offices de finances furent supprimés, à charge par ceux qui n'étaient pas atteints, d'acquitter de leurs propres deniers le prix des charges remboursées. Les offices de magistrature étaient frappés de réduction par voie d'extinction jusqu'à ce qu'ils fussent ramenés au chiffre qu'ils présentaient à l'avènement de François Ier. Enfin les survivances furent abolies, et pour s'éviter le désagrément d'entendre de trop près le concert de plaintes qui s'élevait de tous côtés, une potence fut dressée devant le château de Fontainebleau, avec cet avis, que l'on y accrocherait quiconque viendrait à la Cour sans y avoir été appelé par le roi ou par la nature des fonctions qu'il remplissait auprès de sa personne.

Pour les huguenots, de la menace on passa à l'exécution, et le Parlement reçut l'ordre d'en finir avec Anne du Bourg (1). Mais celui-ci, destiné à faire un grand exemple, se défendait pied à pied et donnait fort à faire à ses juges. J'en parlerai rapidement, car l'histoire de ce procès célèbre appartient autant au règne de Henri II qui le fit commencer qu'à celui de François II qui en vit la conclusion.

Anne du Bourg, neveu d'Antoine du Bourg, chancelier de France, était conseiller-clerc au Parlement de Paris. Quand Henri II était venu faire au Parlement de sévères mercuriales sur la longanimité dont celui-ci faisait preuve envers les religionnaires, cinq conseillers avaient osé les défendre, et ils avaient été aussitôt arrêtés et mis à la Bastille : Anne du Bourg en était un, et il resta seul en butte à la colère du roi, les quatre autres ayant fait leur soumission. Une

---

(1) Les présidents de Thou et Séguier avaient été mandés le 18 août à St-Germain-en-Laye et avaient reçu cet ordre verbal de la bouche du cardinal de Lorraine et du chancelier.

commission composée du président Saint-André, de deux maîtres des requêtes et de deux conseillers au Parlement, ayant été chargée d'instruire le procès, du Bourg la récusa, se fondant sur le privilége des membres du Parlement de ne pouvoir être jugés que par la compagnie tout entière. Sommé de reconnaître l'autorité des commissaires, à peine d'être tenu pour rebelle, il s'exécuta et fut, en sa qualité de diacre, renvoyé devant l'évêque de Paris qui le déclara hérétique, sentence contre laquelle du Bourg interjeta appel comme d'abus. L'affaire en était là quand Henri II mourut.

Trois jours après la mort du roi, alors que l'on croyait généralement que le procès allait être abandonné, le cardinal de Lorraine fit expédier de nouvelles lettres à la commission, laquelle infirma l'appel de du Bourg. Celui-ci riposta par un nouvel appel devant l'archevêque de Sens, Bertrandi, auquel on venait précisément de retirer les sceaux. Bertrandi ayant confirmé la sentence de l'évêque de Paris, du Bourg forma devant le Parlement un nouvel appel comme d'abus. L'acharnement déployé contre du Bourg effrayant, et à juste titre, les membres de la nouvelle religion, l'église réformée de Paris intervint par une lettre couverte d'un grand nombre de signatures, que la dame de Roye (1) et l'amiral de

(1) Madeleine de Mailly, veuve de Charles de Roye, comte de Roucy, mort en 1552, et belle-mère de Louis de Bourbon

Coligny se chargèrent de remettre à la reine mère. En lisant cette protestation contre les persécutions avec lesquelles on allait ensanglanter les premiers jours d'un nouveau règne, cet appel à sa justice et à sa clémence, Catherine parut s'émouvoir et consentit à recevoir à Reims, pendant les cérémonies du sacre, le ministre le plus éclairé de l'église de Paris, Celui-ci s'étant présenté chez la reine mère, sous les auspices de l'amiral, la reine ne put s'entretenir avec lui et remit l'entretien à un moment plus favorable, parce qu'elle voulait qu'il ne fut connu de personne.

Pendant que ses amis et ses coreligionnaires travaillaient en sa faveur, du Bourg, encore seul et sans avocats ni conseils, continuait à se défendre avec une habileté et une persévérance qui aurait dû toucher ses persécuteurs, et qui commençait à éveiller en sa faveur de nombreuses sympathies dans le Parlement. Il présenta au Parlement une requête tendant à récuser plusieurs présidents et conseillers qu'il tenait pour ses ennemis personnels, à obtenir un conseil composé de quelques célèbres avocats, et à revendiquer son privilège de ne pouvoir être jugé que toutes chambres assemblées. L'avocat général Dumesnil conclut naturellement au rejet de la requête, mais elle avait assez embarrassé le cardinal de Lorraine pour

prince de Condé, que sa fille, Eléonore de Roye, avait épousé en 1551.

qu'il se crut autorisé à employer un moyen inusité et qu'il jugeait propre à frapper l'esprit du Parlement. Par son ordre, le chancelier Olivier, le cardinal de Bourbon, plusieurs conseillers d'État et maîtres des requêtes, vinrent prendre séance au Parlement, et le cardinal y parut en personne. Prenant la présidence, Olivier déclara qu'ils n'en agissaient ainsi que pour compléter l'assemblée, en raison des récusations que réclamait l'accusé, enjoignit au greffier de donner lecture des pièces du procès afin que les parlementaires de fraîche date fussent mis au courant des diverses phases par lesquelles ce procès était déjà passé, et termina en sommant du Bourg de déclarer les noms de ceux qu'il récusait pour ses juges. Du Bourg répliqua qu'il récusait l'assemblée ainsi composée, les conseillers d'État ne pouvant siéger au Parlement qu'en présence du roi, les maîtres des requêtes n'exerçant la justice qu'aux requêtes de l'hôtel (1), et il réclama de nouveau l'assemblée de toutes les chambres. Requis encore une fois de nommer individuellement ceux qu'il prétendait récuser, du Bourg désigna les commissions qui avaient instruit son procès, le premier président Le Maitre et le président Minard, parce qu'il les tenait pour ses ennemis

(1) L'objection était réellement fondée. Si les maîtres des requêtes étaient réputés faire partie du Parlement, ils ne siégeaient utilement et avec autorité que dans leur tribunal des Requêtes de l'Hôtel, dont les sentences étaient jugées en appel par le Parlement.

personnels, les maîtres des requêtes Etienne Lallemant, de Vouze, et Nicolas de Pellevé, évêque d'Amiens (2), et enfin le plus grand de tous, le cardinal de Lorraine lui-même, comme étant l'instigateur des persécutions exercées contre ceux de sa religion.

Le cardinal s'étant retiré, après avoir protesté avec douceur, ce qui surprit tous ceux qui connaissaient la hauteur et la violence de son caractère, qu'il n'était pas l'ennemi de du Bourg et qu'il n'avait pas tenu à lui qu'ils ne fussent amis, l'assemblée repoussa les récusations, sauf pour le président Saint-André et deux conseillers faisant partie de la commission, et désigna La Porte et Marillac pour servir d'avocats à l'accusé. Le premier ayant eu la lâcheté de refuser, Jean de Saint-Méloir et Pierre Robert s'offrirent pour le remplacer. François de Marillac, frère de l'archevêque de Vienne, d'une famille qui fournit au siècle suivant un garde des sceaux et un maréchal de France, obtint de son client qu'il lui laisserait faire appel à la miséricorde du roi, à la pitié des juges, et qu'il se laisserait représenter comme étant la dupe de quelques imposteurs. D'accord avec quelques uns des magistrats avec qui il s'était concerté à l'avance, Marillac obtint

---

(2) Créature des Guises et ligueur forcené, Nicolas de Pellevé était né à Jouy-sous-Thelle (Oise), le 18 octobre 1518 ; il mourut à Paris le 26 mars 1594. Evêque d'Amiens en 1552, archevêque de Sens en 1562, cardinal en 1570.

que la séance fut levée aussitôt que sa plaidoirie serait terminée, de crainte que du Bourg, en prenant la parole, ne détruisît tout l'effet qu'il avait produit. Mais à peine de retour en sa prison, du Bourg adressa par écrit au Parlement un désaveu formel de tout ce qu'avait dit son avocat, et, son appel comme d'abus de la sentence de l'archevêque de Sens ayant été mis à néant, il en interjeta un nouveau à l'archevêque de Lyon, supérieur, en sa qualité de primat, de l'archevêque de Sens.

Le cardinal de Lorraine, sous le couvert de François II, ne cessait de harceler le Parlement pour hâter le jugement et le supplice dont il se croyait assuré. Le 13 octobre, d'Eclaron en Champagne, le 30 novembre, d'Amboise, des lettres-patentes ordonnent de terminer. Le 13 décembre, Marillac avait prononcé sa plaidoirie, le 19 du Bourg rétractait les aveux que Marillac avait fait en son nom ; le 22 une lettre close du roi ordonnait de presser le jugement, mais elle arriva trop tard : le 23 décembre, du Bourg était pendu, puis brûlé en place de Grève, ajoutant un nom illustre de plus à la liste, déjà trop nombreuse, des victimes des princes lorrains.

Du Bourg avait commencé à être vengé avant sa mort. Le président Minard revenant du palais, monté sur sa mule, le 12 décembre, fut tué d'un coup de pistolet dans la rue du Temple. Il s'était montré impitoyable envers les huguenots et acharné plus que tout autre contre Anne du Bourg. On prétendit que celui qui avait fait le coup était un gentilhomme écossais, nommé Jacques Stuart, parent éloigné de la jeune reine, huguenot déterminé, qui, dit Brantôme, « se meslait de faire des balles « trempées de telle composition qu'il n'y avoit « cuirasse à preuve ny de si bonne trempe qu'il « ne la perçast ; et les appeloit on des *Stuardes*, et « en faisoit présent à ses amys huguenots ». Brantôme ajoute « il estoit fort de la Religion « et très brave et vaillant, de bonne grâce et « belle apparence et très déterminé, et qui s'est « bien faict redouter pour tel, et mesmes de « M. le cardinal de Lorraine, ; dont fut faict un « petit pasquin : garde toy, cardinal, que tu ne « sois traicté à la Minarde, d'une Stuarde ». Ce fut le même Stuart qui, à la bataille de Saint-Denis, blessa mortellement le connétable d'un coup de pistolet, son arme favorite, et avec une de ses *Stuardes*, qui n'étaient probablement que des carreaux d'acier substitués aux balles de plomb, comme ceux dont, à son exemple sans doute, les huguenots se servirent notamment à la bataille de Coutras. Quoiqu'il en soit, il fallut s'en tenir aux soupçons, faute de preuves, et Stuart ne fut pas inquiété.

Pendant que la cour était à Fontainebleau, il y eut à Paris quelque émotion contre les huguenots, qui aurait dû servir d'avertissement au roi de Navarre, et qui ne fut certainement pas perdu pour le prince de Condé et les Châtillon.

Un orfèvre nommé Russange, qui avait rempli pendant quelque temps l'office de diacre dans l'église réformée et que l'on avait chassé comme convaincu de s'être approprié les aumônes des fidèles, s'assura deux coquins de son espèce, l'un peintre et l'autre fabricant d'instruments de musique. Tous trois s'adressèrent au cardinal de Lorraine et à l'inquisiteur de la Foi en France, Antoine de Mouchy dit *Demochares* (1), et déclarèrent que les réformés s'assemblaient pour faire la Pâque avec un pourceau en guise d'agneau pascal, et, qu'après avoir éteint les lumières, hommes et femmes se prostituaient les uns aux autres. Ils citèrent notamment la maison de l'avocat Trouillon, à la place Maubert, comme étant l'un des théâtres de ces orgies auxquelles prenaient part sa femme et ses deux filles. Un des trois affirmait même qu'il avait possédé une des filles de l'avocat. Convaincus par le chancelier de faux témoignage, ces misérables échappèrent pourtant au châtiment de leur crime ; l'influence du cardinal de Lorraine leur obtint non seulement le pardon, mais une récompense, et l'avocat, sa femme et leurs filles, quoiqu'innocents, furent emprisonnés. Mais il y avait pourtant quelque chose de vrai, c'est que le faubourg Saint-Germain,

(1) Né à Ressons-sur-Matz (Oise), en 1494, mort à Paris en 1574.

surnommé la petite Genève, était surtout habité par les huguenots, et que ceux qui n'étaient que de passage à Paris choisissaient de préférence les hôtelleries de la rive gauche de la Seine. Le cardinal de Lorraine enjoignit donc aux officiers du Châtelet d'armer leurs sergents, d'y adjoindre un détachement du Guet, et d'envahir une hôtellerie tenue par un nommé Le Vicomte, un vendredi, à l'heure du dîner, afin de surprendre ceux qui l'occupaient en train de manger de la viande et d'enfreindre les lois de l'Eglise. Quinze ou seize personnes y étaient en effet réunies. Au bruit, plusieurs sautèrent par les fenêtres et s'évadèrent par les jardins. Quatre seulement, dont deux gentilshommes angevins, deux frères nommés de Soucelles, se firent jour l'épée au poing au milieu des assaillants et réussirent à faire retraite sans être poursuivis. Le lendemain, ils furent arrêtés par les archers de la garde dans l'appartement du roi de Navarre auprès de qui ils s'étaient réfugiés, et qui les laissa emmener. Le conseiller de Bragelonne, qui dirigeait l'expédition, envoya Le Vicomte et sa femme en prison, où ils moururent pendant l'instruction de leur procès. La populace les précéda jusqu'à la porte du Châtelet, portant triomphalement devant eux des gigots de mouton et un chapon bardé, destinés à servir de pièces à conviction. Quelques compagnies du Guet étant arrivées pour prêter main forte à Bragelonne et à ses sergents, on se mit à fouiller les maisons voisines, et l'on y arrêta quelques personnes, notamment Coiffart, bailli de Saint-Aignan, sur lequel furent trouvés des écrits compromettants et qui fut conduit au château de Vincennes. Derrière les gens de justice, le peuple entrait et mettait tout au pillage. Les choses en vinrent à un tel point, que la reine-mère se plaignit au cardinal de Lorraine, lequel se contenta de répondre qu'il y avait des édits et qu'il se bornait à les faire exécuter. Le peuple de Paris, enhardi par cette impunité, se mit aussi à les exécuter à sa manière, en organisant la persécution et la délation. Non seulement, on recherchait soigneusement l'opinion de son voisin, on épiait ses pas et ses démarches pour le dénoncer; mais, connaissant l'horreur des huguenots pour le culte des images, on plaçait des statues de la Vierge et de quelque saint au coin des rues, sur les portes des maisons, dans les endroits les plus apparents. Au pied de ces statues se dressait une table en façon d'autel avec des cierges allumés, et on courait sus à quiconque ne saluait pas ou refusait de jeter quelque pièce de monnaie dans une boîte qu'on lui présentait et dont le contenu était destiné à l'entretien du luminaire. Les maisons des gens suspects d'hérésie étaient assaillies, visitées et pillées de fond en comble, mais les assaillants ne s'en tiraient pas toujours sans horions, car les réformés qui ne pratiquaient pas la douceur et la patience évangélique, résistaient quand ils se trouvaient en force et ne se faisaient aucun scrupule d'assommer leurs persécuteurs.

Les Guises, qui étaient tout le gouvernement, laissaient faire ; aussi bien ils auraient eu mauvaise grâce à arrêter un mouvement qu'ils avaient provoqué. Ils avaient d'ailleurs de plus graves préoccupations. Leur puissance dépendait de la vie du roi, et la santé de François II donnait déjà de sérieuses inquiétudes.

III

La conjuration d'Amboise.

Ce n'était pas le goût des déplacements, si notable surtout sous les règnes de Charles IX et de Henri III, ce n'était pas davantage une nécessité ou une combinaison politique qui envoyaient le roi et la cour passer l'hiver à Blois : c'était des raisons de santé. Affaibli par une croissance rapide, François II était faible et languissant ; des taches tantôt rouges, tantôt livides, marbraient son visage, « signes certains d'un épaississement de la lymphe et d'un sang qui tournoit en putréfaction ». Les médecins avaient conseillé l'air salubre et tempéré de Blois, où François, par un exercice modéré, se préparerait à prendre des bains aromatiques au retour du printemps. On fit courir le bruit que le roi était atteint de la lèpre, et qu'il ne se guérirait de cette horrible maladie qu'en se baignant fréquemment dans le sang des enfants. Il paraît que cette croyance était si bien enracinée dans l'esprit du peuple que les gens des campagnes fuyaient devant le cortège royal, et que bien des villages, sur le chemin de Paris à Blois, étaient vides de leurs habitants quand la Cour les traversait. François II, frappé de ce spectacle si étrange, voulut en connaître les motifs que l'on ne put lui cacher, et des larmes amères s'échappèrent de ses yeux. En allant au fond des choses, on eut la preuve que ces bruits horribles étaient répandus par des émissaires qui devançaient la Cour. On en arrêta même un à Loches, qui, mis à la question, accusa le cardinal de Lorraine de cette trame. Le cardinal à son tour accusa les réformés, et il s'affermit encore davantage dans les projets de mesures rigoureuses qu'il ne cessait d'imposer à la faiblesse de son royal neveu.

Je n'ai pas retrouvé la date précise du départ de Fontainebleau, mais le 4 octobre le roi était à Moutiers-sur-Saulx (Meuse, arrond. de Bar-le-Duc), où il signa la nomination, en qualité de gouverneurs de ses frères, de Philibert de Marcilly, seigneur de Sipierre (1), et de François de Kernevenoy, dit de Carnavalet (2), gentilshommes ordinaires de sa chambre. Le choix était heureux. « Sipierre, dit Brantôme, qui « es-
« toit le plus généreux, et le plus brave seigneur

(1) Mort à Liège en 1565. Après la paix d'Amboise, il commanda à Orléans. « C'était, dit de Thou, un homme de bien et un grand capitaine ».

(2) Gouverneur de l'Anjou, du Bourbonnais et du Forez, né vers 1520, mort à Paris en 1571. Ce fut sa veuve, Françoise de La Baume, qui acquit du fils du Président de Ligneris le célèbre Hôtel de Carnavalet, construit à Paris par Androuet du Cerceau et orné de statues par Jean Goujon. C'est aujourd'hui le musée municipal de la ville de Paris.

« qui fut jamais gouverneur de roi, ne lui pres-
« choit (à Charles IX) que la valeur, la grandeur
« et l'ambition ». Quant à Carnavalet, Castelnau
dit de lui qu'il « se peut mettre au rang des
« personnes les plus illustres que la Bretagne
« ait données à la France » et que « ce prince
« (Henri III) lui fut obligé de toute la gloire que
« lui valut sa belle éducation ». Il se recommandait ainsi sérieusement à la postérité qui ne le connaît plus qu'à cause du bel hôtel que sa veuve acheta à Paris et qui, par une sorte de faveur spéciale, n'a pas cessé de porter son nom.

François était à Eclaron (Haute-Marne), le 11 et le 13 octobre ; on le trouve le 22 à Vauluisant (Yonne), abbaye de Cisterciens, dont il reste encore de curieux vestiges. La jeune reine d'Espagne y était avec lui, et ils se proposaient d'y séjourner de compagnie, mais Elisabeth fut obligée d'y prendre congé, ce jour-là, de son frère, car celui-ci, après la réception de dépêches de Sébastien de l'Aubespine, évêque de Limoges, son ambassadeur en Espagne, s'était acheminé aussitôt vers Blois. C'est la reine d'Espagne qui, le 22 octobre, le mande à l'ambassadeur. De son côté, le roi de Navarre faisait diligence sur la route de Bordeaux où il voulait devancer la reine d'Espagne. D'autre part, de Thou dit que la reine-mère et François II conduisirent Elisabeth jusqu'à Poitiers, d'où ils revinrent à Blois. Ce qu'il y a de certain, c'est que la reine d'Espagne passa les fêtes de Noël à Pau, chez le roi de Navarre, et que ce ne fut que le 6 janvier 1560 qu'elle fut remise, à Roncevaux, entre les mains des ministres espagnols.

Le 26 octobre, François II était au château de Valery (Yonne), appartenant au maréchal de Saint-André qui continuait à se maintenir dans les bonnes grâces des Lorrains, et le 4 novembre il était rendu à Blois. Les édits pleuvaient contre les réformés, et aux provocations ceux-ci ne tarderont pas à répondre. Le 9 novembre, édit portant la peine de mort contre les auteurs d'assemblées illicites pour motif de religion. Le 14 novembre, lettres de commissions ordonnant d'informer « secrettement, diligemment et bien » contre ceux qui, à Paris, favorisent les sacramentaires et ceux qui sont entachés d'hérésie. L'édit du 1er décembre, renouvelé le 19 du même mois, interdisant le port des pistolets et armes à feu, sous peine de mort et de confiscation, visait évidemment surtout les réformés.

Les mois de décembre, janvier et février se passèrent dans le calme. L'orage se formait, mais à la Cour on n'en entendait pas encore les grondements lointains. François II avait établi sa résidence à Blois, dont le château, situé sur une éminence, était entouré de belles promenades, où l'air était pur et favorable à sa santé, mais où la Cour pouvait facilement être surprise par une troupe de gens déterminés. C'est ce qui prouve la complète sécurité dans laquelle on vivait. On n'ignorait pas que la noblesse était mécontente, mais pour qu'un mécontentement puisse se traduire par des actes, il faut qu'il soit dirigé et exploité ; et les Guises, qui voyaient une armée de mécontents, ne soupçonnaient pas que quelqu'un pût en prendre le commandement. Le roi de Navarre était trop irrésolu, le Connétable trop prudent, les Châtillon, ses neveux, étaient assez dans les bonnes grâces de la reine. Le seul redoutable, le prince de Condé, se trouvait être celui auquel on pensait le moins. L'orgueil était le péché mignon des princes lorrains, et la situation exceptionnelle qu'ils avaient acquise les aveuglait à ce point qu'ils se croyaient non seulement invincibles, mais qu'il ne leur venait pas à la pensée que personne voulut oser s'attaquer à eux.

De Blois, François II faisait quelques excursions à Amboise et à Chambord. Le 16 et le 17 décembre, notamment, il est à Chambord, il y retourne le 22. Je reprends l'indication de ses principaux actes, édits et ordonnances, pendant le laps de temps paisible qui s'écoula jusqu'à l'éclat de la conjuration d'Amboise. Le 2 décembre une déclaration attribue aux secrétaires du roi, à l'exclusion de tous autres, la faculté de signer et d'expédier les mandements du roi, et les arrêts de ses conseils et des cours souveraines. Le 10 décembre, François II fait don à sa mère du duché d'Alençon pour en jouir à titre de douaire (1). Le 17, édit contre les recéleurs de condamnés par contumace à la peine de mort ou au bannissement, qui sont assimilés pour le crime et le châtiment à ceux qu'ils ont voulu soustraire à l'action de la justice. Le 20 décembre sont signés deux édits ; par le premier il est défendu de transporter les blés et les vins à l'étranger, sans des lettres de congé délivrées par un bureau de surveillance que l'édit crée et dont il établit le siège à Paris. Le second précise la manière de régler les conflits entre le Parlement et la Cour des Aides ; et le moyen indiqué par le roi ressemble plutôt à une raillerie qu'à un acte sérieux. Ce moyen consiste à tâcher, en conférant ensemble, de se mettre toujours d'accord. Le 1er janvier 1560, paraît l'édit pour l'élection des juges et des officiers de justice (2) et le 8 on lance des lettres missives pour assembler quelques compagnies

(1) Le duché d'Alençon avait été réuni au domaine de la couronne en 1549, lors de la mort de Marguerite d'Angoulême, duchesse douairière d'Alençon.

(2) Le 3 janvier la reine mère écrivait à François de Montmorency, maréchal de France, fils du connétable, mécontent que la dignité de Grand-Maître de France fut enlevée à sa maison : « Croyés moy, à cet coup et si en nestes trompé, guardés cete letre pour me décrier la plus misérable et malheureus non royne, ne prynsèse, mès créature que Dieu aye james créaye et vous donnés cet contentement et à tous les vostres de avoyr ayté cause de la resteauration de ce povre royaume et lésé cete belle mémoyre de vous alla postérité et non de le avoir aydé à rouyner. »

de gens d'armes et pour les faire passer en
Ecosse. L'histoire de ce royaume, pendant le
règne de François II, se lie si intimement à
celle de la France, qu'il faut bien dire pourquoi
on y envoyait des troupes françaises.

Marie de Guise gouvernait l'Ecosse sous le
nom de sa fille. Ses frères lui avaient conseillé
d'abolir la tolérance religieuse que les seigneurs
écossais lui avaient imposée. Les protestants se
révoltèrent aussitôt et, aidés des princes du
sang, lui enlevèrent la régence, le 21 octobre
1559. Les compagnies d'hommes d'armes dési-
gnées dans les lettres missives du 8 janvier
étaient envoyées à son secours par les Lorrains.
Mais Elisabeth d'Angleterre n'avait pas pardonné à Marie Stuart d'avoir pris les armes et
le titre de reine d'Angleterre, tout en trouvant
bon, à l'exemple de ses prédécesseurs, de garder pour elle-même les armes et le titre de
reine de France ; elle savait que le triomphe
du catholicisme en Ecosse serait le signal du
soulèvement des catholiques anglais ; et puis,
l'occasion s'offrait d'établir, sous prétexte de
religion, sa domination en Ecosse, et elle était
trop habile pour la laisser échapper. Elle envoya une armée et une flotte au secours des
protestants. Les Français furent forcés de quitter l'Ecosse sans y avoir rien fait. La régente
mourut, et Marie Stuart fut obligée de laisser
le gouvernement aux princes du sang, de rétablir la liberté religieuse, et d'abandonner ses

droits à la couronne d'Angleterre (juillet 1560). Le cardinal de Lorraine écrivait en janvier à l'Aubespine, évêque de Limoges, ambassadeur en Espagne, que la reine d'Angleterre « ne peut demeurer en sa peau, et semble qu'elle ayt envye de faire ung sault en rue ». C'était pour l'empêcher de faire ce saut que La Brosse, chevalier de l'Ordre, avait conduit deux mille hommes de pied en Ecosse, que Sébastien de Luxembourg de Martigues y avait, à son tour, au commencement du printemps, mené mille fantassins et quelques cavaliers, et qu'enfin le marquis d'Elbeuf (1), frère des Guises, était parti avec huit vaisseaux chargés de soldats, de munitions et d'argent ; il avait pris la mer quand une tempête l'ayant obligé de relâcher sur la côte française, on prit prétexte de la conjuration d'Amboise qui venait d'éclater, pour rappeler avec lui des troupes dont on avait grand besoin.

Je reviens à François II. Par un mandement du 1ᵉʳ février, il indique à toutes les compagnies des ordonnances les garnisons dans lesquelles elles devront être rendues le 25 du même mois. Ce document prouve que l'on était toujours dans une parfaite quiétude, car pour la Touraine et l'Anjou, pour la province où résidait la Cour, on n'avait désigné que les compagnies du duc de Montpensier, de M. de

(1) René de Lorraine, marquis d'Elbeuf, mort en 1566.

Gonnor et de M. de Vassé, chacune de trente lances, et la compagnie du comte d'Aran, forte de soixante lances. C'était en Normandie et à Orléans que se trouvait tout le gros de ces corps d'élite. C'est seulement à la fin de février que l'on eut connaissance du mouvement préparé. Le 25, le roi, étant à Amboise, écrit au connétable de lui envoyer le sieur de Soucelles (1), le bailli de Saint-Aignan et Robert Stuart, qui étaient enfermés au château de Vincennes, pour les interroger sur ce que le roi et les Guises appellent « la conspiration » (lettres au Connétable), et à laquelle ils soupçonnent que ces trois personnages sont affiliés. Tous trois étaient détenus pour des causes diverses, Soucelles pour une lettre au roi de Navarre, interceptée, dans laquelle il le blâmait de ne pas prendre le rang qui lui appartenait; le bailli de Saint-Aignan parce que, arrêté comme il voulait s'opposer au pillage des maisons de calvinistes, au faubourg Saint-Germain, comme je l'ai dit plus haut, on avait trouvé sur lui des vers satyriques contre les Guises, et un projet d'adresse au roi pour demander la réformation des abus; Robert Stuart parce qu'il était soupçonné d'avoir tué le président Minard et d'avoir projeté de mettre le feu en quelques endroits de Paris pour délivrer, à la faveur de ce tumulte, les huguenots enfermés dans les diffé-

---

(1) De la famille angevine de Boylesve.

rentes prisons. La Place prétend qu'on les conduisit à la Cour masqués et déguisés.

Depuis quelque temps les indices et les avis n'avaient pourtant pas manqué aux Guises, et il est curieux de constater que c'était de l'étranger, des Pays-Bas, d'Espagne et d'Allemagne que ces avis étaient parvenus. Le duc de Savoie, qui entretenait des espions en Suisse et à Genève, mandait que les réfugiés français achetaient des armes et des chevaux et paraissaient s'attendre à une révolution qui leur rouvrirait les portes de la France. Comme indices, il y en avait deux fort graves : un courrier qui apportait au roi des dépêches très importantes, avait été assassiné et dévalisé aux portes mêmes de Blois, et un messager de l'inquisition, nommé Julien Formée, dépêché par l'inquisiteur Demochares au cardinal de Lorraine, avait subi le même sort. La défiance commençait à s'insinuer partout. C'était l'époque même à laquelle (25 février) le maréchal de Saint-André écrivait au Connétable : « Au temps où nous sommes le moins escripre est le meilleur ». Ce que les contemporains ont appelé « le tumulte d'Amboise » allait éclater. Mais avant de le retracer, il faut retourner de quelques pas en arrière.

Le roi de Navarre s'était éloigné mécontent, mais n'osant en rien laisser paraître. Le prince de Condé mécontent lui-même, restant sur la brèche, pour ainsi dire, formait avec son frère un contraste si saisissant qu'il semblait se désigner naturellement au choix de ces hommes entreprenants qui cherchaient un chef. « Sous « une figure commune et un extérieur disgra- « cieux, sous l'enveloppe de la gaieté, de la folie « et de la dissipation, il cachait une âme pro- « fonde, ardente et fière, qu'aucun obstacle ne « pouvait arrêter, qu'aucune adversité ne pouvait « vaincre ». Les adversaires lui rendent la même justice que les amis. Davila, écuyer de la reine-mère, qui n'est pas suspect d'être un complaisant de Condé, n'a pour lui que des paroles de louanges : « Prince de grand cœur », dit-il, et ailleurs « prince en qui la valeur et le courage « suppléaient au défaut des biens de fortune ». C'est précisément ce « défaut des biens de fortune » qui précipita Condé dans les hasards de la conspiration et de la guerre civile.

La conjuration d'Amboise est connue ; connus sont aussi les autres événements du règne de François II. J'irai donc rapidement dans mon récit, car, en se plaçant au point de vue général, l'histoire a été faite, et tant de fois, qu'elle n'est plus à refaire. Je n'ai d'ailleurs entrepris celle-ci qu'en vue des petits détails, des menus faits qui pourraient avoir échappé aux graves historiens ou qu'ils auraient dédaigné de faire figurer dans leurs grandes scènes. Pour la reconstitution d'un édifice, la description de l'ogive d'une porte ou du meneau d'une fenêtre a bien son utilité.

Le roi de Navarre était à Nérac, où il tenait

sa Cour de préférence à toute autre ville de ses petits Etats. Il n'y avait aucun espoir de l'attirer. Condé prit sa place sans lui demander son avis. Une grande réunion des principaux seigneurs de son parti et de celui des Montmorency fut tenue au château de La Ferté-sous-Jouarre qui appartenait au prince, et à laquelle, outre l'amiral de Coligny, assistaient les plus marquants d'entre les réformés. Condé n'appartenait pas encore à la nouvelle religion dont sa femme (1) et la dame de Roye, sa belle-mère, faisaient publiquement profession, et Coligny, qui y était engagé, ne le laissait pas voir. Condé avait certes, moins que tout autre, ce qu'il fallait pour adhérer à une secte qui affectait les dehors de l'austérité la plus grande, non seulement dans ses paroles mais jusque dans ses vêtements. Il était le dernier des princes que l'on aurait pu croire capable d'écouter les verbeuses exhortations des ministres du nouveau culte et de plier ses habitudes de dissipation et de galanteries aux exigences de chef d'un parti de puritains. Mais l'ambition déçue et le désir de la vengeance sont des leviers bien puissants.

Coligny fut la cause principale du changement de religion du prince de Condé, et il l'amena à cette résolution à la faveur des

(1) Eléonore de Roye, qu'il avait épousée le 22 juin 1551 et qui mourut le 23 juillet 1564. Fille de Charles de Roye, comte de Roucy, et de Madeleine de Mailly

entretiens qu'ils eurent au sujet du gouvernement de Picardie. Le duc de Guise venait de les jouer tous deux. Il avait laissé entendre à l'amiral qu'un personnage, dont il taisait le nom, sollicitait ce gouvernement et s'appuyait sur le motif que l'administration et la défense d'une province frontière étaient incompatibles avec sa charge d'amiral. Condé était clairement désigné, parce que le gouvernement de Picardie avait successivement appartenu à son père et à son frère aîné, et que, par ce fait, il était le seul à pouvoir y élever des prétentions sérieuses. Coligny offrit à Condé de se démettre en sa faveur, en se plaignant seulement que le prince ne se fut pas adressé directement à lui pour réclamer ce à quoi il croyait avoir droit. Condé s'emporta et jura, comme il était vrai, qu'il n'avait jamais eu ce projet, et que, l'aurait-il eu, le duc de Guise était le dernier auquel il en aurait fait confidence. Néanmoins Coligny persista à résigner les fonctions de gouverneur de Picardie qui furent conférées au maréchal de Brissac (1), en dédommagement du gouvernement du Piémont. On ne pouvait mieux choisir, car le maréchal était un vaillant homme de guerre et de la fidélité de qui il n'y

(1) Charles de Cossé, comte de Brissac, l'un des plus grands capitaines du xvi° siècle, né en 1507, mort à Paris le 31 décembre 1563. Colonel-général de la cavalerie légère, grand maître de l'artillerie en 1547, gouverneur général du Piémont et maréchal de France en 1550.

avait pas à douter. Mais Condé et Coligny, ulcérés et réunis pour la vengeance, commencérent à traiter la question d'un grand mouvement pour se débarrasser des Guises. C'est alors que l'amiral donna à Condé le conseil de se déclarer le chef des huguenots de France, afin de se créer un parti formidable et d'avoir dans la main une nombreuse armée. La haine des réformés pour les Guises, leurs ardents persécuteurs, était un sûr garant de leur ardeur et de leur constance.

Au château de La Ferté, la guerre fut décidée, et le prince reconnu comme chef de toute l'entreprise. On s'assurerait, par un coup de main sur le château de Blois, de la personne du roi et l'on attaquerait à outrance les Guises et leurs partisans. Le mot d'ordre était celui-ci : Délivrer François II de la captivité dans laquelle il était tenu par les princes lorrains. Cela donnait une étiquette respectable, méritoire même, à ce qui, par le fait, n'était qu'une rébellion. On le sentait si bien qu'une consultation fut demandée aux plus fameux jurisconsultes de France et d'Allemagne et aux plus célèbres théologiens du parti protestant. On prétend qu'elle était l'œuvre de François Hotman (1),

---

(1) Célèbre jurisconsulte. Il embrassa la Réforme en 1547, fut successivement professeur de belles lettres à Lausanne, professeur de droit civil à Strasbourg (1566), maître des requêtes du roi de Navarre, professeur de droit à l'université de Valence, puis à Bourges (1567), historiographe du Roi et de nouveau professeur à Bourges. Après la Saint-

fils d'un conseiller au Parlement de Paris, de Spifame (2), ex-évêque de Nevers, alors ministre à Genève, de Théodore de Bèze, et enfin de Calvin lui-même, quoiqu'il s'en soit vivement défendu par la suite, comme renfermant des sentiments contraires à ses principes d'obéissance passive à l'autorité. La réponse, qui n'était pas douteuse, fut qu'on pouvait, qu'on devait même opposer la force à la domination des Guises, pourvu que l'on agit sous l'autorité et que l'on combattit sous les ordres d'un prince du sang royal. C'était une consécration du choix de Condé, reconnu comme chef muet de l'entreprise et qui ne devait se faire connaître qu'après les premiers succès. Cette précaution devait lui sauver la vie, car si les soupçons des Guises se portèrent sur lui, les victimes qui, dans leurs dépositions parlèrent du « chef muet », ne révélèrent jamais son nom. Mais il fallait un chef visible, agissant, et l'on

---

Barthélemy, il se réfugia à Genève où il devint professeur de droit romain (1572), il passa depuis à Bâle, revint à Genève et retourna à Bâle, où il mourut le 12 février 1590. Il était né à Paris, le 23 août 1524. Ses œuvres réunies, forment trois volumes in-folio.

(1) Jacques-Paul Spifame, né à Paris en 1502. Président aux Enquêtes et Conseiller d'Etat, se fit prêtre et fut nommé évêque de Nevers en 1546. En 1559, il céda son évêché à son neveu Egide Spifame, passa à Genève, abjura le catholicisme et au moyen d'un faux épousa une femme dont il avait eu deux enfants. Ordonné pasteur protestant, il rentra en France malgré l'arrêt de mort prononcé contre lui par le Parlement; puis il retourna à Genève en 1566, fut arrêté et exécuté le 23 mars 1566, comme coupable de faux.

choisit pour ce poste périlleux un homme duquel les Lorrains devaient se défier moins que de tout autre, parce qu'il avait été leur obligé.

Geoffroy ou Godefroy de Barri, seigneur de La Renaudie, d'une bonne maison du Périgord, avait été condamné à la détention perpétuelle pour avoir produit des pièces falsifiées dans un procès qu'il soutenait contre Jean du Tillet, greffier du Parlement de Paris (1). Le célèbre historien, en examinant les titres de la famille de Barri, y avait constaté l'existence de la possession héréditaire d'un riche bénéfice qu'il convoita pour son frère Louis, curé en Poitou (1), et auquel il en procura la nomination. La Renaudie entama un procès, mais redoutant l'influence de son adversaire dans le Parlement de Paris, il demanda et obtint que son affaire fut renvoyée devant le Parlement de Bourgogne. C'est là qu'il falsifia un titre de propriété dans lequel il avait reconnu un vice de forme. Le duc de Guise était gouverneur de la province. Il fit évader La Renaudie de la prison de Dijon et lui procura les moyens de

---

(1) Jean du Tillet, seigneur de la Bussière, né à Paris où il mourut le 2 octobre 1570. Son *Recueil des Rois de France*, publié pour la première fois en 1580, a été plusieurs fois réimprimé.

(1) Un bénéfice catholique était singulièrement placé entre les mains de ce personnage qui se fit huguenot, qui était revenu à la foi catholique et qui finit par redevenir huguenot.

gagner la Suisse où celui-ci se fit l'agent principal des réformés, mettant en rapport les calvinistes de Genève avec ceux d'Allemagne et des Pays-Bas. Les réformés le tenaient pour un martyr de la bonne cause, et le grave historien de Thou affirme, de son côté, que dans le procès de La Renaudie, l'innocent payait pour le coupable. Quoiqu'il en soit, par l'influence des Guises, cet homme énergique et remuant obtint la révision de son procès, l'autorisation de vivre en France et d'y professer librement sa religion. Il se faisait appeler alors le capitaine La Forêt, quoiqu'il n'y eut pas lieu pour lui de dissimuler sa présence (1). L'injuste sort de son beau-frère, Gaspard de Heu, que les Guises firent torturer et pendre, l'ayant dégagé envers eux de toute reconnaissance, il se jeta avec ardeur dans le mouvement projeté et contribua à faire nouer à Condé des intelligences avec les gens les plus marquants de son parti. Tel était l'homme actif et résolu, que l'on mit à la tête de l'entreprise, si pleine de périls, dont Condé était l'âme.

Muni des instructions secrètes du prince, La

---

(1) Il était au xvi° siècle d'un usage constant que presque tout gentilhomme prit un nom de guerre et s'appelât le capitaine X... avec un nom tout différent de son nom patronymique. Cet usage suscite une très grande difficulté à pouvoir établir l'identité de beaucoup de personnages cités dans les écrits contemporains sous leur pseudonyme. Il m'a été impossible de déterminer les motifs de cette étrange coutume, et aucun historien n'y est parvenu davantage.

Renaudie passa en Angleterre pour obtenir l'assentiment d'Elizabeth et pour l'engager à faire en Ecosse la diversion dont il a été parlé ; puis il se mit ensuite à parcourir toutes les provinces de la France, tissant les mailles du filet dans lequel on comptait enlacer les Lorrains. A tous les conjurés il distribuait des balles de paume, mi-partie de blanc et de noir, et il recueillait des signatures d'adhésion sur la consultation qu'il avait été également faire signer en Allemagne et aux Pays-Bas. Ce fut dans la maison de Pierre Terrasson, à Lyon, qu'il rendit compte de sa mission aux principaux affiliés, et qu'il assigna rendez-vous à Nantes, pour le 1er février 1560, aux chefs des contingents provinciaux, qui devaient être accompagnés des personnages les plus marquants de leur province, afin de composer une assemblée plénière dans laquelle les dernières résolutions seraient définitivement arrêtées. Ces chefs provinciaux étaient Castelnau pour la Gascogne; le capitaine Mazères (1) pour le Béarn ; Le Mesny pour

---

(1) Dans une lettre de Charles IX à l'évêque de Rennes, en date du 24 octobre 1561, le roi rappelle que le capitaine Mazères, avant d'être exécuté et dans l'espoir de racheter sa vie, aurait averti François II « qu'il y avoit des Espagnols qui avoient conjuré contre luy dont il luy donna soudain avertissement ». Par une lettre du 19 mars 1559, François II annonçait au connétable que le baron de Castelnau, le baron d'Aubeterre, le capitaine Mazères et d'autres chefs de la conjuration étaient en son pouvoir. — La femme du capitaine Mazères faisait partie de la suite d'Elisabeth de France quand celle-ci alla rejoindre en Espagne Philippe II son mari, et était encore auprès de cette princesse pendant que

le Limousin et le Périgord ; de Pons, baron de Mirambeau (1), pour le Saintonge ; Saint-Cyr Puygreffier, pour le Poitou (2) ; de Maillé-Brézé, pour l'Angoumois et la Touraine ; La Chesnaye, pour le Maine et l'Anjou (3) ; le ministre de Chiré, pour le Chatelleraudois et le Mirebalais ; Montejan (4), pour la Bretagne ; Sainte-

Mazères était décapité à Amboise. Du capitaine Mazères voici ce que dit Brantôme : « Ce capitaine là avoit esté autrefois « en Piémont, fort renommé et déterminé soldat et si bi- « zarre pourtant qu'on le tenoit pour avoir de l'humeur « (être un peu fou...) par ceste male détermination, il fut « pris comme les autres et saisi d'une fort longue espée ; il « confessa tout. » Le cardinal de Lorraine, qui refusa au duc de Guise, son frère, la grâce de Mazères, répétait que celui-ci était une des créatures du Roi de Navarre ; aussi ce roi s'était-il (forcément sans doute) déclaré contre les huguenots et se crut-il obligé de tailler en pièces ceux, au nombre de deux mille, que La Renaudie avait rassemblés dans le pays d'Agen.

(1) Pons, ville de Saintonge (Charente-Inférieure) avait donné son nom à cette grande maison dont le chef était alors celui-ci, François de Pons, marquis de Mirambeau.

(2) Tanneguy du Bouchet, seigneur de Puygreffier, dit Saint-Cyr Puygreffier, fut tué à la bataille de Moncontour, le 3 octobre 1569, à l'âge de 85 ans. « Son ministre huguenot « lui disant de haranguer ses gens : — A gens de bien « courte harangue, dit le bonhomme — et à ses compa- « gnons : — Voici comment il faut faire : — là-dessus, couvert « à la vieille (mode) française d'armes argentées, jusques « aux grèves et aux soulerets (c.-à-d. en armure complète) « le visage découvert et la barbe blanche comme neige, « âgé de 85 ans, il donne vingt pas devant sa troupe, mène « battant les maréchaux de camp et enfin il fut tué ». (D'Aubigné, Hist. univ.)

(3) Vincent de Gournay de La Chesnaye-Vaulouest, plus tard gouverneur de Fougères, tué en 1592.

(4) Famille d'Anjou, qui a fourni un maréchal de France, René de Montejan, mort en 1538.

Marie du Mont, pour la Normandie ; Cocqueville (1), pour la Picardie ; Maligny (2), pour la Brie et la Champagne ; Castellane (3) et Mouvans (4), pour le Languedoc et la Provence ; et Charles du Puy-Montbrun (5) pour le Dauphiné.

(1) François de Cocqueville, gouverneur de Doullens. Il s'était emparé de Saint-Valery-sur-Somme où il fut assiégé par les catholiques. Fait prisonnier, il fut décapité à Abbeville sur la place du Marché, le 21 juillet 1568 : sa tête fut portée à Paris et exposée sur la place de Grève. Il était fils d'un gentilhomme du Vimeu (partie de l'arrondissement d'Abbeville (Somme), entre cette ville et la limite de la Seine-Inférieure).

(2) Edme de Ferrières de Maligny, d'une famille de Bourgogne : il mourut noyé à Genève en 1560. Son frère aîné, Jean de Ferrières, seigneur de Maligny, devenu vidame de Chartres après la mort à la Bastille de son cousin, François de Vendôme, fut massacré à bord d'une galère, le 4 avril 1586, par les catholiques, parce qu'il ne pouvait pas payer sa rançon.

(3) Louis-Honoré de Castellane, seigneur de la Verdière, tué dans la retraite après la levée du siège de Sancerre, le 19 juillet 1562.

(4) Paul Richiend, seigneur de Mouvans, né à Draguignan, tué au combat de Massignac, le 15 octobre 1568.

(5) Charles du Puy, seigneur de Montbrun, dit *le Brave*, un des plus célèbres capitaines du parti protestant. Né au château de Montbrun (Dauphiné), vers 1530. Dans la première guerre civile (1562), il emporta d'assaut Mornas ; dans la seconde (1567), il combattit à Jarnac et à Moncontour et défit les catholiques au passage du Rhône en 1570. Après la Saint-Barthélemy, il soumit aux Calvinistes une partie du Dauphiné, refusa de souscrire à la prise de La Rochelle, battit les catholiques auprès du pont de Royan en 1574 et obligea Henri III lui-même à lever le siège de Livron (janvier 1575). Ce fut son arrêt de mort ; aussi lorsque assailli par des forces supérieures, il fut fait prisonnier avec la cuisse cassée, et qu'il eût été transporté à Grenoble, malgré les prières des plus grands seigneurs du parti catholique on le porta sur l'échafaud dans un fauteuil, et il fut décapité le 12 août 1575.

La Renaudie avait choisi Nantes à cause de son commerce qui y attirait un grand nombre d'étrangers, parce que le Parlement de Bretagne y siégerait et enfin parce que le mariage d'un des grands seigneurs de la province y amènerait beaucoup de noblesse de différents pays. En arrivant, comme ils le firent, vêtus en marchands, en plaideurs portant leurs sacs de pièces sous le bras, ou en gentilshommes invités à la noce, les conjurés ne risquaient pas d'attirer l'attention, et cela eut lieu ainsi. La réunion fut tenue dans la maison de La Garaye, gentilhomme breton, et un Normand, nommé La Bigne, qui était secrétaire de La Renaudie, y assista aussi avec son maître. La Renaudie, qui parlait avec facilité et élégance, fit un long discours, réquisitoire en règle contre la maison de Lorraine. De Thou le rapporte tout entier, mais il est permis de croire qu'arrangé par le savant historien, ce morceau n'offre que le sens des paroles de La Renaudie. En terminant, celui-ci s'écria : « Protestons ici de vive voix et
« prenons Dieu à témoin que nous ne pensons,
« ne dirons, ni ne ferons jamais rien contre le
« roi, la reine, sa mère, contre les princes, ses
« frères, ni contre ceux de son sang ; qu'au
« contraire, nous défendrons Leur Majesté et
« leur dignité, et en même temps l'autorité des
« lois et la liberté de la patrie contre la tyrannie
« de quelques étrangers ».

Le discours fut fort applaudi et la protestation

signée par tous les assistants. Les pouvoirs des chefs provinciaux furent confirmés, et, au nom et sous l'autorité du « chef muet » dont le nom ne fut pas prononcé, on convint de lever dans toutes les provinces un corps de cinq cents gentilshommes armés de toutes pièces, et mille à douze cents hommes d'infanterie, commandés par trente capitaines expérimentés. Le rendez-vous de ces forces était fixé pour le 6 mars à La Fredonnière, village aux environs de Blois, d'où l'on enverrait, le 10, une députation sans armes présenter au roi une requête pour demander la liberté de conscience et la permission de tenir des prêches. Dans le cas, trop certain, d'un insuccès, les soldats qui suivraient de près les députés entoureraient le château de Blois, s'empareraient du duc de Guise et du cardinal de Lorraine, les massacreraient même en cas de besoin, et l'on contraindrait ensuite le roi à déclarer le prince de Condé lieutenant-général du royaume. Les chefs provinciaux chargés de recruter les gentilshommes et les soldats destinés à marcher sur Blois, devaient, en outre, avant d'amener eux-mêmes ce détachement, déléguer leurs pouvoirs à un ou deux lieutenants qui armeraient tous leurs partisans, s'empareraient du plus grand nombre de villes qu'ils pourraient, feraient main basse sur les recettes générales et les deniers royaux, et empêcheraient ainsi les Guises de recevoir ni troupes ni argent. C'était le feu mis aux quatre coins du royaume. On se sépara ensuite, en se jurant fidélité et secret.

Chose surprenante, ce secret, partagé entre tant de personnes, venues de tous les points de la France, et qui avaient pour mission de recruter de si nombreux adhérents, fut religieusement gardé. Ce fut La Renaudie, lui-même, qui perdit tout. Il était allé à Paris, toujours sous le nom de La Forêt, tant pour rendre compte au prince de Condé que pour conférer avec les principaux ministres de l'église de Paris et notamment avec Chandieu, sur la part des contributions qu'elle fournirait. Antoine de Chandieu, seigneur de La Roche-Chandieu, était le plus fameux des théologiens du parti réformé, malgré son jeune âge, car il était né en 1534. A peine était-il âgé de vingt ans quand il devint pasteur. C'était avec lui que la reine mère avait voulu s'entretenir à Reims, pendant les cérémonies du sacre. La Renaudie s'était logé au faubourg Saint-Germain, dans une sorte d'hôtel garni à l'usage des calvinistes, tenu par Pierre des Avenelles, un avocat pauvre, calviniste lui-même, mais en secret. Des Avenelles prit ombrage de la quantité de ministres que recevait La Renaudie et des longs et fréquents entretiens qu'il avait avec les hommes considérables du parti. Il força La Renaudie à s'ouvrir à lui et à lui révéler les grandes lignes du complot. Soit par crainte des responsabilités qu'entraînerait pour lui le fait seul d'avoir donné asile à La Renaudie, soit par cupidité car il estimait que les Guises ne sauraient payer trop cher un service aussi signalé, dès que La Renaudie eût quitté Paris, des Avenelles alla déclarer tout ce qu'il avait appris à Lallemand de Vouzie, maître des requêtes et intendant du cardinal de Lorraine, et à Millet, secrétaire du duc de Guise. Ceux-ci, épouvantés, mirent par ecrit la déclaration de l'avocat, la lui firent signer, et la firent porter en toute hâte à leurs maîtres, auprès de qui des Avenelles fut aussitôt mandé.

C'était pour les Lorrains un véritable coup de foudre. Se jugeant perdus s'ils restaient à Blois, ville située dans une plaine découverte, sans fossés ni murailles, sous prétexte d'une partie de chasse ils gagnèrent avec toute la Cour Amboise, placée dans un pays coupé de bois et de rivières, qui, bien que négligée comme place de guerre depuis une cinquantaine d'années, conservait encore un château où le roi et la famille royale pouvaient jusqu'à un certain point, être en sûreté contre un coup de main. C'est d'Amboise que l'on manda des Avenelles pour compléter sa déposition, et que l'on ordonna au connétable d'envoyer Soucelles, le bailli de Saint-Aignan et Robert Stuart que l'on croyait affiliés au complot et qui y étaient totalement étrangers, par suite de la détention prolongée qu'ils avaient subie. Le maréchal de Montmorency les amena lui-même. C'était comme un otage que le connétable donnait de sa fidélité, et, de fait, il n'était pas de sa personne mêlé à la conjuration. Ses partisans, pour la plupart, en étaient. Il est permis de croire que c'était de son aveu, et que, le lendemain du succès de Condé, il fut venu lui dire : Part à deux ! — Quoique des Avenelles ne fut pas tenú pour suspect ou encore moins considéré comme prisonnier, on l'enferma dans une des tours du château d'Amboise, pour s'assurer de sa discrétion, et il y eut pour compagnons Soucelles, le bailli de Saint-Aignan et Robert Stuart. L'écossais fut mis à la torture, mais il ne put rien dire et l'on ne tarda pas à s'apercevoir que l'ensemble et les détails de la conspiration leur étaient également inconnus.

Une fois à Amboise, les Guises avisèrent aux moyens de parer le coup qui les menaçait. Le cardinal « à qui la peur grossissait encore les objets », voulait qu'on allât chercher des troupes jusque dans les villes de la frontière ; que les sénéchaux et les baillis assemblassent le ban et arrière ban ; que, dans les villes, les bourgeois fussent mis sous les armes, et il estimait qu'en face d'un pareil déploiement de force les conjurés se disperseraient sans que, en informant contre eux, on mit la France entière dans le secret de la partie qui avait été nouée contre leur gouvernement. Le propre intérêt des huguenots et des conjurés répondait de leur discrétion. A ces raisonnements, certainement assez spécieux, le duc de Guise répondit par l'exposé d'un plan tout différent. Selon lui, l'appel aux armes de tout un peuple fournirait aux conspirateurs le droit de prétendre que l'accusation portée contre eux n'était qu'une nouvelle machination de leurs adversaires; que cet appel aux armes pouvait avoir pour conséquences de couper le pays en deux, et d'armer une moitié contre l'autre; que le vrai moyen de guérir le mal, ce n'est pas, en pareil cas, de le prévenir, mais d'attendre qu'il soit déclaré pour y porter remède; qu'il fallait obliger les rebelles à se démasquer eux-mêmes et à se compromettre jusqu'au bout; qu'enfin la maison du roi suffirait amplement à défendre le château, et qu'en faisant battre la campagne par les quelques compagnies des ordonnances qui tenaient garnison dans un certain rayon, ainsi qu'en invitant les gentilshommes du voisinage à monter à cheval pour la défense du roi, on aurait facilement raison des détachements qui allaient converger vers La Fredonnière, lieu du rendez-vous. L'avis de l'homme d'épée l'emporta sur celui de l'homme d'église. Guise demandait en outre que les pouvoirs de lieutenant-général du royaume lui fussent conférés. Mais ici il se heurta à la résistance obstinée du chancelier Olivier, qui, quoique créature des Lorrains, refusait de transporter entre leurs mains toute l'autorité souveraine. La partie était déjà à moitié gagnée pour les Guises quand il se décida à céder, mais il ne le fit qu'à la condition que les pouvoirs sollicités par le duc de Guise ne lui seraient accordés qu'à titre provisoire et jusqu'à ce que les troubles fussent apaisés. Les lettres patentes portent la date du 17 mars, veille de la mort de La Renaudie et du jour où la conspiration était écrasée en même temps que son chef. Pour atténuer encore, s'il était possible, la portée de cet acte, le chancelier avait rédigé et fait signer par le roi, dès le 2 mars, — le 11 mars suivant quelques-uns — un édit d'abolition « pour tous crimes ou actes concernant le faict de la Foy et religion. » C'est le 11 mars que l'édit fut enregistré par le Parlement de Paris, ce qui permet de croire qu'il fut effectivement signé le 2 mars. Ce qui n'est pas douteux, par exemple, c'est que cet acte fut dû à l'influence combinée du chancelier et des Chatillon, qui étaient à Amboise, principalement de l'amiral Coligny; mais ce que le duc de Guise donnait d'une main, il le retirait de l'autre, car il transmettait en même temps l'ordre à tous les gouverneurs des provinces et des villes de se tenir sur leurs gardes, et de courir sus à tous les rassemblements de réformés.

Sur ces entrefaites, Condé arrivait à Amboise, où on ne l'attendait pas. Marsilly de Sipierre, que le duc de Guise avait envoyé à la découverte sur la route d'Orléans, rencontra le prince qui se rendait à la Cour, et l'informa de tout ce qui se passait. Sans paraître ému le moins du monde, Condé l'écouta et continua son chemin. Il était accompagné d'un certain nombre de gentilshommes, parmi lesquels Edme de Ferrières-Maligny, dit le jeune Maligny, l'ancien guidon de sa compagnie d'hommes d'armes et son parent, qui, laissant à des lieutenants le soin de conduire le contingent de Champagne et de l'Ile-de-France, s'était chargé d'introduire soixante soldats déterminés dans la ville, et trente autres dans le château, à la tête desquels il devait poignarder Guise et ouvrir les portes à ceux qui attendraient dans la ville.

Dès son arrivée, Condé ne tarda pas à démêler que la situation était gravement compromise et qu'il était tenu en suspicion. Le zèle exagéré qu'il témoigna, ses instances pour obtenir des troupes et courir sus aux rebelles, eurent un effet contraire à celui qu'il attendait. On se défia d'autant plus de lui, mais en évitant de le lui témoigner ouvertement. On lui confia même la défense de la porte du château, celle qui donnait sur les jardins venant d'être murée afin de ne rendre le château accessible que d'un seul côté, et le cardinal lui adjoignit son frère François de Lorraine, grand prieur de France, et des courtisans à sa dévotion, qui avaient bien plutôt pour mission de surveiller Condé que l'ennemi du dehors. Quoique observé de près, le prince avait réussi à faire prévenir La Renaudie qu'il fallait renoncer à l'entreprise et songer à se mettre en sûreté.

On affirme que celui-ci s'y refusa nettement, et ne voulut pas entendre parler de séparer son sort de celui de tant de braves qui avaient mis en lui leur confiance. La sécurité affectée par les Guises contribuait peut-être à l'entretenir dans l'espérance qu'ils n'étaient pas maîtres de tout son secret. Il ne pouvait ignorer pourtant que Sipierre, le maréchal de Saint-André, le duc de Nemours et quelques autres, avec des compagnies de cavalerie légère et des détachements des gardes, parcouraient les environs d'Amboise dans un rayon assez étendu, poussant même jusqu'à Blois, pour éclairer les routes, fouiller les villages et les bois. Ces détachements n'avaient d'ailleurs rien découvert de suspect et voici pourquoi :

Sans se laisser décourager par le changement de résidence, pourtant fort significatif, des Guises et de la Cour, ni par les prudents avis de Condé, La Renaudie avait changé le jour de l'exécution qui, du 10 mars fut transporté au 16, et indiqué pour lieu du rendez-vous La Carrelière, à trois lieues d'Amboise. Le plan primitif, qui n'avait pas été modifié, consistait à se porter avec cinq cents chevaux aux portes d'Amboise. Ferrière-Maligny, qui était avec Condé au château d'Amboise, disperserait soixante hommes dans les auberges, et Saint-Cyr Puygreffier en introduirait trente dans le château. La Renaudie, Castelnau, Mazères et les principaux chefs, qui auraient couché la veille au château de Noizay (Indre-et-Loire, canton de Vouvray), arriveraient à la tête de plusieurs détachements pour prêter main-forte. Quand on se serait rendu maître des Lorrains, du Conseil et de toutes les issues, à un signal parti du château, les détachements déboucheraient de la forêt dans laquelle ils seraient embusqués. Mais le temps avait manqué à La Renaudie pour faire connaître à tous les conjurés le changement du lieu de rendez-vous, et quelques-uns se trouvaient à La Fredonnière où ils attendaient le moment de se porter sur Blois, quand ils furent chargés à l'improviste par un détachement parti d'Amboise, qui en ramena une quarantaine prisonniers.

Quoiqu'on n'eut pas rencontré à La Fredonnière tous ceux que l'on s'attendait à y découvrir, les indices recueillis chaque jour confirmaient les aveux de l'avocat des Avenelles. Mais le retard apporté à l'exécution et l'incertitude ou l'on était sur le nouveau lieu de rassemblement des conjurés entravaient les mesures décisives que les Guises auraient pu adopter. Ils dispersaient leurs forces et se privaient inutilement du concours de leurs principaux hommes d'action pour les envoyer dans des postes d'observation, alors qu'ils auraient été bien plus utiles à Amboise. C'est ainsi qu'ils avaient dépêché le comte de Sancerre (1)

(1) Louis de Bueil, comte de Sancerre, grand échanson de France en 1533, mort en 1563. Blessé à Marignan, fait pri-

à Tours, Vieilleville à Blois, le maréchal de Termes à Angers, le duc de Montpensier à Bourges, Barbezieux (1) à Poitiers et Burie (2) en Guyenne. A peine le comte de Sancerre était-il arrivé à Tours, qu'il y trouvait Castelnau et Mazères, et les laissait échapper. Mais il avisait les Guises que, de ce côté, on marchait contre eux. La déconvenue de Louis de Bueil, comte de Sancerre, était d'autant plus surprenante qu'il avait fait ailleurs vaillamment ses preuves, notamment en défendant avec intrépidité Saint-Dizier contre Charles-Quint, en 1544. Le baron de Castelnau, le capitaine Mazères et un certain nombre de soldats qui les escortaient, s'étaient arrêtés dans une hôtellerie des faubourgs. Sancerre, averti, était venu les joindre, et, reconnaissant Castelnau, avec lequel il avait été élevé dans la maison du duc

---

sonnier à Pavie. « Ce fut, dit Brantôme, un très brave, sage et vaillant capitaine, qui avoit la façon très belle et honnorable représentation, homme de bien et d'honneur, et n'ayant jamais dégénéré de ses prédécesseurs. »

(1) François de Chemerault, seigneur de Barbezieux. En 1562, il était chargé de défendre la ville de Sens. Avant le 4 mars 1563, Catherine de Médicis lui avait donné l'abbaye de Rivoure, à deux lieues de Troyes, et s'excusa, à cause de cela, de ne pouvoir la donner au maréchal de Montmorency qui la lui avait demandée. (Lettre de Catherine de Médicis; 4 mars 1563.)

(2) Charles de Coucy, seigneur de Burie, lieutenant de roi à Bordeaux et lieutenant-général en Guyenne en l'absence du roi de Navarre. Catherine de Médicis lui écrivait, le 20 mai 1561 que « ceulx d'Agen continuant à faire les folz, il « sera bon, n'estant loing de là, que vous y fassiez ung « tour ». Employé à pacifier la Guyenne en 1561 et 1562, il remporta une victoire, le 9 octobre 1562, sur Symphorien de Durfort, seigneur de Duras.

d'Orléans, fils de François Ier, il lui demanda où ils allaient dans cet équipage, avec des cuirasses sous leurs manteaux, et s'il ignorait les édits du roi contre le port d'armes et les attroupements. Castelnau ayant répondu avec non moins de hauteur qu'il allait à la Cour pour des affaires dont il ne devait compte à personne, et voyant que Sancerre se disposait à le faire arrêter, donna l'ordre à ses soldats de tirer quelques coups de pistolets en l'air. Sancerre se retira et essaya de soulever la population pour qu'elle lui prêtât main-forte ; mais les Tourangeaux, calvinistes pour la plupart, étant restés tranquillement chez eux, Castelnau et Mazères purent atteindre le château de Noizay où ils s'arrêtèrent pour attendre La Renaudie.

Ceci se passait le 15 mars, au moment même où les Guises recevaient enfin la confidence complète de tous les détails de la conspiration. Le capitaine de Lignières, engagé dans cette conspiration, avait deux de ses frères qui appartenaient à la maison de Catherine de Médicis. S'était-il ouvert à eux, ou avait-il reçu la promesse, non-seulement de sa grâce, mais d'une magnifique récompense, ou tout simplement avait-il au dernier moment été épouvanté des dangers de l'entreprise, toujours est-il qu'il accourut à Amboise, et que ses révélations achevèrent d'éclaircir tous les points que celles de des Avenelles avaient laissés dans l'obscurité. Le duc de Nemours fut immédiatement lancé sur le château de Noizay, et il surprit et enleva les capitaines Raunay et Mazères qui se promenaient dans l'avenue; mais Castelnau, qui était dans le château, se prépara à une défensive si vigoureuse que Nemours dut aller conduire ses deux prisonniers à Amboise et y chercher du renfort. Pendant ce temps, Castelnau dépêchait des courriers à La Renaudie, pour lui demander de venir le dégager. On s'est demandé pourquoi le brave et sage Castelnau n'avait pas profité de ce répit pour se mettre en sûreté. Il paraît, dit un contemporain, que Noizay ayant été désigné comme une des places de ravitaillement, étant bien fourni d'armes et de munitions, Castelnau se fit un point d'honneur de s'y défendre et fut le martyr de sa loyauté. Quand le duc de Nemours revint, Castelnau ne tenta pas une défense inutile avec des soldats découragés par le nombre des assaillants, et tant sur la sollicitation des siens que sur celle de ses adversaires, il consentit à entrer en négociations. Castelnau ayant exposé que leur but était de présenter au roi une humble requête et non d'attenter à ses jours ou à sa liberté, Nemours lui proposa de les amener jusqu'auprès de François II, s'ils voulaient se rendre à discrétion; il engagea sa parole de prince qu'ils auraient présentement la vie sauve et la liberté ensuite. Castelnau se laissa persuader et Nemours le conduisit à Amboise où les autres capitaines employés par le duc de Guise, non moins heureux, conduisaient aussi des bandes de prisonniers qu'ils avaient réussi à surprendre, à la faveur d'embuscades, et qui s'étaient rendus après une plus ou moins longue résistance.

La Renaudie croyait que Castelnau serait en état de retenir quelque temps devant Noizay la plus grande partie des forces dont la Cour pouvait disposer. Aussi se donnait-il un mouvement incroyable pour pousser directement sur Amboise tous les détachements qu'il rencontrait, et qui étaient successivement défaits et pris sans qu'il s'en doutât. Parmi ses allées et venues, La Renaudie vint donner, dans la forêt de Chateaurenaud, sur une troupe supérieure en nombre, commandée par son cousin Pardaillan. Malgré l'avantage que leur supériorité numérique et la discipline des vieilles troupes aguerries donnait aux royalistes, La Renaudie n'hésita pas à attaquer. Les deux chefs se cherchèrent et en vinrent aux mains. La Renaudie, qui montait un cheval des écuries du prince de Condé, était, quoiqu'il fut couvert d'une armure, reconnaissable au panache noir et blanc, couleur des conjurés, qui flottait sur son armet. Pardaillan, qui était également armé de toutes pièces, l'ajusta avec son pistolet dont l'amorce seule prit feu. La Renaudie riposta par un coup d'estoc, ou épée d'armes, qui, bien dirigé, pénétra jusqu'à la tête de Pardaillan par la vue de son armet, c'est-à-dire la fente horizontale correspondant aux yeux, et le tua raide. Mais, au même moment La Renaudie tombe mort à son tour d'un coup d'arquebuse tiré par le page de Pardaillan, et le page lui-même est tué aussitôt par un des soldats huguenots qui vengeait son chef. Le combat ne cessa néanmoins que quand la plupart des calvinistes furent tués ou blessés, car la mort de La Renaudie n'avait fait qu'exciter leur ardeur à combattre.

Bienheureux, pendant ces deux ou trois journées, ceux qui purent mourir de la mort du soldat. Ce fut le plus petit nombre, car les vainqueurs s'attachèrent à faire des prisonniers pour alimenter l'échafaud. Amboise ne fut plus bientôt qu'un charnier. Le corps de La Renaudie, accroché d'abord à un gibet à l'entrée du pont, avec cette inscription : « La Renaudie, dit La Forêt, chef des rebelles », avait été ensuite dépecé en quatre quartiers attachés sur des pieux dressés aux quatre coins de la ville. De quelque côté qu'ils entrassent dans Amboise, les prisonniers pouvaient saluer les restes sanglants de leur chef et se préparer à subir un semblable sort. Tant qu'il y eut une place vacante aux créneaux, on y pendit gentilshommes et soldats, tout bottés et éperonnés. Quand la ville eut ainsi une ceinture de cadavres, ce fut dans les eaux de la Loire qu'on précipitait les victimes, attachées par grappes humaines de dix, douze ou quinze à la fois. Les personnages de distinction étaient réservés pour l'échafaud, et on leur accordait du moins de périr en gentilshommes, par la hache. C'était le passe-temps de chaque après-dîner. Le roi, la reine-mère, la jeune reine, cette douce et poétique Marie-Stuart, et toute la Cour, garnissaient les fenêtres et les plates-formes du château et assistaient sans broncher à ce hideux spectacle. Les écrivains qui se sont plû à retracer de si séduisants portraits de la femme de François II ont oublié ce trait, qui aurait jeté sur leur peinture un reflet de sang.

A présent que l'on était assuré d'avoir écrasé la conjuration dans son origine, et que l'on était maître des chefs et des instigateurs, on écouta les conseils de clémence et de sagesse du chancelier Olivier qui craignait les effets du désespoir sur des hommes poussés à bout et ne trouvant plus d'autre salut que dans une prise d'armes générale. Les Guises se montrèrent d'autant plus disposés à y condescendre que certains indices relevés chez le roi et la reine-mère commençaient à les inquiéter. Catherine ne se gênait pas pour réprouver hautement cette impitoyable rigueur. Quant au roi, il avait dit en pleurant devant le cardinal de Lorraine : « Quel mal ai-je donc fait à mon « peuple et pourquoi en voudrait-il à ma vie? « Je veux écouter ses plaintes et lui rendre « justice. Je ne sais plus que penser, mais « j'entends dire qu'on n'en veut qu'à vous. Je

« voudrais que vous fussiez éloignés pour un « temps, afin que je pusse connoître si c'est à « vous ou à moi qu'on en veut ». Comme les lettres d'abolition du 2 mars étaient d'abord antérieures au massacre des conjurés, et que, ne s'appliquant qu'au « crime d'hérésie », elles faisaient d'expresses réserves pour ceux qui, « sous le prétexte de religion, se trouveront avoir conspiré » contre la reine-mère, le roi, les princes et les ministres, il est permis de croire que l'acte obtenu par les instances du chancelier Olivier et que certains historiens qualifient d' « acte d'abolition », n'est autre chose que des lettres patentes, datées du 17 mars, ordonnant à tous ceux qui viendraient à Amboise, en armes, de se retirer dans les vingt-quatre heures, deux par deux ou trois par trois au plus, moyennant quoi ils ne seraient pas inquiétés. Les contrevenants seraient pendus en quelque lieu qu'on les trouverait, le roi n'entendant admettre auprès de lui que ceux qui seraient sans armes. C'était, en effet, de véritables lettres de grâce pour tous ceux qui auraient la sagesse d'en profiter, c'était le moyen offert de regagner paisiblement les provinces respectives à cette noblesse au sujet de laquelle le duc de Guise écrivait le 19 mars au connétable : « Vous scaurez la malheureuse « conspiration faite par tant de gens, où il y a « beaucoup de noblesse, que j'ay horreur d'y « penser ». Mais comme correctif de la clémence, François II écrivait, le 19 mars également, au connétable, pour l'inviter à faire mettre sur pied toutes les troupes cantonnées dans l'Ile de France, la Champagne et la Picardie, afin de courir sus aux rebelles, car il était à craindre qu'ils « n'essayent de remuer quelque « mesnage parmi les autres villes du royaume ». Le roi avait ordonné la veille, 18 mars, que sa garde serait renforcée par des arquebusiers à pied et à cheval, qu'Antoine du Plessis-Richelieu, dit Le Moine, était chargé de lever, et dont on lui donnait le commandement. Ce du Plessis-Richelieu, « homme perdu d'honneur « et de réputation »; dit de Thou, « moine défro- « qué, accomply en toute vilenie et desborde- « ment », dit La Planche, appartenait à la famille qui a fourni le cardinal et les ducs de Richelieu (1).

Les premiers et faciles succès obtenus, la ferme croyance que les lettres patentes, dont je viens de rappeler le sens, suffiraient à dé-

(1) Antoine du Plessis de Richelieu, chevalier de l'ordre du roi, gentilhomme ordinaire de la Chambre, capitaine de 200 arquebusiers à cheval de la Garde du roi, gouverneur de Tours, était le quatrième fils de François du Plessis, seigneur de Richelieu, et d'Anne Le Roy, dame de Chillon. Le premier, qui continua la postérité était Louis: le deuxième, Jacques, aumônier du Roi et évêque de Luçon; le troisième, François, chevalier de l'ordre du roi, lieutenant de 50 hommes d'armes des ordonnances, mestre de camp d'un régiment d'infanterie, fut tué au siège du Havre en 1563; d'une arquebusade dans l'épaule. Antoine fut tué à Paris, le 19 janvier 1570, par des gens de mauvaise vie qu'il voulut chasser d'une maison voisine de la sienne.

barrasser le pays de tous les rebelles qui avaient échappé, engagèrent les Guises à se départir des précautions qu'ils avaient prises jusqu'alors, et, ne gardant près d'eux que le strict nécessaire en fait de soldats, ils commirent l'imprudence d'éparpiller dans les villes voisines les troupes qu'ils avaient concentrées à Amboise. Cette sécurité trop prématurée manqua de leur devenir funeste. Ce fut le moment que choisirent quatre capitaines engagés dans la conspiration, La Motte, Jean de Belleval, seigneur de Camps en Amiénois, dit le capitaine Camps (1). Cocqueville et Bertrand de Chandieu, frère du ministre huguenot, avec les contingents de l'Ile-de-France, de la Champagne et de la Picardie, pour faire une tentative de vive force sur Amboise, à la faveur de la nuit. Mais ils avaient mal calculé le temps qu'il leur fallait pour leur marche, car, lorsqu'ils arrivèrent au soleil levé, les Guises étaient sur leurs gardes, les portes fermées et les murailles garnies de troupes et d'artillerie. La Motte, Belleval et Cocqueville renoncèrent aussitôt à l'entreprise et regagnèrent sans encombre leurs provinces où ils firent parler d'eux pendant les guerres qui signalèrent le règne de Charles IX. Bertrand de Chandieu osa seul, avec son détachement,

(1) Voici encore un exemple de cette habitude singulière de mettre un masque aux noms patronymiques pendant les guerres de religion, ainsi que je l'ai déjà signalé plus haut, à propos de La Renaudie. Il serait facile d'en fournir des exemples à l'infini.

pénétrer dans le faubourg et parvint jusqu'à la porte des Bons-Hommes qu'il trouva bien défendue. Après avoir répondu à l'artillerie du château qui lui tuait du monde, par une décharge générale de toutes ses arquebuses, il se retira en bon ordre et sans qu'on fît mine de l'inquiéter. Par une singulière coïncidence, ces quatre gentilshommes eurent également une fin tragique : La Motte fut pendu pendant le siège d'Orléans ; Jean de Belleval, dit le capitaine Camps, fut tué à la bataille de Saint-Denis (1) ; Cocqueville, gouverneur de Doullens,

(1) Jean de Belleval, écuyer, seigneur d'Aigneville et de Camps en Amiénois, homme d'armes des ordonnances du roi dans la compagnie de 50 lances de Louis de Lannoy, seigneur de Morvillers, gouverneur de Boulogne-sur-Mer. Jean de Belleval servait comme archer des ordonnances dans la compagnie de Jean de Monchy, seigneur de Senarpont, en 1554 ; il était encore mineur. En 1562, âgé d'environ 21 ans, on le trouve homme d'armes dans la compagnie de ce seigneur de Morvillers, et il était alors déjà marié à Jacqueline de Boulainvilliers, appartenant à une très grande maison de la même province que lui, de la Basse-Picardie. Après avoir embrassé la religion prétendue réformée, Jean de Belleval fut un de ceux qui offrirent leur épée au prince de Condé. Il accompagna Morvillers à Rouen et l'aida à défendre pendant treize jours le fort Sainte-Catherine contre l'armée royale (septembre-octobre 1562). Il fut dès lors considéré par les catholiques comme un des personnages importants du parti huguenot, puisqu'il figure parmi les *vingt-six partisans* du prince de Condé, avec l'amiral de Coligny, les comtes de La Rochefoucauld, de Montgomery, les seigneurs d'Andelot, de Rohan, de Genlis, etc., qui furent condamnés par arrêt du Parlement de Paris, du 16 novembre 1562 (Mém. de Condé, par Secousse, t. IV, p. 114), à être décapités en place de Grève, leurs têtes placées sur des piques aux portes de Paris, leurs corps pendus à Montfaucon et tous leurs biens confisqués au profit de la Couronne. Tous les condam-

assiégé et pris dans Saint-Valery-sur-Somme, fut décapité en 1568, et enfin Chandieu fut tué à la bataille de Dreux.

Cette tentative inutile eut un résultat que ses auteurs n'avaient certainement pas prévu : elle marquait de nouvelles victimes pour les supplices. Les troupes d'Amboise et des villes voisines, lancées dans la campagne, ramassèrent tous les isolés, au mépris de l'abolition que le chancelier Olivier avait obtenue, et l'on procéda à toute rigueur avec les personnages de distinction que l'on avait sous la main. La Bigne, se-

---

nés étant en armes auprès du prince du Condé, à Orléans, l'arrêt ne put être exécuté contre aucun d'entre eux, autrement qu'en effigie, ce qui procura aux Parisiens une innocente distraction. Jean de Belleval prit part avec le prince de Condé à tous les faits de guerre qui signalèrent le mois de novembre et il assista à la bataille de Dreux, le 19 décembre 1562, et s'en tira sain et sauf. En septembre 1567, lors de la seconde guerre civile, Jean de Belleval reprit les armes et fut tué à la bataille de Saint-Denis, le 10 novembre 1567. A cette même bataille, François de Belleval, seigneur de Rouvroy, enseigne de la compagnie d'hommes d'armes des ordonnances de M. de Bourbon-Rubempré, était tué dans le camp des catholiques. Jean de Belleval ne laissait pas de postérité et ses biens passèrent à son frère Antoine, qui fut tué en duel en 1582. Entre les deux guerres civiles, Jean de Belleval s'était occupé à écrire, sous la dictée de son chef et ami Louis de Lannoy, seigneur de Morvillers, un récit du rôle que celui-ci avait joué dans la première guerre civile, et chemin faisant Jean y avait ajouté ce qui le concernait lui-même. Le manuscrit terminé à Boulogne-sur-Mer, en février 1565 (N. S.), porte cette signature *J. de Belleval*. Ce précieux document a été publié dans les différentes éditions des Mémoires de Condé et notamment dans l'édition de 1743, mais sans la signature et les adjonctions personnelles à Jean de Belleval qui figurent dans le manuscrit original. (*Arch. de la famille de Belleval.*)

crétaire de La Renaudie, avait été pris vivant dans le combat où avait péri son maître, et on avait trouvé sur lui des papiers écrits en chiffre. Là était évidemment le nœud du complot qu'il s'agissait de découvrir. Quand il apprit cette capture, Ferrières Maligny qui n'avait pas quitté le prince de Condé, choisit dans l'écurie du prince son meilleur cheval et s'enfuit vers Lyon. De Vaux, écuyer du prince, l'avait accompagné pendant quatre ou cinq lieues pour lui servir de sauvegarde. En effet, soit qu'il eut peur, soit l'espoir d'une récompense, soit que tout simplement par la mort de son maître il se crut délié de tout serment, La Bigne donna l'explication des papiers chiffrés, déclara que le « capitaine muet » dont il y était parlé n'était autre que Condé lui-même : il avoua l'intention de se défaire des Guise, mais allant encore plus loin, pour se faire valoir sans doute, il prétendit que l'on avait projeté également de se défaire du roi, des deux reines, et de soumettre au suffrage des conjurés la double alternative de faire de la France une république à l'instar de la Suisse ou d'élire un nouveau roi, sous la condition qu'il abolirait la religion catholique et rendrait contre ses adhérents des édits aussi sévères que ceux qui pesaient sur les réformés.

Cette exubérance de détails fut précisément la cause du salut de Condé. On sentait bien qu'il y avait du faux à côté du vrai, mais on n'était pas capable de démêler l'un de l'autre, et si le cardinal, emporté par sa violence habituelle, ne parlait de rien moins que de faire arrêter Condé et d'instruire son procès, cela donnait au contraire à Guise une grande circonspection.

Il y avait un moyen d'y voir clair, c'était d'aller à l'improviste chez Condé rechercher et relever les indices compromettants. C'est ce que l'on fit sans perdre de temps. On commença par s'emparer de de Vaux, et le grand-prévôt trouvant Condé encore au lit, lui avait signifié au nom du roi de venir assister à son lever et défense de quitter Amboise sans sa permission. De Vaux, interrogé, répondit qu'il n'avait pas à rechercher pour quel motif se mettait en voyage Ferrières Maligny, ami et parent de son maître, qu'il n'aurait pas cru pouvoir, sans manquer à son devoir, lui refuser un cheval, et que placé par son influence auprès du prince il n'avait obéi qu'à un sentiment de courtoisie et de reconnaissance en l'accompagnant pendant quelques lieues. On l'envoya à Tours et il y fut enfermé dans la même prison que Soucelles, Stuart et le bailli de Saint-Aignan. François II avait reçu Condé avec un visage sévère et lui avait dit que les dépositions des prisonniers le chargeaient fortement, et que si ces accusations se trouvaient fondées, il lui apprendrait ce qu'il en coûtait de s'attaquer au roi de France.

Beaucoup plus inquiet qu'il ne voulait le paraître, Condé en rentrant dans son appartement y avait trouvé le grand-prévôt, nommé Innocent Tripier de Morterac, et Nicolas de Brichanteau, seigneur de Beauvais-Nangis, chevalier de l'Ordre et gentilhomme de la chambre, occupés à rechercher s'il n'y avait pas des armes cachées et à faire l'inventaire et le dépouillement de ses papiers. D'armes on n'en avait trouvé aucunes ; quant aux papiers, les officiers du prince avaient énergiquement refusé de les livrer. Condé étant survenu pendant cette altercation, se fit apporter une cassette dans laquelle ses papiers étaient renfermés et il invita tranquillement le grand-prévôt et Beauvais-Nangis à s'acquitter de leur mission. Beauvais-Nangis, qui avait été nourri page du duc de Vendôme, père de Condé, se récusa, et le grand-prévôt n'ayant que pour la forme manié quelques papiers, ils retournèrent dire au cardinal qu'ils n'avaient rien découvert.

Prenant alors hardiment l'offensive, Condé s'en fut chez la reine-mère, à laquelle il fit des reproches amers sur les procédés dont on usait à son égard. Catherine, émue et attendrie, dit un historien, protesta que, quand bien même cent témoins déposeraient contre lui, elle ne croirait jamais qu'un prince du sang eut été capable de manquer aussi gravement à l'honneur et à son devoir ; qu'en tout cas ces méchantes gens n'ayant eu pour objet que de le perdre de réputation, c'était une leçon pour lui sur la nécessité qu'il y a pour un grand prince à bien choisir ses relations et à ne placer ses amitiés qu'à bon escient. Le cardinal de Lorraine, qui était présent, relevant le propos avec la satisfaction de la haine, énuméra les accusations qu'il avait recueillies contre le prince, se vanta d'en avoir réfuté quelques-unes, et lui offrit, s'il en doutait, de se cacher derrière une tapisserie, d'où il entendrait des témoins affirmer à la reine sa participation au complot. « Ma « qualité, répondit fièrement Condé, ne permet « pas que je me cache ni que vous interrogiez « personne contre moi ». C'était l'heure du Conseil ; quand il fut assemblé, Condé s'y rendit, et après avoir pris la parole et protesté de son innocence, il s'écria, en regardant en face le duc « de Guise : S'il se trouve un homme, de quelque « qualité qu'il soit, qui veuille maintenir que je « suis l'auteur de cette entreprise, j'offre de le « combattre et de l'égaler en toute chose à « moi, là où il me serait inégal ». Pris au dépourvu par cette provocation directe, Guise se hâta de répondre qu'ayant l'honneur d'être son parent, il était prêt à prendre les armes pour le seconder dans une aussi juste défense. L'attitude inattendue du Lorrain mettait un frein aux ardeurs du cardinal qui voulait la tête de Condé. Guise estimait qu'il fallait dissimuler avec lui, en attendant une occasion plus favorable, de crainte que le désespoir ne le jetât dans les bras des réformés. La duchesse de Ferrare, belle-mère de Guise, qui revint en France sur ces entrefaites, et qui croyait son gendre acquis à l'opinion du cardinal, lui dit à ce propos : « Qu'il aurait failli grandement, et « que ce n'était pas peu de chose que de traiter « un prince du sang de la sorte ». Quant à François II, il avait assisté à cette scène sans rien dire, mais à l'issue du conseil, il fit savoir à Condé qu'il pouvait ne plus se considérer comme prisonnier, sans ajouter cependant qu'il pouvait quitter la cour, ce que Condé se garda bien de demander. S'éloigner en ce moment, c'était donner le champ libre à ses ennemis, et il était dans son caractère chevaleresque de rechercher le danger. Il voulait d'ailleurs voir de près la fin de tout ceci.

Raunay et Mazères avaient été mis à la torture. Raunay refusa longtemps de nommer personne ; les douleurs n'avaient pu vaincre sa constance, mais quand on lui eut donné lecture de la déposition de La Bigne, en lui jurant que le capitaine Mazères avait fait de semblables aveux, il se décida à dire qu'il avait entendu affirmer que Condé était le chef de l'entreprise, mais qu'il ne devait se faire connaître qu'au moment suprême. Sur le compte du roi de Navarre, que l'on soupçonnait engagé aussi avant que son frère, Raunay répondit qu'il n'en savait rien et qu'il n'avait jamais entendu prononcer son nom. Mazères n'avait pas parlé, ainsi

qu'on l'avait fait croire à Raunay. Mis à la question à son tour, avec une excessive rigueur, il raconta ce qu'il savait du prince de Condé, c'est-à-dire qu'on le tenait généralement pour le « capitaine muet », chef de tout. Il déclara même qu'il était un de ceux que le sort ou la volonté des chefs avait désignés pour tuer le duc de Guise. Pendant l'interrogatoire, l'épée de Mazères, d'une remarquable longueur, était déposée devant le chancelier, sur une table, parmi les autres pièces à conviction. Le duc de Guise l'examina fort attentivement et dit : « Capitaine
« Mazères, vous qui avez vu le monde et qui
« avez de l'expérience, comment avez-vous
« choisi cette épée ? Elle est beaucoup trop
« longue. Pour un homme en un tumulte, une
« courte valait mieux. — Monseigneur, répon-
« dit Mazères, vous avez grandement raison.
« N'oubliez pourtant que j'avais affaire à vous.
« Je souhaitais de vous toucher à distance.
« Vous êtes si brave qu'une pique ne m'eut pas
« semblé trop longue entre vous et moi ». — Cette réponse habile, bien à sa place dans la bouche de celui que Brantôme qualifie de « fort renommé et déterminé soldat », avait touché le duc qui voulut le sauver, mais le cardinal s'y opposa et Mazères fut condamné.

Comme Mazères avait un emploi dans la maison du roi de Navarre, qu'il lui devait sa fortune, et qu'il avait eu mission d'amener le contingent du Béarn, on espérait surtout savoir par lui quelque chose sur ce prince, mais il le déchargea au contraire de tout soupçon, et l'histoire a prouvé que Mazères n'avait pas menti.

Restait le baron de Castelnau-Chalosse, l'homme le plus considérable du parti, tant par sa naissance que par son mérite personnel. Couvert par la parole du duc de Nemours (1) qu'il aurait la vie sauve et toute facilité pour faire entendre au roi les griefs de ses amis. Castelnau pouvait s'attendre à ne pas même avoir de juges. Mais on sait ce que valent les serments de princes, autant en emporte le vent. Castelnau se réclama de cette promesse solennelle qui avait été faite également à ses compagnons. On lui répondit par de misérables arguties, telles que celle-ci : Le duc de Nemours n'était pas général d'armée, mais ayant agi comme simple capitaine d'une compagnie de chevau-légers, n'avait pas qualité pour faire une semblable promesse. C'était une trahison. Castelnau le proclama. On riposta en le menaçant de la torture s'il ne voulait pas répondre aux questions qu'on se proposait de lui adresser. Le brave gentilhomme parut se troubler et garda le silence. — « Comment donc, baron, — ayant dit insolemment le duc de Guise — on

(1) Jacques de Savoie, duc de Nemours, né le 12 octobre 1531 à l'abbaye de Vauluisant (Yonne), mort à Annecy, le 15 juin 1585. Il était colonel-général de la cavalerie légère.

« dirait que vous avez peur ? », il s'attira cette riposte foudroyante: « Peur, je ne m'en défends « pas ; car quel homme, s'il n'est entièrement « privé de sentiment, pourrait se dire exempt « de crainte en se voyant livré à des ennemis « implacables et altérés de son sang. Mais, « rendez-moi mes armes et venez me tenir le « même propos ; ou bien supposez-vous à ma « place, et dites de bonne foi si vous ne « trembleriez pas de tous vos membres ». Quand on l'interrogea sur les noms des chefs de l'entreprise, en lui faisant connaître les dépositions de La Bigne, de Raunay et de Mazères, il récusa nettement l'autorité de ces trois témoins : le premier, il ne le connaissait pas, dit-il ; et en se faisant dénonciateur il avait perdu le droit d'être entendu comme témoin. Le second était son ennemi personnel, et il y avait entre eux une querelle qui avait dû se vider l'épée à la main. Pour le troisième, Mazères, c'était un homme étrange, un cerveau mal équilibré — « si bizarre pourtant, dit Brantôme, qu'on le tenoit pour avoir de l'humeur » — parfois inconscient de ses actes et à plus forte raison de ses paroles. Et Castelnau raconta l'anecdote suivante : Lors du siège de Calais, où il s'était bravement comporté sous les ordres du duc de Guise, Mazères était entré l'un des premiers dans la ville, et y avait fait un riche butin. Comme il marchait le long de la jetée, tenant entre ses bras son casque rempli d'écus d'or, un valet d'armée s'amusant de l'embarras où il semblait être, l'accosta tout à coup, et le regardant sous le nez lui demanda combien il voulait lui vendre sa barbe. A ce mot, Mazères jette à la mer son casque et ses écus pour courir après le valet qu'il ne put atteindre. Etait-ce l'action d'un fou ou d'un homme sensé?

Si la torture physique fut épargnée à Castelnau, du moins ne lui fit-on pas grâce de la torture morale, car plusieurs audiences furent consacrées à ce procès inique dont le point de départ était la violation de la foi jurée, et qui avait pour conclusion un jugement formulé à l'avance. Castelnau s'appliqua avec un soin jaloux à disculper le prince de Condé qu'il sentait appelé à de hautes destinées et dans lequel il prévoyait un vengeur. Il repoussa de toutes ses forces l'imputation du crime de lèse-majesté et jura que la personne du roi était sacrée à tous les conjurés, comme à toute la noblesse française, que tous et chacun fussent morts plutôt que de porter sur François II une main sacrilège. On l'entreprit alors sur la nouvelle religion dont il faisait publiquement profession et il se mit à en discuter les articles aussi habilement qu'aurait pu le faire le meilleur théologien. Le chancelier Olivier ayant commis l'imprudence de s'en montrer surpris et de lui demander s'il avait acquis cette science dans la fréquentation de la Cour, Castelnau lui

fit cette sanglante répartie : « Est-ce donc à
« vous à me faire cette question ? Rappelez-vous
« la visite que je vous rendis, à mon retour de
« Flandre, dans votre terre de Leuville. Vous
« me demandâtes à quoi j'avais passé le temps
« durant ma prison ; et lorsque je vous eus ré-
« pondu que c'était à étudier l'Ecriture sainte
« et à me mettre au fait des disputes qui agi-
« taient si fort les esprits, vous dissipâtes les
« doutes qui me restaient encore : nous étions,
« s'il m'en souvient, parfaitement d'accord.
« Comment se peut-il faire qu'en si peu de
« temps l'un de nous ait tellement changé de
« façon de penser, que nous ne puissions plus
« nous entendre? » Le chancelier baissa la tête
et ne répondit point.

Tout le monde admirait ce calme héroïsme.
Toute la Cour avait à cœur que Castelnau fut
épargné. L'amiral de Coligny, le duc de Longueville (1), le duc d'Aumale lui-même, frère
puîné des Guises, sollicitèrent sa grâce. La reine
mère se joignit à eux, se souvenant à propos que
Castelnau avait sauvé la vie au duc d'Orléans (2)
qui un jour, à Amboise même, aurait sans lui

(1) Léonor d'Orléans, duc de Longueville, né en 1540, mort
à Blois en 1593, gouverneur de Picardie, fait prisonnier à la
bataille de Saint-Quentin. Il obtint de Charles IX, pour lui
et ses successeurs, le titre de Prince du sang. Cette branche
était issue de Jean, bâtard d'Orléans, comte de Dunois et de
Longueville, fils naturel de Louis, duc d'Orléans, frère de
Charles VII, et de Mariette d'Enghien, dame de Cany.
(2) Charles, duc d'Orléans, frère puîné de Henri II, mort
en 1545.

été assommé par la populace. Rien ne put fléchir le roi auquel le haineux cardinal de Lorraine avait trop bien fait la leçon. Quand on lui lut sa sentence, Castelnau adressa aux Guises ces fières paroles : « Vous avez bien fait de « pourchasser ma mort. C'est à vous, pour votre « tyrannie, que nous en voulions, non au roi. « Il n'y a rien qui le touche. C'est sans mentir « que nous sommes criminels de lèse-majesté « si les Guisards sont déjà rois. » Et il monta sans pâlir sur l'échafaud déjà arrosé de tant de sang. Les Guises étaient en effet les rois. Aussi Brusquet, le fou, avait-il bien raison de dire alors tout haut, à François II que si son père avait été logé au *Croissant*, lui il était logé aux *Trois Rois*. François II le fit fouetter (avril 1560), mais cela n'empêchait pas que le fou n'eut parlé comme un sage.

Cette mort héroïque « étonna » ceux qui en furent témoins. Raunay et Mazères mourrurent bravement, comme tous d'ailleurs. Mais le supplice de Briquemant de Villemongis causa une impression plus vive encore. Trempant les mains dans le sang de ceux qui venaient de le précéder dans la mort, il les éleva vers le ciel en s'écriant : « Voilà le sang innocent de tes enfants ! Père céleste, tu les vengeras ! » Le duc de Guise avait organisé ces supplices « pour « donner quelque passe-temps aux dames qu'il « voyait s'ennuyer si longuement en ce lieu ». La seule duchesse douairière de Guise, Anne

d'Este, ne put supporter le spectacle de ces atrocités : elle s'enfuit et se cacha dans son appartement. Catherine de Médicis ayant été la rejoindre quand « le spectacle » fut terminé, la trouva toute en pleurs et s'écriant : « Jamais
« mère eut-elle plus de raison de s'affliger !
« Quel affreux tourbillon de haine, de sang et
« de vengeance s'élève sur la tête de mes mal-
« heureux enfants ! » Le prince de Condé avait été forcé, lui aussi, d'assister au massacre de ceux qui avaient mis en lui leur confiance. On l'observait pour surprendre sur son visage ou dans ses paroles quelques traces des sentiments qu'il devait éprouver. Condé eut le courage de rester impassible sous ces regards curieux, mais comme il se démentait un instant et qu'on lui en faisait reproche, il dit ceci : « J'avoue
« franchement que je ne suis point insensible
« au sort de ces braves officiers qui ont si bien
« mérité de l'Etat sous les règnes précédents.
« J'avouerais même que je ne conçois pas com-
« ment aucun des ministres n'ait pris sur lui
« de représenter au roi le préjudice que cette
« perte cause à l'Etat ; car s'il se trouvait atta-
« qué par quelque puissance étrangère, on
« regretterait peut-être de lui avoir enlevé ses
« meilleurs défenseurs ». Par une singulière coïncidence, ceux qui devaient être les plus exposés, les trente gentilshommes chargés de se rendre maîtres du château, furent les seuls qui échappèrent, grâce à la présence d'esprit

qu'ils eurent de se mêler aux Guisards et de feindre beaucoup de zèle pour courir sus aux réformés. Agrippa d'Aubigné raconte que son père était de ce nombre.

C'est ainsi que la cruauté des Guises justifiait et préparait les guerres civiles qui devaient leur être si funestes à eux-mêmes.

IV

Les affaires jusqu'à l'édit de Romorantin

Après que les dernières têtes furent tombées, la Cour n'avait plus de raison pour séjourner plus longtemps à Amboise. Tous ces cadavres, tout ce sang avaient empoisonné la ville et la rivière : on craignait que la peste vînt à se déclarer. Les Guises firent donc faire les préparatifs de départ. Le prince de Condé fit de même et donna ostensiblement les ordres dans ce but aux gens de sa maison. Il dit au roi qu'il se rendait pour quelques jours dans un de ses châteaux, pour le soin de ses affaires qu'il avait fort négligées depuis quelque temps, et promit de rejoindre sous peu la Cour. On le laissa partir, car son attitude et celle du duc de Guise devant le Conseil, et la liberté qui lui avait été rendue ensuite, auraient fait paraître sa détention trop arbitraire et trop odieuse. Mais on se promit de le surveiller. On ne le fit pas si bien pourtant que Condé ne trouvât moyen d'accomplir son dessein qui était de gagner le Béarn où il serait en sûreté. Ses équipages l'avaient précédé à Blois. Arrivé dans cette ville, il prit le chemin de La Ferté-sous-Jouarre, qui était un de ses domaines et où j'ai déjà dit qu'il avait un château.

Comme il voyageait très lentement, en homme qui n'a rien à cacher, ni à craindre, les Guises se ravisèrent et firent en sorte que Genlis, de l'illustre maison picarde de Hangest (1), qui allait à la Cour, rencontrât Condé chemin faisant. Genlis lui demanda ses commissions, et, reçu froidement, se permit d'insister et de dire qu'il serait certain d'être d'autant mieux accueilli s'il pouvait transmettre quelque parole de Condé, comme, par exemple, qu'il était guéri de toutes ses fantaisies de nouvelle religion qui ne convenaient pas plus à un homme de son âge, qu'à un homme de son rang. Condé, ne doutant plus qu'un piège ne lui fut tendu, lui répondit : « Chargez-vous donc de mes très
« humbles recommandations ; et s'ils vous en
« demandent davantage, dites-leur qu'ils me
« trouveront toujours disposé à les servir et à
« leur complaire en tout ce qui ne touchera pas
« la religion ; car j'ai protesté, comme je pro-
« teste encore, de n'aller jamais à la messe. »
Comme Genlis s'excusait de ne pouvoir s'ac-

(1) François de Hangest, seigneur de Genlis. Fait prisonnier à la suite du duc d'Anjou, le 14 février 1572, par les Espagnols dans les Pays-Bas, il fut emprisonné au château de Bergzabern appartenant au duc des Deux-Ponts et empoisonné par ses gardiens, sur la demande de Charles IX, dit-on. — Jean de Hangest, seigneur d'Yvoy, son frère, était dans le parti du prince de Condé. Assiégé dans Bourges, il rendit la ville après une vigoureuse défense, fin août 1562.

quitter d'un semblable message; « cela étant,
« reprit le prince, il faudra bien que je rem-
« plisse cette commission moi-même, et la
« chose ne tardera pas, car je compte, sous
« quatre ou cinq jours, me rendre à Chenon-
« ceaux, en allant visiter mon frère. »

« Cette commission », comme disait Condé,
réjouit fort les Guises. Ces hommes habiles
n'avaient plus qu'à attendre que la proie vînt
d'elle-même se jeter dans leurs filets. Mais le
gibier se jouait du chasseur et les filets, pour
cette fois, demeurèrent vides. Au jour qu'il avait
fixé, Condé s'était mis en marche, et, s'il y
avait des espions autour de lui, ils durent se
hâter d'aller porter à Tours la bonne nouvelle.
A Monthléry, Condé rencontra Montmorency-
Damville (1), fils puîné du connétable, que son
père avait envoyé à la Cour, à cause d'une difficulté survenue entre lui et le duc de Guise. Ici
comme toujours, emporté par son caractère
altier, le portant à briser tous les obstacles au
lieu de les tourner, Guise avait commis une

(1) Henri de Montmorency, comte de Damville, puis duc de
Montmorency par la mort de François, son frère aîné
(15 mai 1579). Né à Chantilly le 15 juin 1534, mort à Agde, le
2 avril 1614. Fait prisonnier à la bataille de Saint-Quentin
avec son père le connétable; il accompagna Marie Stuart en
Ecosse en 1561. Il fait prisonnier le prince de Condé à la
bataille de Dreux, 19 décembre 1562. Nommé en 1563, gouverneur du Languedoc, sur la démission de son père, il s'y
maintint à peu près indépendant jusqu'à la fin des troubles
de la Ligue. Maréchal de France en février 1567, connétable
en décembre 1593.

grosse faute qui éloignait encore un peu plus Montmorency de lui au moment où il avait tant d'intérêt à s'en rapprocher.

Françoise d'Anjou, comtesse de Dammartin, (1) avait épousé en premières noces Philippe de Boulainvilliers (2), dont elle avait eu trois ou quatre enfants, et en secondes noces, Jean de Rambures (3), dont elle avait eu deux fils. Un procès s'étant élevé entre Philippe de Boulainvilliers, enfant du premier lit, et Oudart de Rambures (4), enfant du second lit, au sujet de la possession du comté de Dammartin, Philippe de Boulainvilliers avait vendu au connétable les droits qu'il prétendait. Oudart de Rambures,

(1) Fille de René d'Anjou, seigneur de Mézières, et d'Antoinette de Chabannes. Elle était petite-fille de Louis d'Anjou, bâtard du Maine, baron de Mézières, fils naturel de Charles d'Anjou, comte du Maine, et légitimé en mars 1468.

(2) Philippe de Boulainvilliers, comte de Dammartin et de Fauquembergues, seigneur de Courtenay, Boulainvilliers, Verneuil, Saint-Martin-sur-Avon, baron de Champignelles, Thoury et Préaux, bailli de Saint-Fargeau et du pays de Puisaye, allié le 6 octobre 1516 à Françoise d'Anjou, comtesse de Dammartin, dont il eut 1° Philippe comte de Dammartin; 2° René; 3° Gabriel, seigneur de Courtenay, chevalier de l'ordre du roi, huguenot, décapité en place de Grève à Paris, le 20 juillet 1569, pour viol, vol, rapt et autres crimes.

(3) Françoise d'Anjou avait épousé en secondes noces le 9 novembre 1538, Jean de Rambures, comte de Guines, seigneur de Rambures, Dompierre, Etouy, Hornoy et Drucat, échanson du roi, grand louvetier de France et grand maître des Eaux et Forêts en Ponthieu et Picardie, veuf lui-même d'Anne de la Marck.

(4) Grand maître des Eaux et Forêts de Picardie, tué à l'assaut de Rouen, le 26 octobre 1562.

s'empressant de l'imiter, avait vendu les siens au duc de Guise qui avait fait offrir à Boulainvilliers un prix supérieur à celui qu'il avait reçu du connétable. Montmorency, très attaché à ses intérêts et d'ailleurs sentant vivement cette affaire, avait ajouté dix mille écus à ceux qu'il avait déjà versés à Boulainvilliers, à condition que celui-ci lui transmettrait ses droits pour la seconde fois, et il s'apprêtait à soutenir la lutte devant le Parlement contre le duc de Guise. Le procédé du Lorrain, exploité par le connétable, avait eu un grand retentissement, si grand que le Parlement obtint que Guise se désistât et que le procès fut soutenu par Rambures ou en son nom. Dans ces conditions, Rambures devait perdre, ce qui arriva en effet; mais le connétable, qui n'était pas la dupe de cette manœuvre, avait chargé Damville, son fils, de porter plainte à la reine-mère et de lui notifier que le duc de Guise se déclarant aussi ouvertement son ennemi, il n'entendait plus avoir affaire à lui pour tout ce qui dépendait de ses charges ou de son gouvernement.

Condé et Damville ayant conféré ensemble en secret pendant une heure, se séparèrent pour suivre des routes différentes. Condé prit rapidement le chemin de Poitiers où il trouva Jean de Ferrières-Maligny, dit Maligny l'aîné, qui l'y avait précédé avec une escorte, et ils se dirigèrent ensemble vers Nérac où le roi de Navarre attendait son frère dont la venue lui avait été annoncée par un de ses secrétaires que Condé lui avait dépêché.

Bien que les Guises, à ce coup, ne puissent plus douter de la culpabilité de Condé et de ses desseins : bien que, à dater de ce moment, comme dit Castelnau (1), « l'opinion conçut qu'il taillerait bien de la besogne comme il fit depuis », il entrait dans leur politique de n'en rien laisser paraître, et le roi écrivit sous leur dictée au roi de Navarre une lettre dans laquelle il proclamait hautement l'innocence de Condé : « Au demeurant, mon oncle, — conclut-
« il après lui avoir fait le récit du tumulte
« d'Amboise, — en instruisant les procès de
« tous ces rebelles, il y a eu quelques-uns
« d'entre eux qui ont déposé devant les juges
« que mon cousin le prince de Condé, vostre
« frère, estoit de la partie, et qu'il avoit de
« longtemps sceu toute l'entreprise... et pour
« ce que je me doubtay incontinent que, ou ces
« bélistres-là disoient telles choses, pensant
« prolonger leur vie, ou bien que cela leur
« avait esté donné à entendre par Malligny,
« qui n'est pas plus homme de bien qu'eux ; ne
« me pouvant entrer en l'entendement que
« mon dit cousin, me touchant de si près
« comme il fait, m'ayant tant d'obligations

---

(1) Michel de Castelnau, seigneur de Mauvissiere, historien, diplomate, né en 1520, mort en 1592. Ses mémoires ont été publiés en 1621 par son fils Jacques, et furent plusieurs fois réimprimés depuis.

« comme il a, y dust jamais avoir pensé, je
« ne faillis incontinent à l'envoyer quérir en
« ma chambre, en la présence de la Royne,
« ma mère, auquel je fis entendre ce que ces
« malheureux prisonniers avoient dit de luy,
« qu'il m'assura tant qu'il n'en estoit rien... et
« me donna tant de cognoissance combien
« une si méchante calomnie lui pesoit sur le
« cœur, que je m'assurai encore, comme je
« fais, que tous ces pendus avoient menti. Et
« pour vous dire la fin de nos propos, je demeu-
« ray très content et satisfait de lui, ce que
« j'ay bien voulu vous escripre à la vérité afin,
« mon oncle, que si l'on vous avait donné à
« entendre d'autre façon, vous n'en soyez en
« peine et n'adjoutiez foy qu'à ce que je vous
« mande ». — François II le remercie en
outre d'avoir contenu les agitateurs en Guyenne.
Mais il n'avait pas fini avec le roi de Navarre,
et cette lettre ne pouvait faire présager à
Antoine de Bourbon la nouvelle intrigue que
les Guises étaient au même instant occupés à
ourdir contre lui. Je m'en occuperai tout à
l'heure.

Avant de quitter Amboise, François II, ou
pour mieux dire le cardinal de Lorraine, car il
en était l'auteur, adressa au Parlement de
Paris une lettre contenant le récit de la conjuration d'Amboise. Elle fut notifiée en circulaire
en même temps à tous les Parlements du
royaume. Après avoir énuméré les détails de

l'entreprise et les moyens employés pour la réprimer, le roi exhortait les Parlements « à empêcher par avertissements qu'aucuns ne s'esmeuvent » et il promettait une assemblée ou concile de prélats et de gens doctes pour traiter de la réformation de l'Eglise. Cette lettre, qui porte la date du 31 mars, suscita une réponse à laquelle on mit la même date, sous ce titre : « *Briève exposition des lettres du cardi-*
« *nal de Lorraine, envoyées, au nom du Roy, aux*
« *Cours de Parlement, à nosseigneurs tenant les*
« *cours de Parlement, les estats de France, dési-*
« *reux du bien public*. « Dans ce libelle hardi, signé : « vos très humbles et obéissans, les « amateurs du bien public » et « qui représente « tant au vif la phrase et déguisée façon de « parler le cardinal de Lorraine » les auteurs déclarent qu'ils « ne doubtent point qu'il ne soit l'autheur » de la lettre signée par François II. La circulaire donna également naissance à un autre pamphlet très vif contre la tyrannie de la maison de Lorraine, sous ce titre :
« *Réponse chrestienne et deffensive sur aucuns*
« *poincts calomnieux contenus en certaines*
« *lettres envoyées aux baillifs, sénéchaux et*
« *lieutenants du Roy, par lesquelles le cardinal*
« *de Lorraine et son frère, avec leurs adhérens,*
« *ennemis mortels du genre chrestien, traîtres à*
« *la couronne, tyrans et pirates sur le peuple*
« *françois, veulent malicieusement et faussement*
« *charger les estatz de France de rébellion,*

« *conjuration, sédition et autres crimes, desquels le ciel et la terre les congnoist eux-mêmes estre infects et coupables.* » On voit à quel diapason les massacres d'Amboise avaient monté les esprits. Ce pamphlet, répandu à Paris et à Rouen par des mains inconnues, fut apporté à la Cour par un huissier du Parlement de Paris et par des conseillers au Parlement de Normandie qui en avaient reçu des copies. Mais les Guises « craignant, dit de Thou, qu'une « telle députation ne donnât de la réputation et « du cours au libelle et ne les rendit plus « odieux, empêchèrent ces magistrats de voir « le roi et les renvoyèrent. »

Presqu'en même temps qu'il signait sa lettre circulaire aux Parlements, le 23 mars, François II signait des lettres patentes confirmant les privilèges et prérogatives des comédiens « maistres et gouverneurs de la confrairie de « la Passion et résurrection de N.-S. Jésus-« Christ en l'église de la Trinité à Paris », et d'autres lettres patentes qui permettaient aux Suédois de faire le commerce en France aux mêmes conditions, charges et avantages que les Français.

Avant d'adresser aux Parlements sa relation officielle, François II avait ordonné au connétable d'aller rendre compte verbalement au Parlement de Paris de la conjuration d'Amboise. Montmorency avait obéi et avait fait le 28 mars au Parlement, toutes chambres assem-

blées, un discours qui, dans l'intention sinon dans la forme, était injurieux pour les Guises. Affectant de ne pas les nommer, le connétable prenait à tache d'annuler leur influence et leur vigilance, en racontant que depuis plusieurs mois la connaissance des projets des rebelles avait été transmise au roi par le roi d'Espagne, par l'évêque d'Arras, Granvelle, par le duc de Savoie et par quelques princes d'Allemagne. Il avait insisté sur l'appui que le roi avait trouvé dans « un certain nombre de bons et loyaux et « affectionnés serviteurs » qu'il avait auprès de sa personne, désignant aussi clairement que possible sans les nommer les Châtillons, ses neveux, et le prince de Condé. Réduisant cette entreprise aux plus mesquines proportions, il avait dit : « Chose merveilleusement étrange
« que des *gens de bas étage*, sous prétexte qu'ils
« voulaient parler au roi sans mauvais des-
« sein soient venus l'investir au cœur de son
« royaume, se soient présentés en armes aux
« portes d'Amboise, et aient tiré *cent cinquante*
« *coups de pistolet ou d'arquebuse*. » Il terminait enfin cette harangue perfide en félicitant le Parlement des dispositions qu'il avait prises pous assurer la tranquillité de Paris, et en s'écriant : « Que si la Cour voit qu'il reste quel-
« que chose à faire, je n'y épargnerai pas ma
« vie ; quand j'aurois les deux pieds et une
« main dans la fosse, je les en retirerois pour
« acquitter une partie de ma dette envers le

« roi, prince d'honneur, fils d'un si bon père et
« d'une mère si sage, et qui ayant eu pour
« ayeul et bisayeul des rois si vertueux, ne
« pouvoit manquer de leur ressembler ».

Il n'y avait qu'un seul moyen de parer le coup que le connétable avait voulu porter à ses ennemis, c'était la publication du récit officiel. A peine le discours du connétable était-il connu à Amboise, que la circulaire aux Parlements était rédigée et expédiée. Il faut y relever cette phrase bien significative : « Qu'ils se gardent
« d'abuser du pardon général que nous avons
« accordé en faveur de ceux qui ont paru
« n'avoir pêché que par simplicité, car notre
« intention n'a point été que ceux qui ne se corri-
« geraient pas, jouissent de l'impunité. » Le Parlement de Paris témoigna qu'il en comprenait le sens en rendant, dès le 3 avril, un arrêt pour prescrire aux officiers chargés de la police, de visiter les maisons de la ville et des faubourgs, et d'y saisir toutes armes, « comme pistoletz, harquebouzes, longsboys, pouldre à canon », d'expulser les gens sans aveu et d'interdire aux artisans, valets et gens de basse condition, de porter des épées et des dagues, sous peine de 10 livres parisis d'amende. Les Guises avaient également adressé cette relation officielle aux princes étrangers, notamment l'électeur Palatin, le landgrave de Hesse et le duc de Wurtemberg, que l'on accusait d'avoir connu à l'avance l'entreprise, et d'y avoir prêté

les mains. Ceux-ci, en protestant que, princes souverains, ils ne pouvaient jamais autoriser la révolte contre l'autorité légitime d'un souverain, suggérèrent que le meilleur moyen de faire cesser ces troubles était de faire cesser la persécution, et ils citaient l'exemple de l'Allemagne. Le roi d'Espagne conseilla d'établir l'Inquisition de laquelle il déclarait retirer les meilleurs résultats. Quant à Calvin et ses principaux ministres, directement pris à partie, ils répudièrent toute participation à la conjuration soit directe ou indirecte, en se basant sur le respect de l'autorité dont Calvin formait l'un des articles primordiaux de sa doctrine.

Tout entier à la justification de leurs implacables cruautés, les Guises omettaient de faire part d'un grand événement dont Amboise était encore le théâtre, le 30 mars. Forcé de s'associer aux actes tyranniques des Guises, épouvanté de tant de sang répandu, le chancelier Olivier était mort de chagrin, dit-on. — Maudit homme, tu nous a tous damnés ! avait-il dit quand le cardinal, qui avait été le voir, sortit de sa chambre. — Damnés ! s'écria le duc de Guise, quand on le lui apprit, damnés ! Il en a menti, le méchant ! — Fils de Jacques Olivier, premier président au Parlement de Paris, François Olivier avait été successivement chancelier de Marguerite, sœur de François Ier, président à mortier au Parlement de Paris en 1543, garde des sceaux et chancelier en 1545.

Remplacé le 2 janvier 1551, dans les fonctions de sa charge, dont il avait refusé d'abandonner le titre inamovible, il écrivait à ce propos à l'Hôpital : « J'ai jeté l'ancre dans le port, et « pour tous les trésors d'Attale, je ne renonce- « rais pas au repos dont je jouis. » Paroles d'un « mécontent qui ne veut pas le paraître, résigna- tion forcée d'un homme qui tombe sans vouloir prêter à rire à la galerie. Il n'avait pas fallu lui faire violence, pourtant, pour lui faire reprendre les sceaux. On assure qu'il n'avait que le but de servir de frein dans cette ère de réaction. Son frère, d'ailleurs, Antoine, évêque de Lombez depuis 1550, avait ouvertement embrassé la religion réformée. Ce fut précisé- ment Michel de l'Hospital qui lui succéda, et il est difficile de s'expliquer les raisons qui dictè- rent le choix de la reine-mère et du cardinal de Lorraine. Marie Morin, femme de l'Hospital, était calviniste, et lui-même penchait vers le parti des Bourbons, des Coligny et du conné- table. Ce penchant le recommandait plus que tout à Catherine qui avait besoin d'un homme à elle, capable de former sous ses auspices et avec son appui, un contre-poids à l'autorité des Lorrains, qu'elle supportait plus impa- tiemment que personne. Catherine proposa donc sa nomination à l'instigation de la duchesse de Montpensier, Jacqueline de Longwy, fort en faveur auprès d'elle, tandis que les Guises auraient préféré Jean de Morvilliers, évêque d'Orléans (1), homme d'Etat et diplomate de valeur. Mais le prélat, qui distinguait fort bien qu'il n'aurait pas la faveur de la reine-mère, donna une preuve de plus de son habileté, en refusant un poste qu'il devait accepter et remplir plus tard, en 1570, au moment où Michel de l'Hospital fut disgrâcié, L'Hospital n'ayant plus de concurrent, fut agréé par les Guises, parce que, dit un historien « il leur devoit en partie son avancement et « qu'il n'avoit point cessé de les vanter dans des « poésies latines qu'on vantait beaucoup alors ». Mais Catherine eut soin de ne pas laisser ignorer à l'Hospital le mauvais vouloir que les Lorrains avaient témoigné pour sa candidature, et on prétend qu'elle sut obtenir de lui un engagement formel de s'attacher à elle sans réserve et de ne reconnaitre d'autre autorité que la sienne.

Né vers 1507, de Jean de l'Hospital, médecin du connétable de Bourbon, Michel avait terminé ses études de droit en Italie et avait été auditeur de rote à Rome. De retour en France, après quelques années, il épousa la fille du lieutenant-criminel Morin dont l'influence valut à son gendre une charge de conseiller au Parlement de Paris. Nommé par Marguerite, fille de François Ier et duchesse de Savoie, pré-

---

(1) Né le 1er décembre 1506, à Blois, mourut à Tours le 23 octobre 1577; évêque d'Orléans 1552, ambassadeur à Venise, garde des sceaux de 1568 à 1570.

sident de son conseil, puis chancelier de Berry, il devint ensuite maître des requêtes, en 1553, surintendant des finances, et enfin, premier président de la Chambre des comptes, en 1554. D'Aubigné affirme d'une manière formelle que l'Hospital fut l'un des complices de la conjuration d'Amboise et que sa signature figurait, entre celles de d'Andelot et de Spifame, sur « l'original de l'entreprise » qui était, dit-il, entre ses mains, et qu'il fit voir à diverses personnes. Cette assertion très précise a pourtant rencontré parmi les historiens bien des incrédules. Quoiqu'il en soit, ceci n'altère en rien la grandeur de ce noble caractère, — « esprit merveilleusement adroit et pénétrant », dit Davila — qui, s'il se prêta à conspirer contre « la « tyrannie des Guises, se garda bien de le faire « contre la personne du roi, leur jouet et leur « victime ». En somme, la nomination du nouveau Chancelier n'était pas, tant s'en faut, une menace pour les réformés. Homme d'une bien autre surface qu'Olivier, il réussit, du moins, à jouer le rôle de modérateur, et le prouva autrement que par des vœux platoniques. C'est à lui, conjointement avec l'amiral de Coligny, que l'on doit l'édit de Romorantin et l'assemblée des Notables, c'est-à-dire une double attaque au fanatisme religieux et à la tyrannie politique des Guises.

On avait résolu de s'éloigner d'Amboise, mais on ne voulait pas quitter encore les bords de la

Loire. Ce fut à Tours que l'on conduisit François II, et il y fit son entrée solennelle. Pourquoi avait-on fait choix de cette ville dont la population était, en majeure partie, acquise aux nouvelles croyances, au lieu d'aller à Blois puisque l'on n'avait plus rien à craindre des rebelles, d'abord parce qu'ils étaient ou morts ou en fuite, ensuite parce que les Guises avaient maintenant autour d'eux des forces qui leur auraient permis de prendre partout l'offensive? Les compagnies d'hommes d'armes des ordonnances des ducs d'Orléans, d'Angoulême, de Guise, d'Aumale, de Lorraine, de Nemours, de Nevers, du prince Louis de Gonzague, de dom François d'Est, du maréchal de Brissac, du vicomte de Tavannes, du comte de Crussol, de M. de La Brosse, dans lesquelles on avait eu soin d'encadrer celles du prince de Condé et du connétable, pour les mieux garder, formaient un total de mille lances environ, sans les deux cents arquebusiers à cheval commandés par Richelieu, que l'on avait appelées de leurs garnisons pour les grouper dans un rayon assez peu étendu autour de la Cour. Je crois qu'il faut chercher le mot de l'énigme dans la conduite que tint à Tours ce même Richelieu, qui, assurément autorisé, y joua le rôle d'agent provocateur. Tours avait été choisi pour frapper un coup sur les réformés, qui eut été comme l'épilogue du drame d'Amboise.

La manière dont François II fit son entrée

témoignait ou de la défiance de la population ou du désir de l'éviter. Au lieu de laisser aux bourgeois, comme c'était partout leur privilège, le soin d'escorter le roi, de former sa garde d'honneur, de préparer son repas et de le servir à table, on commença par les désarmer. Ce furent les troupes royales qui formèrent la haie depuis la porte jusqu'à l'Hôtel de Ville, où le roi prit rapidement un repas préparé par ses officiers de bouche et servi par eux. Puis il quitta immédiatement Tours pour aller prendre gîte dans l'abbaye de Marmoutiers, située dans le faubourg de Saint-Symphorien, en dehors des murs, et dont le cardinal de Lorraine était abbé. De tous ces visiteurs il ne resta dans la ville même que Richelieu avec ses deux cents arquebusiers. Pourquoi n'avait-il pas suivi le roi pour exercer autour de lui la même surveillance qu'à Amboise ? Assurément pour mettre à exécution un plan projeté et qui consistait à exciter une démonstration populaire pour avoir le prétexte d'exercer une sanglante répression. Richelieu avait été informé qu'à une certaine heure de la nuit, les réformés avaient l'habitude de se réunir pour entendre le prêche et pour chanter des psaumes. Suivi de sa troupe, qui cachait ses armes, il se mit à parcourir les rues, en chantant les psaumes, et en frappant doucement aux portes de ceux qui lui avaient été signalés comme étant les plus zélés. C'était ainsi, paraît-il, que procédait *l'avertis-*

seur chargé de rappeler aux fidèles que l'heure de la réunion avait sonné. Mais les bourgeois avaient été mis sur leurs gardes, et cette provocation étant restée sans effet, Richelieu imagina autre chose. Aux psaumes il substitua des chansons sur la reine mère et le cardinal de Lorraine, mais il n'éveilla d'autres échos que celui des rues endormies et désertes. Le lendemain, se présentant au cardinal de Lorraine, il lui dénonçait les principaux bourgeois comme les auteurs de ce tapage séditieux. Il n'est pas douteux que cette odieuse manœuvre aurait obtenu le résultat que souhaitait le cardinal si les officiers municipaux n'étaient venus en même temps porter plainte contre Richelieu, munis d'une enquête appuyée de nombreux témoignages et de procès-verbaux contre lesquels l'esprit le plus malveillant n'aurait pu s'inscrire en faux. On ne donna pas suite à l'affaire, mais Richelieu ne fut pas désavoué, encore bien moins puni. C'était, selon Davila, « un homme de haute estime, redouté et ca-« pable de grandes choses. » Si Richelieu se tira indemne de ce mauvais pas, en revanche les magistrats municipaux furent fort maltraités par le cardinal qui leur reprocha durement leur partialité et leur mansuétude pour les hérétiques et d'avoir laisser s'accomplir, voire même d'avoir favorisé la fuite des prisonniers qu'il avait confiés à leur garde.

A Blois étaient enfermés les survivants d'Amboise, et à Tours, Soucelles cadet, Robert Stuart, le bailli de Saint-Aignan et de Vaux, l'écuyer du prince de Condé. Les prisonniers de Blois s'étaient évadés pendant la nuit. Ceux de Tours en firent autant, à l'exception du bailli de Saint-Aignan qui, s'étant cassé la cuisse en tombant, fut retrouvé dans le fossé et réintégré dans sa prison. Soucelles, Stuart et de Vaux avaient écrit au cardinal ce billet : « Nous avons appris « l'évasion de vos prisonniers de Blois, et comme « nous ne doutons pas du chagrin que cette « nouvelle vous causerait, nous nous sommes « mis à courir après. Ne vous mettez point en « peine, parce que nous vous les ramènerons « bientôt et en bonne compagnie. » Dans les temps troublés les plus petites causes produisent parfois les plus grands effets. Ainsi fut sauvée la France de l'Inquisition d'Espagne. Les prisons ne s'ouvrent pas toutes seules dans plusieurs villes à la fois. Ceci donna à réfléchir aux cardinaux de Lorraine et de Guise qui rêvaient l'établissement de l'Inquisition comme seul juge en matière de foi, et au duc de Guise qui laissait faire. Le Chancelier vint à la rescousse et, à son éternel honneur, provoqua et rédigea l'édit de Romorantin, œuvre imparfaite sans doute, mais encore plus modérée que les huguenots ne s'y seraient attendus.

François II passa quelques jours à Marmoutiers. C'est de là qu'il écrivit au roi de Navarre une seconde lettre dont je vais parler. Antoine de Bourbon n'avait pas tenté de dissuader Condé de venir le retrouver, quand celui-ci surtout lui avait écrit que « sa tête était mise sur le tapis ». Mais d'autre part, fidèle à son système de bascule et d'indécision, avec sa compagnie d'hommes d'armes, qu'il avait eu soin de maintenir auprès de lui, dès que les nouvelles d'Amboise lui étaient parvenues, il s'était mis à pourchasser environ deux mille réformés enrégimentés par le capitaine Mazères, et qui attendaient son signal pour aller le retrouver sur la Loire. Pour mieux donner le change, il déployait beaucoup de rigueur contre ces malheureux dont il partageait les croyances religieuses et la foi politique. C'était en vain, pour l'arrêter, que sept à huit cents gentilshommes lui avaient offert leurs services pour le cas où la Cour aurait voulu l'inquiéter. Antoine de Bourbon refusa, en ajoutant qu'il demanderait leur grâce si l'on faisait mine de procéder contre eux : « Notre grâce, — s'écria l'un d'eux — elle est au bout de nos épées! Vous serez bienheureux si vous obtenez la vôtre en la demandant avec humilité! » Celui-ci était prophète.

La nouvelle lettre qu'il venait de recevoir du roi n'était pas de nature à laisser des illusions sur le fond de la pensée à son égard, des Guises, j'allais dire de François II. La lettre est longue : c'est un récit, sur de nouveaux frais, de la conjuration, du but que poursuivaient les conjurés, c'est-à-dire de s'emparer de la famille royale,

de tuer les Lorrains et de « subvertir tout l'es-
« tat du royaume et le mettre de toutes sortez en
« perte et division. » Les coupables ont reçu le
juste châtiment qu'ils méritaient, forçant le roi
à sévir quand il lui eut été si doux de ne pas le
faire. François II remercie ensuite son oncle
« des offres que vous m'avez faites de me venir
« aider et secourir. Ce que aussy, pour ne vous
« donner cette peine, j'ay voulu réserver jus-
« ques à plus grands besoins, considérant com-
« bien vostre présence a servy en vostre gou-
« vernement à contenir mes subjectz en repos. »
Il l'exhorte « à les vouloir toujours conforter en
leur bonne volonté ». Dans le cas contraire, il
faut « les faire promptement empoigner et
chastier ». Il faut surtout s'en prendre aux
« prédicans et ministres de Genève » et nommément « ung nommé Bois-Normand et l'autre
« maistre David, qui sont, à ce que les prison-
« niers ont confessé, deux des principaux sé-
« ducteurs et qui les avoyent suscitez à ceste
« belle entreprise ». Les prisonniers n'avaient
rien dit; sur ce chapitre, Mazères seul, comme
étant du Béarn, aurait pu parler; et l'on a vu
qu'au contraire Mazères avait su mourir sans
accuser, compromettre, ni trahir.

C'était du Béarn qu'il s'agissait, car Bois-Normand et David, qui jouissaient d'une grande
popularité dans le Midi, s'ils n'étaient pas directement attachés à la personne du roi de Navarre,
résidaient souvent à sa Cour et l'accompagnaient

même dans ses voyages. Le cardinal voulait la tête de l'un et de l'autre ; aussi en guise de post-scriptum, François II écrit-il de sa propre main : « Je m'asseure, mon oncle, que vous ne « congnoissez pas Bois-Normand et maistre « David si meschans qu'ils sont. Je vous prie, « d'autant que vous avez envie de me faire ser- « vice, les faire prendre et mettre en lieu si seur « que je les puisse cy-après recouvrer, pour « leur faire recevoir la punition qu'ils ont bien « méritée. » — Le bourreau attendait ; mais, s'il était irrésolu, Bourbon était chevaleresque : il refusa net, de façon à ce que personne ne put le trouver mauvais. Bois-Normand et David, écrit-il, ont disparu et bien malin qui saurait ce qu'ils sont devenus. S'ils ont le malheur de reparaître, tant de gens sont mis sur pied pour les arrêter, que l'on ne manquera pas de les voir traînés devant le roi. François II peut s'en reposer sur son zèle. En attendant, prétendent les mauvaises langues, Bois-Normand et David se prélassent à Nérac, dans l'intimité de Bourbon, et bien malin ou bien hardi serait qui irait les y chercher. Le roi de Navarre termine en se plaignant des soupçons de complicité de la conjuration d'Amboise que l'on semble vouloir faire planer sur lui, et il requiert hardiment le roi de lui rendre justice.

Troisième lettre de François II. On ne parle plus des deux ministres, car on a compris qu'on ne gagnerait rien de ce côté. Il s'agit d'abord de

répondre au sujet des bruits répandus en Espagne que « le capitaine muet » des huguenots d'Amboise aurait été et était le roi de Navarre. François II n'en croit rien, il n'en a jamais rien cru : « cela vous doibt, à mon
« advis, estre une grande consolation et repos
« d'esprit ». En Espagne, et ailleurs, n'a-t-on pas répandu sur lui-même, sur la reine, sa mère, cent calomnies plus malveillantes les unes que les autres ? Ici le roi entre, pour ainsi dire, dans le vif du sujet. Il voudrait bien connaître les auteurs de ces bruits calomnieux... « lesquelz
« ne se contentant de semer ces bruits par cedit
« royaulme, vont chercher, rechercher la royne
« d'Angleterre qui les y soutient et favorise pour
« le mauvais vouloir qu'elle me porte, accom-
« pagné d'un extrême regret qu'elle a de Calais.
« Et sur les mémoires qui véritablement luy
« ont esté envoyez de par deça, elle a fait
« imprimer une belle proclamation contenant
« son intention pour l'entretenement de la
« paix, laquelle, mon oncle, je vous envoye,
« afin que vous voyez par icelle de quel esprit
« de fureur et vengeance elle est agitée, et quel
« tort elle fait aux princes de mon sang, faignant
« néantmoins prendre leur protection et des
« Etats de mon royaume, comme s'ilz l'avoient
« appelée à leur ayde et secours..... Estant le
« plus proche parent que j'aye de mon sang,
« et celluy que en touttes occurences j'ay voullu
« toujours le plus favoriser et approcher plus

« près de ma personne, il me semble que vous
« debvez bien vivement faire entendre à la dite
« dame, par son ambassadeur qui est près de
« moy, qu'elle vous a faict ung très grand tort
« et ausdits princes de parler d'eulx de
« la façons..... La pryant que cy après elle
« ne vous mecte, ny lesdits princes, en ses
« escriyts en quelque sorte que ce soit, n'ayant
« à lui rendre compte de vos actions qui ne
« tendent totallement que à me servir et assister
« en toutes choses, sans aulcun malanten-
« tement, comme elle veut prétendre par sa
« ditte lettre, qui n'est fondée que sur sa colère
« et passion et non en aucune raison, de
« laquelle je vous prie au demeurant m'aider à
« en rire ».....

La proclamation de la reine d'Angleterre « pour l'entretenement de la paix » était en réalité une déclaration de guerre, et si elle avait tenu un langage aussi hardi, c'est parce que Coligny lui avait fait savoir que François II avait assez d'affaires sur les bras dans son royaume pour ne pouvoir envoyer une armée en Ecosse. Ecartant d'une manière injurieuse le roi du débat comme un enfant irresponsable, elle rejetait sur les Guises toute la faute de l'état aigu qu'avaient atteint les rapports entre les deux couronnes, et semblait faire un véritable plaidoyer en faveur des princes du sang. François II n'avait pas attendu à s'assurer du sentiment du roi de Navarre pour faire connaître le sien à la reine d'Angleterre. Le chevalier de Seurre, (1) son ambassadeur, avait été faire des remontrances qu'Elisabeth avait mal accueillies. En temps ordinaire, la guerre, ou tout au moins de graves complications auraient surgi, mais, comme l'avait dit Coligny, on avait trop à faire en France pour s'embarquer dans des aventures avec l'étranger. En temps ordinaire également, le roi n'eut pas écrit sur ce ton à Antoine de Bourbon et ne l'aurait pas invité à intervenir dans une question intéressant avant tout la personne du roi et l'honneur de la couronne. Mais les Guises n'ignoraient plus qu'Elisabeth avait connu les préparatifs de la conjuration, qu'elle y avait donné son assentiment et que si elle n'avait pas fourni de subsides, elle avait du moins fait sur l'Ecosse une diversion pour favoriser le développement du mouvement projeté ; ils savaient que Condé s'était très avancé, et ils espéraient sans doute qu'une démarche blessante du roi de Navarre amènerait la reine d'Angleterre à compromettre, pour se venger, ceux qui pouvaient devenir ses alliés.

Si les Bourbons avaient noué des intelligences avec la reine d'Angleterre, la situation eut été fort embarrassante pour le roi de Navarre.

(1) Michel de Seurre, reçu chevalier de Malte le 12 janvier 1539 ; ambassadeur en Portugal en 1558 ; en Corse, en 1559 ; ambassadeur à Londres, en remplacement de Gilles de Noailles, en 1559 ; grand-maître de l'ordre de Saint-Lazare en 1564.

Mais ils est à peu près certain qu'il n'en était rien pour lui ; aussi, le 6 mai, répondit il avec beaucoup d'assurance à la lettre de François II. N'hésitant pas à reconnaître que la proclamation lui était déjà parvenue, accompagnée d'une lettre « d'un homme à moy incongneu, « fors que le style et le nom me donnent « conjecture qu'il est Anglais », ne sachant démêler si cet homme agissait en qualité d'ambassadeur de la reine ou de son propre mouvement, il avait beaucoup balancé s'il ne lui répondrait pas « que je ne suis ne serf ne « biche de sa maistresse et que ce n'est point « à moi qu'elle se doibve adresser pour vendre « ses coquilles » ; et que, quand bien même il aurait quelque sujet de se plaindre, ce ne serait certainement pas à elle qu'il en ferait part.

« Et combien que la proclamation par elle
« faicte à tous les hommes de bon et solide
« cerveau, face assez recongnoistre quel est
« en cela l'artifice de la demoiselle qui, sur ce
« fondement, vous a voulu bailler un soupçon
« sur les princes de vostre sang, pour puis après
« les induire ou conduire à embrasser quelque
« secrette pratique qui nous fust avantageuse,
« toutes fois elle a esté en cela déceue d'oultre
« moitié de juste prix... Se conformant à la
« volonté » du roi, il écrit à l'ambassadeur et envoie au roi sa lettre tout ouverte afin que François puisse s'assurer par lui même de sa sincérité. Mais Bourbon ne riait pas, comme

François II l'avait engagé à le faire. Il est juste de reconnaître que François II et les Guises ne riaient pas davantage.

Des historiens prétendent que c'est à ce moment que les partisans de la nouvelle doctrine reçurent le nom de Huguenots. L'un d'eux (Garnier, *Hist. de France*), va même jusqu'à affirmer que cette qualification date du séjour que le roi fit auprès de Tours pendant les premiers jours d'avril 1560. Selon lui, une des plus anciennes portes de Tours était nommée porte Hugon en souvenir d'un personnage de ce nom qui l'aurait fait bâtir au temps de Charlemagne. On prétendait que cet Hugon se promenait toutes les nuits à cheval dans les rues avoisinant cette porte et qu'il battait ceux qui se trouvaient sur son passage. Les petits enfants connaissaient tous Hugon et en avaient une salutaire frayeur. Comme les réformés s'assemblaient la nuit dans le quartier que fréquentait le fantôme d'Hugon, on les appelait — à Tours — des *Huguenots*. Les courtisans trouvèrent la chose plaisante, d'autant que le surnom semblait une injure à ceux auxquels il s'appliquait, et ce surnom leur resta. A vrai dire, on n'est pas d'accord, et on ne sait pas trop d'où vient ce mot de *Huguenots*. Les uns penchent pour un terme injurieux, dont les réformés se firent un titre de gloire, et qui était dérivé du prénom Hugues, d'un hérétique. La majorité opine pour une altération de l'allemand *Eidgenossen*, ce qui signifie confédérés, nom que portaient dès 1518 les partisans de la liberté à Genève. Sismondi notamment l'explique ainsi. On a prétendu que le qualificatif de *huguenot* avait été employé pour la première fois dans une lettre du comte de Villars en date du 11 novembre 1560. C'est une erreur. Le cardinal de Lorraine, en écrivant le 10 juin 1560 au duc de Nevers, lui annonce que : « On dit icy que les *hucguenots* veullent faire pis que jamais ». Il est évident que le terme était déjà connu et usité, puisque le cardinal l'emploie sans le souligner. C'est d'ailleurs un détail d'une importance trop secondaire pour en faire l'objet d'une discussion.

Ce qui me préoccupe davantage, c'est l'exécution du plan que je me suis tracé, d'établir en cheminant à travers l'histoire, l'itinéraire aussi exact que possible des fils de Henri II. Au moment où nous en sommes, je me heurte à de sérieuses difficultés. François II n'avait pas le don d'ubiquité, et il l'aurait eu cependant, s'il faut s'en tenir aux désignations des localités desquelles sont datées ses lettres officielles. D'Amboise le roi alla à Tours, qu'il ne fit que traverser, et il fixa sa résidence à l'abbaye de Marmoutiers.

Des historiens le font, très arbitrairement je crois, voyager pendant les mois d'avril et de mai, à travers ce qui forme aujourd'hui le département d'Indre-et-Loire, sans se rendre compte des difficultés matérielles qu'il y avait pour se transporter à cheval, du jour au lendemain, d'une extrémité à l'autre du département. Que la Cour fut allée à Chenonceaux, c'est possible, c'est même probable, car après en avoir tout récemment dépouillé la duchesse de Valentenois, Catherine de Médicis devait céder à la tentation, en étant si proche, d'en prendre possession et d'en faire les honneurs à son fils et aux courtisans. Mais, on ne pouvait être à la fois à Chinon et à Loches. Aussi, pour ne pas me lancer dans le domaine des conjectures et pour ne m'appuyer que sur des documents authentiques, je ne puis préciser que ceci : Au mois d'avril, François II était à l'abbaye de Marmoutiers, les 9, 10, 11 et 12; au Plessis-les-Tours, le 19. Pour le mois de mai, on le trouve à Chinon le 9 et encore le 13 ; à Beaulieu-les-Loches, du 18 au 24; à Romorantin, le 28, 29 et 30.

Dès le 12 avril François II écrivait à Gaspard de Saulx, seigneur de Tavannes, alors lieutenant-général en Bourgogne, de réunir les compagnies d'hommes d'armes des ordonnances et d'aller « tailler en pièces » les rebelles du Dauphiné. Il y avait alors en Bourgogne, la compagnie du duc de Guise (100 lances) à Mâcon, celle du duc d'Aumale (90 lances) à Beaune, celle de Tavannes (30 lances) à Dijon, enfin celle du duc de Nemours (30 lances) à Semur-en-Auxois, au total 250 lances, soit 1500 hommes.

C'était peu de chose pour aller contre les trois ou quatre mille réformés qui s'étaient « mis « ensemble, tant à Valence qu'à Romans et à « Montélimar, où ils font prescher publique- « ment à la mode de Genève, et exercent toutes « les autres insollences dont ils se peuvent ad- « viser ». Mais Guy, baron de Castelnau et de Clermont-Lodève, lieutenant de roi au gouvernement de Dauphiné, connu sous le nom de M. de Clermont, qui avait avisé le roi de ce qui se passait et de son impuissance à le réprimer avec ses seules forces, car il n'avait que sa seule compagnie de trente lances à Vienne, pouvait avec ce renfort lutter avec quelque avantage. Son autorité s'effaçait d'ailleurs devant Tavannes chargé de représenter le duc de Guise. Cependant François II ne prescrivait pas d'enlever de Bourgogne tout l'effectif de ses garnisons : il ordonnait au contraire d'y laisser assez de monde, et notamment la compagnie du duc d'Aumale toute entière, pour tenir la province en respect en cas de besoin. François de Beaumont, le célèbre baron des Adrets, qui était encore catholique, était envoyé en Dauphiné pour y rassembler les légionnaires. Le comte de Tende, gouverneur de Provence, recevait l'ordre d'expédier quelques troupes; enfin Tavannes était autorisé à réunir le ban et l'arrière-ban et à convoquer individuellement la noblesse du pays au moyen de lettres en blanc qu'on lui laissait le soin de remplir à sa convenance.

Non seulement le roi lui donnait pleins pouvoirs, mais il fallait qu'il fut aussi sévère que lui-même l'avait été à Amboise : « Je ne désire « rien plus que de les exterminer du tout entiè- « rement, et en couper si bien la racine que « par cy-après il n'en soyt nouvelles ». Il était prescrit au Parlement de Dauphiné de prêter tout son appui à Tavannes et de députer auprès de lui trois ou quatre de ses membres pour donner, par des jugements prononcés à l'avance, quelque apparence de légalité aux exécutions par lesquelles le représentant du duc de Guise devait signaler sa présence. Des historiens, qui ne tenaient pas un compte exact des dates, ont décrit ces troubles comme s'ils avaient suivi l'édit de Romorantin. La lettre de François II à Tavannes prouve absolument le contraire. La vérité est que ces troubles précédèrent, accompagnèrent et suivirent l'édit, dont je ne parlerai pourtant qu'après avoir raconté les évènements, afin de donner plus de clarté au récit.

La conjuration d'Amboise avait eu dans le Midi des ramifications plus étendues que dans toute autre partie de la France. Les désastreuses nouvelles venues d'Amboise n'avaient pas abattu les courages, au contraire. Le Dauphiné et la Provence avaient pris feu en même temps, et dans le Languedoc il ne tenait à rien que l'on suivit le même exemple. Comme c'est à Valence que le calvinisme prit naissance dans le Midi et que c'est de là qu'il rayonna et s'étendit, on a prétendu qu'on en était redevable à son évêque, Jean de Montluc. Ce personnage, qui joua un grand rôle, avait commencé par être dominicain, puis il devint aumônier de Marguerite de Navarre « qui aymoit les gens « scavans et spirituels, le cognoissant tel, le « deffroqua (lui fit quitter la robe de bure pour « la soutane) et le mena avecques elle à la « Cour, le fit congnoistre, le poussa, luy ayda, « le fit employer en plusieurs ambassades ; car « je pense qu'il n'y a guères pays en l'Europe « où il n'ayt esté ambassadeur et en négocia- « tions ». Brantôme qui en parle en ces termes, trace en quelques lignes un charmant portrait de ce singulier prélat : « Fin, délié, rompu et « corrompu, autant pour son scavoir que pour « sa pratique. On le tenoit Luthérien au com- « mencement, et puis calviniste, contre sa pro- « fession épiscopale ». Jean de Montluc n'était pas le seul prélat qui sentit un peu le fagot. Avec lui on citait Jean de Saint-Gelais, évêque d'Uzès (1), Charles de Marillac, archevêque de Vienne (2), Jean des Moustiers de Fraisse,

---

(1) Il avait succédé en 1531 sur ce siège épiscopal à Jacques de Saint-Gelais, qui l'occupait depuis 1503. Jean quitta son siège en 1560.

(2) Né en 1510, mort le 2 décembre 1860, à Melun. Ambassadeur à Constantinople, 1540-1543, puis en Angleterre et en Espagne ; maître des requêtes, grand maître de la maison du dauphin ; évêque de Vannes ; archevêque de Vienne, 1557.

évêque de Bayonne (1), Jean-Antoine Caracciolo (2), évêque de Troyes, et Jacques-Paul Spifame, évêque de Nevers. Spifame, Saint-Gelais et Caracciolo abjurèrent publiquement et se lancèrent à corps perdu dans les nouvelles doctrines. Les autres se contentaient de nager entre deux eaux. Néanmoins, Montluc étant prêtre et aumônier de la reine de Navarre, avait eu un fils naturel, Jean de Montluc, seigneur de Balagny, dont Henri IV eut d'autant plus tort de faire un maréchal de France que Balagny, connu pour être un lâche, laissa prendre par les Espagnols Cambrai que le Béarnais avait eu l'autre tort de lui donner à titre de principauté souveraine.

Cet évêque de Valence paraît avoir eu tout juste ce qu'il faut de scrupules pour faire un bon diplomate. Ces talents diplomatiques, il avait eu occasion de les exercer un peu partout, à Constantinople en 1543, à Venise en 1548, en Angleterre, en Ecosse, plus tard en Pologne où il sut préparer l'élection du duc d'Anjou. Dans l'intervalle de ses missions, il fallait bien qu'il visitât ses ouailles. On prétend

---

(1) Evêque de Bayonne de 1550 à 1565, né au château de Fraisse en 1514, mort à Paris en 1569.

(2) Troisième fils de Jean Caracciolo, prince de Melfi, maréchal de France ; mort à Châteauneuf-sur-Loire, en 1569. Abbé de Saint-Victor de Paris, en 1543 ; évêque de Troyes en 1551 ; il embrasse le protestantisme, mais ses diocésains le forcent à se rétracter, en 1553. Il abjura définitivement le catholicisme en 1561 et fut déposé par le roi

qu'il prépara, dans ces occasions, son clergé à accepter le calvinisme, par les instructions véhémentes dans lesquelles il lui reprochait aprement son inconduite. On a peine à le croire, car ce clergé aurait pu lui objecter que ses propres mœurs n'étaient pas d'une pureté irréprochable. Au vrai, Montluc resta officiellement attaché au catholicisme, et ses brebis passèrent sous la houlette des pasteurs protestants. On ne sait que cela, tandis que, par exemple, pour Saint Gelais on sait que si la ville d'Uzès embrassa la réforme ce fut à l'exemple de son évèque. Le cas est donc bien différent.

Quoiqu'il en soit, les huguenots de Valence, timides d'abord, puis plus hardis parce qu'ils devenaient le nombre, s'étaient emparés du couvent des Cordeliers où ils tenaient leur prêche, en plein jour, faisant sonner les cloches. Deux gentilshommes du pays, Mirebel de la maison dauphinoise de la Tour-du-Pin, et Quintel, les protégeaient avec une compagnie d'infanterie qu'ils avaient établie dans les bâtiments du couvent. Gagnés par la contagion de l'exemple, les huguenots de Montélimar et de Romans s'étaient rendus maîtres de toutes les églises, et y avaient installé leurs prêches, sous la protection de notables gentilshommes, Pape de Saint-Auban, Caritat de Condorcet, Changy et Nicase. Ces trois villes s'étaient confédérées et avaient attirées à elles la plus grande partie de la noblesse.

On a vu par la lettre de François II à Tavannes que Castelnau-Clermont, quoique lieutenant de roi du Dauphiné, avait été annihilé sous l'autorité du lieutenant général du duc d'Aumale dans la province de Bourgogne. C'était un brevet de suspicion. Le duc de Guise n'attendit pas pour le confirmer, que Tavannes se fut rendu en Dauphiné. Sans lui retirer ses pouvoirs, il commissionna Laurent de Maugiron, comte de Montléans, d'une des premières familles du Dauphiné, et que son père avait réellement gouverné sous le titre de lieutenant général, (1) pour lever des troupes et disperser les rebelles. Maugiron, pendant qu'il réunissait des soldats en Bourgogne et dans les environs de Lyon, dans le plus grand secret, s'entendit avec un gentilhomme des environs de Valence, d'Ancezune de Vinay, pour user de ruse avec les réformés. Vinay, qui avait de l'influence et du relief, se mit à faire le huguenot avec un zèle excessif qui aurait dû ouvrir les yeux sur une conversion aussi prompte. Se mêlant aux réformés, assistant à leurs réunions, il y fit admettre d'autres faux-frères dont on ne se méfia pas plus que de lui. Par ses conseils exaltés une prise d'armes fut décidée, des armes et des munitions furent rassemblées et réunies dans l'église de Saint-Apollinaire dont on fit un arsenal. Maugiron

(1) Guy de Maugiron, seigneur d'Ampuis, lieutenant général du Dauphiné de 1523 à 1555 qu'il mourut.

n'attendait que cela pour se présenter à l'improviste devant Valence, dont il trouva les portes ouvertes, et pour occuper immédiatement cette église, privant d'un seul coup les huguenots de leurs principaux moyens de défense. Ceux-ci s'étant rassemblés dans le couvent des Cordeliers, et se mêlant aux soldats de Mirebel et de Quintel, se préparèrent à se défendre contre l'attaque qu'ils prévoyaient. Mais Maugiron ne tenait pas à provoquer un combat dont l'issue pouvait être douteuse avec des hommes désespérés et enflammés par les prédications de leurs ministres, et quoiqu'il disposât de dix-sept compagnies des vieilles bandes du Piémont et de quatre compagnies d'hommes d'armes, il fit proposer à Mirebel et à Quintel de venir conférer avec lui dans un lieu qu'ils désignèrent eux-mêmes. Ceux-ci acceptèrent et Maugiron qui, parait-il, avait la langue aussi bien affilée que l'épée, (1) sut leur persuader de se retirer chacun chez eux, avec leurs soldats, leur promettant qu'ils pourraient y pratiquer leur religion tout à leur aise. Les bourgeois, abandonnés à eux-mêmes, mirent

---

(1) Dans la correspondance de Catherine de Médicis, on trouve plusieurs lettres adressées par elle à Maugiron qu'elle caresse et félicite. Elle fait mieux encore, en lui écrivant ceci le 9 janvier 1853 : « Monsieur de Maugiron, afin que
» vous congnoissiez que je ne vous ai pas oublyé, comme
» jamais je ne le feray desquels je congnoys l'affection estre
» droite et sincère au service du Roy mon fils, j'ai faict qu'il
» vous a accordé et donné la charge d'une compagnie de
» cinquante hommes d'armes. »

bas les armes. Les plus compromis furent emprisonnés et Maugiron se mit à prononcer sur leur sort, après la réduction de Montélimar et de Romans qui s'obtint avec autant de facilité. Les commissaires du Parlement de Grenoble étant arrivés sur ces entrefaites, condamnèrent deux ministres, le bailli Marquet et quelques autres à être pendus; on leur mit un bâillon pour les empêcher de parler, car ces hommes énergiques voulaient confesser leur foi jusqu'au pied de la potence. Tavannes était arrivé pour regarder faire Maugiron.

La tranquillité était rétablie dans le Dauphiné, mais pour peu de temps, et ce fut par la faute du Parlement de Grenoble qui mit littéralement les armes à la main à Montbrun. J'y viendrai un peu plus tard.

Au même moment, il y avait aussi des troubles en Provence. Paul et Antoine Richiend, seigneurs de Mouvans, frères, qui avaient servi avec distinction dans l'armée de Piémont, s'étaient, après la paix, retirés dans leur domaine, près de Castellane ; ils y avaient appelé un ministre protestant et tenaient chez eux un prêche public, en contravention avec les édits. Les vassaux de leurs voisins s'y rendaient assidûment, et ces gentilshommes, excitant le peuple contre les Mouvans, avaient provoqué des rixes dans lesquelles les deux frères avaient toujours eu le dessus. Antoine de Mouvans étant allé à Draguignan, y avait été massacré par la populace avec des circonstances horribles, dignes de cannibales. On lui avait arraché le cœur et les entrailles et on les avait présentés à des chiens. Ceux-ci ayant refusé cette hideuse nourriture, on les avait assommés en s'écriant que des chiens hérétiques ne méritaient pas un meilleur sort que les hérétiques eux-mêmes. Paul de Mouvans commença par demander justice au Parlement de Grenoble qui répondit en informant contre la personne du mort. Désormais Mouvans avait à se venger des assassins et des prétendus juges. Les députés des soixante églises que la réforme comptait déjà en Provence s'étant assemblés dans les ruines de Mérindol pour entendre Chateauneuf qui revenait de Nantes, de la réunion qu'avait provoquée et présidée La Renaudie, Mouvans y fut élu capitaine-général des réformés et chargé de fournir à Chateauneuf le nombre de soldats auquel La Renaudie avait fixé le contingent de de la Provence. Il en recruta deux mille de plus qu'il garda pour lui et avec lesquels il tenta vainement de surprendre Aix, Arles et Sisteron. Les catholiques étaient partout sur leurs gardes. Mouvans se mit alors à courir les campagnes, s'emparant partout de l'orfèvrerie des églises et des couvents, qu'il faisait peser et dont il délivrait des reçus. comme s'il ne s'agissait que d'emprunts remboursables (1). Mais Claude de

(1) Dans une lettre au Roi de Navarre, le 15 juillet 1559, Catherine de Médicis dit que le comte de Sommerive avait

Savoie, comte de Tende et de Sommerive, gouverneur et sénéchal de Provence, se mit à le pourchasser avec sa compagnie de trente lances des ordonnances et avec quelques troupes d'infanterie que lui avait amenées Antoine Escalins des Aimars, baron de La Garde. (1) Mouvans, serré de près, s'arrangea habilement pour compenser l'infériorité numérique de ses soldats par l'avantage de la position. Il en choisit une à peu près inaccessible dans l'abbaye de Saint-André, située sur le sommet d'une montagne, et d'où il dicta pour ainsi dire ses conditions au comte de Tende. Le comte se montra très accommodant; il paraît que c'est parce qu'il avait les plus grandes difficultés à se ravitailler et que Mouvans avait tant de vivres qu'on ne pouvait espérer le prendre par la famine. A la suite d'une entrevue, Mouvans adhéra à un arrangement qui ne peut être appelé une capitulation. Il licenciait ses soldats qui se

été obligé « de retourner en Provence avec ses forces pour pourvoir aux dégâts que y faisait Mouvans ». Il faut convenir qu'ils étaient justifiés par la mort horrible de son frère.

(1) Connu sous le nom de capitaine Paulin, fils d'un paysan, né à La Garde (Drôme), vers 1498; général des Galères en 1544; destitué et emprisonné en 1547 pour les massacres de Cabrières et de Mérindol; réintégré en 1551; cassé en 1557; réintégré de nouveau en 1566; mort en 1578. Catherine écrivait à son sujet au Roi de Navarre, en août 1560 : « Le baron de Lagarde m'a demandé congé pour sen aler. » Je luy ay dist qu'il allat premièrement vous trouver. » Ramené-le en son bon sanc, car y me fayst pitié. Il est » désespéré, et nai sé qu'il a. » C'était l'effet de sa seconde disgrâce qui datait depuis trois ans.

retiraient sans être inquiétés, à l'exception de cinquante qu'il gardait pour sa sûreté. Le libre exercice de sa religion lui était accordé chez lui, pour lui et tous les gens de sa maison. Le comte de Tende et Mouvans avaient déjà tiré chacun de leur côté, quand le baron de La Garde, qui désapprouvait le traité, se mit à la poursuite de Mouvans. Celui ci, prévenu, lui tendit une embuscade dans laquelle il défit le bourreau de Cabrières et de Mérindol, s'en empara, mais le remit en liberté après l'avoir contraint de lui faire des excuses pour cette trahison. Mais cette leçon ne fut pas perdue pour Mouvans qui, au lieu de s'arrêter chez lui, passa furtivement en Suisse et se réfugia à Genève. On prétend que le duc de Guise lui fit offrir son amitié et sa protection s'il voulait rentrer en France, mais que Mouvans répondit par un refus dédaigneux.

Dans le Languedoc, les choses n'allaient pas si vite. Le gouvernement de cette province appartenait au connétable qui avait écrit au roi, le 12 avril, que tout y était tranquille. Le 19, François II avait répondu pour en témoigner sa satisfaction : « de l'asseurance que vous me « donnez que en votre gouvernement de Lan- « guedoc, les choses passent en grande tran- « quillité », et à cela les Guises faisaient ajouter, par la bouche du jeune roi, comme une marque de leur perpétuelle intention de se débarrasser de lui : « qui m'a esté grand plaisir

« et vous sera aussi, mon cousin, grand soula-
« gement, d'aultant que cela continuant, comme
« par la bonté de Dieu, je le y veois acheminer,
« vous n'aurez plus que faire de vous en tra-
« vailler, et ne serez diverty, ni empesché de
« donner ordre à vos affaires. » On pourrait
croire que cette lettre n'avait pas d'autre objet
que de faire comprendre au connétable que ce
qu'il avait de mieux à faire était de rester chez
lui. D'autant plus qu'à très peu de jours de là, le
26 avril, le vicomte de Joyeuse se décidait enfin,
en contradiction complète avec ce qu'il avait
mandé jusqu'alors, d'écrire que le lundi de
Pâques, 15 avril, il y avait eu du tumulte à
Nîmes, à l'occasion de la Cène que les religionnaires voulaient célébrer publiquement. Trois
ministres étaient venus de Genève pendant la
Semaine sainte et avaient tellement échauffé
les esprits par leurs prédications que les huguenots, augmentés d'un certain nombre d'étrangers, avaient fait une démonstration « portant
harquebuses et plusieurs armes, corselets et
piques ». A cette nouvelle, Joyeuse s'était aussitôt transporté à Nîmes : il avait assemblé le
présidial pour s'informer des mesures qu'il
avait prises; mais y trouvant en majorité « des
« si séditieux que j'ay oppinion que leur voie a
« eu lieu à l'endroit des autres », il s'était borné
à faire arrêter quelques personnes dont il se
réservait le jugement et à faire quitter la ville
à cinq cents étrangers que quelques bourgeois

suivirent. « Vous savez, Sire, disait-il en termi-
« nant, que je n'ay aucunes forces en ce gou-
« vernement. Je n'ay point voulu faire amas
« sans premièrement vous en advertir ». Ce que
Joyeuse ne disait pas, c'est que les huguenots
avaient envahi l'église de Saint-Etienne, brisé
les statues et foulé aux pieds les hosties consacrées. A Annonay, ils étaient si bien les maîtres
que le Parlement de Toulouse qui leur avait
envoyé le bailli du Vivarais pour les sommer de
se disperser, n'avait pas été obéi. A Toulouse
même, les esprits n'étaient pas si calmes, à
Béziers et à Montpellier non plus. Dans le Midi,
comme partout, à côté des intransigeants des
deux religions, il y avait nombre d'indécis, ce
qu'un contemporain caractérise en ces termes : « Un air de réforme, dit-il, dont les pré-
« dicateurs de la nouvelle religion faisaient
« voir la nécessité séduisait les uns ; la liberté
« qu'elle favorisait corrompit les autres, et
« dans l'incertitude, ou pour mieux dire l'igno-
« rance de la religion catholique et de la reli-
« gion réformée, où on était, on ne savait à
« laquelle des deux on devait s'attacher et quels
« pasteurs il fallait suivre ». Quant aux réformés
avérés, mais paisibles et qui ne songeaient
pas à troubler l'Etat, après les cruautés d'Amboise, Brantôme leur entendait dire : « Hier
« nous n'étions pas de la conjuration, et ne
« l'eussions pas dit pour tout l'or du monde ;
« mais aujourd'hui nous le disons pour un écu,

« et que l'entreprise était bonne et sainte ». Tout cela était menaçant, mais les Guises avaient semé, et ils récoltaient. L'inquiétude les prit. Ils voulurent marquer un temps d'arrêt dans leur politique de combat, et ils consentirent à l'édit de Romorantin.

V

De l'édit de Romorantin jusqu'à l'assemblée de Fontainebleau.

Le mal étant donné et connu, le cardinal de Lorraine, je l'ai déjà dit, ne trouvait rien de mieux que d'établir en France l'Inquisition à la manière espagnole. Ce n'était pas une création puisque le tribunal de l'Inquisition avait pour ainsi dire de tout temps existé en France. Les Parlements avaient souvent lutté contre lui, et bien qu'Antoine de Mouchy, surnommé Démocharès, en fut le président sous le titre d'inquisiteur de la Foi, l'Inquisition n'avait plus qu'une existence nominale. L'Espagne avait emprunté cette institution à la France, mais en lui donnant une extension et une autorité qui surpassait la puissance royale. Telle fut l'idée du cardinal de Lorraine et il saisit le Conseil du roi de la question. Le Conseil, qui était à sa dévotion, inclinait dans le même sens, mais il fallait s'assurer de l'assentiment de la reine-mère et du chancelier. Michel de l'Hospital, appuyé par Catherine, fit un coup de maître, et rédigea et fit accepter l'édit de Romorantin qui réduisait à néant les projets des Guises (1). De là la haine dont le poursuivit le cardinal de Lorraine, et qui se traduisit plus tard par un antagonisme constant et par des altercations très violentes jusque devant Charles IX lui-même.

« Hay de plusieurs, pour estre politique et tempéré plus tôt que passionné », cet illustre magistrat » avec sa grande barbe blanche, son visage pasle, sa façon grave, qu'on eut dit à le voir que c'estoit un vrai pourtraict de saint Hierosme » « a été, dit Brantôme, le plus grand personnage de sa robe qui fut n'y qui sera jamais ». Brantôme a rapporté sur l'Hospital de curieuses anecdotes, mais aucune biographie ne vaut celle que le chancelier a tracé de lui-même dans son testament en date du 12 mars 1573. Brantôme l'a jugé ainsi puisqu'il a reproduit ce testament tout en entier, en se bornant à l'encadrer de quelques anecdotes qui montrent le chancelier tel qu'il était, c'est-à-dire « sage et de nature et de pratique, point sévère sinon que bien à propos, équitable quand il falloit, non point chagrineux et rébarberatif, ny séparé des douces conversations, entendant les raisons, ny bizarre, ny fantastique ». Voici

---

(1) L'Hospital était encore, vers la fin de mars 1560, auprès de la duchesse de Savoie, dont il était le chancelier. Ce fut là qu'il apprit la mort du chancelier Olivier et sa propre nomination. Partant aussitôt, il arriva à la Cour à la fin d'avril ou au commencement de mai. Ce fut pour ainsi dire au débotté qu'il prépara l'édit de Romorantin.

comment, dans ce testatement, l'Hospital retrace sa situation et celle de la reine mère, son alliée, au moment où l'édit de Romorantin allait être publié : « Alors j'eus affaire à ces per-
« sonnages non moins audacieux que puissans,
« voyre qui aymoient mieux ordonner les
« choses par violence que par conseil et rai-
« son, dont pourroit donner bon tesmoignage
« la royne, mère du roy, laquelle fut lors ré-
« duicte en tel estat qu'elle fut presque débou-
« tée de toute l'administration du royaume, à rai-
« son de quoy se complaignant souvent à moy
« je ne luy pouvois aultre chose proposer de-
« vant les yeux que l'authorité de Sa Majesté,
« de laquelle, si elle se vouloit dextrement ser-
« vir, elle pourroit aysément rabattre et affai-
« blir l'ambition et la cupidité de ses adver-
« saires ». C'est dans ces conditions, sans crédit, sans autorité, que l'Hospital et Catherine présentèrent et firent accepter l'édit de Romorantin qui avait la double hardiesse de frapper à la fois sur l'Inquisition et sur les Parlements, d'abolir l'une et d'interdire les questions de religion aux autres. L'Hospital s'y prit habilement pour obtenir l'assentiment des Guises ; quant au conseil, il disait blanc et noir avec facilité ; pourvu que les Lorrains eussent parlé, c'était tout. Le chancelier fit valoir l'état de fermentation que l'on remarquait, dans le Midi surtout, précurseur d'un mouvement général qui n'attendait qu'un prétexte pour éclater. L'Inquisition dé-

chaînerait la tempête. Il n'y avait qu'à se rappeler comment l'avaient accueillie des peuples moins susceptibles que les Français. Quand Charles-Quint avait voulu l'établir à Naples, cinquante mille hommes en armes avaient réclamé et obtenu le retrait de l'édit. Plus récemment encore, à la mort du pape Paul IV, le peuple de Rome s'était soulevé contre les officiers de l'Inquisition, avait brûlé leurs registres, brisé les portes des prisons du Saint-Office et délivré les prisonniers. Avec les Français, il fallait s'y prendre autrement et procéder par des voies moins arbitraires. On voulait arriver à venir à bout des réformés, on le pouvait en édictant les mesures suivantes : 1° la connaissance du crime d'hérésie appartiendrait aux tribunaux ecclésiastiques et serait interdite aux séculiers, les évêques seraient les juges et les Parlements ne le seraient plus, l'Inquisition encore bien moins ; 2° ceux qui fréquenteraient les conventicules ou assemblées secrètes, déclarés criminels de lèse majesté, seraient justiciables des présidiaux ou tribunaux de première instance, qui, pour ces causes spéciales, jugeraient en dernier ressort et feraient immédiatement exécuter leurs sentences ; 3° une récompense de 500 écus serait attribuée à celui qui dénoncerait une des assemblées secrètes. Telle est la substance de l'édit de Romorantin qui fut signé dans cette ville dans les derniers jours du mois de mai. François II était à Romorantin le 25 et il y était encore le 30. Le 29, il y signa une ordonnance sur les postes, service encore très rudimentaire et qui n'avait été l'objet d'aucune réforme depuis que Louis XI l'avait institué par une ordonnance donnée à Lucheux, près Doullens, le 19 juin 1464. Les « chevaucheurs de l'écurie du roi », ainsi nommait-on les courriers qui ne servaient encore sous François II, comme sous Louis XI, qu'à porter les dépêches et les paquets du roi. C'est à Henri IV, par ordonnance de mars 1597, qu'il devait appartenir d'en faire profiter le public. L'ordonnance de François II se borne à dénombrer les courriers ou « chevaulcheurs » et à fixer uniformément leurs gages à dix livres par mois. Il y en avait 36 de Paris à Bordeaux, 17 de Bordeaux à Saint-Jean-de-Luz, 17 de Blaye à Nantes, 17 de Paris à Boulogne, 21 de Paris à Metz, 18 de Lyon à Marseille, 16 de Bagnols à Thoules (?), 9 de Paris à Péronne.

L'édit de Romorantin n'était pas encore une œuvre parfaite, mais il fallait plutôt s'attacher à son esprit et en rechercher les conséquences par la manière dont il pouvait être appliqué. Les réformés qui avaient obtenu deux édits d'abolition, sans les avoir réclamés, — le dernier venait d'être rendu à Loches, peu de jours auparavant — tout en trouvant que celui-ci ne renfermait pas les mêmes sévérités que les édits précédemment dirigés contre eux, s'attendaient à une tolérance absolue pour l'exercice de leur religion. L'article visant les conventicules ou assemblées illicites rendait impossible la célébration de la cène et les prêches. Ils ne se doutaient pas alors du danger auquel l'Hospital venait de les soustraire. D'autre part, le fait de les rendre justiciables des évêques, pour le crime d'hérésie, et des présidiaux pour les conventicules, équivalait pourtant à leur assurer la presque impunité. Qu'était-ce que la juridiction d'évêques ne résidant pas, pour la plupart, dont les uns suivaient la Cour, dont les autres étaient employés dans de lointaines ambassades ? Qu'était-ce que l'autorité des présidiaux, des baillis et des sénéchaux, qui comptaient parmi eux des adeptes du calvinisme et qui seraient pris entre l'autorité qu'on leur confiait et la crainte que l'exercice de cette autorité n'excitât le ressentiment des Parlements dont ils dépendaient et dont ils avaient besoin. Le chancelier protégeait les huguenots, en paraissant les frapper. C'est le vrai caractère de l'édit, qui n'échappa pas aux catholiques lesquels s'en plaignirent, sauf les évêques dont la juridiction s'accroissait. Mais les Parlements qui voyaient diminuer la leur ne pouvaient taire leur mécontentement. Le chancelier se présenta pourtant devant le Parlement de Paris le 5 juillet, sous le prétexte de prendre séance en qualité de chancelier de France. Il était accompagné de Charles de Marillac, archevêque de Vienne, de Jean d'Avançon, membre du Conseil privé, et de presque tous les maîtres des requêtes. Il s'était fait précéder d'une lettre de jussion, datée du 2 juillet, car le Parlement avait laissé passer tout le mois de juin sans témoigner la moindre velléité d'enregistrer l'édit. Selon la tactique habituelle du Parlement, quand il ne procédait pas par voie de remontrances, il opposait la force d'inertie. C'était sa manière de témoigner son mécontentement et son mauvais vouloir.

Dans son discours, qui a été conservé, le chancelier ne parla pas de l'édit, et dans sa réponse le premier président affecta de n'en pas parler davantage. Aussi le chancelier en allant retrouver le roi à Dampierre, put-il lui apprendre qu'il fallait s'attendre à rencontrer une vive résistance. En effet, après le départ de l'Hospital, Le Parlement avait décidé qu'il ferait des remontrances. Mais le chancelier n'entendait pas les attendre. De nouvelles lettres de jussion, adressées le 11 juillet, mettaient le Parlement en demeure et ordonnaient à « ses députés » de venir le lendemain « coucher le plus « près de ce lieu qu'ils pourront, afin qu'ils ne « faillent d'être samedi matin à mon lever, pour « leur faire entendre notre vouloir et inten- « tion. » Le président Boullet et le conseiller Jacquelot, députés, allèrent d'abord trouver la reine-mère à Meudon : celle-ci les renvoya au cardinal de Lorraine, qui était avec le roi à Dampierre, mais après leur avoir déclaré qu'il n'y avait rien à faire que de procéder à l'enregistrement. A Dampierre, le cardinal parla de la surexcitation des provinces, de la conflagration générale qui était imminente, et à son tour il les renvoya au roi à qui, en définitive, furent faites les remontrances verbales. L'intraitable orgueil du Parlement eut à subir une nouvelle épreuve. François II, courtois et calme, répondit que l'on pouvait mettre par écrit les remontrances et les lui apporter à Fontainebleau où il ne tarderait pas à se rendre, qu'il les ferait examiner et donnerait ensuite, s'il y avait lieu, une déclaration interprétative de l'édit, mais qu'en attendant, il voulait que l'édit fut enregistré purement et simplement, sans observations ni réserves. Le 16 juillet, l'édit était enregistré « provisoirement et jusqu'à ce qu'autrement en eut été pourvu par le roi. » Le roi avait ordonné aux évêques de résider désormais dans leurs diocèses. Le procureur général au Parlement se hâta de se plaindre que les évêques continuaient de résider à Paris, et le Parlement leur fit signifier par ses huissiers de regagner leurs diocèses. L'affaire se termina par une déclaration datée de Fontainebleau, le 6 août, portant que, par l'édit de Romorantin, le roi n'avait pas entendu ôter aux Parlements la connaissance des assemblées illicites. Il y avait une raison à cette reculade. Elle visait principalement les Parlements du Midi, car de nouveau le Midi était en feu, et pour éteindre l'incendie le concours des Parlements était indispensable.

Dans le Dauphiné, notamment, la tranquillité n'avait pas duré longtemps, si tant est qu'elle y eut jamais été complètement rétablie, et on prétend que l'état précaire de cette province ne fut pas un des moins bons arguments que le chancelier sut mettre en avant pour faire accepter aux Guises l'édit de Romorantin. Avant que l'édit ne fut publié, les Guises avaient en effet été contraints de porter spécialement leur attention sur le Dauphiné et de prendre à son sujet des mesures exceptionnelles. Dès qu'il fut publié, Montluc, évêque de Valence, avait réuni les Etats dans sa ville épiscopale, les avait exhortés à faire acte d'obéissance au roi et leur avait demandé s'ils voulaient jouir du bénéfice de l'édit de Romorantin : les Etats avaient répondu qu'ils étaient prêts à justifier leurs actions et qu'ils ne voulaient pas de grâce. Puis ils avaient protesté contre la nomination du nouveau lieutenant général au gouvernement du Dauphiné comme attentatoire aux privilèges de la province qui ne pouvait être administrée par des étrangers au pays, exception faite pour le gouverneur, qui était le duc de Guise.

Montbrun était la cause de tout. Charles du Puy, seigneur de Montbrun, dit le Brave, né vers 1530 au château de Montbrun, en Dauphiné, devait être l'un des grands capitaines des guerres de religion. J'aurai l'occasion de rapporter plus tard, à leur date, ses actions mémorables, en racontant les événements auxquels il se trouva mêlé, jusqu'au jour où Henri III, malgré les instances des plus grands seigneurs de tous les partis, le fit décapiter à Grenoble le 12 août 1575. Montbrun s'était converti au protestantisme. Après avoir servi avec distinction, quoique jeune encore, dans les guerres du Piémont, il était revenu à Montbrun et y avait installé un prêche où l'on venait de tous les villages d'alentour. J'ai lu quelque part, sans pouvoir me rappeler dans quel historien, que Montbrun employait la force pour faire des prosélytes, mais c'est difficile à croire en réfléchissant à tous les gages de dévouement que le Dauphiné et le Midi donnèrent à la cause de la réforme. Quoi qu'il en soit, ajourné à comparaître devant le Parlement de Grenoble, il lui fit une réponse dans laquelle les formules d'un refus courtois enveloppaient mal la raillerie, et le Parlement le décréta de prise de corps, en chargeant Marin Bouvet, prévôt des maréchaux de la province, de s'acquitter de cette difficile mission. Les prévôts des maréchaux, disons-le en passant, étaient des officiers de police dont les fonctions avaient été érigées en titre d'office à la fin du règne de Louis XI. Investis de la juridiction militaire, par l'édit de janvier 1514, ils s'étaient vus attribuer, par celui du 3 octobre 1544, la connaissance de tous les méfaits commis sur les routes et des assemblées illicites.

Ils avaient à leur disposition les troupes de la maréchaussée, qui répondaient à notre gendarmerie actuelle.

Le prévôt se vantant d'aller provoquer Montbrun jusque dans son château, s'arrêta dans le bourg de Raillanette où il s'empara d'un des gens de Montbrun qu'il supposait y avoir été envoyé en qualité d'espion. Montbrun fait dire au prévôt qu'il lui assigne un rendez-vous à moitié chemin de Raillanette et de son château. Le prévôt s'y rend et Montbrun l'arrête et l'enferme dans les prisons de sa forteresse. Le lieutenant du prévôt, le procureur et les archers, tout le monde est pris, mais ils sont relâchés après quelques jours. Le prévôt seul fut gardé prisonnier. A ce moment, Castelnau de Clermont était encore lieutenant général en Dauphiné. Il paraît qu'il ne fit pas mine de tirer vengeance de cette insulte. Aussi le duc de Guise en prit-il prétexte pour le révoquer et nommer à sa place Blaise de Pardaillan, seigneur de Lamothe-Gondrin, chevalier de l'Ordre et capitaine de cinquante hommes d'armes. (1) J'ai dit plus haut que là-dessus les Etats avaient protesté. Le Parlement se fit tirer l'oreille et ne consentit à enregistrer les lettres de provision que « provisoirement et sans tirer à conséquence ». Quant à Montbrun, qui savait à qui il allait avoir affaire, car il avait servi en Piémont sous les

(1) Il fut pendu à Valence, le 27 avril 1562. Une gravure du Recueil de Torterel et Périssin représente cet assassinat.

ordres de Lamothe-Gondrin, il enrôlait des soldats et se préparait à une vigoureuse défense.

Le premier acte de Lamothe-Gondrin fut de réclamer de Montbrun la mise en liberté du prévot, proclamant que si l'on n'y faisait droit, il viendrait le délivrer à la tête d'une armée. L'argent pour payer ses soldats faisait défaut à Montbrun, il songeait à céder et à quitter la France, quand un avocat, Guillotin de Vaurias, vint, au nom des réformés du Comtat Venaissin, lui promettre leur concours. On convint d'attaquer Malaussène et Vaison. Guillotin se chargeait, dans la nuit du 6 août, de surprendre Vaison, et Montbrun s'était réservé Malaussène qu'il emporta à la tête d'environ huit cents hommes. Guillotin, malade, fit échouer l'entreprise sur Vaison en laissant à la municipalité le temps de s'y mettre en défense. Le vice-légat surpris, avait auprès de lui, à Avignon, Laurent, cardinal Strozzi, évêque de Béziers; il le chargea d'amuser les huguenots par un semblant de négociations, et celui-ci leur députa Panisse d'Aubignac et d'Ancezune de Caderousse, deux des plus grands seigneurs du Comtat, pour s'enquérir du motif de cette agression en terre pontificale. A la faveur des pourparlers, Louis des Balbes de Berton, seigneur de Crillon, et Ripert de Novezan devaient pratiquer les catholiques et chercher aux remparts de Malaussène les points faibles pour y donner l'assaut.

Montbrun, averti, fit arrêter les députés, puis il les laissa aller, mais en retenant Crillon et Novezan. Le vice-légat ayant demandé du secours à Lamothe-Gondrin et appuyé cette requête d'un subside de 12,000 écus pour solder ses troupes, celui-ci vint attaquer Montbrun à Bolennes, mais il se fit battre, et il fallut encore parlementer. C'était le moment où Maligny et Mouvans se disposaient à tenter un coup de main sur Lyon. Montbrun qui en était avisé, et dont les soldats pouvaient être plus utiles à Lyon que dans le Comtat, se montra disposé à entrer en arrangement. On convint d'abord d'un échange de prisonniers, puis Montbrun accepta, après avoir licencié ses soldats, de quitter le royaume après avoir vendu tous les biens qu'il y possédait. Tout à coup, Montbrun se plaint que le traité est violé, que les soldats congédiés sont attaqués et emprisonnés, et à la tête de deux cents hommes qu'il avait conservés auprès de lui, il assaille et prend Vaupierre où il fait massacrer les prêtres et les religieux en déclarant qu'il les tient pour responsables de l'infraction au traité. Lamothe-Gondrin, tombé dans une embuscade, essuie un nouvel échec, mais rejoint par le comte de Tende, qui lui amenait du renfort, il en impose tellement aux compagnons de Montbrun, sans les combattre, que ceux-ci se dispersèrent en abandonnant leur chef. Montbrun était dans un village nommé Busquet, avec sa femme et un jeune avocat, Mathieu d'Antoine, qui lui servait de secrétaire. Soit qu'il fut vendu aux catholiques, soit qu'il voulut mériter leur pardon, Mathieu exhorta les habitants du village à se rendre maîtres du chef des huguenots. A la tête d'une troupe d'hommes armés, il pénétra dans une salle basse où se tenait Montbrun et le saisit par la chaîne d'or que, selon la mode de ce temps, celui-ci portait au cou. Montbrun renversa le misérable, sauta par la fenêtre et se perdit dans la campagne où il réussit à échanger ses vêtements qui l'avaient fait reconnaître contre ceux d'un paysan. Sa femme, nièce du cardinal de Tournon, qu'il laissait aux mains de l'avocat et de ses satellites, fut mise en liberté, après avoir été dépouillée de ses bijoux, de son argent, de ses chevaux et de tout ce qu'elle emportait avec elle. Elle aussi échangea les vêtements de sa condition contre ceux d'une femme de la campagne, et parvint, après mille péripéties romanesques, à retrouver Montbrun. Tous deux ne pensèrent plus dès lors qu'à passer la frontière. Mais d'Antoine surveillait, et certain que Montbrun cherchait à gagner la Savoie par certains passages qu'il connaissait, il en avisa Lamothe-Gondrin, en lui indiquant les moyens de se rendre maître de lui. Le lieutenant général lui répondit de s'en charger lui-même, ce qui a donné lieu de penser qu'il ne tenait nullement à apporter au bourreau la tête d'un aussi vaillant homme, l'un de ses anciens capitaines. D'Antoine, malheureux jusqu'au bout, laissa passer devant lui une troupe de villageois qui allaient de Dauphiné en Savoie vendre du pain qu'ils fabriquaient dans leur village : Montbrun et sa femme étaient dans leurs rangs. Ils atteignirent Genève sans être inquiétés.

Le premier roman de la vie militaire de celui qu'amis et ennemis connaissaient sous ce noble surnom : *le brave*, avait coïncidé avec la tentative faite sur Lyon par Maligny et Mouvans. J'ai voulu poursuivre jusqu'au bout l'odyssée de Montbrun, mais je ne parlerai des évènements de Lyon qu'à leur date, et je reprends le récit des faits dans leur ordre chronologique et méthodique.

Nous avons laissé François II à Romorantin, prenant à bien petites journées le chemin de Fontainebleau où la Cour devait fixer son séjour. On le trouve le 10 juin à Chateaudun, d'où il devait partir le lendemain pour Pontgouin. Le cardinal de Lorraine écrivant de Chateaudun, le 10 juin, au duc de Nevers, lui annonce ce départ : « Le roy part demain pour » aller à Pontgoingt, attendant toujours sa » résolution des affaires d'Ecosse et d'Angle- » terre, pour, selon icelles, se résouldre aussi » du chemin qu'il tiendra au partir dudict Pontgoingt ». Fontainebleau n'était pas, d'après cela, l'objectif certain. On flottait, en attendant les nouvelles d'Angleterre; et peut-être les Guises projetaient-ils, pour suivre les évènements de plus près, de se rapprocher du littoral. Quoiqu'il en soit, le départ pour Pontgouin fut ajourné. François II était encore le 16 juin à Chateaudun, puisque c'est de ce lieu qu'il date une lettre par laquelle il demande au Prévot des marchands et aux échevins de Paris de lui prêter 456,000 livres tournois pour payer les dettes de Henri II. Mais il était à Pontgouin le 20, le 21 et le 22 juin. Il écrit de là, le 22, à l'évêque de Limoges, son ambassadeur en Espagne, pour lui prescrire de faciliter au sieur de Morange la mission qu'il lui a donnée de lui ramener « quelques beaulx jeunes chevaulx d'Espaigne ». François II se transporta de là à Saint-Léger où il signale sa présence, le 30 juin, par les lettres de provision de l'office de chancelier de France en faveur de Michel de l'Hospital, et par une déclaration interprétative de l'édit d'abolition générale pour fait de religion en ce qui concerne les officiers et magistrats; il y est réservé la peine de suspension et de privation des offices contre les magistrats et officiers qui l'auraient encourue. Le 1er et le 2 juillet, François II était encore à Saint-Léger. Pendant ce temps (3 juillet) le Parlement qui craignait sans doute que Paris ne servit encore de centre à quelque nouvelle conspiration des réformés, ordonnait aux lieutenants civil et criminel de visiter ou faire visiter par les

Conseillers au Chatelet les hôteliers de trois jours en trois jours. Le 11 juillet le roi est au château de Dampierre, et le 22 à Fontainebleau (1), d'où il écrivit, ce même jour, au duc d'Aumale pour se plaindre des vexations que sa compagnie d'hommes d'armes exerce contre les populations de la Bourgogne, et lui ordonner de punir les coupables.

J'ai déjà dit que l'on s'était montré assez indécis sur l'endroit où, vu les circonstances présentes, le roi fixerait sa résidence. Ecrivant le 28 juillet à l'évêque de Limoges, ambassadeur en Espagne, le cardinal de Lorraine lui donne les raisons pour lesquelles on a choisi Fontainebleau : « Encores que, Dieu mercy, les
» affaires de ce royaulme soient en meilleur
» estat qu'elles n'estoient, si est ce qu'il n'y a
» point d'assurance, pour y avoir tant de per-
» sonnes imbues de ces oppinions, qu'on ne
» scayt à qui se fier ni de qui s'asseurer. Cela
» l'a faict venir en ce lieu de Fontainebelleau,
» où il se délibère avec l'aide de ses bons ser-
» viteurs, donner quelque bonne provision à ses
» affaires et y establir un si bon ordre en toutes
» choses qu'il se puisse décharger de la peine
» et de l'incertitude où il a vescu depuis quel-
» ques mois ; chose qui ne se peut faire en peu

(1) Catherine de Médicis était le 17 janvier à Saint-Germain-en-Laye d'où elle écrit au maréchal de Montmorency pour l'inviter à venir sans faute l'y retrouver le lendemain. Rien ne prouve que François II ne fut pas pendant ce temps à Fontainebleau.

» de jours, comme vous pouvez penser : de
» façon qu'il ne faict pas un compte d'en partir
» de trois ou quatre mois, qui pourra estre vers
» la fin d'octobre ». — « Nous sommes icy en
» lieu où nous vivons doulcement » écrit le même jour au même ambassadeur Florimond Robertet, seigneur de Fresne, secrétaire d'Etat. pour commander au Prélat deux paires de chausses (bas) de soie « une paire de bleu Tur-
» quin dont la couleur soyt fort azurée et qu'elles
» soient ung peu longuettes, et une autre paire
» d'incarnatte, de ces belles soies qui viennent
» de Grenade ». Plaisante commission à donner à un évêque et à un ambassadeur !

Jusqu'à l'assemblée des notables, le roi ne quitte Fontainebleau que pour faire deux déplacements sans importance que je signalerai à leur date. Je vais donc m'attacher à François II et à ses actes publics jusqu'au jour où, avec cette assemblée, nous rentrerons dans le domaine de la politique générale et de l'histoire proprement dite du règne.

Le 25 juillet, le roi publie un édit confirmatif de ceux du 24 février 1546 et du 12 février 1553 sur l'administration des hôpitaux, maisons-Dieu, maladreries, aumôneries et léproseries. Le 29 il signe des lettres patentes qui, renouvelant au profit de Claude Grippon de Guillion, écuyer, seigneur de Saint-Julien, les privilèges précédemment accordés par Henri II au sieur de Roberval, autorisent Saint-Julien à recher-

cher, ouvrir et exploiter toutes les mines « d'or, d'argent, fer, acier et cuivre » et autres substances précieuses ou non qu'il pourra découvrir dans toute l'étendue du royaume, à charge par lui de désintéresser les propriétaires des terrains qu'il occupera. Le 30 juillet le roi adresse au connétable une lettre close pour l'inviter à assister à l'assemblée, qui se tiendra à Fontainebleau ; et le cardinal de Lorraine écrit de son côté, comme un autre roi de France, à Montmorency « un petit mot de lettre... qui n'est
» que pour accompaigner celle du roi, pour
» vous trouver en ce lieu avant le XXe du moys
» prochain, qui est le jour qu'il a pris et résolu
» pour faire l'assemblée de tout son conseil ».
Ce fut également pendant les derniers jours de juillet que l'Hospital fit signer au roi l'édit connu sous le nom d' « Edit des secondes noces », sage mesure qui ne fait pas moins honneur que l'édit de Romorantin, aux lumières et à la haute sagesse du chancelier. Portant remède à des abus, à des scandales, source de nombreux procès qui divisaient et ruinaient les familles, cet édit célèbre interdisait aux femmes veuves ayant des enfants, qui se remariaient, de donner « de leurs biens meubles, acquets ou propres » à leurs nouveaux maris, aussi bien qu'à leurs parents ou aux enfants qu'ils auraient déjà, c'est à dire rien de plus qu'une part d'enfant ; et dans le cas où les enfants seraient inégalement partagés, une part équivalente à celle du

moins bien partagé de tous. Autres édits publiés pendant le même espace de temps : sur l'audition des comptes des octrois par la Chambre des comptes ; édit enjoignant aux gouverneurs des provinces, à leurs lieutenants et aux baillis de s'astreindre à la résidence et d'exercer leurs offices en personne ; édit défendant de lever aucune imposition sans l'exprès consentement du roi.

Le 5 août, en même temps qu'il avise le Parlement qu'il y a lieu de craindre une sédition à Paris, le roi publie une déclaration, ou pour mieux dire, une nouvelle édition de la déclaration, souvent renouvelée, qui défend de porter des armes à feu sous peine de mort ; édit portant que tous les arrêts seront exécutés sans placets ni visa ; édit sur l'exécution des sentences arbitrales, dont l'appel sera porté devant les cours souveraines ; édit portant que tous les différends entre marchands pour faits de leur commerce, que les demandes en partage et les comptes de tutelle seront jugés par des arbitres. François II est, le 9 août, à Challuau d'où il écrit au duc d'Aumale une longue lettre pour lui prescrire de licencier une partie des compagnies des ordonnances qui sont en Bourgogne. François II entend que pour les mois de septembre et d'octobre, époque à laquelle on fera la montre ou revue des compagnies, elles ne conservent que la moitié de leur effectif, « avec deux des chefs, et leurs armes

« et grans chevaulx prêts, et en équippaige de
« marcher ».

François II n'avait passé qu'une journée à Challuau. Le 10 il était de retour à Fontainebleau où, le 21, tint sa première séance l'assemblée des notables à laquelle quelques historiens ont donné le surnom de *Petits Etats*.

VI

L'Assemblée de Fontainebleau ou Assemblée des Notables.

On prétend que l'Assemblée des notables fut ménagée par le chancelier avec le concours de l'amiral de Coligny. Il n'est pas téméraire de supposer que l'assemblée de laquelle devaient sortir un Concile et les Etats Généraux fut due à l'initiative de l'Hospital qui appartenit réellement à ce que l'on appelait le parti des Tolérants, celui qui reconnaissait pour chefs le roi de Navarre, Jeanne d'Albret, Condé, le connétable et l'amiral. L'Hospital voulait que la situation des réformés fut réglée par une autorité supérieure à celle des Guises et plus tolérante que celle du cardinal de Lorraine. Coligny cherchait une occasion favorable de plaider la cause des disciples de Calvin et de faire en leur faveur une éclatante mais pacifique manifestation. C'était dans son caractère. Parmi les trois Châtillon, il se distinguait par son habileté et il ne cachait pas son horreur pour la guerre civile. D'Andelot, au contraire, homme d'action et impétueux, redoutable à ce titre, avait les mains liées parce qu'il ne se trouvait plus protégé par la possession d'aucune des grandes charges de la Couronne, depuis qu'il avait été contraint de céder à Blaise de Montluc sa charge de colonel général de l'infanterie française. Quant au cardinal de Châtillon, le diplomate de la famille, on en riait trop pour le craindre. Converti par d'Andelot au protestantisme, rayé du nombre des cardinaux, il avait épousé en robe rouge Elisabeth de Hauteville et l'avait présentée à la Cour où on l'appelait Madame la Cardinale, ou la comtesse de Beauvais, du nom de l'évêché dont son mari était resté titulaire.

La modération bien avérée de l'amiral lui avait valu la mission de pacifier la Normandie, dans laquelle les nouvelles doctrines faisaient de rapides progrès et de nombreux prosélytes. Les Guises n'avaient pas trop auguré de lui, et le cardinal de Lorraine, en répondant aux députés du Parlement venus pour faire des remontrances sur l'édit de Romorantin, leur fit l'éloge de l'amiral et des moyens qu'il avait employés pour empêcher la Normandie de suivre l'exemple du Midi. La grandeur du service rendu faisait pour un instant oublier au Lorrain sa haine pour les neveux du connétable. C'était précisément la conscience de ce service qui allait donner à Coligny l'assurance pour parler comme il le fit à l'assemblée de Fontainebleau.

Lorsque l'amiral fut envoyé en Normandie,

on en était à la flagrante inexécution des édits sur les assemblées illicites. A Dieppe, à Caen, à Saint-Lô, les ministres prêchaient publiquement. Les membres du Parlement de Normandie, qui appartenaient à la religion réformée, avaient empêché que la capitale de la province suivît cet exemple. Mais la ville n'était pas plus calme pour cela : un fou, qui après avoir été chassé de plusieurs églises calvinistes, s'était définitivement rattaché à la secte des anabaptistes, s'était mis à prêcher publiquement, et malgré la folie de ses paroles et son attitude d'énergumène, ou peut-être à cause de cela, il réunissait autour de lui un tel concours de population que les officiers municipaux, calvinistes pour la plupart, réclamèrent le concours du cardinal de Bourbon, archevêque de Rouen, et d'Estouteville de Villebon, lieutenant général de la province, qui le firent arrêter et brûler vif. L'amiral était arrivé sur ces entrefaites et travaillait consciencieusement à calmer la fermentation des esprits. Mais, en même temps, il prenait de l'autorité sur les ministres protestants, il les recevait, et tout en les engageant au calme, il ne leur laissait pas douter qu'il se chargerait d'être l'interprète de leurs revendications, et qu'elles rencontreraient peut-être un certain succès, du moins près de la reine-mère. Pour une chose et pour l'autre il y avait des précédents.

On n'a peut-être pas oublié que, dès les premiers jours du règne, l'amiral s'était fait auprès de Catherine l'écho des doléances de l'église réformée de Paris et lui avait même remis un mémoire adressé par elle en faveur d'Anne du Bourg. Au moment du sacre à Reims même, Coligny avait servi d'intermédiaire pour procurer à la reine-mère une entrevue avec le ministre Chandieu. Les Lorrains qui en avaient eu vent, avaient rompu le projet, et, depuis lors, Coligny ne s'était pas hasardé à le reprendre. De son côté Catherine n'avait pas manifesté le désir de renouer avec l'amiral cette entreprise. Coligny n'ignorait pourtant pas que cette idée ne l'avait pas abandonnée et que l'abbé de Chatellux, un de ses maîtres des requêtes, avait été invité par la reine à l'aboucher avec le ministre Chandieu qui la séduisait par sa jeunesse, sa haute intelligence, son caractère chevaleresque. Mais ce fut au tour des églises réformées de se mettre à la traverse, car Chandieu était à Genève, en sureté, et le peu de pouvoir que possédait la reine-mère ne leur paraissait pas capable de garantir la vie sauve, quand il serait à portée des Guises, à celui qu'elles regardaient comme une des plus grandes de leurs espérances. Elles firent savoir à Catherine qu'on lui ferait parvenir un mémoire détaillé renfermant tous les éclaircissements qu'elle se proposait de recevoir verbalement de Chandieu.

Depuis la conjuration d'Amboise, la reine-mère était en effet annihilée, sans crédit, sans autorité, et elle penchait secrètement pour les réformés, afin d'avoir occasion d'opposer les Bourbons et les Châtillons aux Guises, et d'inaugurer cette politique de bascule à laquelle elle dut, par la suite, d'exercer sans cesse le pouvoir souverain. C'était là dessus que Coligny comptait pour, dans l'assemblée de Fontainebleau, forcer la main aux Lorrains et leur arracher la tolérance pour l'exercice paisible du calvinisme. Au lieu de Chandieu, ce fut le fils d'un marchand de pelleteries, nommé Le Camus, qui se présenta à Fontainebleau, porteur du mémoire. Catherine surprise par la jeune reine, Marie Stuart, tandis qu'elle le lisait, le lui laissa prendre et celle-ci le remit aussitôt au cardinal de Lorraine. Le Camus, qui s'était attardé à Fontainebleau, fut arrêté, interrogé, menacé de la torture, mais sa fermeté ne se démentit pas un seul instant; il ne parla pas, et on se borna à le retenir prisonnier. A l'aide de cette arme, les Guises obligèrent la reine-mère à faire, malgré elle cette fois, de cette politique qui la mettait alternativement dans les deux plateaux de la balance. Les Lorrains ne pouvaient se retirer de l'esprit que le connétable et ses neveux, les Châtillons, s'étaient compromis, ainsi que les Bourbons, dans les préparatifs du tumulte d'Amboise. Ils paraissaient tout près de croire que Catherine y avait également mis la main. Pour les calmer et se disculper, Catherine usa d'un stratagème in-

digne d'une femme et d'une reine. Elle appela à Saint-Léger, dans les deux ou trois premiers jours de juillet, Louis Regnier de la Planche, fils du lieutenant général du Présidial de Poitiers, magistrat lui-même, qui avait abandonné la robe pour s'attacher au connétable dont il était devenu l'un des conseils. Le futur auteur de l'*Histoire de l'Estat de France sous François II*, la seule de ses publications qui ait survécu et que les historiens consultent encore avec fruit, malgré sa sagacité ne pouvait se douter que le cardinal de Lorraine fut caché dans le cabinet de la reine-mère, à deux pas de lui, et qu'un piège fut tendu à sa bonne foi. Il a longuement, trop longuement même raconté dans son livre son entretien avec la reine-mère. Croyant n'avoir affaire qu'à Catherine et à la duchesse de Montpensier qui tenait compagnie à la reine, La Planche s'exprima en toute liberté. Interrogé sur les véritables auteurs de la conjuration d'Amboise, il répondit nettement qu'il y en avait eu de deux sortes, ceux que l'on tourmentait pour leur croyance, et ceux qui étaient fatigués de la tyrannie des Guises : « Mais, comment les appaiser ? » demanda Catherine — « Les premiers, par quel-
« ques concessions sur le nouveau culte » — ré-
« pondit-il — « les autres, en faisant déposer
« les Guises par les Etats du royaume. Croyez-
« moi, Madame, quand d'autres que les princes
« du sang ont voulu faire les princes, il en est

« toujours advenu des malheurs. Est-il juste
« que les Guises ne soient grands et gras que
« de la substance et graisse de la maison de
« France? » Le pressant de plus près, car elle
sentait le souffle du cardinal sur son épaule,
elle questionna sur les Bourbons, sur le connétable et ses fils, sur les Châtillons; mais comme
La Planche, comme s'il eut eu l'intuition de
la comédie qui se jouait dans cette chambre,
se tenait sur la réserve, louait le dévouement de
tous à la personne royale, Catherine, avec une
colère simulée, s'écria qu'elle était vraiment
bien bonne de l'interroger quand elle pouvait le
confondre, qu'elle avait des preuves de sa participation personnelle au complot, attestée par
la tentative qu'il avait faite pour passer en Angleterre, et qu'il subirait le châtiment qu'il avait
mérité s'il ne révélait pas immédiatement le
lieu de la retraite de Robert Stuart, de Soucelles
et de Maligny le cadet. Le refus formel et indi-
gné de La Planche rompit l'entretien. Arrêté,
comme il sortait de l'appartement de Catherine,
on fut obligé de le relâcher quatre jours après,
car il était impossible de relever aucune charge
contre lui. Cet avertissement n'empêcha pas
l'historien d'écrire sa *Remontrance au prince de
Condé pour lui rappeler son sang et son devoir*.
Mais, qu'était cela à côté des pamphlets qui
pleuvaient sur les Lorrains, et dont le plus
violent, intitulé le *Tigre*, et dirigé contre le
cardinal, commençait ainsi :

« Méchant diable acharné, sépulchre abominable,
« Spectacle de malheur, vipère épouvantable,
« Monstre, tygre enragé..... »

Voici trois vers qui dispensent de citer tous les autres. Le libraire Martin Lhomme fut pendu, le 15 juillet, à la place Maubert.

A cette guerre de libelles, Jean du Tillet, greffier en chef du Parlement de Paris, répondait par son *Eclaircissement sur la majorité des rois* ; car les libelles, comme la conjuration d'Amboise, avaient pour point de départ cet argument que le roi n'étant pas capable de gouverner par lui-même, le gouvernement appartenait de droit aux princes du sang. Du Tillet démontrait, par des exemples tirés de diverses époques de notre histoire, que les régences étaient abolies, et que François II, âgé de seize ans, marié du vivant de son père, était incontestablement majeur, et, à ce titre, capable de choisir à son gré ses conseillers et ses collaborateurs.

Comme tout cela était au profit des Bourbons, les Guises voulaient voir leur main partout, et ils essayèrent à ce moment d'un moyen de s'assurer de ce qu'il en était. Le maréchal de Saint-André fut le moyen. Sa fortune avait failli sombrer à l'avènement des Guises : il se rattrapa aux branches en faisant la part du feu. Il avait baissé la tête sous le joug, mais sans que Navarre et Condé puissent lui reprocher de les avoir reniés : il était resté leur ami, tout en devenant le serviteur des autres. On pouvait se servir de lui, et il alla passer quelques jours dans un de ses innombrables domaines, non loin de Nérac où se tenaient le roi de Navarre et Condé. Dans l'état des relations du maréchal avec les princes, une visite de courtoisie était chose naturelle et indiquée. Saint-André la fit, ouvrant les yeux et les oreilles. Mais si le roi de Navarre l'accueillit amicalement, Condé le reçut fort mal ; il avait lu dans son jeu, et lui reprocha avec violence la bassesse de sa conduite et cet espionnage paré des dehors de l'amitié. Le but que l'on s'était proposé par cette mission de Saint-André était néanmoins en partie atteint ; il revint dire que la Cour de Navarre était le refuge de tous les mécontents : qu'il y régnait un double courant d'opinions : le parti de la violence et de la lutte avec Condé excité par Maligny l'aîné et les représentants des églises réformées, celui de la temporisation représenté par les anciens conseillers du roi. Mais l'ardeur des premiers, leurs menaces de se choisir d'autres chefs, en allant les chercher derrière les princes du sang ou à côté d'eux, devaient finir par faire pencher la balance de leur côté.

En résumé, les Bourbons aux mains des réformés les plus audacieux, Montmorency et les Châtillons penchant pour la réforme, le Midi soulevé, la Normandie profondément travaillée par les nouvelles doctrines, la reine-mère cherchant à se rapprocher des Châtillons, avec l'appui du chancelier, les Guises seuls contre tous avec la jeune reine et le roi, leur otage, tel était l'aspect général du royaume et des partis quand s'ouvrit l'assemblée de Fontainebleau.

On a vu plus haut comment François II avait invité le connétable à venir assister à cette assemblée, comment le cardinal de Lorraine y avait joint son invitation personnelle. Navarre et Condé avaient été également conviés. Après la mission du maréchal de Saint André, il était difficile de conserver quelque illusion sur l'accueil qu'ils feraient à cette invitation. Les Bourbons avaient eu le temps de soumettre le cas au connétable, en lui annonçant, Condé du moins, l'entreprise qu'il se proposait de faire sur Lyon. Montmorency avait répondu en dissuadant énergiquement de rien tenter sur Lyon, comme étant une affaire sans issue et sans portée, en suggérant d'entreprendre plutôt sur Poitiers et Limoges qui couvraient les provinces où ils avaient autorité et influence, mais pourtant en conseillant d'attendre jusqu'après la tenue de cette assemblée à laquelle il insistait pour qu'ils assistassent. Rien n'était plus facile que de s'y rendre bien accompagnés, avec une escorte recrutée chemin faisant, telle que personne à Fontainebleau ne serait tenté de leur chercher querelle; qu'enfin lui-même s'y rendrait si bien entouré qu'il répondait de leur sécurité comme de la sienne. Le fait est que le connétable vint à Fontainebleau escorté de huit cents gentilshommes bien armés, et qu'il fut reçu par le roi et les Lorrains avec tous les égards auxquels il pouvait prétendre. L'amiral de Coligny, qui n'avait pas besoin d'escorte, car il avait su se rendre indispensable, était également bien accueilli. Mais, malgré l'avis du connétable, ni Condé ni Navarre ne trouvèrent prudent de venir. Seulement, comme il leur importait d'être mis exactement au courant de ce qui se passerait à Fontainebleau et de recueillir jusqu'au moindre indice des dispositions dans lesquelles on était à leur égard, Condé dépêcha à Fontainebleau un gentilhomme du pays Basque, nommé Jacques de la Sague ou Lasague, qui devait passer par Chantilly pour voir le connétable et Madame de Roye, et par Paris pour y rencontrer le vidame de Chartres, et leur remettre des lettres du prince.

La première séance de l'assemblée fut tenue le 21 août, dans le pavillon dit des Poêles, près du grand étang, qui avait reçu depuis peu le nom d'appartement des reines mères. C'était là que logeait Catherine de Médicis. L'assemblée était nombreuse, quoique l'on n'eut convoqué personne du Tiers-Etat, parce que, comme l'expliqua le chancelier, loin d'avoir rien à demander au peuple, on ne prétendait que s'occuper de rechercher ce qui lui pourrait apporter du soulagement. C'est à dire que l'assemblée avait été triée sur le volet parmi les deux ordres du clergé et de la noblesse, chaque province étant représentée par certains prélats et gentilshommes convoqués par un mandement du roi. Le roi était assis entre la jeune reine et la reine-mère, et ses jeunes frères : on avait laissé deux sièges vacants, pour Navarre et Condé qui pourtant avaient dépêché un courrier afin de s'excuser sur la convocation qui leur était tardivement parvenue, et sur la longueur du voyage. Autour du trône étaient groupés, à la place que leur rang leur attribuait, les cardinaux de Bourbon, de Lorraine, de Guise et de Châtillon, les ducs de Guise, d'Aumale et de Montpensier, le chancelier, les maréchaux de Saint-André, de Brissac, et de Montmorency, l'amiral de Coligny, Charles de Marillac, archevêque de Vienne, Jean de Montluc, évêque de Valence, Morvilliers, évêque d'Orléans, du Mortier et d'Avanson, tous membres du Conseil privé, un grand nombre de chevaliers de l'Ordre, les maîtres des requêtes, les secrétaires d'État et des finances, et les trésoriers de l'épargne, puis enfin les représentants des provinces, gens considérables par leur naissance ou par les fonctions dont ils étaient investis (Davila).

François II fit l'ouverture de l'assemblée. D'une voix tremblante, dit-on, il prononça seulement quelques paroles, rappelant les

motifs qui l'avaient déterminé à cette convocation, et exhortant les personnes présentes à donner librement leur avis sur les moyens de mettre un terme aux troubles qui menaçaient le royaume. C'était l'abrégé des lettres patentes de convocation, dans lesquelles on lui faisait dire « qu'afin de pourvoir avec son Conseil aux
» pressantes nécessitez de l'Estat, il avoit
» résolu de mander les Princes et tous les
» notables du royaume pour les assembler à
» Fontainebleau, lieu voisin de Paris; qu'il
» donnoit à chacun permission et libre pouvoir
» de venir à l'assemblée en personne, ou d'y
» envoyer des agents avec mémoires touchant
» les griefs qu'on y avoit à produire; sur quoy
» il leur donneroit à tous une favorable au-
» dience, et les soulageroit en toutes choses
» qui seroient honnêtes et justes. » Le jeune roi termina par la formule consacrée, que ses ministres feraient plus amplement connaître sa volonté, formule excellente en ce sens que, tenant lieu d'éloquence, elle sert à découvrir les ministres et à couvrir le roi. Catherine de Médicis parla ensuite, reproduisant avec plus de détails ce que son fils venait de dire; elle fit appel à *la franchise* des conseillers du trône pour assurer la gloire de Dieu, le maintien de la Couronne et le soulagement du peuple. « Elle
» les conjura de proposer librement et sans
» crainte leurs opinions, puisqu'ils n'étoient là
» que pour régler et réformer toutes les choses

» qui estoient requises pour la nécessité pré-
» sente et le repos à venir » (Davila). C'était en
qualité de chef du conseil que la reine mère
avait prononcé sa courte harangue. Après elle
ce fut le tour du chancelier qui, selon la fiction
usitée sous la monarchie, était censé parler
pour le roi et reproduire les pensées du souverain, comme si celui-ci se fut exprimé par sa
bouche. Le discours de l'Hospital fut long et
remarquable par sa modération. Ce n'était pas
seulement à des catholiques ardents qu'il avait
affaire, puisque, même parmi les membres du
conseil privé il y avait des adeptes des nouvelles doctrines. Il s'étudia à ne froisser personne, et il y réussit ; mais un historien s'est
demandé si ce langage d'un honnête homme,
d'un homme vertueux et patriotique, fut compris de quelqu'un, à l'exception du jeune roi.
Il était présomptueux peut-être de faire un appel
à la tolérance et à la concorde, en s'adressant à
des auditeurs dont les passions étaient surex-
citées, devant un foyer qui, pour s'embraser
n'attendait qu'une étincelle. Mais le chancelier,
qui avait provoqué cette assemblée, était encore
dominé par la généreuse illusion qu'il y ferait
prévaloir des sentiments qu'il avait déjà su
imposer aux Guises. L'Hospital compara l'assemblée à un médecin qui, appelé au chevet
d'un malade, a besoin, pour le guérir, de
connaître parfaitement la nature et le siège de
la maladie. Il montra les hommes en général

préoccupés de leurs intérêts, de leur ambitions, de leurs haines, et presque tous indignes du nom de chrétiens qu'ils osaient se disputer; il montra le désordre et la corruption envahissant toutes les classes de la société. Il déclara que le peuple avait considérablement perdu de la soumission et du respect qu'il avait coutume de porter au roi. Il définit, comme il l'avait dit, la nature et le siège du mal, et convia les assistants à appliquer les remèdes, en y apportant l'esprit de douceur et de modération indispensables dans la situation où était la France.

Le discours du chancelier fut froidement accueilli. Après lui, le duc de Guise rendit compte de l'état de l'armée et des affaires de la guerre dont il avait la direction et la responsabilité, comme lieutenant-général du royaume. Il démontra que les forces militaires étaient absolument insuffisantes, bonnes tout au plus à garantir la sécurité des places de la frontière, et qu'il fallait en avoir trois fois plus s'il était besoin d'avoir recours à la force pour obtenir enfin la tranquillité. La question des finances fut ensuite traitée par le cardinal de Lorraine; les finances valaient l'armée. Après toutes les réductions, toutes les suppressions d'offices qui avaient été poussées aussi loin que possible, les dépenses annuelles se trouvaient encore dépasser les recettes de deux millions cinq cent mille livres. L'occasion de faire l'éloge de leur administration était trop séduisante pour que

les deux frères ne se hâtassent pas d'en profiter. Ils ne rencontrèrent aucune contradiction. La première séance prit donc fin dans un calme trompeur ; mais les Guises ne se faisaient aucune illusion, et dans la crainte que quelque question étrangère à l'objet des délibérations ne vint les passionner, ils firent remettre au surlendemain la seconde séance, et distribuer aux membres de l'assemblée un bulletin portant l'énoncé des questions qu'il y avait lieu de traiter : « et après quelques autres propos de
« chacun des assistants bien empeschez à don-
« ner quelque bon remède au mal qui se voyoit
« à l'œil », dit un contemporain, « l'on remit
« l'assemblée au vingt troisième dudit mois
« d'août, et fut baillé à chacun un petit billet
« portant brièvement les articles sur lesquels le
« roy demandoit conseil au jour assigné ».

Le surlendemain, dès l'ouverture de la séance, qui eut lieu à une heure, Jean de Montluc, évêque de Valence, allait prendre la parole comme étant le dernier des membres du Conseil privé, quand l'amiral de Coligny se levant et tenant un papier à la main, s'approcha du trône et déclara que le roi l'ayant chargé de s'informer de la cause des troubles qui avaient commencé à agiter la Normandie et de pacifier cette grande province, il avait reconnu que les persécutions dont on accablait les religionnaires étaient le motif de ces mécontentements, qu'un grand nombre de personnes de toutes conditions l'avaient chargé de faire parvenir leurs griefs au roi, et qu'en ayant accepté cette mission il ne faisait] que se conformer au texte même des lettres patentes de convocation. On pourrait peut-être, dit-il en terminant, objecter qu'aucune signature n'était mise au bas de cette requête, que « néanmoins, quand Sa Majesté le « commanderoit, il se trouveroit sans peine « jusques à cent cinquante mille personnes qui « la signeroient » (Davila). C'était une menace, et le ton de l'amiral l'accentuait. Aussi des murmures se firent-ils entendre ; mais d'un geste François II les réprima. Prouvant « qu'il « avoit appris l'art de dissimuler des instruc- « tions de sa mère » (Davila), il reçut de bonne grâce la requête des mains de l'amiral, et la donna à Claude de l'Aubespine, secrétaire d'Etat, en lui enjoignant d'en faire lecture. C'était un document, modéré dans le fond et la forme, dans lequel « avec un long détour de paroles », des protestations d'obéissance et de soumission, les huguenots concluaient par la demande fort nette d'être autorisés à bâtir des temples et à jouir du libre exercice de leur religion. A peine le roi avait-il dit qu'il demanderait l'avis de chacun sur cette pétition, que le cardinal de Lorraine « assez prompt de son « naturel, et picqué à cette fois », s'écria avec emportement, qu'il tenait la requête pour « séditieuse, téméraire, hérétique, impudente et scandaleuse » ; que pour les attaques qu'elle renfermait contre lui, de même que celles contenues dans tous les libelles du parti, il en tirait gloire comme donnant la preuve du zèle qu'il déployait pour la défense du roi et de la religion : qu'enfin, par ces dernières paroles l'amiral avait sans doute voulu en imposer à la jeunesse du roi et lui inspirer quelque crainte; que s'il se trouvait cent cinquante mille factieux pour signer la requête « il y avait un mil-« lion de gens de bien, tout prests à repousser « leur insolence et à faire rendre à Sa Majesté « l'obeyssance qui luy estoit deue ». L'amiral, outré de colère, avait commencé une réplique qui n'était pas faite pour calmer l'irascibilité du cardinal. Mais François II ordonna aux deux antagonistes de se taire, et la délibération reprenant son cours interrompu par cet incident, la parole fut donnée à Jean de Montluc, évêque de Valence, lequel, ainsi que je l'ai déjà dit, devait opiner le premier comme étant le dernier venu parmi les membres du Conseil privé.

L'historien Enrico-Caterino Davila, qui était attaché à la reine-mère, peut être consulté avec fruit pour tout ce qui se rapporte à l'histoire des fils de Henri II, principalement en ce qui concerne Catherine de Médicis elle-même. C'est de lui que l'on peut dire, qu'élevé dans le sérail, il en connaissait les détours. Il confirme absolument ce que d'autres contemporains ont avancé, que, quoique presque calviniste, Mont-

luc avait l'oreille de la reine-mère et qu'elle lui avait donné mission d'appuyer l'action tolérante et de modération envers les huguenots qu'elle avait entrepris de mener à bien avec le concours du chancelier. Là est le secret de la hardiesse du langage que l'évêque allait faire entendre. La célèbre harangue de Montluc a été reproduite par de Thou, et notamment dans les mémoires de Condé, avec des conformités de phrases et d'expressions qui ne permettent pas de douter que l'on ne se trouve en présence d'un texte à peu près conforme au discours. En le lisant, on se prend à se demander si c'est bien un évêque catholique qui parle, si ce n'est pas plutôt un des ministres de la nouvelle religion. Il fallait, en tout cas, un certain courage pour oser aller aussi loin, mais il s'explique naturellement quand on songe que Catherine était d'un côté de l'audacieux prélat et l'Hospital de l'autre. « Sire, dit-il, la principale ma-
« ladie qui tourmente le royaume, c'est l'indo-
« cilité de vos sujets, c'est le mépris où est
« tombée l'autorité tant civile qu'ecclésias-
« tique..... ce peuple, autrefois si tendre et si
« respectueux pour ses rois, si docile et si sou-
« mis à ses magistrats, s'est rendu tout à coup
« tellement méconnaissable qu'il s'oppose à la
« publication de vos édits, et repousse à main
« armée les officiers de justice chargés de les
« faire exécuter. D'un autre côté, le clergé est
« tombé dans un si grand mépris que l'homme

« d'église n'ose presque plus avouer son état ».

Avant d'aborder brusquement, sans aucun ménagement, la réforme du clergé, dont les abus donnaient tant de force à la propagation du protestantisme, Montluc trace en quelques mots l'historique de la nouvelle religion et de son établissement en France : « Cette nouvelle
« religion qui cause tant de fermentations dans
« votre état, n'est point éclose d'hier ou d'avant-
« hier. Trente ans entiers se sont écoulés depuis
« qu'elle retentit pour la première fois à nos
« oreilles. Semée dans une multitude d'écrits
« qu'on lut avec avidité, plantée et arrosée
« dans tous les coins du royaume par une foule
« d'*ouvriers intelligents, actifs et infatigables,*
« est-il bien étonnant qu'elle y ait jeté de pro-
« fondes racines, car. qui s'est opposé, comme
« il le devait, à sa propagation ? Je voudrais
« pouvoir ne parler des Papes qu'avec le res-
« pect et les égards qui leur sont dus ; mais
« puisque mon devoir m'oblige de dire la
« vérité, pourquoi craindrais-je de déplorer ici
« l'aveuglement et la folle présomption de ces
« premiers pasteurs, qui, tandis que les grandes
« puissances s'acharnaient à leur mutuelle
« destruction, tandis que de hardis novateurs
« déchiraient le sein de l'Eglise, oubliaient le
« soin de leur troupeau, perdaient de vue leurs
« intérêts les plus chers pour s'embarrasser
« sans nécessité dans les querelles des princes,
« souffler le feu de la discorde, et donner quel-

« quefois eux-mêmes le signal du carnage. Les
« rois, vos prédécesseurs, se contentèrent de
« décerner des peines rigoureuses contre les
« novateurs, croyant apparemment qu'il suffi-
« rait de rendre des ordonnances pour déra-
« ciner du cœur et de la tête de leurs sujets,
« des opinions religieuses, et les ramener tous
« à une manière uniforme de sentir et de voir.
« Les magistrats, auxquels ils abandonnèrent
« le soin de faire exécuter ces ordonnances,
« n'en firent le plus souvent usage que pour
« gratifier leurs patrons, et s'acquérir des droits
« à la reconnaissance de ceux des grands à qui
« la confiscation des malheureux était pro-
« mise ». Après ce violent réquisitoire contre
les magistrats et contre le gouvernement lui-
même, vient le tour du clergé à tous les degrés
de la hiérarchie ecclésiastique. Ici j'emprunte
le texte des mémoires de Condé, où la phrase,
plus incisive, donne à ce discours une couleur
telle qu'il est permis de croire que le langage
de Montluc y est directement reproduit, sans
le souci d'arrondir les périodes : « Les éves-
« ques (j'entends pour la plupart), ont été
« paresseux, n'ayans devant les yeux aucune
« crainte de rendre compte à Dieu du troupeau
« qu'ils avoyent en charge; et leur plus grand
« soulci a été de conserver le revenu, en abrits et
« en folles et scandaleuses despences, tellement
« qu'on en a veu quarante résider à Paris pendant
« que le feu s'allumoit en leurs diocèses..... les

« curés, avares, ignorans, occupez à toute
« autre chose qu'à leur charge, et pour la plu-
« part estant pourveus de leurs bénéfices par
« moyens illicites; et en ce temps qu'il falloit
« appeler à nostre secours les gens de scavoir,
« de vertu et de bon zèle, autant de deux escus
« que les bourgades ont envoyé à Rome, autant
« de curez nous ont-ils envoyez. Les cardinaux
« et les évesques n'ont fait difficulté de bailler
« les bénéfices à leur maistre d'hostel. et qui
« plus est, à leurs vallets de chambre, cuisi-
« niers, barbiers et laquais. Ces mêmes prebs-
« tres, par leur avarice, ignorance et vie dis-
« solue, se sont rendus odieux et contemptibles
« à tout le monde. Voilà les remèdes que l'on
« a usé pour procurer la paix et l'union à
« l'Eglise. Voilà l'occasion que le peuple a
« prévu de se distraire de l'obéissance des ma-
« gistrats temporels et spirituels ».

« Voilà, sire, s'écria l'orateur, les seuls ad-
« versaires qu'on a à opposer à trois ou quatre
« cents ministres de la réforme, *hommes sobres,*
« *exercés à la prédication, de mœurs irréprocha-*
« *bles, et surtout exempts d'avarice,* lesquels,
« trouvant les peuples sans instruction, ont
« fait retentir à leurs oreilles le doux nom de
« Jésus-Christ, les ont abreuvés de sa parole, et
« se sont insensiblement établi un empire ab-
« solu sur leur cœur et leur volonté! » Après
cet hommage si significatif rendu aux adversaires, Montluc constatant le mal, s'efforce de

définir le remède : « Appelez auprès de vous,
« de toutes les provinces de votre royaume, le
« petit nombre d'hommes qui ont su se préser-
« ver de la contagion générale, apprenez de
« leur bouche quels vices dominent particu-
« lièrement dans chaque contrée, et par quels
« moyens on pourrait les déraciner. » L'invitation à convoquer les Etats-Généraux est suffisamment indiquée, si le mot lui-même n'est
pas prononcé. L'Evêque ne craint pas ensuite
de faire la leçon au roi et aux reines : il leur
dit de dures vérités, qui devaient d'autant moins
froisser Catherine qu'elles n'avaient d'autre but
que de masquer leur bonne intelligence. « Qu'en
« votre maison, dit-il à François II, il y ait ser-
« mon tous les jours, qui servira à clore la
« bouche de ceux qui disent qu'on ne parle
« jamais de Dieu à l'entour de vous. Et vous,
« mesdames les reines, pardonnez moy, s'il
« vous plaist, si j'ose entreprendre de vous sup-
« plier qu'il vous plaise ordonner qu'au lieu de
« chansons folles, vos filles et toutte votre
« suitte ne chantent que les psaumes de David
« et les chansons spirituelles qui renferment la
« louange de Dieu. » Le sermon quotidien, c'est
le prêche, c'est cette abondance de paroles qui
caractérise la nouvelle religion. Ici, Montluc
laisse percer son secret sentiment, son affiliation
aux doctrines de Genève : il les affirme encore
davantage en déclarant que les psaumes devraient être chantés en français. « Je ne puis

« m'empêcher de remarquer à cette occasion
« combien me paraît étrange l'opinion de ceux
« qui prétendent interdire le chant des psaumes
« en langue françoise, et qui fournissent par
« là un si beau prétexte à nos adversaires de
« nous reprocher que nous faisons encore plus
« la guerre à Dieu qu'aux hommes, en voulant
« empêcher que ses louanges ne soient enten-
« dues du gros de la nation. Si ceux dont je
« combats l'opinion veulent dire que des chants
« si sublimes ne doivent point être communi-
« qués au peuple, qu'ils nous expliquent donc
« pourquoi David les composa en hébreu, c'est-
« à-dire dans la langue du peuple qu'il gouver-
« nait, et pourquoi l'Eglise primitive ordonna-
« t-elle qu'ils fussent traduits en grec et en
« latin, aussitôt que les Grecs et les Romains
« eurent embrassé le christianisme ».

Le premier remède indiqué par l'orateur était la convocation des Etats-Généraux, timidement suggérée. Sur la question du second remède, le concile général, il fut beaucoup plus explicite :
« Commencez par employer auprès du Pape
« les prières et les remontrances : si, par une
« fatalité qu'il serait trop douloureux de pré-
« voir, elles ne produisent aucun effet, vous
« déchargerez votre conscience en convoquant
« vous-même, à l'exemple du roi Gontran, de
« Charlemagne et de Louis le Débonnaire, un
« concile national de tous les évêques du
« royaume. Je désirerais qu'il fut précédé d'une

« conférence à laquelle seraient invités, sous
« le sceau de l'autorité publique, les ardents
« promoteurs des nouvelles opinions ; s'ils
« tombaient d'accord avec nous sur les points
« controversés, ou s'ils venaient à être confon-
« dus dans la dispute, ce serait un grand pas
« vers l'unité de foi et un puissant moyen de
« ramener la multitude ; s'ils demeuroient opi-
« niâtres, on aurait du moins éclairci les ma-
« tières controversées, il ne resterait plus qu'à
« prononcer ; dans l'un et l'autre cas, ils ne
« pourraient se plaindre qu'on les eut condam-
« nés sans les avoir entendus. » C'était le germe
du colloque de Poissy ; et la suite prouve combien Montluc ne faisait qu'exprimer les sentiments de la reine-mère, car elle rêvait la gloire
de concilier les deux religions. « Il s'agit enfin,
« dit Montluc, en terminant, d'opiner sur les
« peines qu'il convient d'infliger aux héréti-
« ques. Evitons d'abord de confondre deux
« classes d'hommes qui n'ont de commun que
« le nom. La première, devenue malheureuse-
« ment très nombreuse, comprend tous ceux
« qui, sans être initiés dans la nouvelle doc-
« trine, se sont contentés d'entendre dire qu'il
« ne fallait pas assister à la messe ; qu'ils pou-
« vaient, en sûreté de conscience, médire des
« prêtres, manger de la viande aux jours défen-
« dus, et ne plus aller à confesse. Hommes vio-
« lents et téméraires, enfants de discorde et de
« perdition, ils ont opposé la dérision et l'in-

« suite aux exhortations et aux conseils de leurs
« pasteurs légitimes, la force et les armes à
« l'exécution de vos ordonnances, et sous le
« manteau d'une religion qu'ils ne connais-
« saient pas, ils ont tramé des complots et des
« séditions..... ces hommes, sous quelque ban-
« nière qu'ils se soient enrôlés, sont étrangers
« à toute religion, et doivent être exterminés
« comme des séditieux et des rebelles. Mais il
« en est d'autres, et ils sont en grand nombre,
« qui, soit par conviction, soit par crédulité, ont
« embrassé cette nouvelle doctrine de si bonne
« foi, la pratiquent avec tant de ferveur, con-
« servant tant de soumission et de respect pour
« tout ce qui émane de votre autorité, qu'on ne
« peut, sans confondre toutes les idées, les re-
« garder comme des séditieux. Ils ont cherché
« dans la simplicité du cœur la voie du salut,
« et, croyant l'avoir trouvée, ils y persévèrent
« avec courage, comptant pour rien la perte de
« leurs biens, l'exil, les prisons et la mort. Il
« faut que je le confesse, toutes les fois qu'on
« me raconte les circonstances du supplice de
« quelqu'un de ces malheureux, et qu'on me le
« représente au pied du bûcher, le front serein,
« levant les yeux au ciel et bénissant Dieu au
« milieu des flammes, je frissonne, les cheveux
« me dressent sur la tête, mes yeux se remplis-
« sent de larmes, mes genoux fléchissent, je
« reste confondu, anéanti. Comment oserais-je
« donc continuer à opiner de les punir du der-
« nier supplice? »

Ce discours si curieux et si éloquent de l'évêque de Valence méritait d'être soigneusement analysé et intégralement reproduit dans les passages les plus saillants, comme je viens de le faire. Les catholiques n'osèrent rien dire, car la hardiesse de Montluc leur prouvait qu'il avait un ferme appui. Le cardinal de Lorraine lui-même ne répondit pas, quoiqu'il dut lui en coûter. D'Avanson et du Mortier, qui venaient après Montluc, ne contredirent pas le langage du prélat. Après eux, Charles de Marillac, archevêque de Vienne, prononça un discours encore plus étendu que celui de son collègue de Valence. Il passait pour être éloquent et se montra à la hauteur de sa réputation. Nonobstant le parfum de tolérance que cette harangue exhalait, il s'y mêlait tant de talent, d'habileté et de véhémence tout à la fois, que les plus zélés catholiques ne purent s'empêcher d'y applaudir. Le lecteur ne pourrait aujourd'hui lire sans fatigue ce long discours académique et soigneusement étudié. Je ne le reproduirai donc pas. Marillac proposait un concile national seulement, « le feu qui dévore déjà plusieurs « de vos provinces ne comportant pas les incer- « titudes et les lenteurs » d'un concile œcuménique. En attendant que le concile national fut réuni, il demandait que les évêques, sans aucune exception, fussent astreints à la résidence dans leurs diocèses, et à ce propos, il ne craint pas de donner aux italiens, compatriotes et créatures de la reine-mère un véritable coup de massue : « Quand je parle des évêques, j'y « comprends les Italiens qui possèdent un tiers « des bénéfices du royaume, s'attachent sur « nous comme des sangsues, se gorgent de « notre sang et rient entre eux de notre sim- « plicité gauloise. » Cette virulente sortie contre des étrangers exécrés était bien faite, dès les premières paroles, pour lui concilier les sympathies de son auditoire. Le second « préparatif » devait consister à réformer les abus dont l'église était infestée. Le troisième était la prière et un grand jeûne public. Puis Marillac demanda nettement la convocation des Etats-Généraux. Toute la seconde partie de son discours, la plus étendue, leur est consacrée. L'auteur divise cette seconde partie en trois périodes, de la nécessité des Etats-Généraux, des avantages que le roi et le peuple doivent s'en promettre, enfin de la réfutation des difficultés ou des répugnances que cette proposition pourrait susciter dans l'esprit de quelques-uns. Ces vues de Marillac sur cette mesure qui répugnait tant à l'ancienne monarchie, sont très élevées, et là sa parole a atteint en effet les sommets de l'éloquence. C'est un magnifique plaidoyer en faveur du peuple, semé de leçons assez virulentes aux rois sur l'art de gouverner, telles que celle-ci, entre autres. « Cette exces- « sive facilité qu'ont trouvé nos derniers mo- « narques à se procurer tout l'argent qu'ils

« désiraient, les a rendus et trop entreprenants
« et trop inconsidérés sur les objets de dépense.
« S'ils avaient été obligés de mesurer leurs pro-
« jets sur leur revenu, ils auraient préservé
« leur cœur d'attenter à la liberté de leurs
« voisins, et leurs mains de fouiller si avant
« dans la bourse de leurs sujets. Car quel fruit
« a retiré la France de tant de guerres, sinon
« que les Allemands et les Italiens ont emporté
« nos écus et ne nous ont laissé que leurs
« vices ? »

Le discours de Marillac mit fin à cette longue séance. Le lendemain, 24 août, l'amiral de Coligny parla le premier, à son rang de membre du Conseil privé. Louant le zèle et les idées de l'archevêque de Vienne, il résuma brièvement les principales parties de son discours, mais il eut l'inspiration malheureuse et bien inattendue de faire intervenir dans le débat la compagnie de nouvelle création de deux cents arquebusiers de la garde du roi, commandée par Antoine du Plessis de Richelieu, dit le Moine, et il en réclama vivement la suppression comme étant une source de désordres, de dépenses et ne servant qu'à mettre le roi en défiance de son peuple. « C'était, dit-il, donner au roi une bien
« mauvaise éducation que de l'armer contre ses
« sujets, c'était donner à ceux-ci une mortifica-
« tion bien sensible et un terrible dégoût que
« de les écarter de la présence et de la douce
« familiarité de leur roi.... Si sa fortune, sa

« tête, celle de sa femme et de ses enfants
« étaient des garants qui pussent être acceptés,
« il les donnerait pour gages que le roi n'avait
« rien à craindre de ses sujets, n'était haï de
« personne, et pouvait se promener sans gardes
« d'un bout à l'autre de son royaume. » A
cette sortie répondirent de violents murmures
qui ne firent que s'accentuer quand l'amiral
attaqua directement les Guises « Que si quel-
« ques-uns des ministres n'étaient pas absolu-
« ment dans le même cas, et avaient des raisons
« de craindre, ce qu'ils avaient de mieux à
« faire était de désarmer la haine publique, en
« se montrant plus humains, moins défiants et
« moins fiers ; qu'il ne dissimulerait pas
« qu'ayant été chargé de rechercher la cause
« des troubles qui agitaient la Normandie, il
« avoit trouvé une grande animosité contre
« eux ; qu'il croyoit toutefois que le mal n'étoit
« pas encore si grand que tout ne put se cal-
« mer, si, corrigeant ce qu'il y avoit eu de dur
« et d'arbitraire dans leur administration, ils
« se conformoient dorénavant aux lois et aux
« usages de la monarchie ». Ce fut au milieu
du tumulte que l'amiral, impassible, formula
ses conclusions : 1° Convocation des Etats-Généraux ; 2° Suppression de la nouvelle compagnie des deux cents arquebusiers de la garde ;
3° Cessation de toute poursuite ou recherche
pour le fait de religion jusqu'à la réunion d'un
concile œcuménique ou d'un concile national ;

4° autorisation aux religionnaires d'édifier des temples et d'assister aux prêches, sous la surveillance d'officiers publics chargés de constater que dans ces réunions religieuses il ne se passait rien de contraire au bien du royaume ou de préjudiciable à l'autorité du roi.

L'agitation de l'assemblée était à son comble. La hardiesse de l'amiral avait exaspéré le plus grand nombre et enthousiasmé la minorité. A peine le connétable et les maréchaux de France avaient-ils eu le temps de conclure purement et simplement, sans phrases, à la convocation d'un concile et des Etats-Généraux, quand le duc de Guise se leva, et sans prendre souci du devoir que son rang et ses fonctions dans le conseil privé lui imposaient, entreprit une réponse directe à ce qui l'avait personnellement visé dans les paroles de l'amiral. Son attitude était d'autant plus inattendue qu'on le savait plus réservé dans le propos, aussi modéré dans l'action que le cardinal, son frère, était violent et excessif en tout. Ce ne fut pas sans étonnement qu'on l'entendit, sur le ton le plus âpre et le plus véhément, déclarer que le roi, élevé par un père vertueux, par une mère tendre, vigilante et éclairée, qui ne lui épargnait pas ses conseils, n'avait plus besoin de gouverneur, et qu'il était en âge de savoir discerner ce qui était convenable de ce qui ne l'était pas ; que la compagnie d'arquebusiers incriminée par l'amiral n'avait été créé que depuis les troubles d'Amboise, qu'elle n'avait pas pour mission d'écarter de la personne du roi ceux qui n'avaient que de bonnes intentions, qu'au contraire elle n'était destinée qu'à empêcher que l'on vînt présenter au roi des requêtes les armes à la main, et que lui, duc de Guise, y mettrait bon ordre; qu'il ne se laisserait pas persuader, après ce qui s'était passé à Amboise et ce qui se passait journellement dans d'autres provinces, que le roi n'avait rien à craindre de ses sujets et qu'ils lui étaient entièrement soumis. Relativement à la question du concile, c'était aux théologiens à décider s'il convenait, oui ou non, d'en réunir un; qu'en tout cas tous les conciles du monde ne changeraient rien aux croyances religieuses qu'il avait reçues de ses pères et qu'il transmettrait à ses enfants : que relativement à la convocation des Etats-Généraux, le roi déciderait, et l'on ne pouvait rien faire de mieux que s'en rapporter à sa prudence.

Le cardinal de Lorraine, qui opinait ensuite, fut aussi modéré que son frère avait été agressif. Les rôles étaient intervertis, mais, attaqués par un soldat il convenait que ce fût un soldat qui répondit. Il était d'ailleurs inutile de verser de l'huile sur le feu : l'assemblée était devenue si houleuse qu'il fallait en finir ou calmer les esprits exaltés. On commençait à en venir aux menaces et aux défis individuels. Il dit que la requête des religionnaires de Normandie ne laissait d'autre alternative pour eux que de se ranger à l'obéissance qu'ils devaient au roi, ou bien pour le roi et son conseil de se ranger à l'opinion de « ces galants ». A l'assemblée de porter un jugement là-dessus. Si le roi autorise la construction de temples, c'est avouer implicitement qu'il reconnaît la nouvelle religion. Or, comment concilier cela avec le serment que, selon l'usage, il a prêté à son sacre de maintenir la religion catholique dans le royaume ? Pour le concile, général ou national, il n'en voit pas la nécessité. S'il ne s'agit que de réformer la discipline ecclésiastique, le roi, s'entendant avec chaque évêque individuellement, saura y suffire : si c'est une question de dogmes, n'a-t-elle pas été suffisamment tranchée par les conciles antérieurs ? Les religionnaires se soumettraient-ils aux décisions d'un concile ? C'était folie que de s'y attendre. Pour juger de l'esprit de paix et de charité dont ils étaient animés, il n'y avait qu'à lire ces libelles dans lesquelles ils déversaient l'injure et la calomnie sur ceux qui avait le malheur de leur déplaire. Il n'en avait pas, pour son compte personnel, recueilli moins de vingt deux, spécialement dirigés contre lui, et il les garderait comme des titres personnels de noblesse, car c'en était un de mériter la haine des méchants. Un concile serait donc sans effet, mais puisque les remèdes violents n'avaient pu réussir, il consentait volontiers que l'on procédât par les voies de douceur et de persuasion. Pour les Etats-Généraux, son avis était que le roi les convoquât sans retard, ne fut-ce que pour montrer au peuple l'usage que le roi faisait des revenus du royaume et les mesures qu'il avait déjà prises pour se mettre en état de lui procurer quelque soulagement.

Les chevaliers de l'Ordre et les maîtres des requêtes ayant appuyé l'avis du cardinal, le chancelier, après avoir pris les ordres du roi, mit aux voix les diverses propositions émises, et la majorité se prononça pour la convocation des Etats-Généraux et d'un concile national, si le pape refusait l'assemblée d'un concile œcuménique. On décida que les Etats-Généraux seraient tenus à Meaux le 10 décembre; et le jour même, le 26 août, le roi signa l'édit destiné à transmettre cette grave nouvelle aux quatre coins du royaume : la politique de Catherine l'emportait sur celle des Guises.

VII

De l'Assemblée des Notables aux États Généraux.

Ce qui devait résulter, en définitive, de l'assemblée des Notables, c'est que les principes de modération l'avaient emporté. Les huguenots avaient le droit de croire que les choses resteraient en l'état jusqu'à la décision des États Généraux et du Concile. L'Hospital avait obtenu une déclaration que les religionnaires ne seraient pas inquiétés, pourvu qu'ils ne fussent pas pris les armes à la main. Mais les Guises avaient à prendre une revanche : ils y travaillèrent sans retard et l'obtinrent, dès le lendemain, de la faiblesse de François II cédant aux séductions de Marie Stuart.

On n'a pas oublié que Condé avait à Fontainebleau un émissaire, Jacques de La Sague, gentilhomme du pays basque, qu'il avait employé au préalable à remettre des lettres de lui au connétable, à la dame de Roye, sa belle-mère, à la princesse sa femme, au vidame de Chartres, et à quelques autres, nommément à François de Barbançon, seigneur de Cany en Picardie, huguenot et de ses amis particuliers (1). Après s'être acquitté de ses différentes missions, La Sague en arrivant à Fontainebleau y avait rencontré par hasard le capitaine Bonval, ancien sergent-major dans les bandes Piémontaises, qu'il avait connu à l'armée d'Italie. Bonval était là en solliciteur, traînant sa misère dans les antichambres et maudissant les Guises qui ne voulaient rien faire pour reconnaître d'anciens et bons services. Il ne cacha rien de ce qu'il pensait, ni de ses désillusions, à son ancien compagnon d'armes, et La Sague fut assez mal avisé pour lui dire qu'il fallait patienter et qu'avant peu ses affaires pourraient prendre une meilleure tournure. Transporté de joie, Bonval, qui ne savait plus à quel saint se vouer, l'ayant conjuré de s'expliquer plus clairement, La Sague répondit qu'il n'y avait pas que lui qui eût à se plaindre des Guises ; que le prince de Condé les haïssait mortellement et qu'il s'apprêtait à tirer d'eux une vengeance éclatante, qu'il se préparait à ce sujet de grandes choses, car le prince avait pour lui la plus haute noblesse du royaume ; qu'il réunissait des troupes, et que s'il pouvait lui amener quelques bons compagnons comme lui, il serait sûr d'obtenir un grade et de bons gages; que s'il ne pouvait venir que seul, il ne serait pas moins bien accueilli et que, par son

(1) Cany, canton de Lassigny (Oise). Il fut tué d'un coup de canon, à la bataille de Saint-Denis, le 10 novembre 1567.

intermédiaire il serait reçu avec tous les égards dus à un officier de son mérite.

Bonval n'était ni un espion, ni un traître, mais un désespéré, à bout de ressources et d'expédients, et il réfléchit aussitôt que la justice qu'il réclamait en vain, les honneurs, les richesses qui le fuyaient, il pouvait peut-être trouver tout cela à l'instant même auprès de ceux qui les lui refusaient, sans faire un lointain voyage et sans se compromettre dans ce qui pouvait n'être qu'une échauffourée, avec la potence pour toute issue. Sans balancer plus longtemps, il parvint à se faire admettre en présence du duc de Guise et lui révéla tout ce que La Sague lui avait appris. Le prince le loua pour cette trahison, promit monts et merveille, et lui ordonna de revoir La Sague, de s'insinuer plus avant dans sa confiance et d'en tirer de plus grands éclaircissements. Bonval retourna le lendemain matin auprès de La Sague, et lui dit que, quoique ses affaires fussent dans le plus petit état, il pourrait cependant réunir encore une compagnie de braves gens, qui connaissaient comme lui le métier de la guerre et qui avaient fait leurs preuves; mais qu'avant de commencer les démarches nécessaires, il aimerait bien à ne pas s'aventurer à la légère dans une entreprise dont il ne connaissait pas les détails, qu'il était tout prêt à aller se battre pour le prince de Condé, mais qu'il voulait savoir de quelles ressources le prince pouvait disposer, sur quelles alliances il comptait, et sur quel point le premier coup serait frappé. Là dessus, La Sague, fort heureusement, ne pouvait rien dire, car il ne savait rien : il ne pouvait tenir que quelques propos vagues, ce qu'il fit. Mais en outre, la curiosité de Bonval et les scrupules qu'il n'avait pas la veille l'avaient mis en défiance : rompant l'entretien, il l'ajourna au lendemain, et dès qu'il fut seul, il courut chercher son cheval et s'enfuit. Sitôt que Bonval eut connaissance, le lendemain, de l'évasion de celui qu'il avait trahi, il prévint le duc de Guise qui fit courir après La Sague. On le rejoignit à Etampes et on le ramena à Fontainebleau.

La Sague n'avait pas eu le temps de se débarrasser des lettres dont il était porteur ; elles ne contenaient d'ailleurs rien de compromettant. Il y en avait une du connétable, une de l'amiral, une de François de Vendôme, vidame de Chartres, et d'autres de quelques personnages moins considérables. C'était des politesses, des regrets que Condé ne fut pas venu à Fontainebleau. Le vidame de Chartres s'exprimait sur un autre ton, il assurait Condé qu'il était tout à lui, qu'il l'assisterait de son épée et de sa fortune dans tout ce qu'il voudrait entreprendre pour le bien du royaume, excepté contre le roi, les reines et les enfants de France. Cela ne suffisait pas pour échaffauder une accusation contre Condé. La torture était alors un moyen infaillible pour délier les langues paresseuses et éclaircir les intelligences rebelles. La seule menace d'être appliqué à la question fit parler La Sague, en prouvant aussitôt qu'il en savait toujours plus qu'il n'avait voulu en dire au capitaine Bonval. Il commença par déclarer que si l'on trempait dans de l'eau la feuille de papier blanc qui enveloppait la lettre du vidame, on y trouverait ce qu'on voulait savoir. Cette feuille, retrouvée dans le cabinet du secrétaire d'Etat L'Aubespine qui par hasard ne l'avait pas détruite, fut mouillée, et des caractères apparurent. C'était un billet de Fremin d'Ardois, secrétaire du connétable, au prince de Condé. Le connétable le chargeait d'aviser Condé que, malgré tout ce qu'on voudrait lui dire ou lui écrire de contraire, Condé pouvait tenir pour certain que le connétable persistait dans le projet de changer l'administration du royaume et de se défaire des Lorrains, qu'il était d'avis que les princes de Bourbon qui seraient mandés aux Etats-Généraux, s'y rendissent en bonne compagnie, et profitassent des occasions qui se présenteraient sur la route. Comme ces dernières phrases paraissaient offrir un sens caché et se rapportaient évidemment à une série d'opérations projetées, La Sague, menacé de nouveau, en donna l'explication suivante : Navarre et Condé devaient, en feignant de se rendre à l'invitation du roi, se mettre en marche avec toutes les forces qu'ils auraient pu recruter en Guyenne et Gascogne, grossies d'un renfort que leur amènerait Damville, le second fils du connétable. Chemin faisant ils s'assureraient de gré ou de force de Poitiers et de Tours, et s'établiraient à Orléans que le bailli Groslot, de connivence avec eux, leur livrerait et dont ils feraient leur place d'armes. Ici les historiens ont adopté deux versions différentes, qu'il faut rapprocher faute de pouvoir reconnaître la véritable. Dans l'une, on fait dire à La Sague que les Bourbons convoqueraient aussitôt les Etats-Généraux à Orléans; dans l'autre, que le connétable se chargeait de faire décider par ceux que le roi convoquerait ce que les Bourbons et lui se proposaient de leur demander, le renvoi des Guises et de leurs créatures, la déclaration de la minorité du roi jusqu'à l'âge de vingt-deux ans, et le partage de la régence entre Navarre, Condé et le connétable. Le reste de la déposition de La Sague est rapporté de la même manière par tous les écrivains contemporains. Le duc de Montmorency répondait de Paris et de l'Ile de France dont il était gouverneur. Coligny tiendrait la Normandie par les ministres réformés sur l'esprit desquels il avait un empire absolu. On aurait la Bretagne, par le duc d'Etampes, la Provence par le comte de Tende, la Picardie par Jean de Monchy-Senarpont, lieutenant-général de la province, et par le seigneur de Bouchavannes, tous dévoués au connétable à qui il devaient leurs charges militaires. Les Bourbons apportant le concours de la Guyenne et de la Gascogne, c'était la France entière dont on faisait un vaste filet pour envelopper les Guises et leur ôter tout moyen de défense.

Devenus, par l'effet du hasard, possesseurs d'un secret aussi précieux, les Lorrains étaient fort embarrassés de la conduite qu'ils avaient à tenir. Pour s'assurer de Condé, il fallait ne rien laisser transpirer de ce qu'ils avaient appris ; d'un autre côté, la prudence leur commandait de prendre sans tarder des mesures pour prévenir les Bourbons et les Montmorency, dans le cas possible où la date et le lieu de la convocation des Etats-Généraux les engagerait à devancer l'époque de leur entreprise ou à en modifier les dispositions. On garda d'abord La Sague en prison, et dès le 28 août François Raffin, dit Potton, seigneur de Pecalvary et d'Azay, sénéchal d'Agénais et capitaine des gardes du corps, allait arrêter le vidame de Chartres à Paris où le mauvais état de sa santé le retenait, et le conduisait à la Bastille.

Si cela donna l'éveil au connétable, il n'en laissa rien paraître. Il jouait son jeu si serré que le jour même où l'assemblée des notables se sépare, le 26 août, il écrivait à Condé la lettre suivante, absolument comme si elle avait été destinée à être livrée à la publicité : « Monsieur,
« s'en allant ce porteur en sa mayson, je vous
« ay bien voulu advertir comme je suis venu

« trouver le roy en ce lieu là, où il a plu a sa
« majesté faire assembler plusieurs de ses bons
« serviteurs pour essaier de donner ordre, tant
« pour les affaires de ce royaulme que pour le
« règlement de la religion chrestienne, et espère
« qu'il se fera un consil (pour appaiser les
« diverses opinions qui sont pour la dite religion)
« général ou nationnal, et que les estats se tien-
« dront pour les affaires de ce royaulme.
« De quoy je vous ay bien voulu faire certain,
« vous assurant, Monsieur, que ce sera à la
« grande pacification de tout le peuple, j'espère,
« de quoy je suis fort ayse. Au demeurant, le
« roy se porte fort bien ; qui sera l'endroict où
« je feray fin, après m'estre recommandé hum-
« blement à vostre bonne grâce, priant le
« Créateur qu'il vous doint, Monsieur, en par-
« faicte santé, longue et très heureuse vie. De
« Fontainebleau, ce XXVIe aoust 1560. Vostre
« bien humble serviteur, *Montmorency.* »

La Sague était arrêté ; le connétable l'ignorait. Cette lettre était remise à quelque député
de la Gascogne. C'était un raffinement de politique dont il se fut dispensé sans doute deux
jours plus tard, en apprenant que le vidame de
Chartres était à la Bastille. Puis il était
retourné de suite à Chantilly où vinrent le
trouver les nouvelles des dispositions prises par
les Guises, qui annonçaient sinon que tout était
découvert, au moins que l'on était sur la trace
de quelque chose. En apprenant l'arrestation du

vidame, Montmorency envoya un de ses gentilshommes, Montpezat, à Fontainebleau porter au roi une lettre sans signature qu'il avait entre les mains, peut-être même celle que le prince de Condé lui avait fait écrire et que La Sague lui avait remise. Il témoignait avoir beaucoup de mécontentement de cette lettre et protestait de son dévouement pour le roi. Il demandait en même temps d'être informé quand le roi comptait venir à Vincennes parce qu'il se proposait d'aller l'y saluer. Lorsqu'il répondit à ce message François II avait quitté Fontainebleau, et c'est de Villeneuve-Saint-Georges, le 8 septembre, qu'il date sa réponse. Parlant de cette lettre, le roi dit : « Je la voulus tout sou-
« dain envoyez à la royne ma mère, qui la trouva
« bien fort mauvaise et de dangeureuse consé-
« quence, comme aussy je faict, et ne faire
« nulle doubte que pour le zelle que vous
« portez à mon service, elle ne vous ayt gran-
« dement despleu. J'espère que je descouvriray
« avec le temps de quelle main elle est escripte,
« et desja il y a quelque petitte présomption. »
Il avise ensuite le connétable que le lendemain il ira coucher à Saint-Denis « et en chemin je
« disneray au boys de Vincennes, en entention
« de chasser et prendre plaisir l'après-dynée
« dans le parc, là où je seray fort aysé de vous
« veoir, si vostre santé le peult permestre. »
Par le même courrier le duc de Guise écrit aussi une lettre fort raide, qui est presque la copie

de celle du roi, dans des termes très secs et où la courtoisie ne se retrouve que dans la formule banale et assez emphatique usitée à cette époque : phraséologie de secrétaire, rien de plus. François II avait mieux que « quelque petite présomption. » Il savait à quoi s'en tenir, ce que le connétable ignorait : et les Guises agissaient avec résolution et promptitude. Tout en prenant des précautions, ce qui est assez particulier c'est qu'ils ne trouvaient pas bon qu'il en fût de même chez les autres. Le Parlement ayant ordonné de fermer les portes de Paris pendant le jour, et de renforcer les corps de garde, le roi lui écrivit le 28 août qu'il désapprouvait cette mesure, et qu'il fallait attendre qu'elle fût commandée par l'absolue nécessité.

Le 30 août, on remit à Antoine de Crussol, chevalier de l'Ordre, qui devait être duc d'Uzès cinq ans plus tard, un longue instruction écrite, et on l'envoya au roi de Navarre. Crussol devait d'abord faire le récit de tout ce qui s'était fait et dit à l'assemblée des notables, faire ressortir que le concile national et l'assemblée des Etats Généraux étaient « le vray remède pour paci-
« fier toutes choses: mais qu'en ce mesme
« temps on avoit veu les ombres et apparences
« de plus de dissolution, et les préparatifs
« d'une plus grande sédition que on en avoit
« encore oy parler. » Il devait ajouter que le roi désirait que Navarre vint le rejoindre avant l'ouverture des Etats, pour conférer avec lui à

ce sujet. Dans le cas où le roi ferait quelque difficulté pour venir et paraîtrait vouloir traîner la chose en longueur, Crussol lui dirait qu'il y avait un autre motif — le seul véritable — pour lequel François II réclamait sa présence « qui estoit qu'il avoit depuis six mois eu une infi- « nité d'advertissements de plusieurs endroits « de son royaulme, qu'on praticquoit hommes « et leur promectoit l'on congé pour prendre « les armes et s'eslever quand leur seroit com- « mandé, et que cette belle entreprise on n'en « chargeoit que M. le prince de Condé, son « frère, au nom duquel une infinité de gens « ont esté pratiquez, que tous le sont venuz « révéler,... qu'il le prioit de luy amener luy « même M. le Prince, son frère, pour ouyr en « sa présence les grandes charges quy sont « contre luy et l'oyr en ses justiffications. » Si le prince fait difficulté d'obéir, Crussol lui remettra, en présence du roi de Navarre, la lettre que le roi lui a écrite à ce sujet et dans ce sens. Dans le Conseil privé, où ces instructions ont été rédigées, on a prévu toutes les échappatoires, tous les faux-fuyants que les deux frères peuvent vouloir invoquer. Si Condé n'est pas à Nérac, et que Navarre prétexte de son absence et de la nécessité de l'envoyer quérir et de l'attendre, avant de se mettre en chemin, Crussol lui conseillera « sans affec- tation » de ne pas l'attendre et de venir quand même « et sur ce lui dira que le roi a bien eu

« advis que ledit sieur prince devoit partir
« pour aller vers Lyon, Daulphiné et en ces
« quartiers là, recueillir les hommes qui s'as-
« sembloient, afin de les joindre à une aultre
« plus grande trouppe qu'ils debvoient mettre
« ensemble, mais qu'il a donné si bon ordre
« en ses quartiers-là, et avoit envoyé MM. d'Au-
« malle et mareschal de Saint-André, avec une
« si bonne force, que s'il entreprend rien au
« préjudice de son service, il esperoit qu'ils lui
« empescheroient fort bien. » Si ces confidences
ne produisent aucun résultat, Crussol conti-
nuera « venant comme de luy mesme, qu'il
« se doit mettre XX, XXX, XL^m (^{ille}) hommes en-
« semble... lui contera premièrement les forces
« domestiques que le roy veult mettre en-
« semble au premier vent qu'il en aura, qui ne
« montent point moing de XXX ou XL^m hom-
« mes de pied et de sept à huit mille chevaulx ;
« que, oultre cela, il compte avoir une levée
« preste de dix mille Suisses, et une aultre de
« six ou sept mille lansquenets ; qu'il a, oultre
« cela, assurance du roy d'Espagne de lui
« donner, par le costé d'Espagne et par les
« Pays-Bas, secours de tout ce qu'il a de forces,
« tant de gens de pied que de cheval. M. de
« Lorraine lui doibt pareillement amener cinq
« ou six mille hommes et sept à huit cents
« chevaulx. M. de Savoye luy mesme s'offre de
« lui amener pareil nombre, et le duc de
« Ferrare quatre mille harquebusiers. Ils sont

« tous advertis, et les provisions despêchées... »
Après ce trompeur étalage de forces dont le roi
va disposer, Crussol dira encore que le vidame
de Chartres est prisonnier « et qu'il se trouve
grandement chargé. » Si le roi de Navarre
s'informe si l'on n'a pas arrêté un de ses gens
(La Sague), « lui fera réponse qu'il a esté prins
« un homme chargé de plusieurs lettres et
« papiers de grande importance, mais qu'il ne
« sait s'il est à lui ; et *coullera* cela doulce-
« ment. »

C'était trop pour être facilement croyable, et
cela ne fut pas cru en effet. Les Guises faisaient
des préparatifs militaires, mais il y avait bien
loin des forces dont ils disposaient à celles qui
faisaient bon effet sur le papier ou dans la
bouche de l'envoyé du roi. Au lieu des 82.000
hommes, sans compter toutes les forces de la
monarchie espagnole, le roi ne pouvait mettre
en ligne que les compagnies des ordonnances,
au nombre d'une soixantaine, toute la noblesse
qui suivait la Cour, deux mille épées environ,
les vieilles bandes d'infanteries, restes de
l'armée du Piémont, et celles que le traité avec
l'Angleterre venait de permettre de faire revenir
d'Ecosse. De tout cela on avait fait deux camps,
à Meulan et à Pontoise. Les compagnies des
ordonnances, qui n'étaient pas indispensables
pour la sécurité des provinces, étaient massées
aux alentours ; quant aux autres, un mandement du 1ᵉʳ septembre aux baillis et sénéchaux

avait prescrit leur rassemblement sous vingt jours et leur avait attribué les destinations suivantes : Les compagnies de Montpensier, Vassay, Gonnor et les Ecossais dans le gouvernement de Tours avec le duc de Montpensier; le prince de La Roche-sur-Yon dans l'Orléanais avec sa compagnie, celles des ducs d'Orléans, d'Angoulême, de la Trémoille et du vidame de Chartres; le duc de Nivernais, à Troyes, avec sa compagnie, celles du prince de Condé, de dom Francisque d'Este, de La Roche du Maine et de Beauvais; le maréchal de Montmorency dans son gouvernement de l'Ile de France, avec sa compagnie et celle du connétable; le maréchal de Saint-André, gouverneur du Lyonnais et du Bourbonnais, à Moulins avec sa compagnie, celles de Damville, Bourdillon, La Fayette, du comte de Villars et de Montluc; le maréchal de Brissac, dans son gouvernement de Picardie, avec sa compagnie, celles de Senarpont, Morvilliers, Humières, Chaulnes et Genlis; le maréchal de Thermes avec sa compagnie, celles du Prince de Navarre, de Sansac, de La Rochefoucauld, Randan, Charny, du Lude, et de La Vauguyon; M. de Villebon en Basse-Normandie, avec sa compagnie, celles du marquis d'Elbeuf, d'Annebaut et de La Meilleraye; M. de Vieilleville à Rouen, avec les compagnies de l'amiral et d'Estrées. Le roi gardait donc auprès de sa personne les compagnies du prince de Salerne, de La Motbe-

Gondrin, du duc de Savoie, de Clermont-Castelnau, de Barie, de Jarnac, d'Ossun, du comte de Beyne, d'Estampes, du duc de Bouillon, du duc de Nevers, du duc d'Aumale, du duc de Nemours, de Tavannes, de Terride, du comte d'Eu, du duc de Lorraine, du duc de Guise, du duc de Longueville, du prince de Mantoue, de La Brosse et de Crussol, c'est à dire toutes les grandes compagnies, presque toutes à l'effectif de cent lances.

Les instructions données à Crussol renfermaient quelque chose de fort habile : ce n'était pas tant l'énumération de l'armée formidable que le roi allait mettre sur pied, car Navarre savait à quoi s'en tenir sur ce décor : ce n'était pas les insinuations pressantes, encore moins les menaces non déguisées contenues dans la lettre du roi dont Crussol était porteur, « vous pouvant assurer que là où il (Condé) refusera de m'obéir, je saurai fort bien faire congnoistre que je suis Roy ». Ce qui devait toucher Antoine de Bourbon, c'était la nouvelle insérée négligemment parmi d'autres que les forces du roi d'Espagne entreraient en France « par le costé d'Espagne », autrement dit par le Béarn et la Navarre. Le Béarn, on avait tenté de le lui enlever après la mort de son beau-père. De la Navarre, les Espagnols qui en avaient une partie, convoitaient toujours ardemment le reste pour mettre un pied en France. Une fois les Espagnols chez lui, François II aurait-il la force nécessaire pour les en faire sortir, ou ne paierait-il pas leurs services avec ce territoire ? C'était prendre le Bourbon par son faible. On verra plus tard comment il accueillit Crussol, et le cas qu'il fit des avis que celui-ci était chargé de lui transmettre.

Pour le moment, puisque j'ai dit qu'une partie de l'infanterie garnissant les camps de Meulan et de Pontoise, était fournie par les troupes rappelées d'Ecosse, il faut, avant d'aller plus avant, s'arrêter un instant sur la querelle entre l'Angleterre et la France et sur la manière dont elle avait pris fin. Ceci est de l'histoire d'Ecosse plutôt que de celle de France, aussi convient-il seulement d'indiquer sans entrer dans les détails.

La Régente, qui n'était plus en sûreté et qui ne pouvait plus compter que sur trois ou quatre places de guerre, avait reçu de France cinq à six mille hommes de vieilles bandes et quelques centaines de chevau-légers commandés par le vieux Jacques de La Brosse, chevalier de l'Ordre, âgé de 78 ans, de qui Henri II disait, en lui remettant le collier de Saint-Michel, le 28 novembre 1557, « qu'il estoit asseuré que cesluy « là ne feroit jamais rougir le patron de l'ordre, « tant il l'estimait homme de bien. » Nicolas de Pellevé, évêque d'Amiens, l'accompagnait en qualité de légat du Saint-Siège en Ecosse : l'un avait la mission de convertir par l'épée et l'autre par la parole. Montluc, évêque de Valence, et La Rochefoucauld-Randan étaient en même temps dépêchés auprès de la reine d'Angleterre pour lui faire prendre en la moins mauvaise part que possible l'intervention de la France dans les affaires religieuses d'Ecosse. Elisabeth avait répondu en signant un traité d'alliance avec Jacques Hamilton, duc de Chatellerault, et les seigneurs protestants, et sa flotte était allé bloquer Leith dans laquelle les troupes françaises avaient été contraintes de s'enfermer. C'est alors qu'elle avait publié le manifeste dont on a parlé plus haut, et qui, quoiqu'elle s'en défendit, pouvait être considéré comme une déclaration de guerre. Abandonnés à eux-mêmes, privés de toute communication, non seulement avec la France mais avec l'Ecosse, les Français firent merveille et La Brosse justifia largement les paroles flatteuses de Henri II. Après avoir soutenu plusieurs assauts, après avoir exécuté d'heureuses sorties dans lesquelles ils eurent constamment l'avantage, ils contraignirent les Anglais à convertir le siège en blocus. Montluc et La Rochefoucauld, passés en Ecosse, proposèrent aux Ecossais et aux Anglais confédérés d'ouvrir des conférences, et pendant ce temps le grand prieur ramassant dans les ports du Midi toutes les galères, gagnait les côtes de Normandie pour augmenter sa flotte de tous les navires disponibles et pour y embarquer de nouvelles troupes. Sur ces entrefaites, la régente d'Ecosse, Marie de Lorraine, mourait, et cette mort hâtait la conclusion du traité que les diplomates français avaient pris à tâche de retarder par leurs exigences. Elisabeth voulait que ses alliés écossais figurassent dans son traité avec la France, afin qu'elle pût se porter garante des conditions qui leur seraient accordées. On finit par tomber d'accord qu'il y aurait deux traités distincts. Aux Ecossais on promettait l'amnistie pour le passé, la convocation des Etats Généraux du royaume, et le retrait de la vaillante garnison de Leith sous un délai de vingt jours. Avec l'Angleterre, il était stipulé que le roi et la reine de France et d'Ecosse cesseraient de porter les titres et les armes des rois d'Angleterre et d'Irlande, et que les promesses faites aux Ecossais seraient religieusement tenues. Des vaisseaux anglais débarquèrent La Brosse et sa petite armée en Normandie où Coligny ayant fait en sorte que l'on pût se passer d'eux, les Guises les trouvèrent sous leur main pour en former le noyau de l'armée avec laquelle ils voulaient protéger le roi et les Etats Généraux.

Le 31 août parut un édit dans lequel le roi résumait ce qui s'était passé à l'assemblée de Fontainebleau, fixait l'ouverture des Etats Généraux au 10 décembre suivant, à Meaux « où nous entendons et désirons que se trou- « vent aucuns des principaulx et plus notables « personnaiges de chacune province, bailliage « et sénéchaussée de nostre royaulme, et qu'ils

« viennent chacun en son regard bien instruicts
« des plaintes et remonstrances qu'ils auront
« à nous faire ». Relativement au Concile
général, le roi se borne à dire « si tant est
qu'on le puisse obtenir ». Mais, en écrivant le
même jour à l'évêque de Limoges, ambassadeur en Espagne, François II spécifie que des
démarches étaient déjà entamées auprès du
Pape, bien avant l'assemblée de Fontainebleau,
par l'empereur et par lui, pour obtenir ce
concile général, et qu'ils attendaient toujours
la décision du Pape à cet égard : « Nous sommes
« l'un et l'aultre attendans quelle résolution
« Elle (Sa Sainteté) aura prinse de satisfaire à
« la requeste que nous luy faisions... et d'aul-
« tant qu'il est encore incertain si Elle voudra
« approuver un des lieux qui a esté proposé
« par l'empereur... » Dans cette dépêche, longue
et détaillée, François II charge son ambassadeur de savoir si le roi d'Espagne voudra lui
donner du secours contre ses sujets rebelles.
Et, la veille, il écrivait au roi de Navarre, que
toutes les forces de l'Espagne entreraient en
France par les Pyrénées et les Pays-Bas. Telle
est la politique.

L'affaire du concile général, qui traînait en
longueur, était traitée auprès de l'empereur,
qui y était très favorable, par Bernardin Bochetel, évêque de Rennes (1), et à Rome par

(1) Fils de Guillaume Bochetel, secrétaire de François Iᵉʳ,
d'abord abbé de Saint-Laurens, diocèse d'Auxerre, conseiller

l'abbé de Manne qui ne parvenait pas à obtenir du Pontife une réponse satisfaisante. Ecrivant, le 3 septembre, à l'évêque de Rennes, le roi témoigne de la surprise et de l'impatience que ces lenteurs lui causent. Il attend de jour en jour la réponse de son envoyé extraordinaire pour la transmettre à l'empereur. Pie IV, Jean-Ange de Médicis, frère du fameux marquis de Marignan, n'était pas favorable au concile œcuménique. Aux ambassadeurs, dès la première audience, il avait dit oui ; dans les audiences subséquentes, il ne dissimula pas les difficultés et les inconvénients qu'il y voyait. Comme il parlait de rétablir le concile de Trente, deux fois interrompu, l'empereur Ferdinand avait suggéré Constance ou Cologne où les réformés, qu'ils fussent Luthériens ou Calvinistes, avaient plus de facilités pour se présenter, et la France, sans rejeter ces deux villes, mais s'unissant à Ferdinand pour repousser Trente, proposait Lyon, Besançon où Verceil en Piémont. Le Pape tenait pour Trente, comme un moyen d'éluder le concile, et avait mis Philippe II dans ses intérêts. Dans ce conflit, il n'était pas surprenant que l'envoyé français ne put obtenir de solution. Ce fut Trente qui l'emporta, avec une intention désobligeante pour la France. Il était d'usage, dans la Bulle, de nommer spécialement le roi de France après

du roi, ambassadeur en Suisse 1554, en Allemagne 1560. évêque de Rennes 1566, mort en 1570.

l'empereur. Pie IV se borna à inviter « l'empereur, les rois et autres princes qui ne pourraient assister personnellement au concile d'y envoyer leurs représentants ». L'ambassadeur à Rome, Philibert Babou, évêque d'Angoulême (1), sans attendre d'ordres, prit sur lui de protester énergiquement. Le pape s'exécuta, mais ne changea rien à la rédaction de la Bulle. François II répondit en convoquant les prélats français pour un concile national dont l'ouverture était fixée au 20 janvier 1561.

Par un édit en date du 31 août également, François II avait exempté les officiers du Parlement de Paris de loger chez eux aucune personne de la suite de la Cour. Le 1er septembre, il publiait que ce serait à Orléans, au lieu de Meaux, que les Etats Généraux se réuniraient, et un édit en date de ce jour portait cette détermination à la connaissance de tous les intéressés. Le 5 septembre, on recevait la nouvelle de la tentative des réformés sur Lyon, en même temps que celle de l'insuccès de leur entreprise.

Si le connétable avait voulu parler, de ce coup il perdait Condé sans rémission, car, on se rappelle qu'avisé par le Prince il avait fortement déconseillé l'affaire. Condé y était,

(1) Philibert Babou de la Bourdaisière, né en 1512, doyen de Tours, puis évêque d'Angoulême, abbé du Jard, cardinal et évêque d'Auxerre, mort à Rome le 25 juillet 1570, après y avoir passé douze ans d'abord comme ambassadeur, puis avec le titre de protecteur des affaires de France.

c'était le prologue de son plan : pourtant, comme à Amboise, il voulut rester dans la coulisse, mais, moins encore que pour Amboise les Guises ne s'y trompèrent. Les chefs ostensibles du complot étaient les deux frères Maligny. Après le tumulte d'Amboise, Maligny le cadet s'était retiré à Lyon, parce que la réforme y comptait une des églises les plus importantes de France, et parce que Lyon étant le chemin de Genève, c'est par là que devaient passer les survivants d'Amboise pour regagner le Dauphiné, la Provence, le Languedoc et les Cévennes, ou pour aller chercher à Genève la vie sauve et la liberté. C'était la grand'route de l'émigration, un poste excellent pour recruter des soldats, sinon pour Lyon même, au moins pour Montbrun qui remuait alors le Dauphiné. Maligny recueillit ainsi pas mal de fuyards, plus maniables et plus faciles à persuader que les réformés lyonnais. Ceux-ci objectaient qu'en cas d'insuccès ils seraient pris et paieraient pour les autres, tandis que Maligny et les étrangers, que rien n'attachait à la ville, l'auraient belle pour se mettre en sûreté. Ils voulurent donc prendre quelques garanties et dépêchèrent deux bourgeois avec quelques ministres de Genève à Nérac où le roi de Navarre et le prince de Condé avouèrent Maligny de tout ce qu'il préparait et déclarèrent que la chose se faisait avec leur assentiment. Rassurés, les Lyonnais prêtèrent alors à Maligny tout leur concours. Soixante-six maisons furent louées sous des noms supposés, dans différents quartiers de la ville, pour déposer des armes et des munitions. L'église réformée de Lyon fournissait cinq cents soldats bien équipés, Genève trois cents. Maligny en faisait venir douze cents de la Bourgogne, du Dauphiné, du Languedoc, de la Provence, du Vivarais, que de Saint-Cyr-Puygreffier, La Rivière, Châteauneuf et Perrant, était chargés d'embaucher et d'amener. Assurés de trouver à Lyon les équipements nécessaires, tous ces soldats arrivaient n'ayant que l'épée et la dague, que les gens de guerre portaient sans cesse : ils se présentaient aux portes de la ville par petits groupes de quatre, cinq ou six, y trouvaient un affidé qui les attendait, lequel sans leur parler, sur un simple signe convenu, les guidait jusqu'à la maison qui leur était destinée. D'autres logeaient dans des auberges sous divers déguisements, d'autres dans des villages dans le voisinage immédiat de la ville.

Maligny n'avait pas encore réuni tout son monde lorsque le roi de Navarre jugea à propos de donner une nouvelle preuve de cette indécision qui formait le fond de son caractère et empêchait que l'on put former aucun projet quand il était dans l'affaire. Il envoya à Maligny tout à coup l'ordre de renoncer à sa tentative et de diriger ses soldats sur un autre point, Poitiers ou Limoges. L'avis du connétable avait produit son effet, sur lui du moins. On n'a pas oublié que l'occupation de Poitiers et de Tours, puis d'Orléans, faisait partie du plan qu'il avait vainement suggéré à Condé. Il fallait obéir, sous peine de s'exposer à un éclatant désaveu et de se trouver pris entre les deux rois de France et de Navarre comme entre l'enclume et le marteau : mais l'obéissance était devenue plus difficile que l'exécution. Comment transporter hors de Lyon tous les approvisionnements d'armes offensives et défensives, toutes les munitions, sans éveiller les soupçons? Comment gagner Poitiers ou Limoges sans appeler l'attention sur ces troupes voyageant par bandes, sans s'exposer à les faire exterminer en détail, comment assurer leur subsistance en admettant qu'il put assurer leur sécurité? Il fallait pourtant résoudre ce problème, et voici comment Maligny s'y prit. Il avait d'abord dépêché un exprès au roi de Navarre pour lui exposer tous les dangers d'un changement si radical dans le plan qu'il était si près de réaliser; puis il avait arrêté la marche sur Lyon des soldats qu'il attendait encore, et éloigné ceux qui s'étaient logés dans les villages environnants. Ensuite, avec une peine et des précautions infinies, il avait rassemblé dans une seule maison les armes et les munitions dispersées sur soixante-cinq autres points, mais les précautions n'avaient pas été tellement bien prises que cette opération fut précisément ce qui amena la découverte du complot. Un portefaix, employé à ces transports, ayant aperçu dans une salle dont on avait oublié de fermer la porte, une trentaine d'hommes occupés à déballer des cuirasses des caisses qu'il avait aidé à transporter, devina que ceci cachait quelque mystère et estima que cette découverte pourrait être lucrative pour lui. Il s'en fut tout révéler à un personnage qui, de son côté, avisa immédiatement le lieutenant-général du maréchal de Saint-André au gouvernement de la province.

« Antoine d'Albon, abbé de Savignies et de Lislebarbe, en Lyonnais, lieutenant-général du roy en l'absence de monsieur le maréchal de Saint-André », comme il se qualifie lui-même, était le neveu du maréchal. Si l'on s'étonne à la pensée que le gouvernement effectif de la seconde ville du royaume fut entre les mains d'un homme d'église, car Saint-André ne quittait pas la Cour, il faut demander à Louis Regnier de La Planche la clé du mystère, et il la fournit dans son *Histoire de l'Estat de France sous François II*, publié en 1576. « Et
« de vray, ce moyne nullement expérimenté au
« fait de la guerre, et moins encore aux affaires
« politiques; et establi en ceste charge plustôt
« à la faveur de son parent que pour aucune
« bonne partie ne vertu qui fut en luy, s'es-
« tona si fort, et eut si grand peur de faire
« vacquer des bénéfices que son Mécénas luy

« avoit baillez en garde, qu'il se laissa aisé-
« ment persuader de faire la voye large et
« dresser un pont d'or; car, pour un soldat
« qu'ils avoient apperçu à travers leurs ver-
« rières et fenestres, ils en imaginoient cent ».
Il faut dire à la décharge de l'abbé qu'il ne disposait alors d'autres forces que des compagnies bourgeoises et du guet, suffisantes pour arrêter des malfaiteurs, mais rien de plus. Si le lieutenant-général n'était pas un foudre de guerre, les soldats bourgeois, ancêtres de nos gardes nationaux, n'étaient pas tenus à posséder toutes les vertus militaires. L'abbé de Savignies envoya trois cents hommes investir, le soir, la maison qui lui avait été signalée. Tout à coup, la porte s'ouvrit et Maligny, avec quarante hommes bien armés, se rua sur cette foule qu'il mit en fuite : le commandant du guet fut tué. Poursuivant les fuyards, Maligny atteignit le pont de la Saône sur lequel il se retrancha, car cette position lui assurait la possession de la partie de la ville comprise entre la Saône et le Rhône. Des émissaires envoyés aux huguenots de Lyon n'ayant pu les décider à s'armer et à le rejoindre, car ils croyaient que c'était une ruse des catholiques pour les attirer dans les rues. Maligny après avoir attendu en vain quelques heures, descendit du pont dans quelques barques qui, par bonheur étaient amarrées aux piles, et il quitta Lyon, par eau, tranquillement et sans que l'on fît mine de l'inquiéter. Il aurait

aussi bien pu s'en aller par terre, sans plus
d'inconvénients, car l'abbé de Savignies avait
ordonné de laisser toutes les portes ouvertes,
sous prétexte de faciliter l'entrée à Maugiron
et La Mothe-Gondrin, lieutenant de roi en Dauphiné, ainsi qu'au maréchal de Saint-André auxquels il avait dépêché des courriers. En réalité c'était, comme dit Regnier de La Planche,
pour faire « un pont d'or » aux huguenots de
Lyon qu'il aimait mieux de loin que de près.
Ceux-ci se hâtèrent de profiter de cette bonne
aubaine, et déguerpirent au plus vite. En telle
sorte que l'on ne prit presque personne, et qu'il
faut tenir pour eau bénite de Cour le détail
donné par le roi à son ambassadeur d'Espagne,
L'Aubespine, évêque de Limoges, dans sa lettre
du 18 septembre : « La plus grant partye des
« soldats et conjurez estant ainsy séparez et
« cachez, furent taillés en pièces, prins et
« dévalisez, et grand nombre des principaux
« retenus prisonniers, aucuns exécutés ». En
somme, il y en eut, dit-on, trois de pendus, et
parmi les prisonniers, on en cite un, Gilles
Le Gautier, qui, atteint de la nostalgie du foyer
domestique, se fit prendre parce qu'il était venu
errer autour de sa maison.

Cette bagarre s'était passée le 5 septembre.
On l'apprit à la Cour le 6. La Mothe-Gondrin
et Maugiron étaient arrivés à Lyon le 7, au
matin. Le jour même, La Mothe-Gondrin écrivait à Gaspard de Saulx-Tavannes, bailli de

Dijon et lieutenant-général en Bourgogne, qu'il avait amené à Lyon trois compagnies d'hommes d'armes, et l'abbé de Savignies lui écrivait de son côté, et à la même date, pour lui dire que le secours d'une des compagnies dont il disposait leur serait fort utile, et qu'il pourrait la cantonner à Mâcon, ajoutant assez naïvement « parce qu'elle tiendra seureté là pour vous et pour moy ». De son côté, Saint-André courait à Lyon avec quelques compagnies qu'il devait y laisser pour agir en Provence et en Dauphiné contre Montbrun. Tous trois, Maugiron, La Mothe-Gondrin et le maréchal arrivaient quand tout était terminé, et quand il n'y avait plus aucun espoir, pour les huguenots, de troubler la tranquillité. A quelques jours de là, Maligny devait finir misérablement, noyé par accident, dans le lac de Genève. S'il n'avait pu rendre service aux Bourbons, il contribua du moins à procurer à l'abbé de Savignies l'archevêché d'Arles auquel il fut promu l'année suivante. C'est le cas de dire qu'à quelque chose malheur est bon.

VIII

Les Etats Généraux d'Orléans

François II était encore à Fontainebleau, le 6 septembre, quand il reçut la nouvelle de la vaine tentative faite par les huguenots pour se rendre maîtres de Lyon. Son changement de résidence, qui faisait partie des plans stratégiques des Guises, fut aussi promptement décidé que mis à exécution. A Fontainebleau, on était en dehors de la zone de défense, « en l'air », selon un terme consacré dans le langage militaire; à Saint-Germain-en-Laye, on était couvert par Paris, par Versailles, par la Seine, et l'on s'appuyait sur les camps de Meulan et de Pontoise. Le roi vint, le 8, à Villeneuve-Saint-Georges où il coucha; le 9, il fut dîner à Vincennes, dans le parc duquel il se divertit à chasser durant l'après-midi; et le lendemain 10, il couchait à Saint-Germain, d'où il data ce jour les lettres-patentes convoquant les évêques et prélats français à se trouver à Paris, le 20 janvier, afin d'examiner ce que l'on proposerait au Concile œcuménique. C'était, en d'autres termes, la convocation d'un concile national. Le 11 septembre, le roi écrit de nouveau au prévôt des marchands et aux échevins de Paris pour réclamer péremptoirement un prêt de 450,000 livres destiné à liquider les dettes de Henri II, en échange du transport qu'il leur faisait du revenu de ses greniers à sel de Vendôme, Châteaudun, Blois, Amboise et La Ferté-Bernard. Le prévôt et les échevins avaient, le 3 septembre, fait offrir au roi 400,000 livres, mais les Lorrains n'entendaient pas que l'on se permit de les marchander. Le 15, le prévôt de L'Hôtel amène devant le roi Robert de la Haye, conseiller au Parlement, qu'il venait d'arrêter, comme soupçonné d'entretenir des intelligences avec le prince de Condé.

Robert de La Haye était un gentilhomme de Picardie, dont Le Laboureur, dans ses additions aux mémoires de Castelnau, trace le portrait suivant : « Comme il estoit homme de
« lettres, et capable de grandes affaires, le
« prince (Condé) ne se reposa pas seulement
« sur lui de toutes les siennes, mais encore se
« servit de ses conseils et lui laissa la conduite
« de tous ses intérêts à la Cour. Je ne sais pas
« si ce fut par sa faveur qu'il fut fait conseiller
« au Parlement de Paris, où il fut reçu le 19 de
« juillet 1555, mais ce fut lui qui lui fit avoir
« une charge de maître des requêtes, au mois
« de novembre 1561. Il aida fort à gagner le
« prince, son maistre, au party huguenot, où

« il s'estoit laissé emporter par le même destin
« de la plupart des savans de son temps et
« ce qui rend son aveuglement plus déplorable,
« c'est qu'il estoit fort homme de bien, mora-
« lement parlant, et très incorruptible en sa
« charge. » En tenant La Haye, on croyait tenir
la pie au nid, et on lui fit subir, à Saint-
Germain, le 22, un très long interrogatoire,
dont voici la substance tirée de ses réponses,
l'interrogatoire ayant été conservé : Depuis la
conjuration d'Amboise, Robert de La Haye n'est
sorti de Paris que pour aller à Écouen, au
commencement d'août, trouver le connétable
et Mme de Roye, au sujet de l'établissement
d'un contrat de rente sur la terre de Germiny.
Il y avait à Écouen un gentilhomme que l'on
disait envoyé par le roi de Navarre, et auquel
La Haye se borna à demander comment se
portait le prince de Condé : il ne connaissait
pas ce gentilhomme et ne savait pas son nom.
Le lendemain, quelqu'un vint lui dire qu'un
gentilhomme lui faisait demander une malle
pour porter des vêtements au prince de Condé,
ce qu'il fit. Puis il alla trouver ce gentilhomme
au logis de M. d'Arles, rue Saint-Honoré, et
lui remit une lettre ouverte pour le prince, dans
laquelle il lui témoignait qu'il ne pouvait plus
s'occuper de ses affaires parce que « le roy
« deffendoit que les conseillers ne se meslassent
« plus des affaires d'autruy ». Ce gentilhomme
lui dit qu'il allait en Guyenne. A quelque temps

de là, en sortant du palais, il rencontra ce gentilhomme « qui couroit la poste » et qui, sur sa demande, et sans s'arrêter, lui dit que le prince était en bonne santé. Le lendemain, le gentilhomme vint le voir, et sans lui remettre ni lettre ni écrit, lui dit seulement que le prince se portait bien et qu'il viendrait bientôt. Quelques jours après, il apprit comme tout le monde que ce gentilhomme était arrêté. Quant au vidame de Chartres, il a plaidé pour lui un procès, l'a gagné, et le vidame l'a remercié. A cela se sont bornés ses rapports avec lui. Il n'a jamais eu affaire à Firmin d'Ardois, secrétaire du connétable, que pour le charger de faire parvenir au prince de Condé « un paquet afin « de l'advertir de l'accouchement de Madame la « princesse sa femme ». Il ne peut croire que les Bourbons aient jamais formé de mauvais desseins contre le roi, et refuse de tenir pour vrais et sincères les témoignages de d'Ardois et de ce gentilhomme, s'ils ont prétendu affirmer le contraire. (Manusc. de Béthune, vol. 8675. Bib. nat.)

On ne mettait pas à la torture un conseiller au Parlement comme un simple particulier. Il fallait bien se contenter de ces réponses dérisoires, car il est certain que La Haye était très avant dans les secrets et qu'il devait en savoir plus long que La Sague qui, lui, ne s'était pas fait prier pour dire tout ce qu'il savait. Avec le vidame de Chartres on n'était pas plus avancé. Il jetait les haut cris et se défendait vigoureusement, ne cessant de réclamer d'avoir pour juges les chevaliers de l'Ordre, ses collègues (1). Comme un chapitre de l'Ordre devait être tenu à Poissy le 29 septembre, jour de la Saint-Michel, il lui avait, la veille, adressé une requête dans ce sens. Or, comme on craignait de ne pouvoir lui refuser ce qui était un droit prévu et défini par les statuts, sans indisposer tous les membres de l'Ordre, on avait décidé, à l'occasion de ce chapitre, de faire une nombreuse promotion pour s'assurer la majorité et rendre la condamnation certaine. Le roi procéda donc à la nomination des dix-huit seigneurs dont les noms suivent. Les onze premiers étaient présents, et les sept autres absents : Antoine de Pardaillon, baron de Gondrin, capitaine de 50 hommes d'armes ; Philibert de Marsilly, seigneur de Cypierre, gouverneur d'Orléans ; Charles de La Rochefoucauld, seigneur de Randan ; Sébastien de Luxembourg, vicomte de Martigues ; Nicolas de Brichanteau, seigneur de Beauvais-Nangis ; Louis de la Trémoïlle ; Nicolas d'Anjou, marquis de Mézières ; de Lévis, vicomte de Terride ; François Gouffier, seigneur de Crèvecœur ; Guy de Saint-Gelais, dit de Lezignem, seigneur de Loussac ; François de Hangest, seigneur de

---

(1) Le 24 septembre il adresse aux chevaliers une requête pour leur demander s'il a fait contre le roi quelque chose pour qu'on lui retire le collier de l'Ordre.

Genlis ; Blaise de Pardaillan, seigneur de La Mothe-Gondrin ; Henri de Foix, comte de Candale ; Guy Chabot, baron de Jarnac ; Jacques, sire d'Humières ; le vicomte de Guédron ; François d'Anglure ; Cornélio Bentivoglio. — Madame de Crussol, qui avait son franc-parler avec le roi et la reine mère, les félicita plaisamment de ne pas avoir nommé deux chevaliers de plus, car, dit-elle, dans ce cas, on les aurait appelés « les vins nouveaux ». Pour comprendre le sel de cette fine raillerie, il faut savoir que les vins de cette année « estoient tous ginguets et ne valloient rien ». Cette promotion fut un véritable scandale, et ce qui acheva de la décrier fut le choix de Cornelio Bentivoglio que l'on accusait d'avoir assassiné le comte d'Enghien, à La Roche-Guyon, en 1546, à l'instigation du Dauphin et du duc de Guise, alors comte d'Aumale, en lui jetant, d'une fenêtre du château, un coffre sur la tête. La tenue des Etats d'Orléans et la mort de François II empêchèrent le chapitre de l'Ordre de statuer sur la requête du vidame de Chartres qui fut mis en liberté par l'influence du connétable, après six mois de détention ; mais il ne tarda pas à mourir, empoisonné, dit-on, par ordre de Catherine de Médicis dont il aurait dédaigné l'amour, ou qu'il aurait délaissée, quand les princes Lorrains prirent le pouvoir. Il paraît plus rationnel, quoique moins poétique, d'admettre que la santé du vidame, fort ébranlée déjà, ne tint pas à six mois de détention rigoureuse, et que ce qui le tua, ce fut la Bastille.

Avec le connétable, le roi et les Guises en usaient tout autrement ; il tenait Paris et l'Ile-de-France, et si le vieux Montmorency l'avait voulu, en dépit du Parlement, il pouvait fermer à François II les portes de sa capitale et l'obliger à aller régner à Blois. Aussi, que de caresses de Catherine, à qui elles ne coûtaient rien, de François II à qui elles coûtaient davantage, et des Guises qui les faisaient en grinçant des dents. Quand François II quitte Fontainebleau pour se rendre à Saint-Germain, le roi le convie gracieusement à venir le voir à Vincennes où il passe une après-midi à chasser dans le parc : « je seray fort ayse de vous veoir, « si vostre santé le peult permettre ». — « Es« pérant que nous vous y verrons » dit de son côté le duc de Guise. La reine mère écrit souvent à celui qu'elle appelle « mon compère, « monsieur le conestable » ainsi qu'en témoignent toutes ses lettres dans le corps et sur la suscription. Au sujet d'une maladie de Madame la connétable, pendant ce même mois de septembre, elle lui écrit avec une orthographe qui lui est particulière : « Mon compère, j'é peur « de vous ymportuner de vous ayscrypre sy « souvent, mé se m'et tant de plaisir, ne pou« vant parler à vous, de savoyr de veos nou« velles et vous mander des myenes, que cela

« en est cause ». Elle lui envoie M. de Rostaing pour lui dire de sa part tout ce que sa lettre ne pourrait contenir; elle envoie également « La « Berlandière (1) de ver madame la conestable « pour la servyr en sa maladye, laquelle je ays- « pere ne sera point dangereuse » et termine par cette pantalonnade à l'italienne : « le plus « grant plézir que je puyse avoir, set que je vous « puyse fayre conestre l'amour que je vous « porte et à tout setquy vous touchet ».

La maladie de la connétable était sans doute guérie car le roi n'y fait aucune allusion en écrivant, le 27 septembre, au connétable et à sa femme, pour leur demander de remettre au sieur de Barle, président de la Chambre des Comptes, et au doyen Grives les clés du trésor de la Sainte-Chapelle que don Antonio de Tolède, envoyé d'Espagne, désire visiter le lendemain avant de quitter Paris pour retourner dans son pays. Comme le connétable est à Paris et Madame de Montmorency à Chantilly, le roi ne sachant où ils tiennent ces clés, a jugé plus sûr d'écrire à l'un et à l'autre. Don Antonio de Tolède était venu dissuader François II, au nom de Philippe II, de réunir un concile national. il avait échoué dans sa mission, mais, à lui aussi on n'avait pas épargné les caresses : « Nous

---

(1) Hilaire de Marconnay, dame de la Berlandière, une des dames d'honneur de Marie Stuart « la mignonne Bar- « lande » comme l'appelle Robertet dans une lettre du 5 juillet 1561, au duc de Nemours

« avons mys tout là parce que nous avons peu à
« faire honneur et bonne chère à don Anthonio »
écrit la reine-mère à l'évêque de Limoges. La
visite des Saintes Reliques n'était pas une chose
que l'on accordait à tout le monde, mais seulement aux personnages auxquels on voulait témoigner beaucoup de considération. Il ne fallait pas moins de huit clés pour ouvrir le treillage de fer derrière lequel on les conservait, et
ces clés avaient été confiées par François Ier, en
1533, à François de Montmorency, seigneur de
La Rochepot, bailli et concierge du Palais, après
la mort duquel on les avait laissées au connétable. Le connétable alla-t-il lui-même porter le
même jour les clés à Saint-Germain, toujours
est-il qu'il y fut et que Catherine lui conta le
bon tour qu'elle venait de lui jouer. Ce bon tour
consistait à avoir expédié un courrier à M. de
Crussol sur le chemin de Navarre, pour lui ordonner de dire au roi de Navarre que son gentilhomme, La Sague, avait été arrêté sur la déclaration et avec le concours du connétable.
Mais le Montmorency ne paraît pas avoir goûté
la plaisanterie, car le lendemain même il dépêchait un courrier à Antoine de Bourbon, porteur d'une lettre dans laquelle il témoigne se
soucier fort peu de parler en termes acerbes du
roi et de la reine-mère, « sa commère ». —
« Elle m'a compté ce que dessus depuis que je
« suis arrivé à St-Germain-en-Laye, dequoi j'ay
« esté et suis en très grande peine, de peur que

« vous en eussiez quelqu'opinion contre moy,
« vous suppliant de croire et estre seur que
« oncques en un jour de ma vye je ne tiens pro-
« pos de vous, ny ne me mandastes jamais
« chose qui ne feust pour le service du roy,
« honneur et grandeur de sa couronne, et que
« vous estes le principal dudict royaulme après
« messeigneurs ses enfants..... Si ce fut esté
« aultres personnes que le roy et la royne mère
« qui en eussent escript, je publierois le lan-
« gage qu'un homme de bien et d'honneur doibt
« tenir quand on le charge d'une chose où il
« n'a jamais pensé. Ce que je vous supplie très
« humblement de croyre et que je ne sceu onc-
« ques la prinse dudict Lasague qu'un jour
« après qu'il fut prins ». Si l'on traitait ainsi le connétable, que l'on craignait et que l'on voulait ménager, il était permis aux Bourbons de ne faire aucun fond sur la parole du roi et de tout craindre de la duplicité de Catherine. J'y reviendrai tout à l'heure.

François II n'avait pas quitté Saint-Germain-en-Laye. C'est de cette résidence que, le 1er octobre, il écrit au maréchal de Thermes pour lui ordonner d'empêcher tous les désordres suscités par les huguenots dans le Périgord, l'Agénois et le Limousin, d'arrêter les prédicants et de tailler en pièces ceux qui tenteraient de faire résistance « vous pryant, mon cousin, mettre
« peine avec ceste occasion de sy bien nettoyer
« le pays d'une infinité de canailles qui ne ser-

« vent que de troubler le monde ». Le 4 octobre, François II nomme l'amiral de Coligny aux fonctions de gouverneur du Havre et de Honfleur, vacantes par la démission de Charles de Mouy, seigneur de La Meilleraye. Le 7, il écrit à l'évêque de Paris, au clergé et aux abbés et prieurs des différents couvents, pour leur demander, sous six jours. un prêt de 20,000 livres destiné à solder des gens de guerre rassemblés pour combattre les huguenots. Jean de Saint-Marcel, seigneur d'Avançon, conseiller d'état, chargé d'aller faire tenir ces missives aux destinataires, reçoit, entre autres instructions, celle d'attendre l'argent et de se faire héberger aux frais du clergé et des couvents. Le même jour, le roi prescrit à M. d'Humières d'envoyer la moitié de sa compagnie d'hommes d'armes des ordonnances à Saint-Quentin pour remplacer celle de M. de Chaulnes qui vient d'être expédiée à Orléans, et qu'il a ordonné à M. de Senarpont(1) de ne pas s'éloigner avec ses gens d'armes des places du littoral de Picardie. Le 8 octobre, le roi écrit au prévôt de Paris pour l'informer que sa volonté est que le prévôt des marchands et les échevins nomment leurs dé-

---

(1) Jean de Monchy, seigneur de Senarpont, baron de Visme, déjà cité. Le 28 décembre suivant, la Reine-Mère lui écrivait d'Orléans : « Vous prieray seullement que vous ayez toujours l'œil ouvert,... sachant que parmy vos voisins vous n'avez point faulte de personnes qui n'oublieront de faire tout ce qui leur sera possible pour penser tirer quelque chose à eux, à la diminution de ce qui vous appartient ».

putés aux Etats Généraux séparément de ceux de la Prévôté et vicomté de Paris. Le 9, lettre du roi au duc d'Aumale, lui ordonnant de se rendre à Orléans où l'on réunit de grandes forces pour tenir tête aux huguenots, et d'y amener sa compagnie d'hommes d'armes et de celles du duc de Nemours et de M. de Saulx-Tavannes. Le 10, le roi quitte Saint-Germain-en-Laye pour se rendre à Orléans : il couche à Paris, se rend le 11 dans le Parlement où il déclare que la tentative d'Amboise était dirigée particulièrement contre lui, et il formule une accusation précise contre les Bourbons qui l'auraient provoquée et encouragée. Le 14, François II couche à Bourg-la-Reine. Le 15, il est à Tours ; le 18, il fait son entrée solennelle dans Orléans. Cette lenteur dans la marche est justifiée par les troupes formant le camp de Pontoise, dont le roi est entouré, environ douze cents lances et huit mille hommes d'infanterie : et on vient de voir que ce n'était pas tout. Aux compagnies d'hommes d'armes des ordonnances de Chaulnes, de Nemours et de Saulx-Tavannes, déjà rendues à Orléans, venait de s'ajouter celle de M. de Cypierre, nommé lieutenant-général au gouvernement de la ville et de la province sous l'autorité nominale du prince de La Roche-sur-Yon « que sa qualité de prince du sang rendait sus-« pect, mais que son caractère inoffensif et sou-« mis rendait peu dangereux » (duc d'Aumale, *les Princes de Condé*).

La substitution d'Orléans à Meaux pour la tenue des Etats Généraux dénotait à la fois de la prudence et de la résolution. Il y avait à Meaux beaucoup de calvinistes : ceci est pour la prudence. Voici pour la résolution : Orléans était l'objectif du prince de Condé : en l'occupant en force, on jetait la perturbation dans le plan de campagne que les Bourbons avaient peut-être déjà fait parvenir à leurs amis par toute la France, et comme Jérôme Groslot, bailli d'Orléans, avait promis de livrer la ville, il importait de lui retirer les moyens de tenir sa promesse. Orléans était sur le chemin des Princes ; en s'y rendant on montrait à la France que l'on était déterminé à tout. Les dispositions prises par les Guises, en arrivant à Orléans, prouvaient qu'en tout cas on était déterminé à se bien défendre.

Orléans regorgeait de soldats, parmi lesquels étaient noyées, absorbées les compagnies de la garde bourgeoise. Le privilège de cette milice, dans toutes les villes de quelqu'importance où elle existait, était de former la haie sur le passage du cortège royal, le jour de l'entrée solennelle. En arrivant à Orléans, Cypierre avait commencé par désarmer la garde bourgeoise et lui ordonner d'apporter toutes ses armes à l'hôtel de ville. Elles lui avaient été rendues seulement la veille de l'entrée, mais avec injonction de les rapporter de nouveau à l'issue de la cérémonie. Les bourgeois ne pouvaient se permettre que des commentaires, rien de plus ; mais par leur morne attitude, par l'absence complète d'enthousiasme officiel, par les larmes qui, dit-on, coulaient sur les joues de beaucoup d'entre eux, ils témoignaient suffisamment combien ils ressentaient l'injure qui leur était faite. L'entrée fut lugubre : on eut dit un vainqueur dans une ville conquise. François II était escorté de deux cents gentilshommes bien armés, des arquebusiers à cheval de Richelieu, de quatre cents archers de la garde, et d'un nombreux corps de Suisses. Devant cet appareil menaçant, Jérôme Groslot, qui, en sa qualité de bailli, était chargé de complimenter le roi, perdit son assurance accoutumée, quoique ce fut un homme de tête et d'action, et ayant entendu quelqu'un s'écrier tout haut, en le désignant : Voilà le capitaine des huguenots ! » il balbutia et se retira sans avoir pu continuer son discours. François II alla néanmoins dans la maison de Groslot, place de l'Etape, d'où celui-ci fut délogé, mais, en guise de dédommagement le roi ne devait pas tarder à lui procurer un logement dans la prison d'Orléans. Les troupes royales occupèrent immédiatement tous les corps de garde et toutes les tours de l'enceinte; la maison qu'habitait le roi fut entourée des troupes de sa garde, des patrouilles circulaient incessamment par les rues, et toute l'armée qui avait précédé la Cour était distribuée dans les villages d'alentour. C'est avec cet appareil que l'on prétendait imposer confiance aux Bourbons.

Les Etats n'étant convoqués que pour le 10 décembre, l'installation prématurée du roi à Orléans n'était donc justifiée que par la ferme volonté de faire leur procès aux princes et d'en finir avec eux avant la première séance. Par un tel coup de vigueur on comptait s'assurer une prépondérance absolue sur l'assemblée et se faire octroyer par elle tout ce qui était nécessaire pour écraser les réformés privés de leur véritable chef. Mais on ne les tenait pas encore.

Crussol (1) avait rempli sa mission, mais sans aucun succès ; les deux frères n'avaient aucune confiance et ils répondirent l'un et l'autre au roi. Le roi de Navarre suppliait François II de ne pas se laisser ainsi prévenir contre son frère par les impostures que les ennemis de la maison de Bourbon ne cessaient de répandre sur son compte. Condé disait qu'il était prêt à se défendre et à confondre ses calomniateurs pourvu qu'on voulut bien les lui

---

(1) Antoine de Crussol, comte de Crussol, puis duc d'Uzès, était chevalier d'honneur de la reine mère, et sa femme, Louise de Clermont, était très en faveur auprès de Catherine. C'était donc un homme de confiance dans toute la force du terme. Catherine a soin de le préciser dans deux lettres de créance que Crussol est chargé de remettre au roi et à la reine de Navarre : « Je me fye en luy come povés panser, tenant le lyeu qu'il tyen auprès de moi... et sachant cemment vous savés que je l'ayme et l'estyme... » Le roi et la reine devront donc « le croyre de set qu'il vous diré come si 𝓏 estoit moi-mesme. »

nommer, lui faire connaître les charges qu'ils faisaient peser sur lui, et qu'on le fît l'égal de ses ennemis en leur retirant l'autorité excessive dont ils abusaient pour le perdre ; de se rendre aux Etats Généraux et à Orléans, pas un mot, pas même une allusion. Les Lorrains dictèrent alors au roi les termes d'une réponse que Castelnau nous a conservée, affirmant « qu'ils « pouvaient venir sans aucune crainte et qu'ils « ne sauraient être plus en sûreté en leurs « propres maisons ni en autre lieu où ils pus- « sent aller ». Tavannes va jusqu'à prétendre que le roi leur fit parvenir un sauf-conduit en règle. Le même ajoute que la reine-mère écrivit aussi de son côté au roi de Navarre de venir « y estant à demy forcée pour plaire à MM. de Guise », mais qu'en secret et verbalement elle faisait entendre à la princesse de Condé « que c'estoit la mort de son mary s'il venoit à la Cour. »

Madeleine de Mailly, dame de Roye, belle-mère de Condé, huguenote déterminée, et qui s'était à cause de cela éloignée de la Cour, écrivit à la reine-mère dont elle avait pour un temps possédé toute la confiance, que son gendre ne pouvait raisonnablement venir se livrer aux Guises, ses ennemis, sans prendre ses sûretés ; qu'il fallait ou bien que les Lorrains quittassent la Cour avant son arrivée, ou bien qu'il y vînt si bien accompagné que personne ne serait tenté de porter atteinte à sa liberté où à sa vie. » Qu'il vienne comme il voudra, répondit aigrement Catherine, le roi sera toujours plus fort que lui ». Cette menace était un avis aussi charitable que celui donné à la princesse de Condé.

De toutes parts, d'ailleurs, les conseils étaient concordants : rester à Nérac et y attendre les événements. Antoine de Bourbon, dont les perplexités et l'irrésolution étaient le perpétuel obstacle à tout, paraît avoir pris un parti assez promptement, plus promptement en tout cas que le prince de Condé (2). Navarre pouvait se rendre cette justice qu'il n'avait pas trempé dans la conjuration d'Amboise, qu'il s'était opposé à la tentative de Maligny sur Lyon, que si le Dauphiné et la Provence étaient agitées ce n'était nullement de son fait. Il avait tout à perdre à la résistance, ses pensions, son gouvernement, les vastes possessions qu'il avait dans un grand nombre de provinces ; on pouvait lui enlever le Béarn, comme avait déjà voulu le faire, et réunir toute la Navarre dans la main de l'Espagne. Il n'avait pas de troupes à opposer à celles dont les Guises dis-

---

(2) A une lettre de M. de Burie (déjà cité) qui engageait le roi à venir, Jeanne d'Albret répond, le 11 septembre « ... Le roi a délibéré et bon vouloir suivre le sage conseil que lui donnez en la vostre de s'en aller bientôt à la cour... il usera de vostre avis, comme venant de celuy qui aymez son repos et grandeur... » Mais Burie était-il de bonne foi? Il était trop attaché à la Cour pour qu'il ne soit pas permis de croire le contraire.

posaient et qui étaient plus que suffisantes pour l'écraser : il n'avait pas d'argent, malgré les belles promesses des églises réformées. Résolu enfin à tenter pour lui-même l'aventure, il fit de généreux efforts pour dissuader Condé de le suivre. Celui-ci ne s'y montrait d'abord nullement disposé. Il ne manquait pas de bonnes raisons à faire valoir : ses correspondances prises sur La Sague, les mauvais traitements que le maréchal de Saint-André faisait subir à ses serviteurs à Lyon, l'arrestation de François de Barbençon, seigneur de Cany, dans son château de Varennes en Picardie (1), l'emprisonnement du vidame de Chartres, celui de Robert de La Haye, les avertissements de la reine-mère à la princesse, sa femme, le mot menaçant répondu par Catherine à sa belle-mère, Madame de Roye, les phrases le concernant dans la lettre de François au roi de Navarre que Crussol avait apportée. Que n'aurait-il pas eu encore raison de dire s'il avait connu les ordres du roi à Charles de Coucy, seigneur de Burie, lieutenant-général de la province de Guyenne, qui corroboraient tout ce qu'il pouvait redouter ?

M. de Burie, « bon homme de guerre, très bon et sage capitaine » dit Brantôme, était aussi un sage politique. Voulant se couvrir contre toute éventualité par les ordres du roi, il lui avait demandé ce qu'il conviendrait qu'il

(1) Canton de Noyon (Oise).

fit et le langage qu'il aurait à tenir si d'aventure le roi de Navarre venait à Bordeaux ou s'il passait par sa province. François II lui dépêcha M. d'Ausance (1) avec des instructions si détaillées qu'elles ne laissaient pas place à l'imprévu : si le roi de Navarre (le prince de Condé y est sous entendu) ne fait que traverser Bordeaux « avec son train accoutumé » pour venir le trouver, « sans apparence d'avoir
« envye de s'y arrester n'y montre quelconque
« de remuement », qu'il le reçoive avec tous les honneurs qui lui sont dus, sans lui laisser soupçonner qu'on ait quelque défiance de lui,
« mais bien mettra peine de le conforter en
« ceste opinion de s'en venir le plus tôt qu'il
« pourra, et ne prester l'oreille à ceux qui l'en
« voudraient destourner, l'asseurant qu'il y a
« tant de mauvais garçons, qui font accroire
« de si estranges bruits, et qu'on voit tant de
« folyes, qu'il ne doict avoir estrange si ung
« roy jaloux de son état et désireux du repos et
« de la seureté de son royaulme en est en peine
« et désire veoir toutes les parties aller comme
« elles doibvent ». Si, au contraire, M. de Burie voit le roi de Navarre « altéré en ses propos et
« déportemens, en volonté de demeurer par
« delà et en une incertitude de ce qu'il y avoit
« à faire, et en compagnie de gens qui mons-
« trassent avoir envye de faire quelques

(1) Jacques de Montberon, seigneur d'Ausance, plusieurs fois chargé de missions en Espagne.

« folyes », il devra avec l'appui de MM. d'Ausance et de Noailles, aviser à « pourvoir doulce-
« ment à la seureté de la ville et pareillement
« des châteaux, où ils ne le laissent entrer ny
« pièces des siens, de façon que la force leur
« demeure tous jours ». Si enfin « ils s'aperce-
« voient qu'il y eût apparence de quelque
« élévation ou mauvaise volonté, le roy veult et
« entend qu'en ce cas ils ne le reconnaissent
« nullement... » Ceci prouve clairement la résolution des Guises d'exterminer les Bourbons s'ils tentaient la moindre résistance. Des instructions analogues furent adressées à Melchior des Prés, seigneur du Fou et de Montpezat, maître des eaux et forêts et sénéchal du Poitou, lieutenant de la compagnie de cent lances des ordonnances du duc de Guise, connu sous le nom de M. de Montpezat. A lui il dit nettement qu'il sait que ses ennemis ont en vue de se rendre maîtres de Poitiers et d'y réunir toutes leurs forces : qu'il faut rassembler quinze cents à deux mille hommes d'infanterie, prendre les compagnies d'ordonnance disséminées dans la province et occuper rapidement Poitiers pour ne pas laisser le temps aux adversaires d'arriver jusque là. MM. du Vigean (1), de La Rochepozay et de La Trémoïlle sont chargés de lui prêter main forte et d'user de leur influence sur la noblesse du pays pour l'engager à se rallier aux troupes royales. Le surplus des troupes

(1) François du Fou, seigneur de Vigean.

occupera Loches, Chatellerault et telles autres villes qu'il jugera convenable. Tous les bourgeois de Poitiers seront désarmés « pour ce « qu'il est certain qu'il y a beaucoup de gens « dans Poitiers de la faction des séditieux ». Relativement au roi de Navarre et au prince de Condé « s'ils viennent à passer en ladite ville « avec leurs maisons et trains ordinaires, sans « aucune apparence de remuement ou élévation « quelconque, et qu'ils aient envie de continuer « leur chemin, ledit mareschal (de Termes) les « confortera en ceste volonté le plus qu'il pourra, « comme la chose du monde dont plus de bien « leur peult advenir ». Si les princes passent outre sans s'arrêter et sans faire mine de rien, le maréchal, quand ils seront à Loches, leur tiendra le même langage « et ne passera pas « oultre, ni ne pourveoira la levée des gens de « pied, mais se contentera de la gendarmerie « qu'il a pour asseurer ce pays-là et empêcher « qu'il n'y advienne quelque émotion ». Le même jour, 6 octobre, le roi écrit à M. de Daillon du Lude (1) d'avoir à se mettre aux ordres du maréchal de Termes pour l'aider à s'assurer de Poitiers qu'il croit menacé. Au maréchal lui-même, il écrit pour lui annoncer que Montpezat est chargé de lui transmettre ses ordres.

(1) Guy de Daillon, seigneur du Lude, gentilhomme ordinaire de la chambre du roi, lieutenant au gouvernement du Poitou, se signala dans les guerres de religion et mourut à Briançon, le 17 juillet 1585.

40

Dans ces diverses missives, le motif du voyage d'Orléans n'est même pas dissimulé. Au maréchal de Termes : « Je me délibère « m'acheminer en peu de jours à Orléans, où « je veux faire l'amas de mes forces, y faisant « dès cette heure marcher de tous costez un « grand nombre de gendarmerie avecques une « bonne troupe de gens de pied, de façon que, « avec l'ayde de Dieu, s'il y en a de si fols de « me mesconnaître, de leur faire sentir à bon « escient que je suis roy qui me sais bien « faire obéir... » A Montpezat : « ...La délibé- « ration que le roy a prinse de s'acheminer au « premier jour droit à Orléans, avec de bonnes « forces de gendarmerie, vingt et une ensei- « gnes des vieilles bandes et un autre bon « nombre de gens de pied qu'il se délibère « faire lever en toute diligence, et l'ordre qu'il « a donné pour avoir quatre mille Suisses et « autant de lansquenets, afin, si les affaires « alloient en longueur, de pouvoir être secouru « d'un si bon et gros renfort comme cesluy là; « car sa majesté est délibéré d'y mettre à ce « coup une fin, et ne vivre plus en peine et « perplexité comme il fait ordinairement ». Au duc d'Aumale : « ...Ayant nouvelles de « plusieurs tumultes qui se rouvrent en di- « vers endroits de mon royaulme, j'ay pour « résolution, afin d'estre en lieu pour y mieulx « pourveoir, de m'en aller à Orléans, où je fais « marcher quelques forces... ».

Cela suffit pour restituer au voyage d'Orléans sa véritable signification : barrer la route de Paris aux Bourbons et à leurs partisans, s'assurer d'Orléans dont ils voulaient faire leur place d'armes, s'y tenir prêt à se porter sur le point qui serait le plus menacé, y attirer les Bourbons, se défaire d'eux et devant l'échafaud sur lequel la tête de Condé serait tombée, contraindre les Etats Généraux, par l'impression de ce grand exemple, à donner carte blanche aux Guises pour extirper la religion réformée du sol de la France.

Les passages que je viens de citer prouvent que les Guises n'étaient pas sans inquiétudes sur le résultat. Le secrétaire d'Etat L'Aubespine le confirme en écrivant le 9 octobre au duc d'Aumale, Claude de Lorraine : « ...Il n'est
« jour que nous n'ayons nouvel allarme...
« A quoy le roy a délibéré de pourveoir, et ce
« pendant que le mal n'est pas encore trop
« grand, le faire cesser, s'il est possible, et
« *exécuter ceulx que l'on pourra attraper*. Je
« croys en ma conscience, Monseigneur, qu'ils
« sont bien empeschez à se résouldre, et ont
« beaucoup de mannies en la teste. A la fin, il
« faudra qu'ils disent *pecavi* et qu'ils cognois-
« sent leur Créateur ». Ainsi, jusqu'au dernier moment, jusqu'à son arrivée à Orléans, François II, soufflé par les Lorrains, ne cesse-t-il d'accumuler les précautions. En écrivant au duc d'Aumale, il lui mande de venir le retrouver

à Orléans et d'amener avec lui sa compagnie d'hommes d'armes des ordonnances, celles du duc de Nemours et de Tavannes, plus deux compagnies de cinquante arquebusiers à cheval chacune commandées par les sieurs de Trehan et de Venton. A Gaspard de Saulx-Tavannes, il écrit de venir aussi à Orléans, il écrit à Guillaume de Saulx, seigneur de Villefrancon, de prendre le commandement de la Bourgogne en l'absence de son frère. Par contre, François II, le 15 octobre, étant à Toury, écrivant au connétable pour lui faire ses compliments de condoléance au sujet de la mort de son petit-fils, né de François, duc de Montmorency, et de Diane, légitimée de France, fille naturelle de Henri II, et de la maladie de « ma sœur de Montmorency, vostre belle-fille », après avoir dit « fault espérer de la bonté de Nostre-
« Seigneur qu'il vous gardera la mère pour en
« faire d'aultres, puisqu'elle y avoit sy bien
« commencé », François ajoute ceci : « Trou-
« vant bien raisonnable que, pour la conforter
« et donner ordre qu'elle soyt mieulx secourue,
« vous ne bougiez de delà ; ne voyant rien,
« Dieu mercy, qui pour ceste heure presse
« vostre venue, car je vous advertiray bien
« quand il sera temps que vous me veniez
« trouver. Et aussy peu est-il besoing que
« vostre compagnye (d'hommes d'armes), ni
« celle de mon cousin le mareschal de Mont-
« morency, marche ne s'achemyne encores par

« deça ; mais qu'elles demeurent en leurs gar-
« nisons jusques à ce que vous ayez sur ce mon
« commandement de moy. Vous advisant, mon
« cousin, que, par les nouveles que jay de
« divers endroits, la plus grande partie des
« fols, me sentans marchez où je m'en voys,
« retirent ung peu leurs cornes... ». Ce qu'il y
avait de plus clair pour le connétable, c'est que
les Guises voulaient se placer entre lui et les
Bourbons, et que l'on redoutait sa présence,
car il était trop bien informé pour ne pas
savoir aussi bien que le roi que « les fous », loin
de cacher leurs cornes, les montraient au contraire un peu partout.

Le duc de Guise, écrivant le même jour et
par le même courrier « estant bien marry de
« la fortune qui est advenu à Madame la mares-
« chale de Montmorency, vostre belle fille,
« pour la perte qu'elle a faicte de son petit-fils...
« estant encore jeune comme elle est, elle en
« pourra avoir d'aultres... en disait plus long
que le roi, et lui donnait d'abord cette grave
nouvelle... « Le roy de Navarre et monsieur
« le prince de Condé s'en vyennent à bonnes
« journées », puis à Angers il était survenu
« quelques nouvelletez », enfin La Mothe-Gondrin pourchassait Montbrun. Les magistrats
d'Angers, en effet, demandaient du secours.
Leur ville appartenait aux réformés, « reste de
« l'émotion d'Amboise » qui ont attiré à eux
« toute la noblesse de ce pays » et ont fait

d'Angers leur place d'armes, où ils font publiquement la cène, où ils prèchent et ne reconnaissent plus aucune autorité. On y envoie le duc de Montpensier, gouverneur de la province. Dans le Limousin tout est tranquille. Gilbert de Lévis, comte de Ventadour, a fait cesser par sa seule présence les assemblées et les prèches publics. Mais en Languedoc, tout va de mal en pis. Le comte de Villars, lieutenant du connétable dans cette province, lui écrit le 12 octobre et fait savoir au roi par un gentilhomme, le sieur de Pignan qu'il a envoyé à la Cour, que la province prend feu et qu'il n'a pas ce qu'il lui faut pour la réduire. Seize villes, dont Montpellier, Nîmes, Castres, Aigues-Mortes, Pézenas, Privas, se sont déclarées pour les réformés; les autres sont prêtes à se déclarer. On s'est fortifié partout, on amasse des armes, on crie à la liberté. Villars réclame une armée permanente en Languedoc, même après la pacification, dix mille hommes de pied, cinq cents hommes d'armes, c'est-à-dire trois mille chevaux, et de l'artillerie à proportion. Le connétable s'est hâté d'envoyer au roi un gentilhomme, M. de Rochemontais, lui faire part de la lettre éplorée du comte de Villars, mais le roi le lui renvoie avec une lettre commune du cardinal de Lorraine et du duc de Guise, datée d'Orléans, 24 octobre, pour le prévenir « que tout comence à se mieulx porter
« en vostre gouvernement et sera, si Dieu plaist,

« encores mieulx cy après, moyennant le bon
« ordre que sa dicte majesté a advisé d'y don-
« ner ». Une chose à remarquer dans cette
missive, c'est que la préoccupation du roi de
Navarre passe avant toutes choses. Le 4 octobre
1560, écrivant à l'évêque de Limoges, le cardinal de Lorraine avait laissé échapper ce cri de
triomphe : « Nous attendons le roy de Navarre
« entr'icy et quelques jours, ayant mandé et
« asseuré au roy qu'il ne faudra d'estre icy,
« tant luy que Monsieur le prince de Condé,
« son frère, entre cy et le quinziesme de ce
« moys, dont je suis fort ayse, espérant que sa
« venue servira beaucoup pour l'assoupisse-
« ment de toutes ces follyes que nous voyons
« aujourd'huy ». Le duc de Guise avait eu soin
d'écrire au connétable, le 15 octobre, que les
Bourbons arrivaient « à bonnes journées ».
Le 24, les Lorrains lui mandent « nous n'avons
point encore nouvelles que le roy de Navarre
soit arrivé à Tours », mais ils peuvent se rassurer ; quoique les filets tendus pour les prendre
soient visibles de la France entière, les Bourbons vont s'y jeter tête baissée. Navarre, par
excès de confiance ; Condé, par excès de généreuse fierté.

J'ai dit plus haut que le roi de Navarre avait
pris son parti avec plus de décision qu'on n'aurait dû l'attendre de lui, et que le prince de
Condé, par contre, semblait ne pouvoir se décider : il flairait la revanche d'Amboise. Les

amis du second degré, les partisans, les ambitieux, faisaient valoir auprès de lui, pour aller se réchauffer au soleil de la Cour, sans l'éclat duquel ils se sentaient dépérir, que le roi et la reine-mère parlaient de lui en bons termes, affectaient de rappeler avec plaisir le souvenir de ses bons mots et sa gaieté, qu'il était cruel d'infliger à de bons serviteurs ce rôle perpétuel de condamnés ou pour le moins de suspects, que le Conseil du roi était pour ainsi dire décapité par l'absence des princes et que les affaires y étaient comme suspendues. Crussol avait mieux réussi auprès des serviteurs que du maître. D'Escars (1) et Bouchard, chancelier de Navarre, ne lui laissaient plus d'autre alternative que de rompre avec le roi, son frère, ou de partir avec lui. La générosité de Condé l'emporta sur ses sentiments. Au roi de Navarre qui voulait l'arrêter encore, en lui remontrant que c'était à lui qu'on en voulait et qu'on irait peut-être jusqu'à attenter à sa vie, Condé répondit fièrement : « Ils n'oseraient ! » C'était le mot du duc Henri de Guise, la veille de son assassinat à Blois. Le départ fut résolu, et les Bourbons quittèrent Nérac, sans être accompagnés d'autre suite que celle qu'ils avaient l'habitude de mener avec eux, c'est-à-dire leur maison. On a bien raison de dire que l'homme ne peut éviter sa destinée.

(1) François de Peyrusse, comte d'Escars, plus tard lieutenant de roi en Guyenne ; nommé gouverneur de Limoges en 1568, mort à la fin du règne de Henri III.,

Marchant à petites journées, comme si, malgré la détermination prise, ils s'étaient promis de faire durer le voyage bien au-delà des limites prévues et ordinaires, ils avaient à deux reprises reçu des lettres bienveillantes de la reine-mère, de nature à hâter leur venue. A Mucidan, ville du Périgord, ils s'arrêtèrent, et le roi de Navarre, se disant malade, écrivit à Catherine, la lettre suivante : « Madame, en recevant suc-
« cessivement les deux lettres qu'il vous a plu
« de m'escripre et les précieuses assurances de
« votre bienveillance, il n'y a point de raisons
« que je ne me sois mises devant les yeux pour
« essayer de me consoler ou de me rasseurer:
« mais comme l'homme n'est pas entièrement
« maître des affections de son âme lorsqu'elles
« ont pris un certain empire et qu'elles ont un
« fondement légitime, je suis forcé de vous con-
« fesser qu'encore que vos lettres allègent beau-
« coup mon tourment, toutefoys je languis et
« je sens parfaitement que je porteray toujours
« ceste maladye comme une fiebvre ardente
« qui me consume, jusqu'à ce que jaye l'avan-
« tage de veoir le roy et vous, Madame, et que
« je me soys deschargé de tout ce qui me paise
« sur le cœur. Car je me trouve si indignement
« traitté, non seulement dans tout le reste du
« royaulme, mais dans mon propre gouverne-
« nement, qu'on s'étudye à me perdre d'hon-
« neur et de réputation. Plus j'avance et plus
« mes oreilles retentissent d'ordonnances, de

« proclamations et de défenses, où, si mon nom
« ne se cite pas, on me désigne sy clairement
« au doigt et à l'œil que personne ne s'y peut
« mesprendre. Je me contyendray cependant,
« Madame, quoique difficilement, et je mettray
« peine, tout malade que je suis, d'achever
« mon voyage, avec le prince, Monsieur mon
« frère, aussi promptement que ma santé le
« permettra. Je profite, en attendant de l'occa-
« sion que me présente M. le cardinal d'Ar-
« magnac, qui m'est venu visiter de la part
« de Nostre Saint-Père (1), et qui sera dans
« deux jours auprès de vous (2), pour vous
« faire entendre de vive voix ce qui me cha-
« grine..... Je finis en vous asseurant de nou-
« veau que..... je ne manqueray point, s'il plaît
« à Dieu, de me trouver auprès de vous, avec
« le prince, Monsieur mon frère, au terme qui
« nous a esté assigné, et de faire connaître que
« des gens de bien ne craindront jamais d'abor-
« der un aussy bon roy que nous estimons le
« nôtre. Je prye Dieu, Madame, vous donner,
« en parfaitte santé, très longue et très heureuse
« vie ».

(1) Le 7 octobre, le cardinal d'Armagnac écrit au cardinal de Lorraine qu'il arrive avec le roi de Navarre qu'il accompagne. — Georges d'Armagnac, cardinal, né vers 1501, évêque de Rodez, 1529 ; ambassadeur à Venise, 1541, et à Rome ; cardinal, 1544 ; archevêque de Toulouse, 1562 ; puis d'Avignon, 1576 ; mort le 9 juin 1585.

(2) Inutile de faire remarquer qu'il y a ici une faute ou une exagération, car il fallait alors plus de deux jours pour aller de Mucidan à Orléans.

Soit qu'une nouvelle lettre de Catherine eut hâté sa guérison, soit que les nouvelles qu'il recevait du Limousin fussent de nature à le rassurer, Navarre poussa jusqu'à Limoges, où il se trouvait d'ailleurs chez lui, car il en avait la seigneurie, avec le titre de vicomte, du chef de Jeanne d'Albret, sa femme. Gilbert de Lévis, comte de Ventadour, qui y était arrivé le 10 octobre, comme on l'a vu plus haut, et qui avait mis en fuite les ministres réformés, avait jugé prudent, ou convenable, car le vent de la fortune pouvait tourner un jour, de se retirer devant le roi et de lui céder la place : elle n'était d'ailleurs pas tenable pour lui, car sept à huit cents gentilshommes, bien armés, avaient envahi la ville, venant offrir à Antoine de Bourbon de le reconnaître pour leur chef. Les propositions qu'ils faisaient étaient de si grande conséquence que le roi de Navarre réunit son conseil et qu'elles y furent très sérieusement discutées. Ces gentilshommes offraient le concours immédiat de six mille hommes d'infanterie rassemblés dans le Poitou et la Saintonge, et qui n'attendaient que le signal pour venir le rejoindre. Ils promettaient, dans un certain délai, quatre mille hommes venant de Provence et de Languedoc, autant de Normandie, dont les églises réformées fourniraient la solde pendant deux mois. Mais, sans attendre ces derniers renforts, on pouvait, avec eux et les six mille hommes d'infanterie, marcher en avant; parmi les compagnies des ordonnances qui figuraient dans l'armée royale, il en était qui se déclareraient pour lui ; qu'il fallait donc, en passant, s'assurer de Bourges et de Poitiers, y mettre garnison et ensuite, avec le reste, se diriger sur Orléans ; que toutes les chances de ce projet valaient évidemment mieux que celles d'aller se constituer prisonniers entre les mains des Guises, et se mettre à la merci d'ennemis qui avaient juré leur perte.

D'Escars, l'évêque de Mende, Nicolas d'Angu, et Bouchard, chancelier de Navarre, conclurent formellement au rejet de cette proposition : on ne pouvait faire la guerre avec six mille hommes soldés pour deux mois : il fallait des ressources assurées en hommes et en argent. Où étaient ces ressources? Le roi de Navarre ayant demandé si on lui fournirait quatre cents mille écus, condition essentielle selon lui pour se déclarer conformément à leurs désirs, les gentilshommes répondirent que les églises réformées sauraient assurément y pourvoir dès que les princes se seraient déclarés. Sur l'insistance du roi de Navarre, ils lui proposèrent de laisser Condé sous leur protection pendant qu'il continuerait seul son voyage : on n'oserait, disaient-ils, rien tenter contre lui tant que Condé, libre, s'appuyant sur des forces respectables, serait en état de le venger. Ce fut le tour de Condé de refuser. Il ne voulait pas abandonner son frère dans cette extrémité et traduisait les illusions

qu'on avait su faire naître et entretenir dans son âme en disant que ce n'était pas chose si facile que de faire leur procès à des princes du sang : que si l'on observait les formes judiciaires prescrites par leur qualité, ils n'avaient rien à craindre, que si au contraire on les condamnait sans les entendre, Dieu leur susciterait des vengeurs ; qu'ils n'auraient pas du moins à se reprocher d'avoir entraîné tant de si braves gens à leur perte. Le roi de Navarre ayant ajouté que si l'on prétendait les inquiéter pour la démarche qu'ils venaient de faire auprès de lui, en armes, malgré les dernières ordonnances, il se chargeait d'obtenir leur grâce, un d'eux s'écria : « Notre grâce, sire ! Ne songez qu'à la
» vôtre ; vous en aurez bientôt plus besoin que
» nous, car nos épées nous restent : et puisque
» nos chefs naturels nous abandonnent, nous
» en trouverons d'autres ! »

Les amis du premier degré, les parents, travaillaient cependant de toutes leurs forces à ouvrir les yeux aux deux frères et à les obliger à rétrograder ou, du moins, à s'arrêter et à ne pas atteindre Poitiers à partir duquel la retraite leur serait pour ainsi dire coupée. La princesse de Condé dépêchait à son mari un courrier avec un message dans lequel elle l'adjurait de ne pas venir à Orléans où il trouverait une mort certaine sur l'échafaud, lui protestait que les déclarations de la reine-mère n'étaient qu'autant de mensonges, lui rappelait qu'un seul parti profitable à sa gloire lui restait à prendre, de profiter du zèle et du bon vouloir de tant de gentilshommes qui ne demandaient qu'à le suivre, à faire de son injure la leur, et que s'il fallait mourir c'était en combattant à leur tête qu'il devrait chercher un trépas glorieux. Des amis éprouvés, — le connétable était peut-être de ce nombre — conseillaient de se dérober et de gagner rapidement la Normandie où tout était prêt pour un soulèvement et d'où, en cas de revers, il était aisé de chercher le salut sur les côtes anglaises. Charles de Marillac, archevêque de Vienne, l'orateur écouté et admiré de l'assemblée de Fontainebleau, s'arrachait au lit sur lequel il était cloué par la maladie, à Melun, et avait couru jusqu'à Artenay où il avait mandé la duchesse de Montpensier, Jacqueline de Longwy, gagnée aux nouvelles doctrines et sa protectrice, pour l'adjurer de chercher avec lui un moyen d'empêcher les Bourbons de courir à une perte certaine. Il proposait d'engager le duc de Bouillon à recueillir la princesse de Condé et ses enfants dans sa forteresse de Sedan et d'y enfermer ceux du duc de Guise dont on s'emparerait pour servir d'otages et répondre de la vie des Bourbons, d'aviser le connétable que les charges les plus graves pesaient sur lui, qu'on ne cherchait qu'à l'endormir; qu'il était dès à présent réputé criminel de lèse-majesté et qu'après les Bourbons son tour viendrait immédiatement. La duchesse était toute puissante sur l'esprit de la reine-mère, mais elle poursuivait la restitution des biens confisqués sur le connétable de Bourbon, notamment la principauté de Dombes et le Beaujolais. Elle craignit de compromettre le succès de ses démarches et n'accueillit qu'avec une certaine réserve la proposition de l'archevêque. Elle consentit seulement à prévenir la princesse de Condé et le connétable, du danger que Condé et lui couraient ; ce fut tout. L'archevêque, désespéré, retourna à Melun, dans son abbaye de Saint-Pierre, et il y mourut le 3 décembre, de chagrin, dit-on, et à la veille de voir s'ouvrir les Etats Généraux dont son éloquence avait tant contribué à décider la convocation. Cette mort était un atout de plus dans le jeu des Guises, qui redoutaient l'esprit habile et entreprenant du Prélat : en revanche elle jeta quelque perturbation parmi les députés qui comptaient sur lui, et qui, en arrivant à Orléans, s'aperçurent qu'ils n'étaient pas au milieu d'une Cour mais d'une armée.

Le salut fut sur le point de venir aux Bourbons du côté où on devait l'attendre le moins. Montpezat faillit tout perdre. On se rappelle qu'il avait été envoyé à Poitiers avec des instructions dont j'ai relevé les principaux détails. Au moment où les princes n'étaient plus qu'à une journée de Poitiers, Montpezat se présenta devant eux et leur signifia qu'ils n'entreraient pas dans la ville. Le roi de Navarre dépêcha aussitôt à la reine-mère un courrier pour se plaindre de l'insulte qui lui était faite, et il rétrograda jusqu'à Lusignan où il feignit de nouveau d'être malade, dans l'incertitude s'il continuerait son voyage ou s'il ne rebrousserait pas chemin. A ce coup de nouveaux avis lui parvinrent de différents côtés. On était allé, disait-on, chercher à Lyon et en Dauphiné les prisonniers des derniers évènements pour servir de témoins contre eux, on leur conseillait de prendre prétexte de l'incartade de Montpezat — un ami dévoué n'aurait pas mieux fait que lui — pour retourner sur leur pas sans fournir à la Cour un nouveau sujet de plaintes contre eux. Mais le bandeau était si épais sur leurs yeux que la lumière ne pouvait plus y pénétrer. Le cardinal d'Armagnac, qui les avait quittés à Mucidan, venait leur annoncer le désaveu formel infligé à Montpezat et leur apporter des excuses. Le maréchal de Termes accourait et les invitait à venir à Poitiers où une réception solennelle les attendait. Les Bourbons cédèrent. Non seulement Poitiers avait ouvert ses portes, mais ils y furent accueillis avec tous les honneurs dus à leur rang. A Blois, ils rencontraient le cardinal de Bourbon lequel, avec cette naïve simplicité qui lui valut plus tard de Henri III le surnom de « vieux fou », acheva de les rassurer en leur transmettant la parole du roi qu'ils seraient reçus en amis. Auraient-ils voulu retourner où même s'arrêter qu'il n'était d'ailleurs plus temps. Depuis qu'ils avaient quitté Poitiers, sous prétexte de leur faire honneur, le maréchal de Thermes les suivait avec deux cents lances et six cents hommes d'infanterie, assez loin pour ne pas leur porter ombrage, mais assez près, comme le dit d'Aubigné, « pour les pousser en la tonnelle ». Le 30 octobre, les deux Bourbons arrivaient à Orléans. La diplomatie des Lorrains l'avait emporté.

Les oiseaux étaient en cage : il n'y avait plus de ménagement à garder, et on n'en garda aucun ; on n'observa même pas les lois les plus élémentaires de la bienséance. Le roi de Navarre retrouva là les raffinements d'insolence dont il avait été l'objet quand il se présenta à Fontainebleau, après la mort de Henri II. La mise en scène était la même. Personne pour aller au-devant d'eux : la grande porte du logis royal hermétiquement close afin de les empêcher de pénétrer à cheval dans la cour, selon le privilège des princes du sang. Il fallut mettre pied à terre dans la rue, et entrer par la petite porte sans que ni gardes ni gentilshommes prissent le moindre souci de les reconnaître et de les saluer. Ils allèrent trouver le roi dans son cabinet. Le roi les reçut froidement. Derrière son fauteuil, étaient debout les Lorrains impassibles. Après avoir écouté d'un air distrait leur compliment, et répondu quelques mots insignifiants, François II les con-

duisit chez la reine-mère où les Guises ne les suivirent pas. Se départant alors de son silence et de son flegme, jaloux sans doute de faire voir à celle qui la lui avait apprise combien il savait sa leçon, François dit à Condé qu'il l'avait fait venir parce qu'il était fortement soupçonné d'avoir tramé des complots contre l'État et contre sa personne, que les troubles qui avaient éclaté dans quelques provinces étaient de son fait, et qu'à cette heure, il fallait qu'il se justifiât et que la vérité fut enfin connue. Avec ce calme imperturbable qui ne se démentit jamais et qui, à Amboise, avait été sa principale sauvegarde, Condé répondit que tout ce dont on l'accusait était autant de calomnies, qu'il demandait à être mis en présence de ceux qui osaient porter atteinte à son honneur; qu'il n'était d'ailleurs venu à la cour que pour rendre compte de sa conduite, faire éclater son innocence et obtenir justice : « Doué de grand courage et qui disait
« aussi bien que prince ou gentilhomme qui
« fust au monde, il ne s'étonna point : mais
« deffendit sa cause avec beaucoup de bonnes
« et fortes raisons » (Castelnau). Catherine, qui avait reçu les princes avec beaucoup de politesse, feignit d'être sensible à la réponse de Condé, et comme elle pouvait pleurer à son gré, elle ne manqua pas de verser quelques larmes. Le roi répliqua : « Eh bien, pour que
« la vérité soit mieux connue, je ferai tout

« examiner par les voyes ordinaires de justice ». C'est la version donnée par Davila qui, en raison des fonctions qu'il remplissait auprès de Catherine, devait être bien informé des plus petits détails. Sans attendre de réplique, François II sortit, et avant que les Bourbons aient eu le temps de parler à Catherine, Maillé-Brézé et Chauvigny, capitaines des gardes, entrant dans la chambre, arrêtèrent Condé et le conduisirent dans une maison auprès des Jacobins, que l'on avait préparée pour lui servir de prison.

Non seulement toutes les portes, sauf une, avaient été murées et les fenêtres grillées, mais on avait construit en avant un éperon en briques armé de quelques fauconneaux qui battaient la place du Martrois et les rues adjacentes. On était bien certain de prendre l'oiseau puisque la cage était prête à l'avance. Fiez-vous donc à la parole des rois.

Témoin de ce spectacle, le roi de Navarre eut un moment de vigueur. Sans se contraindre, il adressa à la reine-mère des reproches sanglants sur cette odieuse violation de la parole donnée, sur le piège abominable qui leur avait été tendu. Condé s'était seulement écrié que le cardinal de Bourbon, leur frère, les avait trahis. Navarre répéta le propos. « La reine-mère, dit
« Davila — que la nécessité faisait consentir à
« cela, mais qui ne laissoit pas toutesfois de
« se représenter l'inconstance des choses du

« monde, essaya de consoler le mieux qu'elle
« put le roy de Navarre..... imputa le tout au
« duc de Guise, lieutenant général, cherchant
« par ce moyen à s'exempter et de soupçon et
« de hayne. » La conclusion de ces condoléances fut qu'un autre capitaine des gardes
vint chercher Antoine de Bourbon et le conduisit dans une maison tout contre celle du roi,
au coin de la place de l'Étape, où il fut gardé
à vue, et « réservé qu'il avoit la liberté de la
« conversation, en toute autre chose il estoit
« traisté en prisonnier ». Au même instant, le
chancelier de Navarre, Amaury Bouchard, était
arrêté par Guy Chabot de Jarnac, tous les
papiers dont il était porteur étaient saisis. Il
était accusé d'une double trahison, envers le
roi et envers son maître. Il était un de ceux
qui avaient le plus pesé sur l'esprit du roi de
Navarre pour le décider à se mettre en route,
ensuite à ne pas rétrograder, et sur le prince
de Condé pour faire en sorte qu'il accompagnât
son frère. Le même jour, Jérôme Groslot, bailli
d'Orléans, fils de l'ancien chancelier de la feue
reine de Navarre, Marguerite de France, « étant
couché sur le livre rouge », comme dit La
Popelinière, fut arrêté également; et le soir,
Tanneguy Le Veneur, seigneur de Carouges,
et Renouard, gentilshommes de la Chambre,
partaient pour aller arrêter Mme de Roye, dans
son château d'Anisy (Aisne), et la conduisaient
au château de Saint-Germain-en-Laye, après

avoir fait main-basse sur tous ses papiers. Je trouve dans un historien que d'Ardois, secrétaire du connétable, fut également arrêté, mais la chose est improbable, le connétable n'étant pas homme à laisser toucher aux gens de sa maison, et les Guises ne pouvant l'entreprendre sans lui donner l'éveil et lui indiquer qu'il était lui-même tenu en suspicion. On ne se sentait pas encore assez fort pour jeter le masque de ce côté, et tant que le vieux renard ne serait pas pris, il fallait ruser avec lui.

Après ce premier moment, on se relacha un peu envers le roi de Navarre de la rigueur qu'on lui avait témoignée. Il pouvait recevoir qui bon lui semblait, et se rendre au logis du roi où on le traitait d'ailleurs avec un mépris insultant, les gentilshommes aussi bien que le roi, ce qu'il supportait avec une majesté et une patience incroyables. Il avait demandé que la garde de son frère lui fut confiée, promettant sur l'honneur qu'il ne favoriserait pas son évasion et répondant sur sa tête qu'il ne chercherait pas à s'enfuir. Cela lui fut refusé. Il alla jusqu'à implorer, debout et la tête découverte, les bons offices du cardinal de Lorraine, qui l'écouta assis et la tête couverte. Un témoin oculaire rapporte ce fait, comme une preuve de la haine des Guises contre ceux dont ils croyaient le sort irrévocable ; mais d'autre part, des contemporains attestent que les Lorrains affectaient de se montrer fort réservés sur tout ce qui touchait

Condé et Navarre, et s'observaient si bien qu'on ne pouvait se vanter de leur avoir entendu, depuis qu'ils étaient à Orléans, proférer un mot qui leur fut défavorable. Catherine de Médicis avait crevé cette toile d'araignée par la déclaration qu'elle avait faite à Antoine de Bourbon que les Guises étaient les auteurs responsables de tout, et la vieille duchesse de Ferrare, belle-mère du duc de Guise, avait donné la réplique à la reine-mère en adressant à son gendre de sanglants reproches sur son audace de s'attaquer aux princes du sang et sur la témérité avec laquelle il creusait un abîme dans lequel il serait englouti avec sa famille et ses enfants.

La princesse de Condé, d'autre part, était accourue à Orléans, et trompant la surveillance dont elle était l'objet, forçant toutes les consignes, était parvenue jusqu'à François II, et se jetant à ses pieds, voulut plaider la cause de son mari. Le petit roi n'eut pas un éclair d'émotion ni de grandeur d'âme. Sans avoir égard au rang de la princesse, il répondit brutalement qu'il tenait Condé pour son ennemi, que celui-ci avait voulu lui enlever la couronne et la vie, et que la justice suivrait son cours. La seule chose que la princesse put obtenir fut que Condé serait assisté de deux avocats. Elle désigna Claude Robert et François de Marillac, qui acceptèrent courageusement cette noble et dangereuse mission, comme ils avaient accepté celle de défendre du Bourg, pour ainsi dire au risque de leur vie.

Les Lorrains, très avisés, avaient poussé la comédie du désintéressement de l'arrestation de Condé jusqu'à la faire approuver par un arrêt du Conseil privé. Selon la procédure de cette assemblée, tous les membres du Conseil, le roi le premier, étaient tenus de mettre leur signature au bas de l'arrêt. Le duc de Guise et le cardinal, après s'être abstenus de prendre part à la délibération de pure forme, s'abstinrent également de signer, quoiqu'ils en fussent sollicités par le maréchal de Brissac qui leur servait de compère, et leur fournit ainsi l'occasion de déclarer que cette manière d'agir leur était dictée par le bruit public qui les accusait, bien à tort, de vouloir du mal aux princes de Bourbon. Personne, d'ailleurs, ne fut leur dupe quand ils tentaient de faire de Condé un criminel d'Etat, un coupable du crime de lèse-majesté. Ils voulaient simplement se débarrasser de celui qui entendait leur arracher le pouvoir et rehausser la maison de Bourbon sur les ruines de la maison de Guise. Après la mort de Condé et du roi de Navarre, l'un par suite d'un jugement solennel, l'autre à la faveur d'un coup de dague, comme on le verra tout à l'heure, les Etats Généraux dûment avertis qu'il n'en coûtait guère de faire tomber des têtes de simples gentilshommes ou de bourgeois quand celles des plus grands seigneurs tenaient si peu sur leurs épaules, ne refuseraient plus de s'associer à un projet que les Guises avaient imaginé pour en finir d'un seul coup avec les réformés. Ils demandaient ce moyen à une loi oubliée, mais non rapportée. En 1543, la Faculté de théologie avait dressé, par ordre du roi, un formulaire de doctrine sur les matières de foi et de discipline, et exigé que tous ses membres le signassent et jurassent de s'y conformer de point en point, sous peine d'être considérés comme hérétiques et traités en conséquence. François Ier avait confirmé cette décision par des lettres-patentes dans lesquelles il défendait aux prédicateurs séculiers et réguliers, sous peine d'amende nouvelle, de bannissement et de confiscation des biens, de s'écarter en rien dans leurs sermons des propositions énumérées dans le formulaire. Les Guises, trouvant dans cette arme abandonnée le moyen infaillible de faire le recensement des huguenots et d'arracher les masques que beaucoup conservaient encore sur le visage, avaient résolu de transformer ce formulaire en loi de l'Etat, et de le présenter à la signature de tous les Français. Le roi le signerait le premier, puis les ministres, les cardinaux, les grands officiers de la couronne, les chevaliers de l'Ordre, et tous jureraient de regarder et de poursuivre comme ennemis, sans distinction de frères, de parents et d'amis, non seulement quiconque y contreviendrait, mais quiconque refuserait d'imiter leur exemple. Les deux reines devaient exiger la signature et le consentement de leurs filles d'honneur, et des dames de leurs maisons; les grands officiers de leurs subordonnés, le chancelier des secrétaires d'Etat et des maîtres des requêtes ; les premiers présidents, les sénéchaux et les baillis de tous les officiers de leurs sièges ; les évêques, des abbés, des chanoines et des curés ; les abbés, des prieurs et des moines ; les curés assistés d'un notaire, de tous les paroissiens, sans qu'un seul individu, parvenu à l'âge de raison, put se soustraire à cette obligation. Le refus, c'était la prison et la potence.

Un aussi vaste projet ne pouvait manquer de s'ébruiter. Il produisit sur les Châtillons des effets bien différents. D'Andelot, qui était à Orléans, s'enfuit jusqu'en Basse-Bretagne. L'amiral de Coligny vint, au contraire, à Orléans, mais il arriva un peu tard pour être de quelque utilité à ses amis, comme il en avait la volonté, car, aux approches de la mort de François II, Catherine avait déjà conclu un accommodement secret avec le roi de Navarre.

L'attitude du connétable était assez curieuse à observer. Il avait commencé par dire hautement qu'il serait à Orléans avant les princes. La mort de son petit-fils et la maladie de la maréchale de Montmorency avaient été un premier atout dans son jeu. Ensuite, il fut malade lui-même et pour ce motif, resta à Chantilly. Quand il se décida à se dire guéri, il alla à Paris, mettant deux jours à parcourir cette distance, huit lieues, que les trains rapides parcourent aujourd'hui en quarante minutes ; mais un convalescent a besoin de ménagements. Le connétable parut se plaire à Paris. Il recevait nombreuse compagnie, se montrait dans les rues comme s'il voulait se rendre populaire, il alla siéger au Parlement, caressa les membres de la compagnie, offrit d'être son intermédiaire auprès du roi qu'il allait retrouver incessamment à Orléans. Puis, tout à coup, une attaque de goutte le prit et il retourna, rapidement cette fois, à Chantilly pour attendre sa guérison dans une localité salubre entre toutes. Cette attaque de goutte coïncidait précisément avec la nouvelle arrivée à Paris de l'arrestation de Condé, de Madame de Roye et des mesures de rigueur prises contre le roi de Navarre. Le roi aurait sans doute mieux aimé entretenir verbalement le « compère » de la reine-mère des mesures qu'il prenait pour rétablir la tranquillité dans la province du Languedoc dont le gouvernement appartenait au connétable, mais la goutte, si elle n'est pas toujours apparente, est une maladie avec laquelle il faut compter. Aussi y avait-il un fréquent échange de lettres entre Orléans et Chantilly. Pour une que le connétable écrivait, on lui en répondait trois, car lorsque François II écrivait, ou du moins quand on le faisait écrire, le duc de Guise et le cardinal de Lorraine, la reine-mère à l'occasion paraphrasaient le texte de la missive royale. Robertet(1) écrivait aussi. Dans une lettre de lui, du 13 novembre, il dit « des nouvelles de cette « compaignie je ne vous en diray aultre chose « si ce n'ait qu'elle se porte fort bien, Dieu « mercy; et se délibérant le roy et la roy mère « s'en aller lundy à Chenonceaulx, d'où ils « seront de retour le dernier jour de ce moy ». On verra tout à l'heure le motif de ce voyage projeté, que la maladie de François II empêcha d'effectuer.

Vers le même moment, la reine-mère écrit ceci : « Mon compère, ... me déplest qu'il falle « retourner si souvent à nos facheus afayres, « car sela lase tout le monde. Je voldrés que « vostre santé peut permetre que feussiez avec-« ques nous, car je cré fermement que l'on « seroyt plus sage, et ne l'étant. nous ayderié à « mettre le roy hors de page : car vous avez « tousjour voleu que vos mestres feusent aubéi « partout. Je ne vous annuiré de longue let-« tre..... et fayré fin après vous avoyr dist que « je vous seuhayst auprès de nostre roy et de « vostre bonne commère et amye Caterine ». Dans cette lettre autographe, que le marquis de Villars était chargé de remettre au connétable, Catherine laissait clairement percer que les Guises lui étaient à charge et qu'elle comptait sur le connétable pour l'aider à avoir raison

(1) Florimond Robertet, baron d'Alluye, secrétaire d'Etat de 1559 à 1569.

d'eux. Mais il avait d'excellentes raisons pour n'y ajouter qu'une confiance très restreinte. Il savait ce dont Catherine était capable en fait de duplicité, les rapports qu'ils avaient ensemble depuis la mort de Henri II n'ayant jamais été que très tendus. D'autre part, dans les lettres de François II, il ne pouvait trouver aucune allusion, même la plus discrète, à la satisfaction que l'on éprouverait de sa présence à Orléans; on semblait, bien plus, prendre à tâche de le mécontenter. Dans une lettre, François II lui annonçait assez sèchement qu'il avait disposé de la capitainerie d'Aigues-Mortes, sans le consulter, en faveur du capitaine Saint-André : il plaisait au roi, il devait plaire au connétable, gouverneur de la province, que les plus simples égards commandaient de consulter sur les choix des officiers. Dans une autre lettre, François II signifie au connétable qu'il ne prétend pas qu'il puisse accepter le don de dix-huit mille livres que les Etats du Languedoc viennent de voter en sa faveur, ainsi qu'ils l'ont toujours fait chaque année. Le roi rappelle l'édit qu'il a rendu l'année précédente à Fontainebleau à ce sujet « de « ne lever aucuns deniers sur le peuple que ce- « luy qui lui estoit accordé précédemment » : il s'étonne que les Etats de Languedoc aient été si hardis que d'y contrevenir, et assure le connétable que s'il pouvait y être faite une exception quelconque, ce serait assurément en sa faveur,

« mais estant si freschement faict que la cire
« s'en peult dire encore toute chaulde, je
« croys, mon cousin, que vous ne me vouldriez
« conseiller de le violler... ». Quand on pense
à la passion du connétable pour l'argent et pour
tous les moyens d'accroître sa fortune, on
s'imagine facilement le surcroît de haine que
cela lui donna pour les Guises. Cette lettre est
datée du 19 novembre, le jour précisément où
une subite indisposition du roi révéla à l'improviste la gravité du mal qui allait l'emporter
quinze jours plus tard.

Cette missive ne fut pas d'ailleurs expédiée
au connétable le jour même où elle avait été
signée. La maladie vint tout interrompre, et
ce fut seulement le 28, qu'elle fut envoyée avec
une lettre de la reine-mère (1) et une des Lorrains, lettres officielles d'excuses sur cet édit
qui paralyse le bon vouloir du roi, et dans lesquelles il n'est fait aucune allusion à l'état de
santé de François II. Elles ne trouvèrent d'ailleurs plus le connétable à Chantilly. La nouvelle de l'accident arrivé au roi le 19 et des
conséquences qu'il faisait redouter, avait miraculeusement guéri la goutte du connétable. Il
s'était enfin mis en chemin, avec une escorte
qui ressemblait à une armée, selon son habi-

(1) Catherine dit : « Cest édict a esté faict avecques si bonnes et justes considérations, et est de telle fruict et utilité pour le povre peuple, qui d'ailleurs est tant foullé et chargé, que je m'asseure vous ne luy voudriez conseiller de l'enfreindre pour votre respect... ».

tude, sept à huit cents gentilshommes bien armés : il allait à très petites journées et avait fini par s'arrêter à Etampes où il paraissait résolu à attendre les événements. On a raconté que cette lenteur lui aurait été amèrement reprochée par les Bourbons qu'il laissait exposés aux projets homicides des Guises. Il est permis de croire, au contraire, qu'elle leur fut plutôt utile, non pas qu'elle eut pour résultat d'apporter des entraves à la procédure, mais de provoquer et d'encourager des résistances qui furent finalement le salut.

Les Guises avaient pris leurs dispositions pour que le procès fut instruit avec la plus grande célérité. Aussitôt que le prince de Condé fut arrêté, on avait fait venir de Paris une commission tirée du Parlement et composée du président Christophe de Thou, père de l'historien, des conseillers Jacques Viole et Barthélemy Faye, du procureur général Gilles Bourdin, et du greffier Jean du Tillet. Le 13 novembre les commissaires se rendirent dans la prison du prince de Condé pour lui faire subir son premier interrogatoire. Etant donné la connaissance qu'ils avaient tous du caractère de Condé, aucun d'eux ne s'attendait à le trouver autrement que fier, résolu et déterminé à se défendre devant les juges comme il le faisait sur un champ de bataille. Le président du Thou aurait eu, en tout cas, moins que tout autre le droit d'en être surpris, car, s'il faut en croire ce que rapporte son fils, comme le tenant de lui-même, c'est le président qui aurait fait parvenir au prince secrètement le conseil de les récuser tous et de s'obstiner à réclamer d'être jugé par le Parlement et d'en appeler à lui de tous les incidents de la procédure.

Dès que les commissaires furent introduits en sa présence, le prince dit à de Thou qu'étant « de tous les bonnets ronds du royaume » celui qui passait pour le mieux connaître les lois, il ne comprenait pas qu'il eut accepté de se charger de la mission la plus illégale qu'il fut possible de voir, que les privilèges des princes du sang étaient connus, qu'ils consistaient, dans l'espèce, à être jugés par le Parlement suffisamment garni de pairs, toutes chambres assemblées, et le roi présent en personne, qu'il réclamait son droit, ne les reconnaissant pas pour ses juges, et qu'il en appelait au roi « séant en Parlement ». En s'excusant comme il le fit sur l'obéissance qu'il devait aux ordres du roi, de Thou reconnaissait implicitement le bien fondé des réclamations de Condé : il ne passa donc pas outre, lui donna acte de son appel et se retira. Le lendemain 14, l'appel porté devant le Conseil du roi, fut rejeté avec ces considérants que Condé était accusé du crime de lèse-majesté, qu'il ne s'agissait pas de prononcer un jugement mais d'instruire un procès, ce qui ne pouvait se faire sans commissaires. Nouvel appel du prince, accompagné cette fois de protestations adressées aux princes du sang et aux pairs de France. Le jour même, le Conseil rejette de nouveau l'appel. Alors Condé interjette un nouvel appel « du roi mal conseillé au roi bien conseillé », qui n'a pas un meilleur sort que les précédents. Le 20 novembre, François II signe un arrêt du Conseil portant que, nonobstant les appels successifs, le prince sera tenu de fournir le jour même ses moyens de récusation, faute de quoi il sera procédé sans désemparer au jugement.

Conseillé par Robert et Marillac, Condé ne cherchait qu'à faire traîner le procès en longueur. Il savait que le connétable était en marche et pouvait croire qu'il prenait toutes ses dispositions pour le sauver. D'un autre côté, s'il pouvait atteindre le jour de l'ouverture des Etats Généraux, il y avait de grandes chances pour que sa cause y trouvât d'énergiques défenseurs, qui mettraient le Conseil du roi en demeure de remettre Condé à ses juges naturels. Cette tactique exaspérait les Lorrains, et le duc de Guise, malgré son empire sur lui-même, ne put s'empêcher de dire : « Il ne faut « pas tolérer que ce petit galant, tout prince « qu'il est, fasse de pareilles bravades », et le procureur général Bourdin s'écria que, puisque Condé refusait de parler, il fallait passer outre et le condamner sans l'entendre. Convaincus que l'avis du procureur général allait l'emporter, Robert et Marillac rédigèrent les réponses de Condé et les lui firent signer, ce qui était une manière de reconnaître l'autorité des commissaires et de permettre que les plaidoiries fussent commencées et que le procès suivit un cours sinon légal au moins régulier. Mais l'impatience des Guises ne pouvait plus être contenue par aucune considération : ils constituèrent un tribunal composé des commissaires tirés du Parlement, du chancelier, des conseillers d'Etat, des chevaliers de l'Ordre et des maîtres des requêtes présents à Orléans. Ce tribunal ayant délibéré sur les réponses du prince, ayant sommairement examiné les dépositions de La Sague, de Robert de La Haye et du vidame de Chartres, les dénonciations d'un ancien receveur nommé Capautel et d'un nommé Boriane, prêtre dégradé, tous deux détenus pour dettes et qui s'étaient offerts à servir de témoins afin d'obtenir leur liberté, rendit immédiatement un arrêt condamnant Condé à la peine capitale. La sentence serait exécutée le 10 décembre, le jour de l'ouverture des Etats et en présence des députés, afin de leur en imposer et de faire croire à la France que l'exécution d'un prince du sang avait l'assentiment de la nation.

L'historien de Thou est le seul à prétendre que l'arrêt fut libellé, mais qu'il ne fut pas signé, se fondant sur ce qu'il l'avait entendu dire à son père : « Je crois, dit il, que l'arrêt de mort « fut dressé et non signé ; je me souviens de

« l'avoir ouï dire ainsi longtemps à mon père,
« homme vrai et sincère, à qui cette forme de
« jugement avoit toujours déplu... » Mais ce
témoignage, dubitatif en tout cas, est formellement contredit par tous les historiens contemporains qui affirment unanimement que l'arrêt était revêtu de toutes les signatures des juges, à l'exception de trois, celles du chancelier L'Hospital, du président Gaillard du Mortier, conseiller d'Etat, et de Louis de Beuil, comte de Sancerre, chevalier de l'Ordre. Les deux premiers avaient réclamé le temps nécessaire pour être mieux informés ; quant au comte de Sancerre, vieillard octogénaire, quoique bon catholique et ami des Guises, son refus fut péremptoire ; et aux instances du roi lui-même pour vaincre sa résistance, il répondit par ces belles paroles : « Que Sa Majesté pouvait lui demander
« tout autre chose pour son service, qu'il lui
« obéiroit tant que l'âme lui battroit au corps,
« mais qu'il aimeroit mieux qu'on lui tranche
« à lui-même la teste, que de laisser à ses en-
« fants pour héritage la honte de lire le nom de
« leur père au bas d'un arrêt de mort contre
« un prince dont les descendants pouvaient de-
« venir leurs rois ». Le cardinal de Lorraine prétendit qu'il était fou. Mais cette protestation d'un homme de cœur n'eut pas le pouvoir d'entraver l'œuvre d'iniquité, et le roi décida que le jugement serait exécuté quand même. Il porte la date du 26 novembre.

Il y avait encore, dit Davila, un autre moyen pour en retarder l'exécution jusqu'au 10 décembre et pour infliger avec une abominable cruauté à Condé les surcroîts de cette longue agonie : « Ce n'étoit pas autre chose que pour trouver « moyen cependant d'attirer dans les mêmes « pièges le connétable qui ne venoit point, « quelques instances qu'on luy en fit, et d'y en- « velopper le roy de Navarre, contre lequel on « n'avoit pas de preuves suffisantes pour le « condamner ». On a vu, au contraire, que loin d'attirer le connétable, on faisait tout ce que l'on pouvait pour l'écarter. Quant au roi de Navarre, on ne voulait même pas le laisser vivre jusqu'à l'exécution de son frère, et l'on avait tout disposé pour s'en défaire par un assassinat. En rapprochant l'exécution illégale de Condé et l'assassinat projeté du roi de Navarre par les Lorrains de ce qui se passa aux Etats de Blois, les 23 et 24 décembre 1588, n'est-il pas permis de voir le doigt de Dieu dans le meurtre du duc et du cardinal de Guise ?

On s'était peu à peu relâché de la sévérité que l'on avait montrée contre le roi de Navarre dans les premiers jours. Il était désormais à peu près libre d'aller et venir à sa guise, mais sous une surveillance qui épiait ses moindres démarches. C'était au chancelier qu'il en était redevable. S'il n'avait pu s'opposer à l'arrestation de Condé, L'Hospital s'était du moins nettement prononcé contre celle du roi de Navarre, remontrant la difficulté de faire un procès et le danger de menacer une tête si élevée sans avoir l'assurance de la faire tomber ; parole imprudente et inconsidérée qui confirma tout au moins les Guises dans la pensée de faire assassiner le roi de Navarre, si toutefois elle ne la leur fit pas naître. Les avertissements ne manquaient pas à Antoine de Bourbon. Tantôt c'était, disait l'un, le duc de Nemours, Jacques de Savoie, qui le guettait pour se venger de ce qu'Antoine de Bourbon avait pris fait et cause pour Françoise de Rohan, sa parente, à laquelle Nemours avait promis le mariage (et qu'il avait abandonnée pour épouser Jeanne d'Este, veuve du duc de Guise), ce qui avait été l'occasion d'un procès scandaleux. Puis, il devait être empoisonné dans un dîner auquel il fallait bien qu'il se gardât de se rendre. Ensuite, c'était une chasse pendant laquelle il serait tué d'un coup d'arquebuse. Mais ici les Lorrains estimaient que la besogne la mieux faite est celle que l'on fait soi-même : c'était d'un coup de dague et dans la chambre du roi que le Bourbon devait mourir. Le fait a été avancé par plusieurs historiens contemporains, sérieux, dignes de foi et bien informés ; d'autres ne l'ont point rapporté, mais n'y ont donné aucun démenti. Le seul point sur lequel ils diffèrent d'opinion est celui-ci : selon les uns, François II devait poignarder lui-même Antoine de Bourbon ; selon d'autres, c'était le duc de Guise et le maréchal de Brissac qui devaient

---

(1) *Nemours n'avait pu épouser la veuve puisque le duc vivait. Il l'épousa après 1563. L'auteur ment [illegible]*

frapper quand le roi aurait donné le signal. Il fallait provoquer de la part du Bourbon soit un mot imprudent, soit un mouvement d'impatience. On trouve dans Regnier de La Planche un récit curieux et détaillé qu'il est utile de reproduire sans y rien changer : « Il fut avisé que
« le roi, auquel on avait entièrement persuadé
« qu'en conservant la race des Bourbons, il
« perdroit la vie et son état, feindroit d'être
« malade, comme bientôt après il le fut à bon
« escient, et que n'ayant que sa robe de cham-
« bre et une dague à sa ceinture, il envoyeroit
« quérir le roi de Navarre en sa chambre où il
« ne devoit y avoir que le duc de Guise, le car-
« dinal de Lorraine, le maréchal de Saint-André
« et quelques autres, avertis de ce qu'ils avaient
« à faire; et que le roi prenant une querelle
« d'Allemagne, comme on dit, contre ledit sei-
« gneur, lui devoit donner un coup de dague et
« les autres l'achever. Cela fut conclu, après
« avoir été débattu entre quelques particuliers,
« où néanmoins il y eut diversité d'opinions,
« quelques-uns ne pouvant consentir à une telle
« cruauté que de faire souiller les mains d'un
« jeune roi dans son propre sang ; mais l'ambi-
« tion des Guises et l'envie qu'ils avoient de ré-
« gner prévalurent. La reine-mère, à laquelle
« les Guises ne communiquaient de leurs des-
« seins qu'autant qu'il leur plaisoit, fut avertie
« de ce dernier par le roi lui-même, et elle fit
« cette faveur au roi de Navarre de le faire

« avertir par Madame la duchesse de Montpen-
« sier, après avoir essayé d'en détourner le
« roi..... Suivant donc ce malheureux conseil,
« François II envoya quérir le roi de Navarre,
« pour venir parler seul à lui en sa chambre,
« où il était aussi seul, excepté ceux de la con-
« juration. Le roi de Navarre fut averti de ne
« pas y aller et de trouver quelque excuse, ce
« qu'il fit la première fois : on le renvoya qué-
« rir une seconde, en laquelle il fut encore
« conseillé de ne pas y aller par quelqu'un qui
« lui dit la vérité de leur délibération. A la fin,
« poussé d'un cœur magnanime et aussi parce
« que la pureté de sa conscience l'empêchait
« d'appréhender cette mort, il résolut d'y aller
« et de mener seulement quelques uns avec lui,
« entr'autres le capitaine Ranti, lieutenant de
« sa compagnie (d'hommes d'armes), celui de
« ses gentilshommes en qui il se fiait le plus et
« qui avoit été nourri dès l'enfance auprès de
« lui. Montant le degré de la chambre du roi,
« il trouva encore quelqu'un qui le voulut l'ar-
« rêter, lui disant : — *Sire, où allez-vous vous*
« *perdre ?* — Mais, fermement résolu, il se
« tourna vers le capitaine Ranti (ainsi que tous
« deux l'ont souvent récité depuis) et lui dit : —
« *Je m'en vais au lieu où l'on a conjuré ma mort,*
« *mais jamais peau ne fut vendue si cher que je*
« *leur vendrai la mienne; s'il plait à Dieu, il me*
« *sauvera ; mais je vous prie, par la fidélité que*
« *j'ai toujours connue en vous et l'amitié que je*

« *vous ai portée, de me faire ce dernier service
« que, si je meurs, vous recouvriez la chemise que
« j'ai sur moi, et la portiez toute sanglante à ma
« femme et à mon fils, et conjurez madite femme,
« par la grande amour qu'elle m'a toujours por-
« tée et par son devoir (puisque mon fils n'est en-
« core en âge de pouvoir venger ma mort), qu'elle
« envoie ma chemise percée et sanglante aux
« princes étrangers et chrétiens pour venger ma
« mort si cruelle et si traîtresse.* — Et sur ces
« paroles, il entra en la chambre du roi et in-
« continent le cardinal de Lorraine ferma la
« porte par dedans après lui. Adonc le roi lui
« tint quelques rudes propos, auxquels il ré-
« pondit avec tout devoir et révérence, regar-
« dant néanmoins ses ennemis d'un œil assez
« farouche. Bref, les uns et les autres étant
« étonnés par la volonté de Dieu, les choses se
« passèrent en paroles ; ce que voyant, le duc
« de Guise et son frère le cardinal, retirés en
« une fenêtre, ils s'en allèrent bien dépités,
« usant de ces mots assez haut en sortant : *Voilà
« le plus poltron sieur qui fut jamais !* »

Le témoignage de Regnier de La Planche,
corroboré par d'autres historiens, par le capitaine Ranți et le roi de Navarre lui-même, le fut
encore quelques années plus tard par la reine
de Navarre dans un manifeste qu'elle publia
après la mort du roi, son mari. Il faut donc le
tenir pour authentique. Echappé miraculeusement à ce péril, Antoine s'arrangea pour ne

plus s'y trouver exposé : il feignit d'être malade, se renferma chez lui, où avec quelques serviteurs dévoués il fit bonne garde, décidé à vendre chèrement sa vie si l'on s'avisait de vouloir l'attaquer dans sa maison.

Pendant ce temps, Condé témoignait de la plus entière liberté d'esprit. On eut dit qu'il était absolument désintéressé dans tout ce qui se passait. Sa gaieté n'avait reçu aucune atteinte, et il employait la plus grande partie de son temps à jouer aux cartes et aux dés avec ceux qui le gardaient et qu'émerveillaient ce fier courage. Quelques-uns de ses amis, ou prétendus tels, ayant obtenu de le venir visiter, un d'eux insinua qu'il ne serait pas impossible d'arriver à une réconciliation, à un « appointement » avec le duc de Guise, et que si Condé y voulait consentir, lui qui parlait se ferait presque fort d'y parvenir. « — Un appointement ! s'écria le prince ; entre lui et moi il ne s'en peut faire qu'à la pointe de la lance ! — » On lui avait envoyé un prêtre pour lui dire la messe dans sa prison, et Condé le renvoyait avec cette réponse qu'il n'était pas venu à Orléans pour entendre la messe mais pour faire accepter au roi sa justification. Le 5 décembre, dans la soirée, comme il se livrait au plaisir du jeu avec les officiers commandant sa garde, une de ses cartes vint à tomber ; un de ses valets de chambre, auxquels on avait ouvert les portes de sa prison, ramassa la carte et en la rendant au prince lui glissa ces mots dans l'oreille : « Notre homme est croqué ! » Avec un admirable empire sur lui-même, Condé continue la partie comme s'il ne venait pas d'apprendre la mort de François II, qui allait être pour lui le salut et la liberté.

Il était excusable à un prisonnier, duquel on écartait systématiquement toutes les nouvelles du dehors, de ne pas savoir ce qui d'Orléans s'était déjà répandu immédiatement dans la France entière, la maladie du roi et le peu d'espoir que l'on avait de lui conserver la vie. Le 19 novembre, comme François II écoutait les vêpres au couvent des Jacobins, disent les uns, au moment où, disent les autres, il allait monter à cheval pour se rendre à une partie de chasse, afin de ne pas assister au supplice du bailli d'Orléans Groslot, au moment de son départ pour Chenonceaux à en croire une lettre de Robertet que j'ai citée plus haut, départ motivé par la même cause de l'exécution de Groslot, le roi se trouva mal subitement et perdit connaissance. Quand il revint à lui il se plaignit d'un grand mal d'oreille, et aussitôt se déclara une fièvre ardente. Pour ceux qui approchaient le roi de près, cet événement n'avait rien d'imprévu :
« Ce prince mal sain, dit Regnier de La
« Planche, et qui dès son enfance avoit montré
« de grandes indispositions, pour n'avoir ny cra-
« ché ny mouché, sorty d'une longue fièvre
« quarte, avoit un visage blafart, bouffi : lequel
« tira adonc sur la haute couleur, comme aussi se

« formoit une corruption en l'une de ses
« oreilles, qui faisoit l'office du nez, lequel il
« avoit fort camus. » Dès l'année précédente,
pendant le premier voyage à Fontainebleau qui
avait suivi son avènement, les médecins,
assemblées en consultation, avaient conseillé à
la reine-mère de lui faire passer l'hiver à Blois,
où on lui pourrait « appliquer certains médica-
« ments précieux, en attendant qu'à la pre-
« mière chaleur on luy préparât des bains aro-
« matiques et propres à sa maladie. » On avait
prévenu les Guises qu'il n'était pas probable
« que leur nièce Marie eust aucuns enfans.
« Toutefois ils pensoyent qu'il pourroit bien
« vivre encore deux ans. » Mais il aurait fallu
le séparer de Marie Stuart. « Il mourut d'elle »,
a dit le duc d'Albe qui avait vu de près la cour
de France.

Une amélioration s'était produite, que l'on
avait paru vouloir prendre pour l'indice d'une
guérison prochaine. Il n'était plus question de
chasse ni de voyage, mais le roi avait repris sa
place au Conseil d'Etat, et la présidence des
séances dans lesquelles on hâtait fiévreusement
la condamnation de Condé. L'arrêt de mort avait
été signé le 26 novembre. Le 27, François II était
frappé d'une nouvelle syncope présentant les
mêmes caractères que la première : « Se faisant
« accomoder par son barbier, comme c'estoit
« sa coustume, il fut surpris tout à coup d'une
« défaillance de cœur, dont il se trouva si mal

« qu'il le fallut mettre au lit, où il fut tenu
« comme pour mort. Il ne tarda guères néant-
« moins à revenir à luy, mais ce fut avec une
« extrême faiblesse et de si estranges symp-
« tômes qu'il donnoit fort peu d'espérances
« de vie. » Il ne faut pas plus que cette expression « estranges symptômes » sous la plume d'un contemporain, pour accréditer le soupçon, colporté par quelques uns, qu'il y avait dans la mort si rapide du roi quelque chose d'extraordinaire ou de criminel. Davila rapporte le bruit, mais il en fait justice : « La plupart cru-
« rent qu'il estoit mort d'un poison violent que
« le barbier lui avoit fait couler subtilement
« dans l'oreille, en luy faisant le poil, et même
« le bruit courut que les médecins en avoient
« découvert des marques très certaines ; créance
« que ceux du mestier eussent pu rendre plus
« forte pour l'inopinée violence de l'accident,
« et pour la merveilleuse conjecture de la mort:
« si, comme nous avons déjà dict, *ce mal n'eust*
« *pris naissance avec luy* ». Peut-être les médecins ne connaissaient-ils qu'imparfaitement la nature du mal, et pourtant leur diagnostic, dans la consultation de Fontainebleau sur la courte durée de la vie de François II, prouvait que ce n'était pas dans un crime mais dans la nature même du roi, dans son tempérament qu'il fallait chercher la cause de sa mort. Parce que François II mourait *à propos*, ce n'était pas un motif pour que cette mort eût été provoquée. Les

Guises n'y avaient aucun intérêt et ils gardaient bien leur neveu. Quant aux amis du prince de Condé, ce n'était pas à Orléans qu'il fallait qu'ils se montrassent : ils n'avaient donc aucun accès auprès de la personne du roi. François II était atteint d'un épanchement au cerveau, « un abcès crevé à la tête qui, au bout de quel- « ques jours, coula en partie par l'oreille « gauche. » Des médecins affirment que l'on aurait pu le sauver en pratiquant l'opération du trépan, mais aucun d'eux n'osa la tenter. Quoi qu'il en soit, il paraît qu'Ambroise Paré avertit le chancelier que le roi était perdu et qu'il n'avait plus que quelques jours à vivre, et l'Hospital ne perdit pas un instant pour profiter de l'avis que l'illustre chirurgien lui avait évidemment donné dans le but qu'il s'en servit en faveur des Bourbons auxquels il était attaché par les liens de l'affection et de la reconnaissance.

Il était évident, même pour des esprits moins clairvoyants que celui de l'Hospital, que la mort de François II, c'était le véritable règne de Catherine qui commençait, et un changement radical dans la politique et dans l'administration qui allait s'effectuer. Mais, à l'exception du chancelier, personne peut-être ne soupçonnait l'étendue et les ressources d'un esprit qu'elle avait aiguisé dans un muet apprentissage des hommes et de la cour, qui durait depuis vingt-cinq ans. Les Guises ne devaient pas, au fond, avoir de plus habile adversaire qu'elle, et ils la trouvèrent constamment en travers de leur chemin. Assurer le règne successif de ses fils pour régner elle-même sous leur nom, tel fut le dernier mot de sa politique, inconciliable avec l'immense et ardente ambition des princes lorrains. Ce fut l'inconstance des situations qui fit l'inconstance de sa conduite. Affaiblir l'une par l'autre les deux factions qui se partageaient la France, les laisser s'épuiser dans leurs luttes, désarmer à temps par des paix ou des trêves pour sauver celle qui était menacée de succomber, placer la royauté entre les deux partis jusqu'au jour où elle jugea nécessaire de la placer à la tête de l'un des deux, telle fut l'œuvre des trente dernières années de sa vie. Pour le moment, dans le parti grandissant des réformes, elle ne distinguait pas encore les idées à la fois républicaines et féodales qui faisaient le fond de la nouvelle doctrine, et qui tendaient à détruire l'œuvre de Louis XI. La haine du connétable de Montmorency l'avait rapprochée de ses rivaux, dès le lit de mort de Henri II. Leur acharnement à détruire ceux qui, à l'occasion, pouvaient les écarter du trône, fut pour elle un trait de lumière et éclaira la voie dans laquelle elle devait s'engager.

Catherine n'était pas isolée au moment d'entamer cette lutte d'intrigues, semée de coups de force, contre des princes qui avaient su acquérir une vaste popularité. Elle s'appuyait sur le chancelier qui lui devait sa haute fortune. Tous deux réunis sauvèrent Condé et les Bourbons. Le chancelier conseillait la reine-mère, et la duchesse de Montpensier le roi de Navarre. Or, dans le désir qu'elle nourrissait d'un rapprochement entre Catherine et Antoine de Bourbon, dans ce qu'elle disait de son crû au roi de Navarre, celui-ci avait le droit de supposer que la duchesse n'était que le porte-paroles de la reine. Mais Catherine, qui ne voulait pas encore se déclarer ouvertement, tergiversait et trompait tout le monde, à commencer par son amie la duchesse de Montpensier « femme qui alloit son grand chemin — dit Davila — et qui ne « sçachant ce que « c'estoit de dissimuler, jugeoit des actions « d'autruy par les siennes propres ». Elle en imposait aussi à l'amiral et au cardinal de Châtillon, qu'elle envoyait chercher et auxquels elle témoignait être en grande peine de trouver un moyen de sauver Navarre et Condé. Le conseiller du roi de Navarre, quoiqu'il en soit, fut bien avisé, car celui-ci, entre le 19 et le 27 novembre, c'est-à-dire entre le premier accident du roi et la rechute, alla visiter Catherine et lui offrit ses services et ceux de Condé, après avoir rappelé, sans aigreur et comme une chose à laquelle elle était totalement étrangère, la procédure illégale poursuivie contre Condé et les projets formés pour se défaire de lui par un assassinat. Catherine l'accueillit gracieusement, rejeta sur les Guises toute la responsabilité de ce qui s'était passé, déclara au roi de Navarre qu'il devait se croire en sûreté, et que si elle apprenait qu'il se tramât quelque chose contre lui, elle y mettrait bon ordre; elle ajouta enfin qu'elle n'avait même pas pensé à prendre un parti en quoi que ce fut, car, étant loin, comme tant d'autres, d'envisager la situation du roi comme aussi critique qu'on le prétendait, croyant au contraire fermement à un prochain rétablissement (1), elle n'avait jamais songé à ce qui conviendrait qu'elle fit à l'occasion d'un changement de règne.

Mais la démarche du roi de Navarre, très habile, ne devait pas tarder à porter ses fruits. Les Guises y aidèrent puissamment, sans le vouloir et sans le savoir, par la maladroite insistance qu'ils mirent à vouloir arracher à Catherine son consentement au dénouement de la tragédie qu'ils avaient préparée. Ils allèrent lui remontrer la nécessité d'en finir avec l'hérésie en abattant les deux têtes de la réforme, et sans même attendre le délai qui

---

(1) Dans une lettre écrite à la duchesse de Savoie, à cette date, fin de novembre, Catherine s'exprime ainsi : « Quand « je pense l'état en quoy ayst le Roy mon fils, d'une dou- « leur de teste si aystrême que, encore que je eayspère que « Notre Signeur ne me fera pas tant de malheur que de « me l'auster, si ay-ce, Madame, qu'il a beaucoup de mal... » Il est clair que Catherine désespérait déjà.

avait été fixé. C'était jeter ses cartes devant un joueur trop habile. L'Hospital en profita pour gagner la partie d'un seul coup : il présenta à la reine-mère, comme la chose la plus facile, d'amener Navarre à renoncer à toutes les prétentions qu'il pourrait faire valoir en cas de décès de François II pour exercer le pouvoir suprême, et à faire consacrer par lui-même les droits que la reine-mère voudrait mettre en avant pour gouverner l'État, sous le titre de régente. La duchesse de Montpensier se porta garante pour Antoine de Bourbon, et Catherine prit aussitôt son parti. Une nuit, le roi de Navarre fut amené dans son appartement par le prince dauphin, fils de la duchesse de Montpensier, et celle-ci, en le voyant passer, sut trouver le moyen de lui dire à l'oreille qu'il prit bien garde, sur sa vie et sur celle de son frère, de rejeter aucune des propositions qui allaient lui être faites. Ces propositions étaient bien simples. Dans la chambre de la reine-mère étaient le duc de Guise, le cardinal de Lorraine et le chancelier. Devant eux, Catherine déclara que sa première proposition d'arrangement était que Navarre renonçàt formellement à toute pensée de régence pour lui, dans le cas où la mort du roi appellerait le duc d'Anjou, âgé de dix ans, à lui succéder. même si les États Généraux l'invitaient à exercer cette régence ; qu'il lui fallait un acte de renonciation en bonne forme, écrit et signé

par lui. La seconde proposition, à laquelle elle n'attachait pas moins d'importance qu'à la première, était que Navarre abjurât tout sentiment de haine contre les princes lorrains et tînt pour sincère l'assurance formelle qu'elle lui donnait que ni l'un ni l'autre n'étaient pour rien dans ce qui était advenu à lui-même et à Condé ; que la réponse de Navarre la guiderait dans la conduite qu'elle entendait tenir désormais avec lui et avec son frère. Le roi de Navarre ayant consenti à une réconciliation avec les Guises, et l'acte de renonciation à la régence ayant été effectué et dressé séance tenante, comme corollaire des paroles de Catherine on conduisit Navarre au chevet de François II, et on arracha à ce moribond une déclaration publique que « c'étoit de son propre
« mouvement et contre l'avis de ses oncles, le
« duc de Guise et le cardinal de Lorraine, qu'il
« s'étoit porté à faire emprisonner le prince
« de Condé. »

Si le roi de Navarre était pris, les Lorrains étaient joués, et cette perspective adoucit certainement l'amertume d'un sacrifice qui, après tout, sauvait la tête de son frère. La reine-mère lui avait d'ailleurs, comme fiche de consolation, promis la lieutenance générale du royaume et la présidence du Conseil d'administration. Dans l'ivresse de son triomphe, Catherine n'attendit pas que le roi fût mort pour notifier ce triomphe aux lieutenants-généraux des provin-

ces. A la date du 4 décembre, ce qui permet de fixer au 3 l'entrevue dont je viens de donner le récit succinct, elle adresse à ces fonctionnaires, lieutenants de gouverneurs qui ne résidaient pas, une circulaire conçue dans des termes à peu près identiques, ce qui permet en reproduisant l'une d'avoir le texte de toutes les autres. Elle écrivait donc à Guillaume de Saulx, seigneur de Villefrancon, lieutenant-général en Bourgogne : « Depuis quelques jours le roy mon
« fils s'est trouvé assailly d'un catharre qui l'a
« totallement et si fort persécuté, accompaigné
« d'une grosse fiebvre, qui l'a mis en extrême
« danger pour la griefve maladye qu'il sup-
« porte. Et comme toutes les choses sont en la
« main de Dieu (de la bonté duquel toutesfois
« j'espère tant de grâce et tant de bien en ce
« royaulme qu'il le préservera et le ramènera,
« s'il luy plaist, en parfaicte santé); si ai-je
« bien voulu vous en advertyr, afin que vous
« sachiez l'estat en quoy il est..... Grâce à nos-
« tre Seigneur, il n'a pas laissé ce royaulme
« dépourveu de légitimes et vrays successeurs
« (dont je suis la mère) qui, pour le bien d'icel-
« lui, prendrai en main la charge du debvoir
« qu'il fauldra rendre en l'administration qui y
« sera nécessaire, par l'advis et bon conseil des
« princes et grands personnages dont il n'y a
« pas faulte, Dieu mercy, comme tous le dési-
« rent et font parfaicte démonstration de tout
« ce que l'on scauroyt actendre de bons, fidelles

« et dévotz subjectz de leur prince. » C'est l'avénement de la reine-mère au trône de Charles IX (1). Pour quiconque sait lire entre les lignes, c'est la grâce de Condé.

Le lendemain, 5 décembre, à midi on tenait François II pour déjà trépassé : il ne rendit pourtant le dernier soupir qu'à dix heures du soir (2) entre les bras des Guises dont il devait être l'esclave, la victime jusqu'à la fin. Le cardinal lui avait fait faire le vœu, à l'article même de la mort, s'il se rétablissait, d'aller à Notre-Dame de Cléry faire serment d'anéantir la réforme et tous ses partisans dans le royaume. Telles furent les dernières paroles de celui que les uns appelaient le roi sans vices, et les autres le roi sans vertus ; dont Davila, quoique affectionné serviteur de Catherine, n'a pu s'empêcher de dire : « Ce fut l'opinion commune qu'il avoit
« l'esprit faible, l'entendement grossier, et le
« naturel plus propre à estre gouverné qu'à
« gouverner luy mesme les autres ».

Né le samedi 19 janvier 1543, entre quatre et cinq heures du soir, François II avait eu pour parrain le pape Paul III, le roi François Ier son grand-père, et la république de Venise, et

(1) A sa propre fille, la Reine d'Espagne, Catherine écrit ces paroles significatives : « ... s'est mon principal bout (but)
« de avoyr l'hennéur de Dieu an tout devant les yeulx et
« conserver mon authorité... »

(2) C'est l'heure indiquée par Charles IX dans la lettre qu'il écrit le lendemain à Mathieu Coignet, sieur de La Thuillerie, son ambassadeur en Suisse.

Madame Marguerite de France, sa tante, pour marraine. Devenu dauphin le 30 mars 1546, avant Pâques, il avait épousé Marie Stuart, reine d'Ecosse, le dimanche 24 avril 1558 après Pâques, à l'âge de quatorze ans, trois mois et cinq jours. Il mourut le 5 décembre 1560, âgé de seize ans, dix mois et dix-sept jours, et fut inhumé dans l'abbaye de Saint-Denis, le 19 décembre à sept heures du soir. Cette note très précise est tirée d'un document de la main du secrétaire d'Etat, Claude de Laubespine, établissant l'état-civil de tous les enfants de Henri II et de Catherine de Médicis.

Il est assez curieux de constater quel fut le premier usage que Charles IX fit de sa puissance royale. Le 6 décembre, le lendemain même de la mort de son frère, il se faisait restituer par Marie Stuart les joyaux de la Couronne qu'elle avait possédés à titre de reine. Marie Stuart avait un jour qualifié sa belle-mère de « marchande florentine. » Cette mesure, insultante par sa rapidité et par son inopportunité, était un raffinement de vengeance de Catherine.

Dans le conflit des compétitions et des rivalités, Catherine songeait avant tout à humilier celle qu'elle flattait et craignait la veille encore. Si elle s'ingéniait à rechercher les moindres occasions d'affirmer son autorité, nul ne s'occupait des funérailles de François II. Le corps était déposé dans une chapelle où personne n'allait le visiter. Quand on pensa enfin à ses funérailles, il se trouva qu'il n'y avait pas d'argent pour y pourvoir. Les Guises, prodigieusement riches, ne délièrent pas les cordons de leur bourse. Rapprochant leur conduite de celle de Tanneguy du Chastel, faisant enterrer à ses frais le roi Charles VII, son maître, et employant à ce soin pieux trente mille écus de sa fortune, sans aucun espoir de les jamais recouvrer, une main inconnue attacha sur le cercueil de François un papier avec ces mots : « Où est maintenant Tanneguy du Chastel? Mais il était Français! » Enfin, ses deux anciens gouverneurs, La Brosse et Lansac, et l'évêque de Senlis, accompagnèrent seuls la dépouille royale à Saint-Denis. Ce fut un scandale public, dont les mémoires du temps ont gardé le souvenir. « Il s'est faict un grand bruit, dit un « contemporain, que l'enterrement du feu roy « s'estoit fait avecque une petite bougie, ce « qui s'est trouvé bien estrange. » Cet enterrement eut lieu le 19 décembre. Le même jour, Catherine de Médicis écrivait à l'évêque de Limoges, ambassadeur en Espagne : « ... il a « esté trouvé par tous les princes du sang, « seigneurs du conseil et aultres grands per- « sonnaiges de ce royaulme, que la principale « et souveraine austorité m'en demeure; en « quoy il fault que je vous dye que le roy de « Navarre, qui est le premier, et auquel les lois « du royaulme donnent beaucoup d'avantages, « s'est si doulcement et franchement porté en

« mon endroict que j'ay grande occasion de
« m'en contenter, s'estant du tout mi entre mes
« mains et despouillé du pouvoir et d'auctorité
« soulz mon bon plaisir. » Le même jour
encore, Catherine écrit d'Orléans à la reine
d'Espagne, sa fille : « Encore que je sçuy con-
« traynte d'avoyr le roy de Navarre auprès de
« moy... y (il) m'é sy aubéyssant et n'a neul
« comendement que seluy que je luy permès ».
Et plus loin, elle ajoute : « Néanmoyns, avec-
« ques tous mes malheurs, y (Dieu) me fayst la
« grasse de voyr vostre frère haunoré et aubéy,
« ET MOI AUSSI... » Telles étaient les pensées et
les occupations de cette bonne mère pendant
que son fils aîné allait prendre place, dans les
caveaux de Saint-Denis, à côté de son mari.

On verra ce que devint la France entre ses
mains sous les règnes de Charles IX et Henri III.
Que fut-elle devenue entre les mains de celui
qui avait été élevé à l'école des Guises, et de
l'Ecossaise qui, épousant Bothwell, le meurtrier de Darnley, son époux, s'écriait : « Peu
« m'importe que je perde pour lui France,
« Ecosse et Angleterre ! Plutôt que de le quitter,
« j'irais avec lui en jupon blanc jusqu'au
« bout du monde ! »

FIN

TABLE DES MATIÈRES

LES FILS DE HENRI II

LA COUR, LA VILLE ET LA SOCIÉTÉ DE LEUR TEMPS

Les derniers jours de Henri II		1
I.	— François II et Marie Stuart.	15
II.	— Préliminaires.	23
III.	— Les Huguenots et leur organisation .	29
IV.	— Le trousseau d'une Fille de France .	34
V.	— Le costume sous François II.	39
VI.	— Les armes de François II	48
VII.	— L'infanterie française	52
VIII.	— La cavalerie française	60
IX.	— Un mot sur les armures.	76
X.	— La maison de Marie Stuart.	82
XI.	— Les grandes charges de la Couronne et les charges de cour. — Les officiers civils et militaires et la magistrature.	85
XII.	— L'ordre de Saint-Michel	116
XIII.	— Les finances, le budget et les monnaies	126
XIV.	— La France et Paris	135
XV.	— Les Français et les Françaises. . . .	154
XVI.	— Le clergé et ses biens.	162
XVII.	— Denrées et comestibles	172
XVIII.	— Du costume des Français sous Charles IX et Henri III	183
XIX.	— Les armes de Charles IX et de Henri III. — Du costume militaire. . . .	208
XX.	— Châteaux et manoirs	219

XXI.	— L'armée française sous Charles IX et Henri III	244
XXII.	— Catherine de Médicis	259
XXIII.	— Bussy d'Amboise et Madame de Montsoreau	280
XXIV.	— La danse à la cour et à la ville . . .	317
XXV.	- Les édits somptuaires.	325
XXVI.	— Henri III et ses favoris	338
XXVII.	— Les duels et le point d'honneur . . .	357

FRANÇOIS II

I.	— Avènement de François II	381
II.	— Le sacre et les débuts du règne . . .	403
III.	— La conjuration d'Amboise	425
IV.	— Les affaires jusqu'à l'édit de Romorantin.	479
V.	— De l'édit de Romorantin jusqu'à l'assemblée de Fontainebleau	522
VI.	— L'assemblée de Fontainebleau ou assemblée des notables	543
VII.	— De l'assemblée des notables aux Etats Généraux	577
VIII.	— Les Etats Généraux d'Orléans	605

FIN DE LA TABLE DES MATIÈRES

Beauvais. — Imprimerie Professionnelle.

PUBLICATIONS
DE LA LIBRAIRIE HISTORIQUE ET MILITAIRE
HENRI VIVIEN

LOURDES ET LE MIDI DE LA FRANCE. Récits de voyages par le Marquis de Belleval. Un vol. de format carnet, couverture illustrée. 2 fr.

Extrait de quelques chapitres :

Chartres. Henri III et sa femme, le verre dans lequel Charlemagne n'a pas bu, les armures de Philippe-le-Bel et Charles IV, etc., etc.
Tours. Louise de Savoie et Semblançay, les vieilles rues et les vieilles maisons, la cathédrale et le tombeau de Charles VII, etc., etc.
Poitiers. Les deux batailles de Poitiers, les églises, etc., etc.
Bordeaux. Le Bordeaux de François Iᵉʳ, les Girondins, etc., etc.
Arcachon-Dax. Les forêts de pins, Dax et ses eaux bouillantes, etc., etc.
Bayonne, Biarritz et **l'Espagne.** L'impératrice Eugénie et l'empereur Napoléon III, la famille royale d'Espagne, etc., etc.
Pau et le Béarn. Jeanne d'Albret et son lit, le Berceau de Henri IV, etc., etc.
Lourdes. La Basilique, la Source miraculeuse et les Piscines, guérisons miraculeuses, soixante mille pèlerins, etc., etc.
Toulouse. Riquet et Lafayette, etc., etc.
Rocamadour. La bataille de Toulouse, gagnée et perdue. Napoléon et Grillon, l'épée de Roland, etc., etc.
Orléans. Jeanne d'Arc, le musée de Jeanne d'Arc, le musée Historique et M. Cabut, etc., etc.

La cour du roi Louis XV, racontée jour par jour par le duc de Luynes, 1738-1739, 1739-1741, 1741-1743, 1743-1744, 1744-1745, 1745-1746, 1746-1747, 1748-1749, 1749-1750, 1751-1752, 1752-1753, 1753-1754, 1755-1756. Vol. in-8 de 480 pages. Chaque vol. séparément. 2 fr. 25

Mémoires de Latude, annotés par G. Bertin. 1 vol. in-12 avec un portrait de Latude et une vue de la Bastille. 3 fr. 50

L'hygiène de la femme et de l'enfant, par H. Pineau, docteur en médecine, docteur en droit. Un beau volume in-12 de 368 pages. 4 fr.

Extraits de quelques chapitres : Soins à donner à l'enfant en naissant, la ligature du cordon, la mort apparente, définition du nouveau-né, allaitement direct, etc.

Marquis de Belleval. Souvenirs contemporains : le Comte de Chambord, Napoléon III, la duchesse de Parme, Versailles et la Commune. 3 fr. 50

Les Sceaux du Ponthieu, par le marquis de Belleval. 1896, 1 volume gr. in-8, tiré à 300 exemplaires sur papier de Hollande. 8 fr.

Description avec mention des sources et analyses des chartes de 767 sceaux de villes, communes, bailliages, abbayes, prieurés, couvents, corporations, familles nobles bourgeoises du Ponthieu et du Vimeu, avec 138 reproductions de sceaux dans le texte et 9 planches hors texte, soit environ 200 sceaux choisis parmi les types les plus variés et les plus intéressants.

Baugé (Maine-et-Loire). — Imprimerie Daloux.

www.ingramcontent.com/pod-product-compliance
Lightning Source LLC
Chambersburg PA
CBHW050057230426
43664CB00010B/1355